Lonnie Barbach · David L. Geisinger
Zusammenbleiben wäre eine gute Alternative

D1936775

Dr. Lonnie Barbach und ihr Ehemann Dr. David L. Geisinger sind als Autoren von Büchern zu den Problemkreisen Partnerschaft und Sexualität bekannt geworden. Darüber hinaus lehren beide am Department of Psychiatry at the University of California Medical School in San Francisco und sind als Psychotherapeuten tätig. Sie leben in Mill Valley, Kalifornien, und haben eine vierjährige Tochter.

Lonnie Barbach
und
David L. Geisinger

Zusammenbleiben wäre eine gute Alternative

Aus dem Amerikanischen
von Maren Klostermann

Kabel

Titel der amerikanischen Originalausgabe:
GOING THE DISTANCE
Secrets to Lifelong Love
Doubleday, a Division of Bantam Doubleday Dell
Publishing Group Inc., New York

Für Tess
Licht unseres Lebens

Copyright © 1991 by Lonnie Barbach
and David L. Geisinger
Deutschsprachige Ausgabe:
© 1993 by Ernst Kabel Verlag GmbH, Hamburg

Das Werk einschließlich aller seiner Teile ist urheberrechtlich geschützt. Jede Verwertung außerhalb der engen Grenzen des Urheberrechtsgesetzes ist ohne Zustimmung des Verlags unzulässig und strafbar. Das gilt insbesondere für Vervielfältigungen, Übersetzungen, Mikroverfilmungen und die Einspeicherung und Verarbeitung in elektronischen Systemen.

Umschlag: Theodor Bayer-Eynck
Gesamtherstellung Clausen & Bosse, Leck
ISBN 3-8225-0240-5

3 5 7 9 10 8 6 4 2

Diese Auffassung, nichts sei einfacher als zu lieben, herrscht noch immer vor, trotz der geradezu überwältigenden Gegenbeweise. Es gibt kaum eine Aktivität, kaum ein Unterfangen, das mit so ungeheuren Hoffnungen und Erwartungen begonnen wird und das mit einer solchen Regelmäßigkeit fehlschlägt wie die Liebe.

Erich Fromm
Die Kunst des Liebens

Inhalt

Danksagung

Die drei Jahre, die wir gebraucht haben, um dieses Buch fertigzustellen, zeigen, daß man nur lange genug warten muß, damit sich alles ändert – aber ein Leben zu zweit ist nach wie vor möglich.

Aufgrund eines Wachwechsels bei Doubleday haben wir vielen Menschen zu danken: zunächst Nancy Evans und Loretta Barrett, weil sie an den Wert unserer Buchidee glaubten, lange bevor wir ein einziges Wort geschrieben hatten; dann Susan Modlow, die unsere Betreuung übernahm und uns durch die zweite Hälfte begleitete, und schließlich Casey Fuetsch, die das Projekt begleitete und seinen Stapellauf lancierte. Rhoda Weyr, unsere phantastische Agentin und Freundin, änderte während dieser Zeit nur ihre Adresse. Dafür sind wir ihr dankbar, aber vor allem sind wir ihr dankbar, weil sie eine so treue Verbündete war – und uns jederzeit mit ihrer Hilfe, Unterstützung, Stärke und Klugheit zur Seite stand. Im Laufe seiner Entstehungsgeschichte hat dieses Buch so viele Veränderungen erfahren, daß wir das Zählen aufgegeben haben: Entwürfe und Verwürfe, Überarbeitungen und Überarbeitungen der Überarbeitungen. In all dieser Zeit ist Daniela Johnston uns eine enorme Hilfe gewesen: Sie hat endlose Abfassungen getippt, handgekritzelte Anmerkungen mit unseren individuellen Korrekturwünschen entziffert, Ordnung im Chaos geschaffen und dabei nie die Geduld verloren. Ihr gilt unser herzlicher Dank. Wir danken Carolyn Rice, die die Transkripte der Interviews getippt hat und jederzeit einsprang, wenn wir sie brauchten, oft von einer Minute auf die andere, damit wir unsere Termine einhalten konnten.

Unser besonderer Dank gilt unseren Freunden und Kollegen Robert Cantor, Brandy Engel, Lewis Engel, Jeri Marlowe und Deborah Shames, die unsere ersten Entwürfe gelesen und uns wertvolle Anregungen gegeben haben.

Wir danken Piedad Zarceno für ihre Unterstützung und ihre Hilfe bei der Versorgung von Tess. Ohne Pia hätten wir wahrscheinlich nie länger als zehn Minuten am Stück zusammen arbeiten können.

Besonderen Dank schulden wir auch all unseren Klienten,

durch die wir im Lauf der Zeit entdeckt und verstanden haben, welchen Gefährdungen eine Beziehung ausgesetzt ist, und die bewiesen haben, daß man durch Hoffnung, Engagement und ernsthafte Arbeit wieder zueinanderfinden kann.

Schließlich möchten wir auch den vielen Paaren danken, die uns so großzügig Einblick in ihr Leben gaben und uns die Einzelheiten ihrer erfolgreichen Reise zu Nähe und Intimität anvertraut haben.

Einleitung

Bindung oder nicht, das ist hier die Frage.

Ist es Lust oder ist es Liebe? Ist es die »richtige« Beziehung oder einfach ein weiterer tragischer Irrtum? Sollten wir uns kopfüber hineinstürzen oder rechtzeitig die Flucht ergreifen, bevor man uns erneut das Herz gebrochen hat?

Wenn wir an diesem kritischen Punkt im Leben stehen, auf der Schwelle zu einer festen Bindung, bereit, in den Ring zu steigen oder auch schnell in die entgegengesetzte Richtung zu sprinten, reagieren wir häufig mit Angst... und im allgemeinen aus gutem Grund. Wir sind im Begriff, uns auf eine Beziehung einzulassen, auf eine Sache, die tausenderlei unbekannte Risiken birgt und keinerlei Garantien. Wir wollen das Wagnis eingehen, eine feste, lebenslange Gemeinschaft zu schaffen – die tiefste, komplexeste Beziehung unseres Lebens.

Wie oft haben wir uns an früheren Beziehungen die Finger verbrannt? Wie zerschmettert waren wir nach unserer letzten gescheiterten Beziehung? Wie lange haben wir gebraucht, um wieder auf die Beine zu kommen, nachdem es vorüber war? Eine feste Bindung birgt eindeutig enorme Risiken. Doch der potentielle Gewinn ist noch weitaus größer, und dieses Buch möchte Ihnen zeigen, wie Sie von Anfang an eine stabile, lebensfähige Beziehung begründen können.

In unserer Tätigkeit als Psychologen haben wir insgesamt mehr als fünfunddreißig Jahre in der Partnerschaftstherapie gearbeitet. Wir haben Paaren geholfen, ihre gefährdete und schwer geschädigte Beziehung zu reparieren, wir haben bei der Lösung von Konflikten mitgewirkt, die die Nähe und Intimität zwischen zwei Partnern zu untergraben drohten, und in einigen Fällen zu einer freundschaftlichen Trennung geraten, wenn eine Beziehung nicht mehr zu retten war oder die Partner von Anfang an nicht zusammenpaßten. Viele dieser Paare hätten sich viel Leid und Kummer ersparen können, wenn sie in der Anfangsphase ihrer Beziehung einige praktische Informationen gehabt hätten – bevor ihre Liebe in ernsthafte Schwierigkeiten geriet oder zumindest bevor kleine Probleme sich zu großen Problemen entwickelt hatten.

Es sind genau die Informationen, die wir selbst gern gehabt hätten, als wir im Laufe der Jahre die verschiedensten Beziehungen durchliefen in der Hoffnung, einen Partner zu finden, und immer wieder scheiterten. Wie viele Menschen haben wir uns schließlich eingeredet, daß Unabhängigkeit und ein freies, ungebundenes Leben wahrscheinlich der beste Weg für uns wären – zumindest der einzige, auf den wir begründete Hoffnungen setzen konnten... Jedenfalls bis zu dem Tag, an dem wir uns kennenlernten.

Trotz der real existierenden Probleme bei der Partnersuche und bei der Aushandlung der komplexen Details einer Liebesbeziehung in unserer verwirrenden und verwirrten Zeit sind wir fest überzeugt, daß die Suche nach einer solchen Beziehung ein lohnendes Unterfangen ist, und daß die Geborgenheit einer tiefen Liebesbeziehung der beste Ort ist, um sein Leben zu leben und alt zu werden, ob mit oder ohne Kinder. Es gibt Grund zum Optimismus, Grund zur Hoffnung auf eine Liebe, die ein Leben lang hält, die erst durch den Tod endet, so daß wir in dem Bewußtsein sterben können, die tiefe Gemeinschaft und Nähe einer festen, dauerhaften Bindung erfahren zu haben. Obwohl vielleicht nur ein kleiner Prozentsatz von Paaren die tiefe Intimität erreicht, die wir hier beschreiben, glauben wir fest daran, daß jeder Mensch dazu in der Lage ist. Außerdem sind wir überzeugt, daß man sich nicht in irgendein vorgeschriebenes Modell hineinzwängen und seine Identität im Lauf dieses Prozesses verlieren muß, um diese Intimität zu erreichen. Das Gegenteil ist wahr: Die erfülltesten Beziehungen ergeben sich aus der Vereinigung zweier voll entwickelter Persönlichkeiten. Mehr und mehr Paare leben auf Dauer zusammen, haben Kinder, ohne ihre Verbindung durch eine Ehe formell zu bestätigen. Der Pakt zwischen zwei Menschen, die einander lieben und sich für ein gemeinsames Leben entscheiden, muß in ihren Köpfen und Herzen geschlossen werden. Ob sie eine Urkunde haben oder nicht, ihre Beziehung wird immer nur so gut sein, wie sie selbst sie machen.

Es gibt kein Patentrezept oder einen einzigen »richtigen Weg« für eine Beziehung. Diese Überzeugung haben wir in unserer langjährigen Arbeit mit Paaren und auch in zahlreichen Gesprächen mit Partnern, die seit über zehn Jahren in glücklichen Beziehungen lebten, immer wieder bestätigt gefunden. Die Länge der Umwerbungszeit, die soziale und wirtschaftliche Situation, die

Anwesenheit, Abwesenheit oder Zahl von Kindern und eine breite Palette anderer individueller und äußerer Faktoren waren bei all diesen Paaren sehr unterschiedlich, aber es gibt einige andere grundsätzliche Prinzipien, die offenbar für eine glückliche Beziehung von Bedeutung sind. Wir sind der Ansicht, daß man viele dieser grundsätzlichen Prinzipien, die eine glückliche von einer unglücklichen Beziehung unterscheiden, erkennen und, was noch wichtiger ist, daß man erlernbare Fähigkeiten und Einstellungen daraus ableiten kann.

Je früher in einer Beziehung diese Fähigkeiten und Einstellungen erlernt werden, desto größer sind die Chancen, daß die Beziehung nicht nur überlebt, sondern sich entwickelt und entfaltet. Wenn wir nicht das beneidenswerte Glück hatten, daß unsere Eltern uns ein Modell für eine liebevolle und lebendige Partnerschaft vorgelebt haben, sind wir zumeist auf uns selbst angewiesen und müssen uns durch den mühseligen Prozeß von Versuch und Irrtum quälen, um herauszufinden, wie man eine Beziehung am besten am Laufen hält. Manchmal funktioniert es, aber meistens nicht – oder es funktioniert nicht so gut, wie es funktionieren könnte. Untersuchungen belegen, daß weniger als ein Drittel der Leute, die in den siebziger Jahren eine Ehe eingingen, Mitte der achtziger Jahre noch glücklich verheiratet waren.[1] Viele der Paare, die wir interviewt haben und die ihre Beziehung als zutiefst befriedigend empfanden, hatten eine extrem schwierige Phase durchlaufen, in der sie ernsthaft eine Trennung in Betracht gezogen hatten. Einige waren sogar vorübergehend auseinandergegangen. Obwohl jede Beziehung ihre Höhen und Tiefen hat, ist die Zahl der geschiedenen Ehen erschreckend hoch und viel zu viele andere Ehen enden in einem Zustand der Apathie oder einer dumpfen, gerade noch erträglichen Ko-Existenz: eine Art lebendiger Tod.

Wir finden es beunruhigend, daß eine lebenslange Partnerschaft – dieser zentrale Bestandteil menschlicher Erfahrung mit seinem enormen Potential an Glück und Erfüllung wie auch an Gefahr und Tragödie – praktisch dem Zufall überlassen wird. Wenn die Liebe an schwierige Wegstrecken gerät, gibt es kaum eine Stelle, an die wir uns um Rat und Hilfe wenden könnten.

[1] Norval D. Glenn. »Duration of Marriage, Family Composition, and Marital Happiness.« *National Journal of Sociology*, Frühjahr 1989.

Zusammenbleiben wäre eine gute Alternative konzentriert sich daher im wesentlichen auf die *Prävention*. Vorbeugen ist besser als Heilen, diese sprichwörtliche Wahrheit gilt ganz besonders für Beziehungen. Wir möchten daher insbesondere auf die Fähigkeiten eingehen, die erforderlich sind, um Probleme in einer Beziehung frühzeitig zu erkennen und zu lösen, bevor einer oder beide Partner emotional ausgestiegen sind. Aus diesem Grund konzentriert sich dieses Buch zunächst auf die Anfangsphase einer Beziehung: die Umwerbung.

Sehr häufig besteht die Umwerbungszeit aus einer nicht weiter hinterfragten Aneinanderreihung von aufregenden und glücklichen Episoden, unterbrochen von einigen ärgerlichen oder verwirrenden Zwischenspielen. Aber die Umwerbung ist eine überaus wichtige und nützliche Zeit, eine Zeit, in der wir nach und nach die oft verborgenen Dimensionen eines potentiellen Partners und mögliche Konfliktbereiche aufdecken können.

Wir erläutern die häufigsten Schwierigkeiten, die sich aus Unterschieden im persönlichen Verhaltensstil, aus individuellen Verletzlichkeiten und den ersten offenen Konflikten ergeben. Wir stellen die Testverfahren vor, die einen notwendigen Bestandteil der Umwerbungsphase bilden, und beschreiben einige wirksame Methoden, mit denen Sie herausfinden können, wie gut Sie und Ihr Partner zusammenpassen und ob Sie sich aus den »richtigen« Gründen füreinander entscheiden, aus Gründen, die mit einer stabilen, dauerhaften Beziehung zusammenhängen.

Da gesunde Beziehungen in einer Vielzahl von Formen auftreten können, erläutern wir eine Reihe von alternativen Strategien für potentiell schwierige Situationen, die sich im Lauf einer Beziehung ergeben können. Wir untersuchen die Bedeutung von persönlichen Einstellungen und Ansichten für die Entstehung und Lösung von Problemen. Dabei haben wir uns bemüht, einen allgemeinen, praktischen und philosophischen Lösungsansatz für potentielle Problempunkte zu bieten, statt einfach eine Reihe von glatten, lebensfremden Rezepten vorzustellen oder andere simplifizierende Antworten auf häufig sehr komplexe und verzwickte Probleme zu geben. Wenn die Entscheidung für eine feste Bindung schließlich gefallen ist, ergeben sich neue Gefahrenquellen. Wir haben eine Landkarte erstellt, in der die typischen Hindernisse verzeichnet sind, die sich entlang des Weges der meisten

Beziehungen ergeben, dazu gehören zum Beispiel berufliche oder finanzielle Belastungen, das Nachlassen des sexuellen Interesses oder auch die Neigung, die Beziehung nach einiger Zeit abzuwerten oder zu vernachlässigen – ein Prozeß, der zu einer tödlichen, alles zerstörenden Langeweile führen kann. Wenn steinige Wegstrecken unvermeidbar sind, wie zum Beispiel bei der Geburt eines Kindes oder der Pensionierung eines oder beider Partner, beschreiben wir einige praktische und effiziente Methoden, mit denen sich diese kritischen Übergangsphasen überbrücken lassen.

Gescheiterte Liebesbeziehungen erzeugen schmerzliche Wunden, die zu bleibenden Narben oder einer erhöhten Empfindlichkeit führen können. In diesem Fall ist es noch schwieriger, die negativen Gewohnheiten und Abwehrhaltungen zu durchbrechen, die zur wachsenden Entfremdung in einer Liebesbeziehung beitragen, und neue Verhaltensweisen zu erlernen. Statt dessen neigen manche Menschen dazu, den Partner zu wechseln, sobald die Probleme zu groß werden oder zu lange andauern. Wenn sie dann eine neue Beziehung eingehen, weil sie sich enttäuscht und betrogen fühlen, werden sie wahrscheinlich noch weniger Vertrauen entwickeln, noch weniger in der Lage sein, ihre Schwächen und Verletzlichkeiten zu zeigen und noch weniger Möglichkeiten zu Wachstum und Entfaltung haben. Unserer Ansicht nach ist eine gute Beziehung ein Ort der *Heilung*. In der Geborgenheit einer solchen Beziehung können die Partner ohne Angst sie selbst sein und ihre Verletzlichkeiten preisgeben, so daß sie sich offen mit auftauchenden Problemen auseinandersetzen und sie lösen können. Das bedeutet natürlich nicht, daß es überhaupt keine Konflikte mehr gibt. Stürme und Turbulenzen gibt es im Leben jedes Paares, aber in einer heilenden Beziehung verändern sich die Konflikte mit der Zeit und verlieren allmählich an Intensität, weil die Partner immer toleranter und liebevoller miteinander umgehen. Die Kinder solcher Paare haben die besten Rollenmodelle für ihre eigenen zukünftigen Liebesbeziehungen.

Da die meisten modernen Paare nicht mehr nach den klar definierten Rollenvorschriften der Vergangenheit leben, müssen viele Themen neu ausgehandelt werden und je nach den individuellen und ganz eigenen Bedürfnissen des jeweiligen Paares gelöst werden. In unserer hektischen Welt ist ein effektives Zeitmanagement zu einem der größten Probleme geworden: Wie verbindet man die Karriere oder den Beruf mit seinen persönlichen Interessen und widmet gleichzeitig der Partnerschaft (und potentiellen Kindern) die nötige Kraft und Zeit angesichts der wenigen verfügbaren Stunden eines Tages? Und wenn zwei berufstätige Partner zusammenziehen, bietet die Handhabung der Familienfinanzen ein reiches Konfliktpotential, weil über verschiedene Methoden der Einkommensverteilung in mein, dein und unser verhandelt werden muß.

Beziehungen müssen ein hohes Maß an Flexibilität entwickeln, um mit diesen Veränderungen fertigzuwerden, und die Fähigkeit der Partner, kreativ zu verhandeln, ist heute wichtiger denn je. Einige dieser Verhandlungen erfordern vielleicht eine Menge Übung, bevor sie zum selbstverständlichen Repertoire der Beziehung gehören.

Wenn wir den festen Willen und die nötige Aufmerksamkeit aufbringen, *können* wir diese komplexen Fähigkeiten erwerben und eine gesunde, lebenskräftige Beziehung aufbauen, die sich als Ort der Heilung erweist – auch wenn wir seit Jahren in tiefverwurzelten, selbstzerstörerischen Gewohnheiten gefangen sind.

Natürlich brauchen diese Fortschritte eine gewisse Zeit, und gelegentliche Rückschläge sind unvermeidlich, vor allem in schwierigen und angespannten Situationen. Aber die Informationen, die in diesem Buch enthalten sind, werden Sie in die Lage versetzen, negative und unbrauchbare Muster zu erkennen und konstruktive Alternativen zu wählen.

Wir sind überzeugt, daß die tiefste und erfüllteste Form von Intimität und Nähe sich in einer monogamen Beziehung entwikkelt, in einer Beziehung, die sich voll entfalten kann, weil sie aus dem Vertrauen und der Sicherheit erwächst, die nur eine monogame Liebe gewährleisten kann. Mit Monogamie meinen wir nicht allein den Aspekt der sexuellen Treue innerhalb einer Beziehung, sondern die vollständige Ausrüstung, das gesamte Spektrum einer Partnerschaft: eine feste Bindung, die sexuelle Treue miteinschließt, eine tiefe spirituelle Verbundenheit, eine reiche und entspannte Freundschaft und eine dauerhafte Verpflichtung für eine wahrhaft vertrauensvolle und intime Lebensgemeinschaft.

Eine überraschte Wissenschaftsgemeinde (einschließlich uns) hat vor kurzem erfahren, daß absolute *sexuelle* Treue relativ selten ist – nur etwa drei bis zehn Prozent aller Säugetiere bleiben ein Leben lang monogam.

Ob es uns, als Menschen, nun angeboren ist oder nicht, in sexueller Monogamie zu leben – wir wissen, daß Millionen von Paaren sexuell treu *sind*. Wir haben die einzigartige Fähigkeit, die Intensität und das Glück einer Liebesbeziehung zu erhöhen, indem wir uns dafür entscheiden, unsere Instinkte zu kontrollieren, statt ihnen einfach blind zu folgen. Das ist einer der Hauptunterschiede zwischen Menschen und anderen Säugetieren. Und wenn wir uns dafür entscheiden, auf diese Weise zu »reisen«, absolut monogam, ist das nur ein Grund mehr, um zu lernen, es so gut wie möglich zu machen, auf jede mögliche Weise. Davon handelt dieses Buch.

Wir hoffen, daß unsere Erläuterungen Ihnen einige nützliche Einsichten vermitteln, etwas Licht in Ihre eigene Beziehung bringen und Ihnen helfen, Ihren gemeinsamen Weg zu einer immer tieferen Nähe und Intimität fortzusetzen.

Teil I

Der Einfluß der Vergangenheit

1. Der Ort der Heilung

Die heilende Wirkung von Nähe und Intimität

...wenn es so viele Meinungen wie Köpfe gibt, so gibt es auch so viele Herzen als verschiedene Arten von Liebe.

TOLSTOI
Anna Karenina

Wir alle kämpfen mit angeschlagenen Herzen.

Es gibt praktisch niemanden, der die Welt der Erwachsenen heil und unversehrt erreicht, ohne je verletzt worden zu sein von den Menschen, die er liebte oder zu lieben versuchte. Wir sind in unzählige Konflikte, Mißverständnisse und schmerzliche Dramen mit unseren Eltern, Liebsten, Ehepartnern und anderen Menschen verstrickt gewesen, und nur zu oft sind diese Beziehungen daran zerbrochen. Man hat uns weh getan, man hat uns das Herz gebrochen – den meisten von uns mehr als einmal – und wir alle tragen an der Last unserer Vergangenheit.

Nicht völlig grundlos sind viele von uns zu Zynikern geworden und glauben nicht länger an die Möglichkeit einer liebevollen und dauerhaften Beziehung. Nicht nur, daß wir mit den harten Schlägen unserer eigenen Enttäuschungen fertigwerden müssen – wir werden auch von allen Seiten mit trostlosen Statistiken über gescheiterte Ehen bombardiert. Viele von uns haben unter einer Scheidung gelitten – unter der eigenen oder der von Eltern oder Freunden: die vernichtenden Auswirkungen einer Eheauflösung sind uns schmerzlich bewußt. Die meisten Experten betrachten eine Scheidung oder ihr Äquivalent als eine der schwersten seelischen Erschütterungen, die ein Mensch erleiden kann, und auf Kinder wirkt sich eine Scheidung zweifellos noch weit verhehrender aus. Wenn die gegenwärtige Scheidungsrate konstant bleibt, wird fast jedes zweite US-amerikanische Kind, das heute geboren wird, mit einem alleinerziehenden Elternteil zusammenleben, wenn es sechzehn ist.[1]

Als Vincent und Tracy sich kennenlernten, waren sie beide Ende Dreißig. Beide hatten eine gute Erziehung genossen, waren beruflich erfolgreich und beide hatten eine Scheidung hinter sich; Tracy war sogar schon zweimal geschieden. Keiner von ihnen hatte je damit gerechnet, daß er in diesem Lebensabschnitt alleinstehend und kinderlos sein würde. Als sie sich schließlich kennenlernten, hatten sie die Hoffnung auf eine dauerhafte und beständige Liebe schon fast aufgegeben.

Anfangs dachten allerdings weder Tracy noch Vincent auch nur im entferntesten an eine mögliche Liebesromanze. Dagegen sprach schon, daß keiner der »Typ« des anderen war: Vincent hatte sich seit jeher zu Frauen hingezogen gefühlt, die ein bißchen verloren wirkten, die zwar klug, aber auch hilflos waren. Er übernahm gern die Rolle des Beschützers, der einer Frau bei der Lösung ihrer Lebensprobleme half. Auch Tracy hatte immer Partner gewählt, die ihre Fürsorge brauchten, Männer, die nie ein wirkliches Interesse daran zu haben schienen, einen gleichwertigen Beitrag zur Partnerschaft zu leisten.

Als Tracy und Vincent das erste Mal miteinander ausgingen, sprang der berühmte Funke nicht über, auch der Himmel tat sich nicht auf, aber sie fühlten sich wohl miteinander. Sie hatten einige gemeinsame Interessen: beide gingen gern ins Kino, liebten gutes Essen und lange Spaziergänge, aber in einigen Dingen waren sie auch sehr verschieden. Tracy war eher ein Bücherwurm und verspürte eine gewisse Abneigung gegen körperliche Anstrengungen, während Vincent sich am liebsten beim Sport und in der Natur erholte. Ihm fehlte die Geduld, lange am selben Fleck zu sitzen, und ein Buch zu lesen. Tracy liebte klassische Musik. Vincent zog Popmusik vor. Tracy verreiste für ihr Leben gern, während Vincent am liebsten zu Hause blieb. Außerdem waren beide rein äußerlich nicht unbedingt der Idealtyp des anderen. Tracy mochte gern große Männer, und Vincent überragte sie lediglich um ein paar Zentimeter. Vincent mochte am liebsten Brünette mit dunklem Teint, und Tracy war blond. Dennoch fanden sie einander auf sympathische Weise attraktiv und, was noch wichtiger war, sie

[1] San Francisco Chronicle, 21. Juli 1988

waren gern miteinander zusammen: Sie fühlten sich frei und ungezwungen, und sie konnten stundenlang miteinander reden.

Obwohl sie beide unter der Einsamkeit gelitten hatten, waren sie unabhängig voneinander zu dem Schluß gekommen, daß es die wahre Liebe für sie nicht gebe. Sie gingen beide davon aus, daß sie für den Rest ihres Lebens allein bleiben würden. Ihre Freundschaft, die mit der Zeit auch sexuell wurde, war lediglich eine Art Trostpflaster, eine Möglichkeit, dem grauen Alltag vorübergehend zu entfliehen, ohne sich auf die Komplikationen einer ernsten Liebesbeziehung einlassen zu müssen.

Vincent und Tracy stritten sich selten. Sie stellten keine großen Forderungen aneinander und erwarteten nicht, daß der andere ihre Träume erfüllte. Sie waren einfach Freunde, intime Freunde. Dann, nach vier Monaten, passierte etwas Überraschendes. Vincent war wie gewöhnlich vorbeigekommen, um Tracy zum Kino abzuholen, aber diesmal brachte er Blumen mit. Er wirkte irgendwie animierter und aufgeregter als sonst, was Tracy verunsicherte und ein bißchen hemmte. Irgend etwas hatte sich verändert.

Je deutlicher Vincent seine wachsende Zuneigung zum Ausdruck brachte, desto mehr zog Tracy sich zurück. Vincent merkte, daß er auf dem besten Wege war, sich ernsthaft zu verlieben. Das überraschte Vincent und entsetzte Tracy. Sie war schon so oft verletzt worden, daß sie davor zurückschreckte, dieses Risiko erneut einzugehen. Und doch – ihr Kopf sagte ihr, daß diese Beziehung eine solide Grundlage hatte, weil sie auf einer guten Freundschaft basierte. Und Tracy respektierte Vincent mehr als jeden anderen Mann, den sie gekannt hatte. Aber sie brauchte Zeit, Zeit, um zu entscheiden, ob eine langfristige Beziehung mit Vincent den Einsatz und das Risiko wert waren.

Tracys Haltung ist nicht ungewöhnlich. Viele Menschen beurteilen die Möglichkeit einer lebenslangen Liebe mit ziemlichem Zynismus und reagieren mit Angst, Wut, Mißtrauen und Vorsicht. Manche haben auch die Hoffnung längst aufgegeben: »Irgendwo auf der Welt gibt es wohl einige stabile Beziehungen, aber sie sind dünn gesät... Es ist mir eben nicht bestimmt... Ich habe es immer wieder versucht, aber es hat nie geklappt... Ich habe halt für die Liebe kein Talent.«

Hoffnung und Hoffnungslosigkeit

Nach einigen gescheiterten Versuchen, die Richtige/den Richtigen zu finden, arrangieren wir uns allmählich mit unserer Hoffnungslosigkeit und Erschöpfung und suchen Trost in dem unerschöpflichen Vorrat an Rationalisierungen und Binsenweisheiten: »Die Guten sind entweder schon vergeben oder schwul.« (Außer wir sind selbst schwul, in diesem Fall sind die Guten heterosexuell.) »Alle, die nicht schwul oder noch nicht vergeben sind, sind wahrscheinlich nicht an einer festen Beziehung interessiert. Aber selbst wenn sie es wären – ich bin schon viel zu festgefahren in meinen Gewohnheiten. Ich könnte gar nicht mehr die Zugeständnisse machen, die eine Ehe erfordern würde. Als Single bin ich besser dran und erspare mir außerdem eine Menge Herzleid.«

Das Single-Dasein kann natürlich durchaus seine Vorteile haben. Wenn man nicht *in* einer Beziehung glücklich sein kann, ist die zweitbeste Möglichkeit sicherlich, außerhalb einer Beziehung glücklich zu sein. Tatsächlich ist es auch weitaus angenehmer, allein unglücklich zu sein als zu zweit – wie viele Scheidungsopfer aus eigener Erfahrung bestätigen können. Obwohl es uns immer schmerzlich berührt, wenn wir miterleben, wie eine Beziehung zerbricht – der Anblick eines Paares, das zusammenbleibt, obwohl es unglücklich ist, kann um vieles schlimmer sein. Wenn solche Paare nicht offen streiten oder sich gegenseitig subtile Hiebe versetzen, wirken sie oft leidenschaftslos, müde, verkrampft, emotional abgestumpft, unsexy: zwei Schiffe, die im Dunkeln aneinander vorübergleiten, seelisch und geistig voneinander geschieden auch ohne richterlichen Beschluß – ein abschreckendes Beispiel und ein gutes Argument, um allein zu bleiben.

Und nach allen denkbaren Kriterien ist es heute leichter als je zuvor, als Single zu leben. Man hat heute die Gesellschaft der anderen Singles. Zur Zeit leben etwa dreiundzwanzig Prozent der Männer und fünfzehn Prozent der Frauen zwischen dreißig und vierunddreißig allein. Vor nur achtzehn Jahren lagen diese Zahlen noch bei neun bzw. sechs Prozent[2]. Es gibt nicht nur sehr viel

[2] San Francisco Chronicle, 30. Januar 1989

mehr unverheiratete Menschen, auch das soziale Stigma, das dem Single-Dasein in früheren Generationen anhaftete, gehört der Vergangenheit an.

In den Supermärkten gibt es Dutzende von Tiefkühlgerichten für den alleinlebenden Gourmet. Zahlreiche Zeitschriften, die ausschließlich dem Lebensstil von Singles gewidmet sind, bieten spezielle Urlaubsreisen an. In jeder größeren städtischen Metropole gibt es Wohnkomplexe, Sportclubs und andere Einrichtungen, die um den Singles-Markt wetteifern.

Außerdem sind die Frauen in verstärktem Maß beruflich unabhängig geworden und stehen weniger unter dem Druck, aus rein wirtschaftlichen Gründen mit einem Mann zusammenzubleiben. Und die heutigen Möglichkeiten der Empfängnisverhütung verringern das Risiko, daß eine ungewollte Schwangerschaft zum Heiratsgrund wird.

Neuere Beziehungstrends

Die Wertvorstellungen in Hinblick auf Familie und Partnerschaft haben sich in den letzten zwanzig Jahren erheblich gewandelt, vor allem durch den Einfluß der Frauenbewegung. Die traditionellen Verhaltensnormen, die die Generation unserer Eltern prägten, wurden als nicht praktikabel, als langweilig und bedeutungslos verworfen: Eine lange Umwerbungszeit, die in einer traditionellen, monogamen Ehe endete, galt unter jungen Leuten mehr und mehr als vorsintflutliche Idee.

Zahlreiche kurze sexuelle Affären oder auch eine Aneinanderreihung von etwas längeren Beziehungen – serielle Monogamie – wurde die Regel. Obwohl wir weiterhin das Liebesideal hochhielten, kamen feste, emotionale Bindungen zunehmend aus der Mode und sexuelle Freiheit war »in«.

Wie eine ansteckende Krankheit grassierte die Scheidungsepidemie in den Beziehungen. Innerhalb eines Jahrzehnts stieg die Scheidungsrate derart an, daß jede zweite Ehe geschieden wurde. Wie ein Mann es ausdrückte: »Wir haben in bestem Einvernehmen alle Papiere und Besitztümer untereinander aufgeteilt und all die Dinge getan, die ein modernes Paar in den Siebzigern machte. Es war fast zu einfach. Alle ließen sich scheiden, und wenn ich jetzt so daran zurückdenke, waren wir wohl auch in diesem Denken gefangen.«

Die Wegwerfgesellschaft hatte uns fest im Griff: Rasierklingen, Einwegfeuerzeuge, Papierslips, billige Kugelschreiber und Dutzende von anderen Produkten wurden hergestellt, um kurze Zeit benutzt und dann auf den Müll geworfen zu werden. Wenn eine Beziehung problematisch wurde, behandelte man sie häufig wie einen anderen kurzlebigen Gebrauchsgegenstand. Ein neuer Partner schien häufig die einfachste und reizvollste Alternative. Eine neue Liebe, wie kurzlebig auch immer, ließ sich relativ leicht finden.

Und die Ehe? Sie verlor als Institution zunehmend an Bedeutung. Und überhaupt – wer wollte schon in einer Institution leben? Wir waren wie berauscht von der Idee der sexuellen Freiheit und Abwechslung, bis eine neue Statistik sich abzuzeichnen begann. Die Zahl von sexuell übertragbaren Krankheiten begann dramatisch anzusteigen: Herpes II, Warzen im Genitalbereich, ein Wiederaufflammen der Syphilis, neue Formen der Gonorrhöe und auch Krankheitserreger, die bislang unbekannt waren, wie Chlamydobakterien – eine Hauptursache der Unfruchtbarkeit – und das gefürchtete AIDS-Virus, für das bis heute kein Heilmittel gefunden ist.

Gleichzeitig sind viele von uns der One-Night-Stands und austauschbaren Kurzbeziehungen überdrüssig geworden: rasch aufflackernde Leidenschaften, die sich schnell in nichts auflösten, wie eine Riesenmenge Zuckerwatte im Mund. Viele waren es leid, neben jemandem aufzuwachen, den sie kaum kannten und unbeholfen nach zartfühlenden Ausreden zu suchen, um sich der Situation zu entziehen. Wir waren allmählich erschöpft von der Mühsal und ständigen Wiederkehr der endlosen »Kennenlern-Gespräche«: so viele Einleitungen ohne Folgekapitel, als würde man das Theater ständig vor dem zweiten Akt verlassen.

Die neue Intimität

Das neue Fenster zur Welt, das sich während der letzten Jahrzehnte so weit geöffnet und die Aussicht auf sexuelle Abenteuer und oberflächliche Beziehungen geboten hatte – es beginnt sich zu schließen, und wir richten unseren Blick wieder verstärkt auf verbindliche Beziehungen. Zum Teil als Reaktion auf die spirituelle Leere der 70er und 80er Jahre mit ihrer Überbetonung einer egozentrischen Individualität und materialistischen Denkweise streben die Menschen heute erneut nach Nähe und bedeutungsvollen Bindungen.

Die meisten von uns suchen heute nach einem tieferen Sinn, nach etwas anderem als einer bloßen Anhäufung von immer mehr sexuellen Partnern, mehr materiellen Besitztümern oder mehr Sprossen auf der Karriereleiter. Wir sehnen uns nach einem Menschen, dem wir völlig vertrauen können, der uns trotz all unserer Fehler – einschließlich Warzen – akzeptiert und nicht zurückweist. Wir möchten ein Gefühl von Sicherheit und Geborgenheit, die Gewißheit, daß unser Partner auch in schlechten Zeiten zu uns stehen wird.

Wir suchen einen Menschen, mit dem wir unser Leben und unsere Erfahrungen teilen können: die Freuden, die Sorgen und alle möglichen Abenteuer; jemanden, mit dem wir träumen und Zukunftspläne schmieden können; jemanden, dem wir unser Innerstes offenbaren und unser Herz schenken können; jemanden, der uns hilft, die Einsamkeit zu vertreiben und mit dem wir gemeinsam alt werden können. Wie eine fünfundvierzigjährige Frau es ausdrückte, die vor kurzem ihren langjährigen Freund geheiratet hat: »Die Ehe ist ein Ort, an dem ich mich sicher fühle; wo ich mich entspannen kann, weil ich mich angenommen fühle. Selbst wenn wir unterschiedlicher Meinung sind, empfinde ich eine tiefe Verbundenheit. Ich bin überzeugt, daß wir alle auftauchenden Probleme lösen können. Es gibt keine Entfremdung zwischen uns. Es ist schwer auszudrücken, aber ich fühle mich eins mit meinem Mann. Es hat wirklich etwas unglaublich Tröstendes.«

Der »Hunger nach Nähe« ist in unserer Gesellschaft immer stärker zu spüren. Die Zahl der Kontaktbörsen für jede Zielgruppe der Singles-Gemeinde steigt ständig an und hat inzwischen derartige Ausmaße angenommen, daß heute Computer ausrechnen, welche Menschen in Hunderten von persönlichen Merkmalen übereinstimmen. Man kann seine zukünftigen Verabredungs- und/oder Lebenspartner sogar vorher auf Video begutachten. Viele Zeitschriften, Zeitungen und Magazine, die auf die unterschiedlichsten Interessengruppen zielen – Literaturliebhaber,

Musikfans, Segler, Skifahrer, Senioren, Behinderte –, enthalten riesige Anzeigenteile für Leute, die auf diese Weise nach einem Lebenspartner suchen, nach einem Weg aus der Einsamkeit, nach einem Menschen für eine gemeinsame Zukunft.

Die Überbetonung der Quantität, der Trend zu möglichst vielen verschiedenen Partnern, ist einem gesunden Interesse an der Qualität einer Beziehung gewichen. Doch es gibt viele psychologische Hindernisse, die dieser Sehnsucht im Wege stehen können.

Seelische Wunden

Wie bereits erwähnt, gehen wir alle mit bestimmten Narben und Verletzungen in eine neue Beziehung hinein. Bei manchen sind diese seelischen Verletzungen tiefer und umfangreicher, vor allem, wenn sie uns in den sensibelsten, prägenden Jahren unseres Lebens zugefügt wurden. Man sagt gelegentlich, daß niemand die Eltern hat, die er verdient. Es scheint, daß ganz gleich, wie sehr Eltern sich bemühen, sie doch unweigerlich hin und wieder daran scheitern, uns das zu geben, was wir brauchen.

Manche Eltern waren so mit ihren eigenen Problemen beschäftigt, daß sie uns vernachlässigten oder ihre Probleme auf uns projiziert haben. Sie waren vielleicht nie da, wenn wir sie am nötigsten gebraucht hätten, oder sie haben uns erdrückt, wenn wir Raum zur Entfaltung brauchten. Fast unvermeidlich haben sie verletzende Dinge gesagt, die unser zerbrechliches Selbstwertgefühl zerstört haben, oder uns bestraft, wenn wir Verständnis gebraucht hätten. Häufig haben sie uns enttäuscht, indem sie unsere Erfolge ignorierten, während sie uns für unsere Mißerfolge verspotteten oder zum Versager stempelten. Solche Beispiele sind die Regel und kommen, zu einem gewissen Grad, auch in den gesündesten Familien vor.

Aber es gibt leider auch Eltern, die *schwerwiegende* Fehler gemacht haben und kläglich daran gescheitert sind, uns das zu geben, was wir für eine gesunde Entwicklung gebraucht hätten. Zu viele von uns sind in wirklich zerrütteten Verhältnissen aufgewachsen: in zerbrochenen Familien oder bei Eltern, die ständig stritten, Alkoholiker waren oder sich irrational verhielten, die ihre Kinder ängstigten oder sie körperlich oder seelisch mißbrauchten.

Die seelischen Verletzungen, die wir davontragen, beschränken sich jedoch nicht auf jene, die man uns in der Kindheit zugefügt hat, und sie sind auch kein ausschließliches Nebenprodukt der Eltern-Kind-Beziehung. Auch Lehrer, Freunde und später Arbeitgeber, Angestellte und vor allem Liebespartner können uns tief verletzt haben. Es gibt kaum jemanden, der nicht schon einmal – wenn nicht öfter – von einem geliebten Menschen verletzt und verraten wurde. Besonders hart trifft es uns, wenn wir jemandem unsere innersten Gefühle offenbaren und dann zurückgewiesen werden, oder wenn ein Partner versucht, uns mit Gewalt zu kontrollieren oder uns das Recht verweigert, unsere eigene Persönlichkeit zu entfalten.

In früheren Beziehungen hat man unsere Gefühle vielleicht verspottet, ignoriert oder auf andere Weise mißbraucht. Wir hatten vielleicht den Eindruck, daß wir unserem Partner viel gegeben haben und nichts zurückerhielten, als wir selbst seine Fürsorge gebraucht hätten. Manchmal, wenn wir den Mut gefunden hatten, jemandem offen unsere Liebe zu gestehen, haben wir vielleicht nur eine ausweichende, kalte Reaktion erhalten. Viele von uns haben einen Menschen geliebt, der erklärte, »mehr Freiheit« zu brauchen, mehr Zeit für sich selbst, bis schließlich ein anderer unseren Platz einnahm. Und ganz gleich, wie sehr wir immer versuchten, uns dagegen zu schützen, trotz allem spürten wir den Schmerz dieser scheinbar schlimmsten Zurückweisung.

Mit jeder neuerlichen emotionalen Verletzung lernen wir auch, zukünftige Schmerzen abzuwehren. Wir entwickeln Abwehrmechanismen, um uns vor verletzten Gefühlen und einem verringerten Selbstwertgefühl zu schützen. Dieses Verhalten geht auf einen der elementarsten menschlichen Instinkte, den Selbsterhaltungstrieb, zurück, der uns vor zukünftigem Schaden bewahren soll. Doch während wir diese Schutzmechanismen entwickeln, bauen wir gleichzeitig Mauern der Angst und des Mißtrauens um uns auf und werden dabei immer einsamer.

Mit jeder Verletzung verringert sich unsere Bereitschaft, anderen zu vertrauen, und damit auch die Möglichkeit, unsere Einsamkeit zu teilen und uns gegenüber einem anderen Menschen zu öffnen. Wir werden immer vorsichtiger und mißtrauischer. Und obwohl wir vielleicht weiterhin den Versuch machen, vertrauensvoll auf einen neuen Partner zuzugehen, merken wir, daß wir auf gewisse Weise in Deckung bleiben. Nach zu vielen Enttäuschungen entdecken wir plötzlich, daß wir uns an den einzig sicheren Ort zurückgezogen haben, den wir kennen – an einen Ort tief in uns selbst. Hier fühlen wir uns weniger verletzlich und endlich geschützt vor dem Schmerz zerbrochener Hoffnungen und enttäuschter Erwartungen.

Als Tracy und Vincent sich kennenlernten, war Tracy seit zwei Jahren von ihrem zweiten Mann geschieden. Von dieser Ehe hatte Tracy geglaubt, daß sie ewig halten würde. Sie war so felsenfest davon überzeugt gewesen, daß ihre Liebe und ihr Engagement ausreichen würden, um die Beziehung am Leben zu erhalten, daß sie drängende Probleme beiseitegeschoben hatte. Als ihr Mann sie um die Trennung bat, war sie fassungslos und verzweifelt. Zu dem Zeitpunkt, als sie Vincent kennenlernte, litt sie noch immer unter der Scheidung und wollte um jeden Preis vermeiden, ein drittes Mal verlassen zu werden.

Vincent war seit fast zehn Jahren geschieden. Er hatte sich daran gewöhnt, allein zu leben und nur mit einer Frau zusammenzusein, wenn er Lust dazu hatte. Obwohl Vincent sich mitunter nach einer festen emotionalen Bindung sehnte, war ihm seine Unabhängigkeit wichtiger.

Vincent war ohne Vater aufgewachsen. Als einziges Kind war er die wichtigste emotionale Stütze für seine Mutter gewesen. Weil seine Mutter selbst so viel entbehren mußte und weil sie auch relativ arm waren, hatte Vincent sich nie wohl dabei gefühlt, etwas von seiner Mutter anzunehmen. Es fiel ihm leichter, zu geben als zu nehmen. Indem Vincent sich Partnerinnen suchte, die immer ein bißchen hilflos und verloren wirkten, wiederholte er ein altes Muster. Es war eine Form von Liebe, die mit Schuld und Wut vermischt war, und die Verbitterung, die er hinterher stets empfand, verhinderte jede Form wirklicher Nähe. Das änderte sich erst, als er Tracy kennenlernte, die unabhängig und selbständig war und die ihn nicht »brauchte« wie seine früheren Partnerinnen. Bei ihr entwickelte Vincent allmählich die Überzeugung, daß Liebe nicht zwangsläufig bedeutete, seine Unabhängigkeit opfern zu müssen.

Tracy hatte keine Probleme damit, Vincent den Freiraum zu gewähren, den er brauchte. Ihre Angst, erneut verlassen zu werden, war so groß, daß sie hauptsächlich damit beschäftigt war, sich selbst zu schützen. Da Tracy in der Reserve blieb, wagte Vincent sich weiter vor, und auf diese Weise kamen sie sich allmählich näher. Sie begegneten einander mit Zuneigung und Respekt und nahmen Rücksicht auf die Verletzlichkeiten des anderen. Sie behandelten sich so, wie beide es sich immer von einem Partner gewünscht hatten.

Vincent war verläßlich: Wenn er sein Wort gab, hielt er es. Tracy fing an, sich zu entspannen und sich mehr zu öffnen. Selbst als Tracy sich allmählich stärker in die Beziehung einbrachte, hatte Vincent nicht das Gefühl, erstickt zu werden, das so typisch für seine früheren Beziehungen gewesen war. Tracy zeigte ihre Zuneigung offener, aber sie stellte keine größeren Forderungen. Weil sie unabhängig war und sowohl beruflich als auch privat ein eigenständiges, ausgefülltes Leben führte, fiel es Vincent leichter, etwas von ihr anzunehmen. Anders als in seinen früheren Liebesbeziehungen stand er nicht unter dem Druck, immer nur »geben« zu müssen.

Es fiel ihnen zunehmend leichter, ihre Verletzlichkeiten und Schwächen zu offenbaren. Tracy erzählte Vincent, wie sehr sie der Gedanke belastete, vielleicht kinderlos zu bleiben, nie jene Erfahrung zu machen, nach der sie sich immer gesehnt hatte. Vincent sprach von seinen finanziellen Ängsten, von seiner chronischen Furcht, irgendwann wieder dort zu enden, wo er angefangen hatte – in den Slums von Chicago, in Elend und Armut.

Über diese Ängste reden zu können, gab beiden das Gefühl, akzeptiert und verstanden zu werden. Sie fühlten sich sicher miteinander, und je tiefer das Vertrauen wurde, desto mehr gaben sie voneinander preis. Meistens stießen diese Enthüllungen auf fürsorgliche Anteilnahme und auf Verständnis, aber natürlich kam es gelegentlich auch zu Mißverständnissen und damit zu Kränkungen und verletzten Gefühlen. Im großen und ganzen aber spürten beide immer weniger das Bedürfnis, ihre Schwächen und Verletzlichkeiten zu verbergen. Sie konnten aus ihrer Deckung herauskommen, die Schutzräume in ihrem Innern verlassen. Sie heirateten etwa ein Jahr später. Vincent und Tracy hatten begonnen, einander zu heilen, weil sie den einzigen Ort wirklicher Heilung entdeckt hatten: eine innige, liebevolle Beziehung.

Wie Vincent und Tracy suchen die meisten von uns nach der Chance und dem Risiko, wieder verwundbar werden zu können.

Denn nur, wenn wir unsere Gefühle offen zeigen, unsere Unsicherheiten preisgeben und auf die Unterstützung anderer vertrauen, sind wir wirklich in der Lage, uns zu verändern und zu entfalten. Und es gibt keinen Ort, an dem wir uns besser entfalten können als in einer dauerhaften, erfüllten Beziehung zu einem geliebten Menschen. Wenn wir unsere Verwundbarkeit und unsere Risikobereitschaft verringern, verringern wir auch unsere Möglichkeiten – die Möglichkeit, Liebe zu finden und, mit der Zeit, die Wunden der Vergangenheit zu heilen. Nur wer den Kampf um Nähe wagt, kann siegreich und geheilt daraus hervorgehen.

Wir müssen wieder lernen zu vertrauen. Und Vertrauen entwickelt sich nur mit der Zeit und in einer Beziehung, in der beide sich gegenseitig beschützen, so daß sie ihre Schwächen und Verletzungen ohne Angst preisgeben können. Wie eine Frau, die wir befragten, es formulierte: »Intimität und Vertrauen gibt es nur in einer sicheren Umgebung. Wenn das in einer primären Beziehung nicht klappt, klappt überhaupt nichts.«

2. Gefährliche Liebschaften

Ungleiche Paare und unglückliche Bündnisse

Das, worauf wir aus sind, wenn wir uns verlieben, ist ein sehr merkwürdiges Paradox. Das Paradox besteht darin, daß wir, wenn wir uns verlieben, alle oder einige der Menschen wiederfinden wollen, mit denen wir in unserer Kindheit verbunden waren. Andererseits bitten wir unsere Geliebten darum, all das Unrecht, das uns unsere Eltern oder Geschwister angetan haben, wieder gutzumachen. Damit beinhaltet Liebe einen Widerspruch in sich. Den Versuch, in die Vergangenheit zurückzukehren, und den Versuch, sie aufzuheben.

WOODY ALLEN
(Professor Louis Levy in
Verbrechen und andere Kleinigkeiten)

Hilary schien ihre Beziehungen so häufig zu wechseln wie früher in ihrer Hippiezeit die Wohnungen. Allerdings hatte sie ein ausgeprägtes Faible für Männer mit attraktivem Äußeren und nahm dafür auch einige charakterliche Makel in Kauf. »Sogar Traumprinzen heiraten einmal«, sagte sie sich jedesmal, wenn sich eine neue Romanze anbahnte. Aber aus Gründen, die ihr selbst schleierhaft blieben, steuerten die Traumprinzen ihres Lebens immer wieder andere Häfen an.

Die meisten ihrer Beziehungen fingen auf die gleiche Weise an – voll verzehrender, intensiver Leidenschaft. Für kurze Zeit waren sowohl Hilary als auch ihr neuer Partner davon überzeugt, diesmal das Glück ihres Lebens gefunden zu haben – die große Liebe, die sich mit der Zeit beständig weiter entwickeln würde. Leider war alles, was sich auf Dauer entwickelte, eine emotionale Distanz, die die beiden immer weiter voneinander entfernte, bis nach einigen Monaten erneut eine Beziehung das Zeitliche gesegnet hatte.

Manchmal hatte Hilary das Gefühl, in einer Drehtür festzustecken. Mit jeder neuen Drehung wuchs ihre Verwirrung, ihre Entmutigung, ihr Argwohn und ihr Zynismus.

In den ersten Jahren schob sie die Schuld für dieses frustrierende, sich ständig wiederholende Schauspiel auf die Männer im allgemeinen und deren notorische »Bindungsängste«. Sie weigerte sich zu glauben, daß es zum Teil auch an ihrem Verhalten liegen könnte. Schließlich *wußte* sie mit absoluter Sicherheit, daß es nichts gab, was sie sich sehnlicher wünschte als eine feste und dauerhafte Beziehung, einschließlich Ehe und Kinder.

Doch nachdem Hilary mehr gescheiterte Beziehungen hinter sich hatte, als sie zählen konnte, und alle Beziehungen nach demselben Muster verlaufen waren, regte sich in ihr der Verdacht, daß sie mehr mit dem Dilemma zu tun haben könnte, als sie ursprünglich angenommen hatte. Doch was genau sie dazu beitrug, daß die Beziehungen scheiterten, blieb ihr ein Rätsel. Mit Hilfe einer Therapie versuchte sie, das Rätsel zu lösen.

Wiederholungszwang: Das ewige Drama

Viele von uns wiederholen unbewußt immer wieder ein zerstörerisches Muster, und wissen scheinbar nicht, wie sie es vermeiden könnten. Unter dem komplexen psychologischen Verhaltensmuster, das als *Wiederholungszwang* bezeichnet wird, versteht man die – zwanghafte – Tendenz, bestimmte Gefühle, Gedanken und Verhaltensweisen zu wiederholen, die früher im Leben, meist in den prägenden Jahren der frühen Kindheit bis Adoleszenz, eine wichtige Rolle spielten. Diese Zwänge werden von unbewußten Bedürfnissen gesteuert und üben großen Einfluß nicht nur auf die Wahl eines Partners, sondern auch auf die Art und Weise aus, wie man sich ihm gegenüber verhält.

Bis zu einem gewissen Grade haben wahrscheinlich die meisten Menschen, den zwanghaften – und größtenteils unbewußten – Wunsch, sich einen Partner zu wählen, mit dem sie Teile ihres emotionalen Kindheitsdramas nachspielen können. Besonderen Reiz scheinen dabei vor allem jene Dramen auf uns auszuüben, die besonders schmerzlich waren, die nicht völlig aufgearbeitet wurden oder die uns ganz einfach vertraut sind, sei es im Guten oder im Schlechten.

Normalerweise verstricken wir uns nicht in diese vertrauten Dramen, weil wir den absonderlichen masochistischen Drang hätten, in alten Wunden herumzustochern: Wir wiederholen solche selbstzerstörerischen Muster, weil wir den unbewußten Wunsch haben, dem Drama einen *anderen*, befriedigenderen Schluß zu geben. Denn wir suchen beständig nach einer Möglichkeit, unsere Wunden zu heilen und wieder ganz zu werden, die Erfahrungen unseres Lebens aufzuarbeiten, zu mehr Gleichgewicht und Harmonie zu finden. Wir wollen vervollständigen, was unvollständig ist, und immer wieder haben wir die Hoffnung, daß wir beim nächsten Mal unserem Drama ein glücklicheres Ende geben und erfüllen können, was unerfüllt geblieben ist.

Wiederholungstaten: Der Einfluß der Vergangenheit

Die wichtigsten Einflüsse in unserem Leben, die unsere Verhaltensweisen und unsere Sicht der Realität entscheidend geformt haben, waren natürlich unsere Eltern. Mit ihnen haben wir unsere prägenden Jahre verbracht – Jahre, in denen wir am empfänglichsten für neue Eindrücke waren, in denen wir im halsbrecherischen Tempo von den Worten, den Taten und den Verhaltensweisen der Eltern gegenüber uns und anderen gelernt haben. Wenn unsere Beziehung zu einem oder beiden Elternteilen besonders schwierig oder unausgeglichen war, wiederholen wir häufig ein ähnlich unausgewogenes Muster mit unserem Lebenspartner. Das gilt vor allem, wenn wir eine belastete Beziehung zum gegengeschlechtlichen Elternteil hatten. Das sich wiederholende Beziehungsmuster kann die unterschiedlichsten Formen annehmen. In Hilarys Fall trat es in einer Form auf, die wir als »höchste Herausforderung« bezeichnen.

Die höchste Herausforderung

Hilary fühlte sich scheinbar immer von Männern angezogen, die nicht die geringste Neigung verspürten, eine dauerhafte Beziehung einzugehen. Sie bemühte sich nach Kräften, diese Partner in geeignetes »Heiratsmaterial« umzuformen. Diese Sorte Männer übte eine merkwürdige, fast magnetische Anziehungskraft auf sie aus, trotz der Tatsache, daß sie immer wieder verbittert und mit dem Gefühl, nicht liebenswert zu sein, zurückblieb, wenn diese Männer schließlich unweigerlich aus ihrem Leben verschwanden.

Doug, Raymond und Jordan waren Hilarys wichtigste Liebespartner gewesen. Was ihr äußeres Erscheinungsbild anging, wiesen sie kaum Ähnlichkeiten auf. Doug und Jordan waren beide über einen Meter achtzig groß. Doug trug eine Brille und war dunkelhäutig. Jordan war hellhäutig und rothaarig. Raymond war kleiner und untersetzter als die anderen beiden. Doug war Geschäftsmann wie Hilarys Vater. Raymond war Anwalt und Jordan Graphiker. Alle drei waren relativ extrovertiert, aber ihre Hobbys waren ebenso verschieden wie ihre politischen Ansichten.

Das einzige Merkmal, das sie unzweifelhaft gemeinsam hatten, war, daß im Grunde niemand von ihnen für eine dauerhafte Beziehung zur Verfügung stand. Keiner der Männer hätte dies allerdings offen eingestanden. Tatsächlich beteuerten alle drei ihren aufrichtigen Wunsch nach einer dauerhaften Partnerschaft. Doch in allen drei Fällen sprachen die Taten schnell eine deutlichere Sprache als die Worte.

Doug lebte von seiner Frau getrennt und sprach oft von Scheidung, aber irgendwie fehlten im letzten Moment immer die entscheidenden Unterlagen, und immer war es seine Frau, die die Sache angeblich hinauszögerte. Jordan war seit zwei Jahren geschieden. Es war eine besonders schmerzliche Trennung gewesen; nach einem langen, erbitterten Rechtsstreit war Jordan zu hohen Unterhaltszahlungen verpflichtet worden und hatte das Sorgerecht für sein Kind verloren. In gewisser Weise schien er sich davor schützen zu wollen, dasselbe noch einmal zu erleben.

Raymond war fast vierundvierzig, und im Gegensatz zu den anderen beiden Männern hatte er noch nie eine Beziehung gehabt, die die Zweijahresgrenze überschritten hätte. Er brachte seine Wäsche noch immer jedes Wochenende zu seiner Mutter, und Hilary konnte sich des vagen Gefühls nicht erwehren, daß sie in eine merkwürdige Konkurrenzsituation mit »Mama« geraten war, ein Wettstreit, den sie unmöglich gewinnen konnte.

Warum landete Hilary immer wieder bei einem bindungsunwilligen Mann, wo sie doch angeblich genau das Gegenteil suchte?

Dieser Widerspruch erschien ihr selbst immer rätselhafter. Doch als die Therapie voranschritt, wurde ihr allmählich klar, daß sie ein Muster wiederholte, das schon lange vor ihrer ersten Teenagerliebe begonnen hatte.

Hilarys Eltern waren geschieden. Ihr Vater beteuerte ständig seine Liebe für Hilary, schien jedoch nur selten Zeit für sie erübrigen zu können. Immer wieder schmiedete er Pläne für gemeinsame Unternehmungen, aber in letzter Minute kam ihm regelmäßig etwas dazwischen. Es folgten endlose Entschuldigungen, begleitet von dem Versprechen, alles wieder gutzumachen, wenn sie sich das nächste Mal sehen würden – aber ein nächstes Mal gab es meistens nicht. Statt dessen schickte er ihr teure Geschenke und konnte nicht verstehen, warum sie sich nicht darüber freute.

Später, als er wieder heiratete, sahen sie sich so gut wie überhaupt nicht mehr. Seine neue Frau war eifersüchtig und beanspruchte viel von seiner Zeit – jedenfalls behauptete er das. Hilary war abweisend und ruppig, wenn er sie anrief, und dies versetzte ihrer ohnehin schwer angeschlagenen Beziehung einen weiteren Dämpfer.

Anfangs bezweifelte Hilary, daß es irgendwelche bedeutsamen Zusammenhänge zwischen ihrer frühen Kindheit und ihrem späteren Leben geben könnte. Es schien ihr zu platt, wie eine Fallgeschichte aus einer Freudschen Beispielsammlung. Aber sie konnte nicht leugnen, daß sie immer wieder in die Situation geriet, eine feste Beziehung zu einem Mann aufbauen zu wollen, der kein Interesse daran hatte, und daß ihre Motive im Grunde dieselben waren wie früher bei ihrem Vater.

Es gibt viele Variationen der höchsten Herausforderung. Manche Menschen sind zum Beispiel nur daran interessiert, einen Partner aktiv zu erobern: ein Zwang, den man unter dem Oberbegriff »Der Jäger und die Beute« fassen könnte. Wenn das Blatt sich wendet und sie selbst umworben werden, fühlen sie sich unbehaglich, geraten sogar in Panik und ergreifen die Flucht.

Eine zweite Variation dieses Motivs ist es, wenn wir einen Partner wählen, der im Grunde das genaue Gegenteil unseres eigentlichen Traumpartners ist und dann versuchen, diese Person dem Ideal anzupassen: Eine vorprogrammierte Niederlage *par excellence*.

Stan zum Beispiel war ein großer Musikliebhaber. In einer Musikkneipe lernte er Casey kennen, die Lead-Sängerin der Jazzgruppe, die in dem Lokal auftrat. Zuerst war er fasziniert von ihrer Stimme, und nach ein paar Verabredungen war er überzeugt, daß er sich in Casey verliebt hatte.

Stans Mutter hatte die Familie verlassen, als er sieben Jahre alt war. Tief in seinem Innern war Stan überzeugt, daß man im Grunde keiner Frau trauen durfte, weil sie einen zwangsläufig irgendwann verraten und im Stich lassen würde. Er versuchte mit aller Macht, Casey dazu zu bewegen, nicht mehr so viel auf Reisen zu gehen und zu Hause zu bleiben. Es kam, wie es kommen mußte: Je mehr er sie drängte, häuslich zu werden und einen festen Arbeitsplatz in der Gegend anzunehmen, desto öfter ging sie auf Tournee.

In Wahrheit machte Stan den Versuch, die unvollständige Beziehung zu seiner Mutter aufzuarbeiten, indem er sich eine Frau suchte, deren Tätigkeit es erforderlich machte, daß sie viel unterwegs war. Abschied zu nehmen war gewissermaßen ein fester Bestandteil ihres Berufs. Unbewußt versuchte Stan, das schmerzliche Szenario seiner Kindheit zu einem neuen und glücklicheren Ende zu bringen, einem Ende, das seine Sehnsucht nach Stabilität und Dauer schließlich erfüllen würde.

Der Retter

Daniel war das einzige Kind eines künstlerisch begabten Vaters, der nie zu einem ordentlichen Einkommen kam, und einer Mutter, die trotz ihrer körperlichen Behinderung rund um die Uhr arbeitete, um die Familie zu ernähren.

Daniels Mutter nörgelte ständig an ihrem Mann herum und wachte argwöhnisch darüber, daß er sich tatsächlich um eine feste Arbeit bemühte und nicht einfach zu Hause blieb, um Skizzen zu entwerfen oder auf seiner Gitarre zu spielen.

Daniels Vater, der tatsächlich in vielerlei Hinsicht ziemlich kindisch und verantwortungslos war, verübelte es seiner Frau, daß sie ihn zwingen wollte, ein ganz anderer Mensch zu werden, als er tatsächlich war, obwohl er diese Gefühle nie offen aussprach. Andererseits war auch Daniels Mutter verbittert, weil sie viel zu hart arbeiten mußte und nie an sich selbst, sondern immer nur an andere denken durfte. Daniel spürte das Unglück seiner Mutter und versuchte, einige der Rollen und Aufgaben zu übernehmen, denen sein Vater abgeschworen hatte, aber sie weigerte sich, seine Hilfe zu akzeptieren.

Als Erwachsener wählte Daniel sich häufig Partnerinnen, die aus dem einen oder anderen Unglück errettet werden mußten und versuchte auf diese Weise, die Rettung seiner Mutter zu vervollständigen, eine Aufgabe, an der er bereits in seiner Kindheit regelmäßig gescheitert war. Er nahm das Leben seiner jeweiligen Freundin völlig in die Hand und bemühte sich nach Kräften, all ihren Bedürfnissen gerecht zu werden. Doch über kurz oder lang erbitterte und ärgerte ihn dieser Zustand, den er mehr und mehr als unfaires Ungleichgewicht in der Beziehung empfand. Schließlich beendete er die Partnerschaft und fühlte sich erleichtert, weil er die mühseligen Verpflichtungen los war. Nach einigen Monaten startete er dann seine nächste Rettungsaktion. Er machte sich nie bewußt, daß er selbst seine Partnerinnen ermutigte, sich völlig von ihm abhängig zu machen und damit sein Gefühl von Unterdrückung selbst provozierte.

Daniel ist ein Paradebeispiel für einen Menschen, der in einem komplexen Rettungszwang gefangen ist. Sein vorherrschendes Verhalten in einer Partnerschaft wies auffällige Ähnlichkeiten mit den Rettungsversuchen auf, die er als Kind bei seiner Mutter unternommen hatte. Letzten Endes entwickelte er dabei die gleichen Gefühle wie sein Vater – er fühlte sich verbittert, eingeengt, unfähig, seine eigenen Interessen zu verfolgen, und war im Grunde überzeugt, daß die Bedürfnisse einer Frau unerfüllbar waren. Andererseits fühlte er sich wie seine Mutter überfordert und überlastet. Auf diese Weise wiederholte er sowohl die frühe Beziehung zu seiner Mutter als auch den Konflikt beider Elternteile. Die komplexen Verhaltensmuster von Daniel illustrieren beispielhaft, wie schwierig es sein kann, das spezifische entwicklungsgeschichtliche Motiv aufzudecken, das zu dem zwanghaften Wiederholungsmuster geführt hat.

Das zwanghafte Bedürfnis, bestimmte Verhaltensaspekte aus einer früheren Beziehung zu wiederholen, muß nicht unbedingt auf die Beziehung zu den Eltern zurückgehen. Auch andere Personen, die eine wichtige Rolle in unseren prägenden Jahren gespielt haben, zum Beispiel ein Bruder oder eine Schwester, können zu

Schlüsselfiguren in diesem Drama werden. Chelsea war ebenfalls eine Retterin, aber es war die Beziehung zu ihrer Schwester Edith, durch die diese Dynamik in Gang gesetzt wurde. Edith war drei Jahre jünger als Chelsea und geistig behindert. Die Eltern überschütteten Chelsea mit Lob und Anerkennung, wenn sie sich um ihre kleine Schwester kümmerte. Die fürsorgliche Rolle war ihr nicht nur vertraut, sondern trug auch viel zu ihrem Selbstwertgefühl bei: Sie kümmerte sich um ihre Schwester und damit gleichzeitig um ihre Eltern, denen sie diese Aufgabe abnahm.

Chelsea neigte dazu, sich Männer auszusuchen, die gewisse Schwierigkeiten hatten, mit der harten Realität zurechtzukommen. Nur zu bereitwillig gewährte sie ihnen finanzielle Unterstützung, half ihnen bei der Arbeitssuche und löste alle möglichen praktischen Probleme für sie. Doch anders als ihre Familienangehörigen brachten ihre Partner ihr weder Dankbarkeit noch Anerkennung entgegen. Sie fühlten sich vielmehr in gewisser Weise von Chelseas ungebetener Hilfe überrollt und bekämpften ihre eigenen Minderwertigkeitsgefühle häufig dadurch, daß sie Chelseas Bemühungen abwerteten. Wie nicht anders zu erwarten, fühlte Chelsea sich ausgenutzt und bitter gekränkt, weil alles, was sie getan hatte, als selbstverständlich hingenommen wurde.

Der fatale Fehler

Eine zweiunddreißigjährige Frau namens Denise wiederholte ein zwanghaftes Verhaltensmuster, das auf ihre Beziehung zu ihrem Bruder zurückging und das wir als Muster des »fatalen Fehlers« bezeichnen.

Denise erkannte, daß ihre beiden Ex-Freunde gewisse Macho-Tendenzen aufwiesen, die auch für ihren älteren Bruder charakteristisch waren. »Ich kannte meinen älteren Bruder nie besonders gut – wir waren neun Jahre auseinander –, aber ich habe ihn immer bewundert und seine Nähe gesucht«, berichtete sie. »Aber meine Gesellschaft war ihm lästig. Irgendwie kam ich ihm immer in die Quere. Im besten Fall duldete er mich wie ein unvermeidliches, aber kleineres Übel.«

Ihr Bruder wurde ein erfolgreicher plastischer Chirurg, er heiratete und hatte zwei Kinder. Denise erschien es als das ideale

Leben. Die Beziehung der beiden Geschwister wurde nicht enger, aber er blieb das Maß der »Vollkommenheit«, mit dem Denise unbewußt alle Männer in ihrem Leben verglich. Natürlich konnte keiner der Männer diesem Idealbild gerecht werden. Da Denise nie viel Gelegenheit gehabt hatte, ihren Bruder mit all seinen menschlichen Fehlern und Schwächen kennenzulernen, mußten auch ihre Partner makellos sein. Doch die Männer, mit denen sie ausging, waren lediglich normale Sterbliche mit den üblichen menschlichen Unvollkommenheiten. Denise entwickelte ein bemerkenswertes Gespür für solche »fatalen Fehler«, die ihr als unüberwindbare Hindernisse für eine dauerhafte Beziehung erschienen.

Hilarys Freund Raymond, der sein »Herz an Mama verloren hatte«, suchte ebenfalls nach einem Phantasiebild. Die Gefühle, die seine Mutter in ihn investiert hatte, führten zu einer ähnlichen Problematik wie bei Denise. Seine Mutter liebte ihn abgöttisch, pries beständig seine Klugheit, lobte seinen Witz, bediente ihn von vorne bis hinten und kritisierte ihn so gut wie nie. In ihren Augen war er absolut perfekt, und es versteht sich von selbst, daß seine Freundinnen ihm nie so recht das Wasser reichen konnten. Irgendwie brachten sie ihm nie die schuldige Bewunderung entgegen.

Sowohl Denise als auch Raymond neigten dazu, sich Hals über Kopf zu verlieben. Am Anfang idealisierten sie ihre Partner und malten sich die Zukunft in rosaroten Farben aus. Die Ernüchterung ließ für gewöhnlich nicht lange auf sich warten. Irgendwann bemerkte Denise, daß ihr Traumprinz unbeholfen oder ungeschickt mit Kindern umging, daß er völlig unfähig war, einen Witz zu erzählen, sich selbst aber für wahnsinnig komisch hielt, oder daß er einen grauenhaften Kunstgeschmack hatte.

Auch Raymond blieben die fatalen Fehler seiner Freundinnen nicht lange verborgen: Eine weigerte sich beharrlich, etwas über Fußball zu lernen oder sich ein Spiel im Fernsehen anzuschauen; eine andere war eigentlich perfekt, aber ihre Brüste waren zu klein, und Hilarys Kochkünste spotteten jeder Beschreibung.

Für einen Menschen, der zwanghaft nach fatalen Fehlern sucht, kann jede dieser Unzulänglichkeiten ausreichen, um einen Menschen abzulehnen. Man kann mühelos einen neuen, perfekteren Partner am Horizont ausmachen, doch bei näherer Betrachtung wird auch dieser Prinz sich wieder als Frosch entpuppen oder mit anderen Mängeln behaftet sein. Diese Mängel bieten immer wieder Grund genug, um die nie endende Suche nach dem makellosen »Gott« bzw. der makellosen »Göttin« fortzusetzen.

Themen und Variationen

Unglücklicherweise sind die schmerzlichsten Kindheitserlebnisse, von denen man eigentlich annehmen sollte, daß wir ihre Wiederholung um jeden Preis vermeiden würden, häufig genau diejenigen, die neu inszeniert werden. So weiß man heute zum Beispiel, daß Männer, die ihre Frauen schlagen, selbst als Kinder mißhandelt wurden, oder daß Kinder von Alkoholikern häufig selbst zu Alkoholikern werden oder einen Alkoholiker heiraten. Dabei wird nicht nur die Gewalt oder der Alkohol- und Drogenmißbrauch an sich wiederholt, sondern auch das grundlegende emotionale Verhaltensmuster. Es ist also durchaus möglich, daß jemand sich ganz bewußt einen Partner sucht, der völlig abstinent oder alles andere als gewalttätig ist, und dennoch unbewußt die alten psychologischen Muster *neu erschafft*, die früher mit dem Mißbrauch oder dem Suchtverhalten verbunden waren.

Vivian stammte aus einer Familie, in der der Vater häufig betrunken war und dann seine Kinder verbal und gelegentlich auch körperlich mißhandelte. Der Vater hatte nur ein sehr geringes Gehalt, und die Mutter mußte dazuverdienen, um das Familieneinkommen aufzubessern. Vivians Vater konnte es nie über sich bringen, die Leistung seiner Frau anzuerkennen, weil er darin nur einen Beweis für sein eigenes Versagen sah. Immer, wenn das Geld wieder knapp war, und er sich besonders minderwertig fühlte, fing er an zu trinken und verlor die Beherrschung.

Vivian, die immer wahnsinnige Angst vor ihrem Vater gehabt hatte, hielt ganz bewußt nach einem Partner Ausschau, der das genaue Gegenteil war. Sie lernte James kennen, einen Abstinenzler, dessen ruhige und besonnene Art ihr sofort sympathisch war. James war gerade dabei, sich ein eigenes Geschäft aufzubauen, er arbeitete hart und hatte ein durchaus annehmbares Einkommen. Da Vivian Anwältin war, verdiente sie dennoch wesentlich mehr als James. Vivian maß diesem Unterschied in ihren Einkünften eine scheinbar übertriebene Bedeutung zu. Sie war chronisch unzufrieden mit James und krittelte ständig an ihm herum. Sie machte höhnische Bemerkungen über seine Berufswahl und erging sich in sarkastischen und verletzenden Anspielungen auf seine angeblichen Unzulänglichkeiten, vor allem seine Unfähigkeit, finanziell mit ihr »gleichzuziehen«. Schließlich konnte James ihre ständigen Provokationen und Beleidigungen nicht mehr ertragen. Nach einem ausgedehnten Streit verlor er die Beherrschung, schleuderte ihr einen Haufen wüster Beschimpfungen an den Kopf und verließ das Haus.

Oberflächlich betrachtet, versuchte Vivian eine Beziehung zu schaffen, die ganz anders war als die ihrer Eltern. Doch obwohl sie einen Abstinenzler als Partner wählte, hatte sie selbst unbewußt eine Dynamik *geschaffen*, die derjenigen ihrer Eltern auf verhängnisvolle Weise ähnelte. Natürlich betrachtete Vivian sich selbst keineswegs als Urheberin dieses unglückseligen Dramas. Sie fühlte sich mit ihrem Verhalten im Recht, und das Ende der Beziehung bestätigte nur ihr generelles Vorurteil gegenüber allen Männern.

Vivian ging es wie vielen Menschen, die sich zum Teil aus alter Gewohnheit in einen selbstzerstörerischen Prozeß verstricken. Trotz erheblicher Nachteile verleiht ein gewohntes Verhalten ein Gefühl von Sicherheit, das trotz seiner Pervertiertheit sehr verlockend sein kann. Zumindest können wir vorhersagen, was der nächste Tag uns bringen wird.

Pauls Eltern waren beide ziemlich kalt und abweisend. Er verliebte sich in Naomi, weil er von ihrem warmherzigen, offenen Wesen bezaubert war. Obwohl er stets behauptete, glücklich darüber zu sein, daß Naomi ihre Gefühle so spontan und offen zum Ausdruck bringen konnte, zog er sich immer ein bißchen zurück, wenn Naomi ihre Zuneigung zeigte. Nicht irgendwie dramatisch, aber durch Kleinigkeiten: Wenn Naomi seine Hand nahm und Zukunftspläne schmiedete, fing sein Fuß plötzlich zu jucken an, und er mußte seine Hand wegziehen, um sich zu kratzen; wenn Naomi ihn zärtlich streichelte, erwiderte er die Zärtlichkeit nicht. Wenn sie ihn umarmte, versteifte er sich und zuckte zurück.

Naomi fühlte sich auf einer subtilen Ebene zurückgewiesen. Sie konnte den Finger nicht genau auf die wunde Stelle legen, aber allmählich gab sie es auf, ihre Liebe durch kleine zärtliche Gesten oder auf andere Weise zum Ausdruck zu bringen. Die Beziehung kühlte ab, und die Enttäuschung auf beiden Seiten war groß.

Unbewußt versuchte Paul, sich durch sein Verhalten zu schützen. Tief in seinem Innern war er überzeugt, daß jeder Mensch, den er liebte, sich über kurz oder lang vor ihm zurückziehen würde. Obwohl er sich auf einer bewußten Ebene nach körperlicher Nähe und mehr Intimität sehnte, bereitete solche Nähe ihm in Wahrheit Unbehagen – sie gab ihm das Gefühl, verletzlich und unbeholfen zu sein. Um sich vor der Ablehnung zu schützen, die er in seiner Kindheit erfahren hatte, zog er sich zurück und wiederholte das vertraute, wenn auch frustrierende Beziehungsmuster, indem er Naomis Zärtlichkeiten nicht erwiderte.

Das provokative und unablässige »Auf-die-Probe-Stellen« des Partners ist eine weitere Methode, um unbewußt genau die Konsequenzen heraufzubeschwören, die man am meisten fürchtet. Auch Leonard schien die Angewohnheit zu haben, die Frau, nach deren Liebe er sich am meisten sehnte, von sich wegzustoßen. Seine Mutter hatte ihn allein erzogen, und obwohl sie eine durchaus fürsorgliche Frau war, hatte ihr Beruf absolute Priorität für sie. *Wenn* sie einmal Zeit für Leonard hatte und er gerade anfing, sich zu entspannen und die Nähe zu genießen, geschah es häufig, daß sie plötzlich zu einer Geschäftsreise abberufen wurde. Leonard wurde bei einem Babysitter zurückgelassen oder für mehrere Tage bei einem Cousin einquartiert. Als Erwachsener machte Leonard die merkwürdige Entdeckung, daß er sich immer dann um eine Liebesbeziehung sorgte, wenn sie gerade am besten zu laufen schien, wenn das Verhältnis sich allmählich vertieft und gefestigt hatte. In dieser Situation neigte er zu teilweise völlig irrationalen Verhaltensweisen. Er wurde fordernder und verlangte verzweifelt nach Bestätigung: »Bist du sicher, daß du mich liebst? Schwörst du, daß du mich niemals verlassen wirst?« Doch keine noch so innige Beteuerung konnte ihn für längere Zeit beruhigen, und kurz darauf wiederholte er dieselben drängenden Fragen.

Verständlicherweise hielten seine Partnerinnen diese Überforderung nicht lange aus; sie fühlten sich verschlungen von Leonards schier unersättlichem Bedürfnis nach Bestätigung, erstickt von seinen Unsicherheiten, und brachen die Beziehung schließlich ab. Tatsächlich war es Leonards Angst vor dem Verlust ihrer Liebe, die sie in die Flucht schlug. In einer Beziehung nach der anderen, auch mit völlig unterschiedlichen Frauen, gelang es Leonard, dieses gefürchtete Ende vorzuprogrammieren. Und jede zerbrochene Beziehung bestätigte ihn nur erneut in seiner Überzeugung, daß ein gebrochenes Herz und ein Gefühl der Leere und Einsamkeit das einzige war, was einem blieb, wenn man einem anderen Menschen vertraute.

Wenn wir wie Leonard unsere Partner exzessiv verhören, ausfragen und bis an die Grenze der Belastbarkeit treiben, zwingen wir sie häufig zu genau den Verhaltensweisen, die wir vermeiden möchten. Wenn das geschieht und einer von beiden sich zurückzieht oder die Beziehung beendet, können wir die Trennung rationalisieren und uns einreden, daß wir unser Möglichstes versucht hätten, während wir in Wahrheit weiterhin die Risiken vermieden haben, ohne die Nähe und persönliche Reifung nicht möglich sind.

Auch wenn wir sorgfältig alle Verhaltensmuster vermeiden, die für unsere Ursprungsfamilie typisch waren, indem wir zum Beispiel Partner suchen, die in jeder Beziehung das genaue Gegenteil unserer Eltern sind, kann es zu Konflikten kommen. Diese *Überkompensation* erzeugt ihre eigenen, ganz speziellen Probleme.

Rebeccas Eltern führten eine Ehe, die reich an Turbulenzen war. Sie waren dreimal auseinandergezogen. Bei einer dieser räumlichen Trennungen hatten sie sich auch scheiden lassen, nur um ein knappes Jahr später erneut zu heiraten. Bob wuchs in einer religiös-fundamentalistischen Familie auf, in der alle Gefühle so unterdrückt wurden, daß die lebhafteste Erinnerung an seine Kindheit das Gefühl war, innerlich tot zu sein.

Als Bob Rebecca kennenlernte, fühlte er sich zum erstenmal lebendig. Ihre sexuelle Beziehung war ungemein intensiv und leidenschaftlich. Sie kamen kaum aus dem Bett heraus, verstrickten sich aber auch regelmäßig in leidenschaftliche Auseinandersetzungen. Die Beziehung schwankte immer von einem Extrem ins andere: in der einen Minute befanden sie sich im akuten Kriegszustand, in der nächsten feierten sie ihre Versöhnung mit einem ekstatischen Liebesakt. Für Rebecca war dies ein Muster, das ihr seit langem vertraut war. Bei Bob lief dieses Verhalten all seinen Erfahrungen diametral entgegen.

Mit jedem Konflikt wuchs das gegenseitige Mißtrauen, bis die emotionale Achterbahn des Streits und der Versöhnung beide so erschöpft hatte, daß sie die Beziehung beendeten. Nachdem Bob mehrere Beziehungen dieser Art hinter sich hatte, wurde ihm allmählich bewußt, daß Leidenschaft allein noch keine emotionale Nähe schafft. Er erkannte, daß er sich nicht zu turbulenten Beziehungen hingezogen fühlte, weil sie die ersehnte Nähe und Geborgenheit boten, sondern weil er damit ein Gefühl von Vitalität und Lebensfreude verband, das in deutlichem Gegensatz zu den Gefühlen seiner Kindheit stand. Rebecca dagegen mußte lernen, daß eine extreme emotionale Intensität nicht zwangsläufig ein Zeichen wahrer Liebe ist.

Trotz vieler Gemeinsamkeiten in der grundsätzlichen Dynamik entstand bei Lydia und Gilbert eine völlig andere Beziehung als bei Bob und Rebecca. Lydias Eltern waren sehr autoritär und ordnungsbewußt. Auf jede Frage gab es entweder eine richtige oder eine falsche Antwort; für alle Eventualitäten des Lebens schien es irgendein ungeschriebenes Gesetz zu geben. Nachdem Lydia mit einigen Männern liiert gewesen war, die auf die Ablehnung ihrer Eltern gestoßen waren, lernte sie Gilbert kennen – genau den Typ Mann, den ihre Eltern sich vorgestellt hatten. Aus der Bekanntschaft wurde eine feste Beziehung.

Wie Lydia hatte auch Gilbert sich einen verläßlichen, sicheren Partner gewählt, wenn auch aus anderen Gründen: seine Mutter war Alkoholikerin, und sein Vater hatte ein unberechenbares Temperament, das sich jederzeit in wilden Wutausbrüchen entladen konnte. Manchmal, wenn Gilbert aus der Schule kam, fand er seine Mutter besinnungslos betrunken auf dem Sofa. Häufig erlebte er mit, wie seine Eltern sich in beängstigender Weise anbrüllten und beschimpften. Das Leben in seinem Zuhause war auf schreckliche Weise unberechenbar. Lydia zog ihn an, weil sie so extrem konventionell, verläßlich und zurückhaltend war. Sie war »sicher«.

In Wahrheit waren weder Lydia noch Gilbert je besonders leidenschaftlich ineinander verliebt, nicht mal am Anfang. Schon ihre früheren Beziehungen waren hauptsächlich durch Sicherheit und Berechenbarkeit gekennzeichnet gewesen. Sehr bald fingen sowohl Lydia als auch Gilbert an, sich zu langweilen. Ihre Beziehung bot wenig entfaltungsfördernde Anreize; der Preis des gegenseitigen Handels, mit dem sie ihr Bedürfnis nach Sicherheit befriedigt hatten, war ein fades, monotones Leben.

Ein ausschließlich sicherheitsorientiertes Verhalten führt fast immer zu eintönigen, frustrierenden Beziehungen und damit häufig auch zur Vernachlässigung und Verachtung des Lebenspartners. Eine wahrlich teuer erkaufte Sicherheit.

Sexuell mißbrauchte Kinder oder Inzestopfer neigen als Erwachsene häufig zu Beziehungen, die durch ein extremes Sicherheitsbedürfnis gekennzeichnet sind. Diese Menschen sind als Kinder für gewöhnlich so traumatisiert worden, daß sie oft zwanghaft nach einem Partner suchen, den sie kontrollieren können. Sie wählen häufig Partner, die keinerlei sexuellen Reiz für sie haben. Auf diese Weise schützen sie sich gegen unerträgliche Gefühle eigener Verletzlichkeit und die Wiederbelebung traumatischer Erinnerungen.

Die Risiken der Wiederholung

Wir haben gesehen, daß Kindheitserfahrungen sowohl unsere Partnerwahl als auch den Verlauf und die Art unserer Beziehungen tiefgreifend beeinflussen können. Das zwanghafte Wiederholungsmuster, das wir hier erörtert haben – und wir haben nur einige der häufigsten und schwierigsten Aspckte gestreift –, ist zweifellos ein komplexes Problem. Es ist oft sehr kompliziert, die vielen verschiedenen Ausdrucksformen eines Wiederholungsmusters zu verstehen, weil die ablaufenden Mechanismen meist überaus subtil und flüchtig sind. Die eigentlichen Ursachen und Motive, die sich hinter solchen Mechanismen verbergen, sind häufig sehr schwer zu erkennen, und man braucht viel Zeit und Geduld, um sie aufzudecken und zu überwinden.

Wenn wir uns in solchen starren Beziehungsmustern verfangen, weil wir unbewußt versuchen, die verborgenen Wunden der Vergangenheit offenzulegen und zu heilen, entstehen aus den Wiederholungen dieser alten Dramen auch neue Probleme, die nicht weniger schmerzlich und zermürbend sind. Mit jeder gescheiterten Beziehung verstärkt sich ein Netzwerk von Schutzmechanismen, automatische Abwehrhaltungen, die das Risiko verringern sollen, daß wir erneut verletzt werden. Obwohl diese Abwehrmechanismen hauptsächlich dem Zweck dienen, uns vor möglichem Schaden zu bewahren, können sie auch dazu führen, daß die Entstehung jeder echten Intimität von vornherein verhindert wird.

Intimität und Nähe in einer Beziehung können sich nur entwikkeln, wenn wir das Risiko emotionaler Verwundbarkeit eingehen. Wenn wir dieses Risiko und diese Möglichkeit für ein Gefühl der Sicherheit eintauschen und damit, ohne es zu wollen, die Art von Szenarien heraufbeschwören, die wir hier erörtert haben, werden wir schließlich von Mauern der Einsamkeit umgeben sein und immer hoffnungsloser und zynischer auf die Möglichkeit reagieren, einen Weg ins Freie, zu Liebe und Verbundenheit, zu finden.

Viele Menschen geraten in Panik und treten den Rückzug an, sobald sie im Lauf einer Beziehung auf Hindernisse stoßen. Sie ziehen es vor, eine Abzweigung zu wählen, statt die schwierige Wegstrecke zu meistern. Wenn wir an solche kritischen Punkte geraten, suchen wir vielleicht lieber nach einem neuen und vermeintlich passenderen Partner und rechtfertigen unsere Entscheidung, indem wir uns selbst davon überzeugen, daß allein unser Partner für die aufgetretenen Probleme verantwortlich gewesen ist.

Es gibt unzählige Erklärungen, mit denen wir diese Form des Fluchtverhaltens rechtfertigen können: Wenn wir doch bloß einen Partner hätten, der weniger verschwenderisch wäre oder fröhlicher oder verantwortungsbewußter oder einfühlsamer oder ordentlicher oder... unsere Probleme wären ein für allemal gelöst; unsere Beziehung würde reibungslos funktionieren.

Aber es nützt alles nichts: Wenn wir unsere eigenen Probleme nicht lösen, werden sie in der nächsten Beziehung erneut auftauchen und in der übernächsten, wenn vielleicht auch in leicht abgewandelter Form. Je tiefer das Wiederholungsmuster eingeprägt ist, desto größer ist die Wahrscheinlichkeit, daß wir unsere eigene Rolle in der Beziehung nicht analysiert und aufgearbeitet haben.

Solange wir uns selbst als – überwiegend – unschuldige Opfer sehen, erzeugen wir leider immer wieder Bedingungen, die uns zu einer Wiederholung der alten, schmerzlichen Muster verleiten. Um die Möglichkeit der Nähe zu schaffen, müssen wir unseren eigenen Beitrag und unsere Verantwortung für den Verlauf einer Beziehung erkennen und akzeptieren. Nur wenn wir unsere zerstörerischen Verhaltensmuster erkennen, können wir sie verändern und unsere Verletzungen heilen.

Obwohl der notwendige erste Schritt zu wirklicher Nähe darin besteht, daß wir analysieren, was *wir selbst* zu den Problemen in einer Beziehung beitragen, kann sich dieser Versuch als unerwartet schwierig erweisen. Unsere beängstigende Fähigkeit, alte Muster zu wiederholen, kann unseren gesunden Menschenverstand und unsere Selbsterkenntnis mit Leichtigkeit außer Kraft setzen. Wir verfügen über eine ganz außergewöhnliche Begabung, uns selbst hinters Licht zu führen.

Lucy zum Beispiel erkannte im Lauf einer Therapie, daß ihre Beziehungen große Ähnlichkeiten mit der Ehe ihrer Eltern aufwiesen. Lucys Mutter war ihrem Mann in vielen Hinsichten überlegen gewesen, und Lucy hatte sich immer wieder in Männer verliebt, die weit weniger kompetent und selbstsicher waren als sie. Fast ohne Ausnahme war Lucy jedesmal diejenige gewesen, die gesellschaftlich gewandter auftreten konnte, mehr Entschlußkraft zeigte, das höhere Einkommen hatte, ihre Meinung besser zum Ausdruck bringen und durchsetzen konnte und oft auch energischer und phantasievoller war. Dieses Ungleichgewicht führte meist dazu, daß sowohl Lucy als auch ihr Partner unzufrieden wurden, und die Beziehung schließlich zerbrach.

Lucy schwor sich, in Zukunft nur noch eine Beziehung zu einem Mann einzugehen, der wesentlich stärker und kompetenter war als ihre früheren Freunde. Als sie Rob kennenlernte, war sie überzeugt, daß sie endlich das Muster durchbrochen hatte, das ihr soviel Unglück und Kummer gebracht hatte.

Rob hatte zwar schon eine recht bewegte Karriere mit zahlreichen Höhen und Tiefen hinter sich, doch als er Lucy kennenlernte, machte er gerade Multimilliarden-Dollar-Geschäfte am Börsen- und Aktienmarkt. Obwohl die Gewinne vorläufig nur auf dem Papier standen, behauptete er, daß seine Verkaufsprovisionen in die Hunderttausende gehen würden. Er machte einen überaus selbstsicheren, dynamischen und extrovertierten Eindruck. Lucy war überwältigt von seinem Charme und den Verlockungen des glamourösen Lebens, das sie führten: teure Restaurants, kostspielige Geschenke, geplante Reisen in ferne Länder.

Und dann, ganz plötzlich, änderte sich die Situation. Die Wirtschaft geriet in eine ihrer zyklischen Talfahrten und Robs Geschäfte kamen ins Trudeln. Eine Reihe von großen Abschlüssen platzten, und mit dem Zusammenbruch der Geschäfte bröckelte auch Robs Selbstvertrauen. Er wurde pessimistisch und emotional abhängig und lamentierte endlos über das Unglück, das ihn getroffen hatte. Lucy versuchte, verständnisvoll zu sein und ihn aufzuheitern, aber er war durch nichts zu trösten. Unter der einst so unerschütterlich wirkenden Hülle seines Selbstbewußtseins schienen keinerlei emotionale Reserven zu liegen, und ihre Beziehung steuerte unaufhaltsam in eine Richtung, die Lucy unangenehm vertraut war. Bald darauf führten ihre immer häufiger werdenden, erbitterten Auseinandersetzungen zur Auflösung der Beziehung.

Lucys unbewußte psychischen Antennen hatten ihre Entscheidung auch diesmal beeinflußt – sie hatte einen Mann gefunden, der trotz all seiner oberflächlichen Reize, die das Gegenteil zu beweisen schienen, im Grunde ein sehr unsicherer Mensch war.

Ein anderes Drama

Wer von dem Karussell zwanghaft wiederholter Beziehungsmuster abspringen möchte, braucht für gewöhnlich eine Menge Geduld und auch den Mut, einen kritischen Blick auf seine jüngere und ältere Beziehungsgeschichte zu werfen.

Das heißt, wir müssen die Fähigkeit entwickeln, die Dinge so zu sehen, wie sie wirklich sind und nicht so, wie wir sie gern sehen möchten: Wir müssen uns von unseren Projektionen befreien und uns davor hüten, in die alten Fallen zu gehen, über die wir schon am Anfang unserer Entwicklung gestolpert sind. Je weniger Kindheitsgefühle und Bedürfnisse wir auf unsere Partner übertragen, desto größer ist die Chance auf eine erfolgreiche Beziehung.

Als erstes müssen wir die emotionalen oder situativen Ähnlichkeiten aufdecken, die auch in früheren Beziehungen zu Problemen geführt haben. Vielleicht haben wir uns häufig intellektuell unterlegen gefühlt oder unangenehm abhängig, vielleicht hatten wir auch den Eindruck, sexuell abgewiesen zu werden, oder daß wir immer wesentlich mehr zum Erhalt einer Beziehung beigetragen haben als unsere Partner. Wie immer das Muster aussehen mag –

nachdem man es aufgedeckt hat, sollte man untersuchen, ob es in der Kindheit ähnliche Verhaltensmuster gegeben hat, vor allem in der Beziehung zu den Eltern oder in der Elternbeziehung selbst.

Man sollte lange und gründlich über diese Ähnlichkeiten und Übereinstimmungen nachdenken, auch wenn es unangenehme Gefühle weckt. Obwohl es manchmal nicht sofort deutlich wird, gelangt man für gewöhnlich zu überraschend tiefen Einsichten, wenn man die Zusammenhänge zwischen der Gegenwart und Vergangenheit aufgedeckt hat.

In dem Wunsch, sich weiterzuentwickeln und zu ändern, ist man vielleicht versucht, bestimmte unangenehme Themen zu vermeiden, um schneller voranzukommen. Wenn Sie diese Tendenz bewußt bekämpfen und sich bemühen, auch die unangenehmen Gefühle zuzulassen und zu analysieren, werden Sie eher in der Lage sein, die belastenden Beziehungsmuster endgültig aufzulösen und zu überwinden.

Als nächstes sollten Sie diesen Mustern einprägsame Namen geben: Verwenden Sie Bezeichnungen, die deutlich machen, welche Rolle Sie selbst in der Serie Ihrer Beziehungsdramen gespielt haben: wie zum Beispiel »Retter« oder »Papis Liebling« oder »erstickt, aber sicher«.

Rachels Vater hatte die Familie verlassen, als seine Tochter noch sehr klein gewesen war. Wie Hilary fühlte auch Rachel sich wiederholt zu Männern hingezogen, die höchste Herausforderungen darstellten: Männer, die zwar sich selbst und ihre Umwelt davon überzeugten, daß sie zu einer Ehe bereit waren, in Wahrheit aber jede noch so fadenscheinige Ausrede nutzten, um Reißaus zu nehmen.

Doch Rachels Beziehung mit Tim läuft mittlerweile seit acht Jahren und entwickelt sich laufend weiter. Tim erkannte, daß Rachel große Angst davor hatte, verlassen zu werden. Weil er die Ursachen ihres Verhaltens verstand, konnte er die zahlreichen Tests, denen er ausgesetzt wurde, unbeschadet überstehen. Mit der Zeit schwand Rachels Mißtrauen und sie hörte auf, ihn beständig auf die Probe zu stellen. Seine Liebe und sein Verständnis zeigten langsam, aber sicher ihre heilende Wirkung.

Andererseits half Rachels Anerkennung und ihre Bereitschaft, Tim mit all seinen Fehlern und Schwächen zu lieben, ihm über seine eigenen Ängste hinweg. Ihre Beziehung konnte sich vertiefen und entfalten, weil beide sich bemühten, die Gefühle und Handlungen des anderen zu verstehen, statt ihm böse Absichten zu unterstellen und nach Vergeltungsschlägen zu trachten. Obwohl sie auch gelegentlich Meinungsverschiedenheiten hatten, versuchten sie nie, den anderen für sein Verhalten zu bestrafen: Verständnis und Toleranz bildeten die Grundlage ihrer Beziehung.

Eine neue Besetzung

Wer sich seine eigenen zerstörerischen Neigungen und die damit verbundenen Verhaltensmuster bewußt gemacht hat, ist eher in der Lage, sich einen Partner zu wählen, mit dem eine konstruktivere Interaktion möglich ist.

Maureen erkannte, daß sie sich häufig zu Männern hingezogen fühlte, die auf den ersten Blick relativ passiv wirkten, im Grunde jedoch auf einem wahren Pulverfaß an angestauten Aggressionen saßen. Auch Maureens Vater, der für gewöhnlich sanft und übertrieben zurückhaltend war, konnte manchmal ohne erkennbaren Grund kalt und abweisend reagieren.

»Ich habe mir immer solche Wischi-waschi-Männer für meine Beziehungen gesucht«, erklärte Maureen. »Stille Wasser, bei denen es unter der Oberfläche buchstäblich brodelte, und dann hab ich angefangen, ihr Selbstbewußtsein zu ›trainieren‹. Mit dem Erfolg, daß sie es tatsächlich aufpäppelten und sich mir gegenüber echt beschissen aufführten – manchmal sogar gewalttätig wurden. Die Methode hat eindeutig nicht funktioniert. Dann lernte ich Drake kennen. Er ist ziemlich ruhig und sanftmütig, und ich rede ihm oft zu, daß er mehr aus sich herausgehen soll. Aber er ist kein schlummernder Vulkan, der nur darauf wartet, zum Ausbruch aufgefordert zu werden, wie meine früheren Partner. Er kämpft mit anderen Mitteln, und ich genieße seine Ausgeglichenheit, seine ausgeprägte feminine Seite. Diese unterschwellige Wut hat sich in der Vergangenheit immer als Problem erwiesen, aber jetzt habe ich endlich einen Mann gefunden, der anders ist.«

Wenn man sein eigenes Seelenleben erforscht, sollte man darauf achten, daß man sich wirklich auf die *unterschwelligen* Kräfte in der Beziehung konzentriert. Es geht hier nicht um Oberflächlichkeiten, wie zum Beispiel, ob Sie lieber Blonde oder Brünette mögen, »Sportskanonen« oder »Bücherwürmer«. Es geht um Persönlichkeitsmerkmale und das Zusammenspiel von grundsätzlichen Verhaltensweisen mit denen eines Liebespartners oder eines potentiellen Liebespartners. Man kann sich Partner wählen, die, oberflächlich betrachtet, nichts gemeinsam haben, die in Beruf, Lebensstil oder Äußerem das genaue Gegenteil voneinander sind, die aber dennoch in bestimmten Persönlichkeitsmerkmalen übereinstimmen. Nach einer gewissen Zeit mit diesen scheinbar völlig unterschiedlichen Partnern wird man feststellen, daß sich seltsam vertraute Gefühle und Verhaltensweisen in der Beziehung entwickeln.

Ein anderes Szenario

Beziehungen sind Systeme, innerhalb derer die Beziehungspartner sich wechselseitig beeinflussen: Das Verhalten des einen ist nur in Beziehung zum Verhalten des anderen völlig verständlich. Deshalb kann der einzelne eine bestimmte Dynamik oder Interaktionsweise nur so lange erzeugen oder aufrechterhalten, wie die andere Person ihren Teil dazu beiträgt.

Das bedeutet, daß es grundsätzlich zwei Möglichkeiten gibt, um ein negatives Beziehungsmuster aufzulösen. Wie bereits erwähnt, ist eine Möglichkeit, sich einen Partner zu wählen, der völlig anders ist als alle seine Vorgänger. Die zweite Möglichkeit ist, die unterschwellige Dynamik des Beziehungssystems selbst zu ändern, indem man sich bewußt darauf konzentriert, welche *eigenen Reaktions- und Verhaltensweisen* zu problematischen Interaktionsmustern führen. Das bedeutet, daß Sie auch mit einem Partner, der dem alten Auswahlmuster entspricht, noch gute Chancen haben, die Beziehung umzuformen.

Innerhalb eines Beziehungssystems können beide Partner ihr eigenes Verhalten ändern. Wenn es zu einem Verhaltenswandel bei einem der Partner kommt, wird dem System selbst ein Wandel »aufgezwungen«, weil der andere Partner sich dem veränderten Verhalten anpaßt. Wenn zum Beispiel in einer »Rettungs-Beziehung« die Person, die den Retter spielt, sich beharrlich weigert, dem krisenprovozierenden »Opfer« weiterhin zu helfen, bringt die Fortsetzung der Opferrolle keinerlei Vorteile mehr. Dieser

Partner wird schließlich andere Lösungen für bestehende Probleme finden müssen, günstigenfalls solche, die konstruktiver sind.

Auf dieselbe Weise wird auch der »Retter« arbeitslos, wenn das »Opfer« sich nicht länger retten läßt und damit die Beziehung auf eine neue Basis stellt.

Partnerschaften mit Alkoholikern gehören zu den typischen Retter-Opfer-Beziehungen. Häufig übernimmt in diesen Verbindungen der Partner des Suchtkranken die Rolle des fürsorglichen Beschützers, der stets zur Stelle ist, um das Chaos zu beseitigen, das der Alkoholiker hinterlassen hat. Die verhängnisvolle Verbindung zwischen diesen Partnern *unterstützt* in Wahrheit die Sucht, obwohl der nicht alkoholabhängige Partner normalerweise gekränkt, niedergeschlagen oder sogar aggressiv reagiert, wenn der Partner sein Suchtverhalten nicht aufgibt. Der Lohn des nüchternen Partners – der die Rolle des Retters übernimmt – liegt in der Egogratifikation des Gebrauchtwerdens, des selbstmitleidigen Märtyrertums und der steten Verfügbarkeit eines Sündenbocks für alle auftretenden Probleme. Der Alkoholiker seinerseits hat sowohl einen helfenden Retter zur Hand als auch einen gelegentlichen Punchingball. Der Alltag einer solchen Beziehung ist durch eine *gemeinsame* Abhängigkeit gekennzeichnet: in diesem Beziehungssystem erfüllen und perpetuieren beide Partner die selbstzerstörerischen Bedürfnisse des anderen.

Melinda und Hank waren schon als Teenager ein Liebespaar. Sie heirateten, als Hank im zweiten Collegejahr war und Melinda ihren High-School-Abschluß gemacht hatte. Melindas Vater war Arzt und medikamentenabhängig.

Seit der Collegezeit hatte Hank ein ernsthaftes Alkoholproblem. Er hatte deswegen mehrmals seine Arbeit als Wirtschaftsprüfer verloren, und die Familie mußte wiederholt umziehen, damit Hank eine neue Stellung antreten konnte.

Obwohl Melinda von sich selbst behauptete, unglücklich in ihrer Ehe zu sein, war sie extrem abhängig von Hanks finanzieller Unterstützung und seiner Hilfe in praktischen Lebensdingen. Sie war überzeugt, daß sie unmöglich allein zurechtkommen könnte, weil sie über keinerlei qualifizierte Ausbildung verfügte und außerdem zwei kleine Kinder hatte.

Jahrelang ermutigten sowohl ihre beste Freundin als auch ihre

Schwester sie immer wieder, ihr Leben selbst in die Hand zu nehmen, ihre Ausbildung fortzusetzen und sich scheiden zu lassen. Aber Melinda fühlte sich zu unsicher und ängstlich, um eine so einschneidende Veränderung zu riskieren.

Nach zwölf Jahren Ehe waren ihre Kinder selbständiger geworden, und Melinda begann eine Ausbildung als Atemtherapeutin. Sie war entschlossen, selbst für sich zu sorgen und keine Rücksicht mehr darauf zu nehmen, was Hank tun würde. Doch ungefähr zur gleichen Zeit beschloß Hank, den Anonymen Alkoholikern beizutreten. Mit Hilfe der AA und einer Eheberatung nahm die Beziehung eine deutliche Wendung zum Besseren, beide entdeckten plötzlich so viele neue und positive Aspekte an ihrer Ehe, wie sie es nie für möglich gehalten hätten. Ihr Ehesystem hatte eine tiefgreifende Veränderung erfahren, eine Veränderung, die beiden Partnern neue Kraft und Energie gab.

Nicht immer führt ein einseitiger Verhaltenswandel dazu, daß der andere sich bereitwillig anpaßt. Tatsächlich wird sich der Partner in den meisten Fällen, jedenfalls anfänglich, der Veränderung in der Beziehung widersetzen oder unbewußt versuchen, die Veränderung zu sabotieren, um die ursprüngliche Dynamik wiederherzustellen.

Harry und Sue hatten jahrelang eine traditionelle Beziehung geführt. Als Sue eines Tages beschloß, wieder arbeiten zu gehen, weil sie sich in ihrer Rolle als Ehefrau und Mutter zunehmend langweilte, empfand Harry ihr Verhalten als bedrohlich. Zu seiner eigenen Überraschung fühlte er sich unterlegen und irgendwie überflüssig, als Sue ihren ersten Gehaltsscheck nach Hause brachte. Sue war gekränkt und enttäuscht von Harry. Sie hatte geglaubt, daß er stolz auf sie sein würde und sich über das zusätzliche Geld freuen würde. Statt dessen tat er sein Möglichstes, um ihr die Arbeit aus- und ein weiteres Kind einzureden. Er war stur wie ein Maulesel und weigerte sich, die Hausarbeit mit ihr zu teilen. Obwohl Sue unter der Doppelbelastung litt und sich fürchterlich über Harry ärgerte, hielt sie durch und bald begannen sich erste positive Veränderungen abzuzeichnen. Harry entdeckte sein Talent als Barbecue-Chef, und ehe das Jahr zu Ende ging, hatte er sich auch für einen Kochkurs über die italienische Küche eingeschrieben. Es dauerte nicht lange, da züchtete Harry seine eigenen Kräuter und ein paar Gemüsesorten in ihrem kleinen Garten, statt wie früher Überstunden zu machen, um die Löcher in der Haushaltskasse zu stopfen. Sue genoß ihre Arbeit – und natürlich Harrys Kochkünste – und konnte sich endlich beruflich entfalten. Andere Veränderungen in ihrer Beziehung folgten – Veränderungen, die beide als positiv empfanden.

Wenn Harry heute zurückdenkt, kann er sich kaum noch vorstellen, warum er sich anfangs so vehement gegen diese belebenden und vorteilhaften Veränderungen gesträubt hat.

Dieselbe Situation hätte natürlich auch ganz anders und weit weniger glücklich enden können. Sue hätte zum Beispiel Harrys ursprünglichem Widerstand nachgeben können, hätte dann vielleicht ein weiteres Kind bekommen und wäre schließlich verbittert und deprimiert geworden. Wenn ihr Bedürfnis nach beruflicher Entfaltung stark genug gewesen wäre, hätte sie Harry vielleicht verlassen, wenn er auf seinem Standpunkt beharrt hätte. Wenn andererseits Harry nicht bereit gewesen wäre, sich einer Veränderung des Status quo in ihrer Beziehung anzupassen, hätte er vielleicht eine Affäre begonnen, um seinen Ärger zu kanalisieren, und dadurch möglicherweise die Ehe ernsthaft gefährdet oder zerstört.

Wenn eine Beziehung so starr und unbeweglich geworden ist, daß die Partner an längst überlebten Verhaltensweisen festhalten und jede Veränderung als Bedrohung erleben, wird der Heilungsprozeß, der die Grundlage einer erfüllten Beziehung bildet, verhindert, und die Beziehung steuert unaufhaltsam ihrem weiteren Siechtum und absehbaren Ende entgegen.

Der Normalfall ist jedoch, daß Menschen sich tatsächlich ändern; aber sie tun es langsam und für gewöhnlich widerstrebend. Und das nicht ohne Grund: Den meisten Menschen bereitet es Unbehagen, wenn sie gewohnte Verhaltensweisen aufgeben sollen. Etwas Neues und Unbekanntes auszuprobieren, löst beträchtliche Ängste aus. Schließlich ist das Unbekannte stets weniger sicher und eindeutig weniger berechenbar; angesichts von Veränderungen neigen wir alle dazu, uns an alte, lang erprobte und bewährte Beziehungsmuster zu klammern – auch wenn sie nicht mehr besonders gut funktionieren.

Wachstum und Wandel sind jedoch absolute Notwendigkeiten für eine stabile Beziehung, und jede Beziehung, die sich auf Dauer entfalten soll, muß immer wieder aufs neue ihre Form verändern.

Beginnende Heilung

Selbst nach einer ganzen Reihe von unglücklichen Beziehungen und gescheiterten Ehen werden die meisten von uns weiterhin nach einer liebevollen Partnerschaft suchen, in der sie gesunden und wachsen können. Wenn eine einzelne Beziehung für diese Heilung nicht ausreicht, weil unsere Verletzungen zu tief oder die Machtkämpfe zu groß oder die Abwehrmechanismen zu zahlreich sind, kann es auch zu partiellen Heilungsprozessen in aufeinanderfolgenden Partnerschaften kommen: Eine Form serieller Auflösung unserer entwicklungsgeschichtlichen Verletzungen, die dadurch gekennzeichnet ist, daß eine Beziehung mehr oder weniger dort beginnt, wo eine andere endete.

Manche Beziehungen zeichnen sich dadurch aus, daß einer oder beide Partner eine Menge lernen und sich schließlich entscheidend verändern, jedoch um den Preis der Beziehung selbst. Wir bezeichnen derartige Verbindungen als »vorletzte« Beziehungen, weil die Person anschließend eine neue und dauerhafte Liebesbeziehung eingeht, die ein Leben lang hält, weil sie sich durch die Erfahrungen der gescheiterten, vorletzten Beziehung entscheidend verändert.

Vorletzte Beziehungen sind für gewöhnlich durch unlösbare Konflikte gekennzeichnet. Die spannungsgeladene Atmosphäre dieser Beziehungen fördert häufig Abwehrhaltungen und Widerstände gegen Veränderungen. Wenn es dennoch zu Veränderungen kommt, so sind sie meist das Ergebnis von Drohung und Zwang. Wie nicht anders zu erwarten, führen erzwungene Veränderungen für gewöhnlich zu einem Anwachsen des Mißtrauens, der Wut und zur Zerstörung der entscheidenden Grundlagen einer Beziehung.

Nach dem Zusammenbruch einer vorletzten Beziehung lockert sich die Abwehrhaltung; man kann selbstkritischer über ursächliche Konflikte und über den Wahrheitsgehalt von Vorwürfen nachdenken, die der frühere Partner wiederholt vorgebracht hat. Das führt häufig dazu, daß ein Mensch zu neuen Erkenntnissen über sich selbst und sein Beziehungsverhalten kommt, sie akzeptiert und verarbeitet, so daß er seine Erfahrungen in der nächsten Beziehung konstruktiv anwenden kann.

Die Beziehung von Pamela und Aaron illustriert diese Dynamik. Aaron arbeitete regelmäßig sechzig Stunden die Woche. Pamela hatte Verständnis dafür, daß Aaron viel Zeit in den Aufbau seines Geschäfts investierte. Aber irgendwann lief das Geschäft gut, und Aaron hatte kompetente Mitarbeiter eingestellt, die ihm viele der Aufgaben abnehmen konnten, die er früher allein bewältigen mußte. Doch Aarons Verhalten änderte sich nicht.

Pamela beklagte sich über ausgefallene Urlaubstage, einsame Mahlzeiten und ein Leben, das ständig durch berufliche Anforderungen eingeschränkt wurde. Obwohl Aaron Verständnis für ihren Kummer zeigte und regelmäßig versprach, sich zu bessern, behielt sein Beruf weiterhin Priorität für ihn, und die versprochenen Veränderungen blieben aus.

Wenn Pamela ihn darauf ansprach, beteuerte Aaron jedesmal, daß er sich aufrichtig wünsche, mehr Zeit mit ihr zu verbringen, aber es gelang ihm nicht, die Anforderungen seines Berufs mit den Forderungen seiner Frau zu vereinbaren. Sein Vater, ein Kriminalbeamter, hatte ähnliche Probleme in seiner Ehe gehabt, aber Aarons Mutter hatte sich schließlich resignierend in ihr Unglück gefügt. Erst als Pamela ihre Koffer packte und auszog, erkannte Aaron, wie ernst die Lage war, aber da war es zu spät. Erst als die Beziehung gescheitert war, wurde er sich bewußt, wie wichtig Pamela ihm gewesen war und wie sehr sie unter der Situation gelitten hatte.

Einige Jahre später verliebte Aaron sich in Johanna. Diesmal achtete er darauf, die Gefühle seiner Partnerin nicht zu verletzen und ihr genügend Zeit zu widmen. Pamela war gekränkt und wütend, weil sie Johanna für die glückliche Nutznießerin ihrer eigenen bitteren Erfahrungen und Opfer hielt. Und tatsächlich trug Aarons frühere Beziehung zu Pamela viel dazu bei, daß seine Liebe zu Johanna auf einer solideren Grundlage stand. Aaron hatte eingesehen, inwieweit sein eigenes Verhalten die Entwicklung wirklicher Nähe verhindert hatte, und widmete seiner neuen Partnerin erheblich mehr Zeit und Aufmerksamkeit.

Aarons Beispiel macht deutlich, daß Lernprozesse sich häufig nicht bewußt steuern lassen und daß die Voraussetzungen für eine glückliche Beziehung nicht durch bloße Willensanstrengung zu erkennen sind. Viele wichtige Lernprozesse finden indirekt statt, auf einer subtilen Ebene. Manchmal scheinen wir neue Erkenntnisse fast osmotisch aufzunehmen. Zweifellos werden wir jedoch von den härtesten und schmerzlichsten Erfahrungen am meisten geformt und beeinflußt.

Doch ganz gleich, wie wir an die Sache herangehen – je besser wir verstehen, inwieweit unsere persönliche Geschichte unser Verhalten, unsere Gefühle, Einstellungen und Gedanken gegenüber unseren Partnern beeinflußt, desto leichter wird es uns fallen, selbsterzeugte Hindernisse auf dem Weg zu Nähe und Intimität auszuräumen. Dieses Verständnis kann eine unschätzbare Hilfe sein, um zu der inneren Verbundenheit zu finden, die wir ersehnen.

Teil II

Umwerbung

3. Versprechen und Möglichkeit

Die Rolle der Umwerbung

Wie lächerlich
daß wir so tun
als wären wir tiefsinnig
während unser Herz
sich einfach nur
nach Liebe sehnt

W. C. WILLIAMS
Asphodel, That Greeny Flower

Die meisten von uns erreichen irgendwann in ihrem Leben den Punkt, an dem sie bereit sind, eine neue Art von Beziehung einzugehen, eine Beziehung, die über die unmittelbare Gegenwart hinausreicht und die Zukunft miteinschließt. Wenn wir diese Bereitschaft entwickelt haben und uns nach jenem ganz besonderen Menschen sehnen, mit dem wir ein gemeinsames Leben aufbauen können, betreten wir das Reich der Umwerbung. Umwerbung bedeutet, daß wir uns in ernster Absicht auf ein längeres Experiment mit einem einzigen Ziel und Zweck einlassen.

Beim Umwerben geht es um feste Partnerschaften und nicht um lose Liebschaften. Es ist durchaus denkbar, daß zwei Menschen sich monate- oder sogar jahrelang treffen, ohne sich zu umwerben, und häufig setzt die Umwerbung nicht bei beiden gleichzeitig ein. Ein Partner hat vielleicht eine eher lockere Einstellung zu der Beziehung, während der andere stärker daran interessiert ist, sie zu vertiefen und ihr mehr Bedeutung zu verleihen.

Vor nicht allzu langer Zeit war das Umwerbungsritual noch erheblich formeller und auch langwieriger als heute. Die Partner lernten zunächst die Familie und Freunde des anderen kennen, die körperliche Intimität entwickelte sich langsamer und war enger mit dem allgemeinen Prozeß des gegenseitigen Kennenlernens verbunden. Aber die Schnellebigkeit unserer Zeit hat auch das

Entwicklungstempo von Beziehungen erfaßt und zu tendenziell kürzeren und weniger formellen Umwerbungsritualen geführt.

Die Umwerbung dient natürlich einem wichtigen Zweck: sie kann und sollte uns einen Mikrokosmos von der zukünftigen Beziehung liefern. In einer längeren Umwerbungszeit kann das Alltagsleben sich gebührend auf die romantische Phase der ersten Verliebtheit auswirken. Durch die Umwerbungszeit erhalten wir die unschätzbare Gelegenheit, unsere zukünftigen Lebenspartner besser einzuschätzen, mehr darüber zu erfahren, ob wir ein gutes Team abgeben, ob unsere Wertvorstellungen übereinstimmen, ob wir unsere Meinungsverschiedenheiten gut aushandeln können, ob wir sexuell zusammenpassen, ob wir die Gesellschaft des anderen genießen und ob wir uns auf gemeinsame Zukunftspläne einigen können. Wir können »Stichproben« von den Verhaltensweisen und Charaktereigenschaften unserer Partner sammeln: Wir sehen, wie sie auf Streß reagieren, wie sie mit den Beziehungen zu ihren Freunden und Familienangehörigen umgehen, welche unserer Interessen oder Eigenschaften möglicherweise kollidieren. Das Wichtigste ist vielleicht, daß wir herausfinden können, ob das gegenseitige Vertrauen, der Dreh- und Angelpunkt jeder guten Beziehung, sich vertieft und entfaltet.

Kurzum, die Zeit der Umwerbung ist ein wichtiges Versuchsgelände, um die zukünftige Verträglichkeit auszutesten. Wer die Umwerbungsphase und ihren wichtigen Sinn verkürzt, schränkt seine Möglichkeit, den zukünftigen Partner besser kennenzulernen, auf verhängnisvolle Weise ein.

Es ist natürlich auch möglich, daß eine Umwerbung zu lange andauert, ohne irgendwelche erkennbaren Fortschritte zu machen. Eine Frau berichtete uns, daß sie wie vom Donner gerührt gewesen sei, als ihr mittlerweile dreiunddreißigjähriger Ehemann ihr beim ersten Rendezvous erklärte, daß er »mindestens zwei Jahre« brauche, bevor er sich definitiv entscheiden könne, ob sie zusammenpaßten oder nicht. »Was, wenn ich den Test nicht bestanden hätte?« fragte sie sich verwundert. »Ich hätte ihm immerhin zwei Jahre meines Lebens geopfert.«

Interessanterweise ergaben sich bei diesem Paar einige schwerwiegende Probleme, zu deren Lösung sie über ein Jahr benötigten. Als sie sich schließlich zur Ehe entschlossen, eineinhalb Jahre später, schien es für beide der richtige Zeitpunkt zu sein.

Da eine dauerhafte Liebesbeziehung zweifellos zu den schönsten, komplexesten, anspruchsvollsten und wichtigsten Bestandteilen eines erfüllten Lebens gehört, macht es absolut keinen Sinn, den potentiellen Beitrag, den eine längere Umwerbung zu dem Erfolg einer solchen Beziehung leisten kann, einzuschränken. Eine bewußte Umwerbung verringert das Risiko, daß wir auf unliebsame Überraschungen stoßen, nachdem wir bereits eine feste Bindung eingegangen sind. Auch bei der Umwerbung sollte man sich an das sprichwörtliche »Eile mit Weile« halten. Trotz des Zeitdrucks, der unser Leben so entscheidend von dem früherer Generationen unterscheidet, können wir auch heute noch lernen, die Informationen der Umwerbungszeit gewissenhaft zu prüfen und ihre Vorzüge zu nutzen.

Der romantische Überschwang

Beziehungen beginnen auf die unterschiedlichste Art. Doch die meisten Menschen verbinden diesen Moment mit der Vorstellung, daß sie einem Menschen begegnen, der sie »einfach umhaut«. Viele sehen in diesen intensiven Gefühlen die Voraussetzung für eine tiefere Beziehung.

Joshua beschreibt eine typische Erstbegegnung dieser Art. »Ich war neu in San Francisco«, berichtete er. »Ich war gerade aus Asien zurückgekommen und wollte in einigen Tagen zu meiner Familie nach Philadelphia weiterreisen. Na ja, wie auch immer, am Ostersonntag war ich bei Bekannten zum Frühstück eingeladen. Ich kam zur Tür rein, und da stand diese wunderschöne, braungebrannte Blondine, der absolute Inbegriff des ›California Girl‹. Ich habe mich auf der Stelle in sie verliebt. Alles, wovon ich je geträumt hatte, stand vor mir. Ich war ihr mit Haut und Haaren verfallen, bevor ich auch nur ein einziges Wort mit ihr gewechselt hatte.«

Unbewußt hegen wir vielleicht die Vorstellung, daß »echte« Liebe immer mit dieser Art berauschender und überwältigender Erfahrung einhergeht. Leider ist dieses Szenario wesentlich typischer für Beziehungen, die nach ein paar Monaten ausgebrannt sind, als für solche, die ein Leben lang halten. Zweifellos gibt es diese »Liebe auf den ersten Blick« – Paare, die sich kennenlernen, nach wenigen Wochen heiraten und fünfzig Jahre später noch immer eine glückliche Ehe führen, aber sie befinden sich eindeutig in der Minderheit. Warum warten dann so viele von uns auf den romantischen Gefühlsansturm, den Joshua als verläßlichen Gradmesser wahrer Liebe beschreibt?

Die Wahrheit ist, daß wir *in die Liebe verliebt* sind. Die Liebe versetzt uns in eine farbenprächtige, lebensprühende Daseinssphäre, weit entfernt von unserem grauen, profanen Alltagsleben, in einen köstlichen und überwältigenden Rauschzustand, den keine Droge je erzeugen kann. Wenn wir »der Liebe verfallen«, verfallen wir meist mehr der Intensität unseres eigenen Gefühls als der anderen Person. Der Wunsch, von diesen Gefühlen davongetragen zu werden, kann feste Überzeugungen ins Wanken bringen und die Phantasie beflügeln: Ohne es zu wollen, verlieben wir uns vielleicht in ein Bild, das größtenteils auf unseren Wunschvorstellungen von einem idealen Lebensgefährten basiert, und projizieren dann dieses Traumbild auf unseren neuen Partner. Die Intensität dieser verzehrenden Gefühle kann die tatsächlichen Merkmale der vermeintlich angebeteten Person völlig überdecken.

Da wir am Anfang tatsächlich sehr wenig über die reale Person wissen, können wir sie überhaupt nicht wahrhaft lieben, jedenfalls nicht in irgendeiner bedeutungsvollen Auslegung des Begriffs. Wenn wir uns »Hals über Kopf« in jemanden verlieben, sind wir uns normalerweise nur der relativ oberflächlichen Merkmale des anderen bewußt, Merkmale, die uns in der kurzen Zeit, die wir zusammen verbracht haben, enorm beeindruckt haben. Wir sind leicht geneigt, mehr aus diesen Eigenschaften zu machen, als sie letzten Endes wert sind, und häufig reagieren wir überrascht und sogar schockiert, wenn wir später herausfinden, daß unsere Hypothesen nicht mit der Realität übereinstimmen. Nichtsdestotrotz scheinen manche Menschen nie aufzuhören, sich in die Liebe zu verlieben, mit dem Ergebnis, daß ihre romantischen Liebesbeziehungen immer wieder demselben tragisch unerfüllbaren Muster folgen.

Janet erinnerte sich, daß sie schon bei der ersten Begegnung mit Otis Feuer und Flamme war. Sie war hingerissen von seinen guten Manieren, seinem blendenden Aussehen und seiner stilvollen Aufmachung. Auch die Tatsache, daß Otis eine eigene Firma besaß, beeindruckte sie weit mehr, als sie – sogar vor sich selbst – zugegeben hätte. Er lachte über ihre Witze, er sah ihr tief in die Augen, und Janet fühlte ein wahnsinniges Kribbeln im Bauch.

Schon am nächsten Tag rief Otis bei Janet an und am Tag darauf ebenfalls. Bei jeder der ersten drei Verabredungen brachte er ihr ein kleines Geschenk mit – Blumen, eine Flasche Wein, eine süße Karte. Er machte ihr so aufmerksam den Hof, wie Janet es noch nie erlebt hatte. Sie genoß das Gefühl, umworben zu werden. Bei der dritten Verabredung schliefen sie miteinander, und Otis schwor ihr ewige Liebe: Es war eine Wirbelwindaffäre, und Janet hatte sich hoffnungslos in ihn verliebt.

Doch schon nach kurzer Zeit fand Otis immer häufiger einen Vorwand, um ein gemeinsames Wochenende mit Janet abzusagen. Meistens behauptete er, auf Geschäftsreise gehen zu müssen, und da er weiterhin liebevoll und aufmerksam war, *wenn* sie sich trafen, nahm Janet die Erklärungen für bare Münze. Eines Tages, als Otis angeblich auswärts zu tun hatte, sah Janet sein parkendes Auto vor einem Restaurant. Von ihrem eigenen Wagen aus beobachtete sie, wie Otis aus dem Auto stieg und seinen Arm zärtlich um eine andere Frau schlang. Das war der Anfang vom Ende einer herzzerreißenden Liebesgeschichte, die Millionen Männern und Frauen schmerzlich vertraut ist.

Obwohl der erste Eindruck sehr wichtig sein kann, enthüllt er nur selten die ganze Wahrheit. Weder Joshua noch Janet wußten viel über den Menschen, der sie in den Bann gezogen hatte. Sie wußten buchstäblich nichts über all die entscheidenden Persönlichkeitsaspekte, die für eine dauerhafte Liebesbeziehung von Bedeutung sind.

Der Zweck der Umwerbung

Wenn Verabredungen häufiger werden und sich zur Umwerbung entwickeln, verändert sich auch die Natur der Beziehung: Die Partner erwarten mehr voneinander und nehmen den anderen kritischer unter die Lupe. Man kann sagen, daß der prinzipielle Zweck der Umwerbung darin besteht, die reale Person hinter dem Idealbild, das wir auf sie projiziert haben, »hervorzulocken«. Dieses tiefere Verständnis ist ein Nebenprodukt der Erfahrungen, die man mit der anderen Person in den verschiedensten Situationen macht. Wenn der neue Partner zum Beispiel eine Verabredung nicht einhält, bedeutet das, daß ihm die Beziehung nicht mehr so wichtig ist? Oder deutet es darauf hin, daß der andere generell zur Unzuverlässigkeit neigt? Oder ist es einfach ein harmloser und unbedeutender Lapsus?

Nur zu leicht schieben wir einige der aussagekräftigsten Informationen – unsere Gefühle, Intuitionen und sinnlichen Wahrnehmungen – beiseite, weil wir nur das Beste von unserem Partner glauben möchten, damit die Beziehung sich ungestört entfalten kann. Manchmal verleitet uns die eigene Verzweiflung (weil wir einsam waren; weil wir älter werden), über bedeutsame Kleinigkeiten hinwegzusehen, aber es ist ein dummer Selbstbetrug, wenn wir bei einer so wichtigen Entscheidung die Augen verschließen. Je mehr wir wissen, desto klüger wird unsere Entscheidung sein, und je klüger unsere Entscheidung ist, desto eher werden wir unser Glück finden, statt ins Unglück zu rennen.

Brian war ein fünfundvierzigjähriger Arzt, bereits einmal geschieden und wünschte sich sehnlichst eine Familie. Obwohl Connies Alter (sie war erst sechsundzwanzig) ihn etwas beunruhigte, verliebte er sich in ihre Vitalität, Schönheit und Klugheit. Die Tatsache, daß er ein guter Freund ihres älteren Bruders war, bestätigte ihn nur in seiner Überzeugung, daß er die richtige Wahl getroffen hatte. Das einzige, was ihn wirklich störte, war die Tatsache, daß Connie Marihuana rauchte und erheblich mehr Alkohol trank, als er für richtig hielt. Ihr Drogenmißbrauch führte wiederholt zu schweren Auseinandersetzungen. Jedesmal, wenn sie darüber stritten, willigte Connie ein, ihren Konsum einzuschränken, aber nach einigen Wochen lösten ihre guten Vorsätze sich erneut in einer Marihuanawolke oder im Weinrausch eines feuchtfröhlichen Abends auf.

Trotz dieser Probleme entschlossen sie sich zur Heirat. Brian fühlte sich zu alt, um noch einmal von vorn anzufangen, und wollte alles dafür tun, um diese Beziehung glücklich zu machen. Er redete sich ein, daß die Ehe Connie dabei helfen würde, zur Ruhe zu kommen. Knapp ein Jahr später waren sie wieder geschieden. Das einzige, was sich in diesem Jahr einschneidend verändert hatte, war Brians Einstellung. Seine Geduld war erschöpft: Connie hatte zu viele Versprechungen gemacht und gebrochen. Brian hatte das Vertrauen verloren, er war ein bißchen älter, ein bißchen weiser und um eine große Hoffnung ärmer geworden.

Die Auslotung des Glücks

Das Umwerben besteht aus einer Reihe von Tests, die wir bewußt und unbewußt durchführen, um die Reaktionen unserer Partner zu beobachten und zu bewerten. Ist unser Partner einfühlsam, fürsorglich und verläßlich? Meint er, was er sagt, und sagt er, was er meint? Hält sie ihr Wort, oder findet sie immer wieder einen Vorwand, um ihr Wort zu brechen? Lügt er, hat er Geheimnisse, oder sagt er die Wahrheit?

Das Ergebnis dieses Testverfahrens erleichtert uns die Entscheidung, ob wir uns auf eine feste emotionale Bindung einlassen wollen oder nicht. Da Vertrauen die Grundlage jeder gesunden Beziehung ist, verhindern Mißtrauen und ein mangelndes Sicherheitsgefühl die Entwicklung von Nähe und Intimität. Ein größerer Vertrauensbruch bringt die Beziehung ins Wanken. Doch jedesmal, wenn unser Vertrauen erneut bestätigt wird, können wir etwas weiter aus unserer Deckung herauskommen, mehr von uns selbst preisgeben. Wenn unser Partner uns noch immer liebt, obwohl wir unsere Schwächen und Verletzlichkeiten offenbart haben, hat er einen entscheidenden Test bestanden.

Bennett geriet während der Umwerbungszeit in geschäftliche Schwierigkeiten. Trotz all seiner Bemühungen machten ein verändertes Konjunkturklima und ein zu starker Wettbewerb es ihm unmöglich, länger mit Gewinn zu arbeiten. Er war gezwungen, sein Restaurant zu schließen. Obwohl er sein Möglichstes getan hatte, empfand er die Situation dennoch als peinlich und beschämend. Er hatte das Gefühl, persönlich gescheitert zu sein, und fürchtete, daß auch andere ihn für einen Versager halten würden. Aber Andrea hielt weiter zu ihm und baute ihn auf. Sie war überzeugt, daß seine geschäftlichen Schwierigkeiten auf äußere Ursachen zurückzuführen waren und nichts mit seinem Charakter zu tun hatten, was sie auch wiederholt zum Ausdruck brachte. Ihre Reaktion stärkte Bennetts Vertrauen in sie und machte ihm Mut, ein neues Geschäftsunternehmen zu planen und schließlich auch erfolgreich in die Tat umzusetzen.

Vertrauen ist das Ergebnis von Verläßlichkeit, Zuverlässigkeit, einem gewissen Maß an Berechenbarkeit und der Übereinstimmung von Worten und Taten. Diese Eigenschaften befreien uns von dem kräftezehrenden Zustand vorsichtiger Wachsamkeit, der sich einstellt, wenn wir uns ständig fragen, ob man uns die volle Wahrheit sagt, ob wir auf die liebevolle Unterstützung unseres Partners zählen können, wenn wir ihn brauchen, und ob die Dinge sich so entwickeln, wie wir gehofft haben. Wird unser Partner bereit sein, Kompromisse einzugehen und uns zuliebe einige seiner eigenen Wünsche zurückstecken? Wird er / sie einer kritischen Situation standhalten, wenn eine kritische Situation entsteht?

»Ich ging seit etwa einem Jahr mit Stuart«, erzählte Jenny, »und obwohl ich sehr in ihn verliebt war, gab es immer diese warnende Stimme in meinem Innern. Da war diese merkwürdige Art, wie er immer ein bißchen in der Reserve blieb, aber es war nichts, was ich konkret hätte fassen können. Eines Tages mußte ich länger arbeiten und hatte niemanden; um meine Tochter abzuholen. Also habe ich Stuart angerufen und ihn gefragt, ob er sie abends zum Essen ausführen würde. Stuart war Zahnarzt. Er sagte, er könne meine Tochter nicht abholen, weil er noch eine Fachzeitschrift lesen müsse. Und plötzlich machte es klick in meinem Kopf. Es war wie eine Erleuchtung, und ich wußte, daß es vorbei war. Er setzte so völlig andere Prioritäten als ich. Ich verstand plötzlich, warum ich ihm nie so ganz vertraut hatte. Ich habe einfach gespürt, daß ich mich nicht auf ihn verlassen kann, wenn ich ihn wirklich brauche.«

Die Umwerbungsphase sollte auch so lang sein, daß man herausfinden kann, wie man den ersten großen Krach übersteht. Ernsthafte Meinungsunterschiede oder eine Auseinandersetzung über Verhaltensweisen oder Einstellungen werden nicht lange auf sich warten lassen, sogar zwischen zwei Menschen, die sehr gut zusammenpassen. Doch die Art und Weise, wie man mit diesen Konflikten umgeht, wird die Lebenskraft einer Beziehung entscheidend beeinflussen.

»Als Patty und ich unseren ersten großen Krach hatten, ließ sie mich einfach stehen, ohne uns die Chance zu geben, die Sache auszudiskutieren«, erzählte Giorgio. »Nachdem sie sich zwei Tage lang nicht gemeldet hatte, war ich überzeugt, daß sie mich für immer verlassen hatte. Gefühlsmäßig bin ich verrückt geworden. Ich war krank vor Kummer, völlig fertig. Ich sagte mir: ›Oh, mein Gott, ich habe ihr mein Innerstes offenbart, und jetzt verläßt sie mich wegen eines einzigen dummen Streits.‹ Und dabei hatte *sie* immer behauptet, daß die Beziehung alles aushalten könnte, solange wir nur offen miteinander redeten.«

Aber Pattys Taten sprachen eine deutlichere Sprache als ihre Worte, wie Taten es unweigerlich tun. Als sie sich einige Tage später doch noch bei Giorgio meldete, war es, um ihm mitzuteilen, daß sie offene Konfrontationen haßte und die Beziehung lieber beenden wollte. Giorgio fühlte sich betrogen und war fürchterlich wütend, aber letzten Endes war er froh, daß er diese Seite an Patty kennengelernt hatte, bevor die Beziehung noch tiefer geworden war.

Zwanghaft obsessives Testen

Da jeder von uns durch zahlreiche Erlebnisse und Enttäuschungen verletzt worden ist, geht niemand völlig rückhaltlos und ungeschützt an eine neue Beziehung heran. Das schrittweise Austesten des Partners ist ein normaler Bestandteil der Umwerbungszeit und setzt sich häufig auch nach der Heirat noch eine geraume Weile fort, kann jedoch auch übertriebene Formen annehmen. Eine sorgfältige und kritische Analyse muß in der Umwerbungszeit eine wichtige Rolle spielen, damit wir die Beziehung richtig einschätzen können. Doch diese Rolle sollte nicht so übermächtig werden, daß sie die vorhandene Liebe abtötet. Und einige Tests können so tiefe und schwere Verletzungen hervorrufen, daß die Liebe daran stirbt.

Es gibt zum Beispiel den Fall, daß eine Frau versehentlich schwanger wird, um die Zuneigung des Partners auszutesten. Meistens ist eine solche Schwangerschaft natürlich *kein* bewußt geplantes Ereignis – sondern das Ergebnis einer Nachlässigkeit, die durch unbewußte Gefühle oder Bedürfnisse ausgelöst wird. Aber ein derartiger Test kann verhängnisvolle Folgen haben und jedes positive Potential so dauerhaft zerstören, daß die Beziehung für immer daran zerbricht.

Eleanor zum Beispiel war sich absolut sicher, daß sie an diesem Dienstag, an dem sie und Nick ein Picknick an einem einsamen Strand machten und anschließend miteinander schliefen, unmöglich schwanger werden konnte. Sie redete sich ein, daß es eine »sichere« Zeit sei, und verzichtete darauf, ihr Diaphragma zu holen, das sie in einer Reisetasche im Auto gelassen hatte. Nick und Eleanor kannten sich seit zwei Jahren, aber jedesmal, wenn Eleanor das Thema Ehe ansprach, lenkte Nick vom Thema ab oder erklärte ihr, daß er noch etwas Zeit bräuchte, um sich an den Gedanken zu gewöhnen, aber bald, bald...

Als Eleanor erfuhr, daß sie schwanger war, erzählte sie es Nick, in der dummen Hoffnung, daß er sich darüber freuen würde. Überflüssig zu erwähnen, daß das nicht der Fall war. Nick war fürchterlich aufgebracht und warf Eleanor vor, daß sie ihn austricksen und zur Ehe zwingen wollte. Natürlich war er ebenso verantwortlich für eine angemessene Empfängnisverhütung wie sie, aber er weigerte sich, diese Tatsache zu akzeptieren. Wie nicht anders zu erwarten, ging es mit der Beziehung rapide bergab, weil beide das Gefühl hatten, daß man ihr Vertrauen mißbraucht hatte. Eleanor ließ schließlich abtreiben und sah Nick nie wieder. Vielleicht beendete dieser dramatische und schmerzliche Test eine Beziehung, die ohnehin zum Scheitern verurteilt gewesen wäre. Vielleicht auch nicht. Eleanor und Nick werden es nie erfahren.

Manche Menschen haben früh gelernt, jedem Menschen, der ihnen emotional nah kommen will, mit tiefem Mißtrauen zu begegnen. Ihre jüngere und ältere Erfahrungsgeschichte hat dazu geführt, daß sie sich nur mit äußerster Vorsicht auf engere Bindungen einlassen. Um ihr Mißtrauen zu besänftigen, inszenieren sie eine endlose Reihe von Tests, die schließlich selbst den ausdauerndsten und aufrichtigsten Partner in die Flucht schlagen. Diese Tests werden immer umfangreicher und schwieriger, bis der Partner unweigerlich in der einen oder anderen Hinsicht »versagt«. Das bestätigt dem Testenden, was er die ganze Zeit »gewußt« hat: Sein/ihr Mißtrauen war von Anfang an berechtigt.

Solche übertriebenen Tests sind typisch für Menschen, die als Kinder mißbraucht wurden oder deren Eltern Alkoholiker waren. Tief in ihrem Innern sind diese Menschen überzeugt, daß sie zwangsläufig im Stich gelassen oder auf andere Weise verletzt werden, wenn sie es sich je gestatten, verwundbar oder abhängig zu werden. Tara wurde als Kind wiederholt von ihrem Großvater sexuell mißbraucht. »Ich glaube, es gibt da eine feste Programmierung in meinem Kopf, die sagt, daß man Männern nicht trauen darf – *keinem* Mann«, berichtete sie. »Diese Überzeugung hat sich in meiner Kindheit herausgebildet, zusammen mit der Vorstellung, daß ich irgendwie nicht liebenswert bin. Deshalb teste ich es die ganze Zeit aus. Ich sage mir: ›Wie schwierig kann ich werden, ohne daß er mich verläßt?‹ Irgendwann hat der andere es satt und geht. Ich weiß, daß ich diejenige bin, die die Probleme verursacht. Aber ich kann einfach nicht damit aufhören.«

Diese Form des zwanghaften Testens ist zweifellos pathologisch und selbstzerstörerisch. Sie bestätigt zwar die Überzeugung, daß man niemandem trauen kann, und rechtfertigt dadurch den Rückzug in die Isolation, die Flucht an den einzig sicheren Ort, den man in der Kindheit gekannt hat, schließt aber auch die Entwicklung wirklicher Intimität aus, die paradoxerweise das einzige Mittel ist, um die Kindheitsverletzungen zu heilen.

Neigen Sie zu chronischen Tests, weil Ihr Vertrauen immer wieder enttäuscht wurde? Sind die Tests fair? Kann man sie überhaupt »bestehen«, oder gibt es heimliche Antworten, die nur Sie selbst kennen? Muß Ihr Partner Ihre Gedanken lesen können, um zu beweisen, daß er Sie wirklich liebt? Soll Ihr Partner praktisch unfehlbar und frei von menschlichen Unvollkommenheiten sein, damit Sie seiner Liebe vertrauen?

Manchmal ist es schwer zu sagen, ob man unrealistische und übertriebene Tests durchführt oder ob der Partner tatsächlich nicht vertrauenswürdig ist. In diesem Fall drückt sich in wiederholten Tests vielleicht der Wunsch aus, im Zweifel für den Partner zu votieren, sogar wenn man so weit geht, die Testergebnisse zu seinen Gunsten zu verfälschen. Wenn Sie Ihrem Partner absichtlich reichlich Gelegenheit geben, zumindest hin und wieder einen Test zu bestehen, machen Sie vielleicht den angestrengten Versuch, eine Beziehung mit jemandem zu rechtfertigen, der in Wahrheit tatsächlich unfähig ist, Ihren Bedürfnissen gerecht zu werden.

Donald hatte sich bis über beide Ohren in Karen, eine temperamentvolle, wunderschöne Tänzerin, verliebt. Obwohl eine innere Stimme ihm sagte, daß die Sache schmerzlich für ihn ausgehen würde, weigerte er sich, auf diese Stimme zu hören. Um sich selbst zu beweisen, daß seine Intuition falsch war, bat er Karen immer wieder um kleine Gefälligkeiten. »Bitte kauf doch unterwegs ein bißchen Kaffee ein, wenn du heute abend kommst.« »Merk dir den Samstagnachmittag vor, da feiert meine Nichte ihren zweiten Geburtstag.« Manchmal erfüllte Karen seine Bitten, aber für gewöhnlich nicht. Als Donald schließlich bereit war, die Beziehung kritisch zu betrachten, mußte er sich eingestehen, daß er sich nur selten auf Karen verlassen konnte. Wenn er sie um einen Gefallen bat, so waren ihr die Sachen meistens irgendwie »entfallen« oder ihr kam in letzter Minute etwas »Dringendes« dazwischen. Schließlich hatte Donald kaum noch Vertrauen in Karens Zuverlässigkeit, egal, um was es sich handelte. Donald konnt seine Intuition nicht länger ignorieren und verabschiedete sich widerstrebend von einer der aufregendsten, aber auch aufreibendsten Liebesbeziehungen seines Lebens.

Die Frage der Verträglichkeit

In der Umwerbungsphase, wenn es um das Thema Vertrauen geht, kann und sollte man auch einige übergreifende Fragen wie zum Beispiel, ob man grundsätzlich zusammenpaßt, etwas gründlicher unter die Lupe nehmen. Diskutieren Sie mit Ihrem Partner über Zukunftspläne und persönliche Wunschvorstellungen. Wie beurteilen Sie Ihren Lebensstil? Welches Einkommen ist erforderlich, um diesen Lebensstil aufrechtzuerhalten? Wie stellen Sie sich Ihre berufliche Zukunft vor? Wo und wie möchten Sie leben? Welche prinzipiellen Vorlieben und Abneigungen haben Sie? Wie denken Sie über Kinder, Freizeitgestaltung, Reisen? Welchen Zeitplan haben Sie sich für die Verwirklichung Ihrer verschiedenen Ziele gesetzt? Für eine klare Darstellung unserer Erwartungen und Wünsche ist es erforderlich, einen genauen Blick auf den eigenen Lebensentwurf zu werfen. Sogar wenn viele der Ziele, die man sich gesetzt hat, nicht verwirklicht oder viele Male abgeändert werden, erhält man durch solche Gespräche ein klareres Bild von dem Menschen, mit dem man sein Leben vielleicht einmal teilen möchte.

Bei einem solchen Gespräch könnte sich zum Beispiel herausstellen, daß Ihr Partner schon immer den Wunsch hatte, auf dem

Land zu leben und Vorbereitungen für ein frühes und friedliches Rentnerdasein in dörflicher Idylle trifft, obwohl er zur Zeit in der Stadt wohnt. Wäre dies auch für Sie eine akzeptable Möglichkeit, oder würden Sie vor Langeweile sterben, wenn Sie mit einem Buch in der Hängematte liegen oder den Garten bestellen sollten? Vielleicht wünschen Sie sich beide Kinder, entdecken aber im Verlauf des Gesprächs, daß Sie unterschiedliche Vorstellungen darüber haben. Vielleicht ist einer von Ihnen überzeugt, daß ein Kind eine Vollzeit-Mutter braucht, während der andere der Ansicht ist, daß auch eine Mutter ein aktives Berufsleben haben sollte.

Bei unterschiedlichen Ansichten können Sie durch weitere Gespräche herausfinden, wie Ihr Partner denkt und wie groß Ihre gegenseitige Bereitschaft ist, notwendige Kompromisse für eine gemeinsame Zukunft einzugehen. Auf diese Weise erhalten Sie Zeit, um sich an bestimmte Ideen und Vorstellungen des anderen zu gewöhnen, die Ihnen im ersten Moment vielleicht beunruhigend oder befremdlich erscheinen. Vielleicht machen Sie sogar die überraschende Entdeckung, daß Sie einige dieser Ideen begeistert aufgreifen und genauso genießen, als wären es Ihre eigenen gewesen.

Weichen Sie »empfindlichen«, aber wichtigen Themen nicht aus, auch nicht, wenn Sie glauben, daß Sie Ihren Partner verstimmen und die Beziehung vorübergehend trüben könnten. Es ist weitaus besser, solche Themen sofort aufzugreifen, als sie auf später zu verschieben. Wenn Sie ein Gespräch über ein schwieriges Thema zu lange hinauszögern, öffnen Sie schlimmeren Komplikationen Tür und Tor: Je mehr Zeit vergeht, desto größer ist die Gefahr, daß es auf beiden Seiten zu übertriebenen Reaktionen und einer Verdrehung der Tatsachen kommt.

Heidi und Dick erkannten früh in ihrer Umwerbungsphase, daß ihre Einstellung zur Religion zu Schwierigkeiten führen würde. Dick zufolge war Heidi eine »kritiklose Katholikin«. Er selbst hatte sich seit langem von jeder orthodoxen Religiosität abgewandt und wollte nicht, daß seine Kinder katholisch erzogen würden. Obwohl er sich anfangs heftig sträubte, überredete Heidi ihn schließlich, an einigen katholischen Religionskursen teilzunehmen – einfach als intellektuelle Übung, wie sie ihm versicherte. Insgeheim hoffte sie, daß das verlorene Schaf dadurch zur Herde zurückfinden würde.

Nachdem sie gemeinsam an einigen Kursen teilgenommen hatten, passierte etwas Merkwürdiges: Bei Heidi regten sich Zweifel an einigen der katholischen Dogmen, vor allem an der Vorstellung der Erbsünde. Es war ihr unmöglich, dieses Konzept mit ihrem Kinderwunsch in Einklang zu bringen. Trotz ihrer wachsenden Ernüchterung bezüglich des Katholizismus sehnte sie sich noch immer nach einer spirituellen Orientierung, die sie und Dick miteinander teilen konnten. Dick fing an, sich mit dem Unitarismus zu beschäftigen. Als Heidi die Bücher studierte, die Dick mit nach Hause brachte, fühlte sie sich von den dort ausgedrückten Ideen angesprochen. Schließlich entschieden die beiden, den Unitariern beizutreten, und heirateten kurz darauf – in der örtlichen Unitarierkirche.

Das Bemerkenswerte an diesem Paar war die Bereitschaft, sich flexibel und offen auf ein Thema einzulassen, über das beide völlig verschiedene Ansichten hatten, die den Fortbestand der Beziehung leicht hätten gefährden können. Beide versuchten, offen für den Standpunkt des anderen zu bleiben, und fanden im Laufe dieses Prozesses fast von selbst zu einer Lösung, die beide Seiten zufriedenstellte.

Das Laboratorium der Umwerbung

In der Vor-Umwerbungsphase, wenn man lediglich miteinander ausgeht, beschränken sich die Kompromisse auf relativ banale Dinge, wie zum Beispiel, welchen Film man ansieht, oder ob man das Essen getrennt bezahlt oder nicht. Dagegen erfordern solche Themen wie die religiöse Einstellung, die Frage nach der idealen Kinderzahl, nach der Lebensweise oder ähnliche Themen wesentlich umfangreichere Verhandlungen. Im Laufe solcher Verhandlungen erhält man nicht nur Informationen über die Wertvorstellungen und Ansichten des Partners, sondern, und das ist ebenso wichtig, auch die Gelegenheit, den Verhandlungsprozeß selbst zu beobachten. Gibt es ein gegenseitiges Geben und Nehmen? Wie gut hört man einander zu? Respektieren beide das Recht des Partners, andere Vorstellungen und Meinungen zu vertreten?

Da Menschen sich unweigerlich unterscheiden, sind Verhandlungen eine notwendige und nie endende Aktivität im Zusammenleben jedes Paares. Wenn man über diese Unterschiede und Meinungsverschiedenheiten nicht erfolgreich verhandeln kann, werden sie sich immer weiter anstauen und den Weg zu wirklicher Nähe schließlich versperren. Nur wo die Bereitschaft besteht, auch schwierige Themen aufzugreifen, kann sich Vertrauen entwickeln.

Man könnte die Umwerbung als eine Art »Versuchslabor« für die Beziehung betrachten, als einen Ort, an dem man wichtige »Experimente« durchführen kann. Sein wahres Selbst mit allen Fehlern und Schwächen – »einschließlich Warzen« – so weit wie möglich zu offenbaren, ist die einzig sinnvolle Vorgehensweise, wenn man in diesem Labor zu brauchbaren Forschungsergebnissen kommen will. Nur so erhalten beide Partner alle relevanten Informationen, um über ihre Verträglichkeit als Lebenspartner entscheiden zu können.

Nicht selten kommt es während der Teststufen der Umwerbung zur Desillusionierung. Unsere Erwartungen an eine sofortige oder allumfassende Harmonie mit unserem Partner sind mitunter sehr hoch – und sehr unrealistisch. Die Beziehungen, die in den Medien dargestellt werden, sind für gewöhnlich idealisiert und wekken falsche Vorstellungen von der Ehe. Um ihre Kinder vor der harten Wirklichkeit zu bewahren, verbergen außerdem viele Eltern ihre Konflikte hinter verschlossenen Türen und tragen damit ebenfalls zu verzerrten Vorstellungen über Liebe und Partnerschaft bei. Später, wenn es in unseren eigenen Beziehungen kriselt, können wir dann befürchten, daß solche Konflikte unweigerlich das Ende der Beziehung einläuten. Wir sind vielleicht überzeugt, daß eine glückliche und erfolgreiche Beziehung sich nur entwickeln kann, wenn während der Umwerbungszeit praktisch überhaupt keine oder allenfalls klitzekleine, höchst sporadische Konflikte auftreten. Je größer die Diskrepanz zwischen unseren anfänglichen Erwartungen und der Realität ist, desto größer ist für gewöhnlich unser Unglück und unsere Enttäuschung. Aber das eigentliche Problem ist nicht das Ausmaß an Konflikten, sondern ob wir erfolgreich damit umgehen. Auf Schwierigkeiten zu stoßen und sie dann gemeinsam zu lösen, ist in Wahrheit ein positives Zeichen für die Dauerhaftigkeit einer Beziehung.

Zukunftsprognosen

Die Verhaltensmuster, die wir während der Umwerbungszeit entwickeln, können die gesamte Zukunft einer Beziehung beeinflussen. Wenn wir dazu neigen, alle auftauchenden Probleme unter den Teppich zu kehren, werden wir wahrscheinlich eine oberflächlich harmonische Umwerbungszeit erleben, die zu einer Beziehung führt, in der man uns eben diesen Teppich unter den Füßen wegzieht.

Bella, die mittlerweile seit fast fünf Jahren mit Adam verheiratet ist, berichtete uns von einem Vorfall aus ihrer Umwerbungszeit, der das Klima ihrer Ehe entscheidend geprägt hat. »Adams Vater«, erzählte sie, »war ein attraktiver, tyrannischer Russe, der seiner temperamentvollen, wunderschönen Frau stets seinen Willen aufzwang. Er hatte die Angewohnheit, in eisiges Schweigen zu verfallen, sobald auch nur die leiseste Unstimmigkeit zwischen ihnen auftauchte. Gleich am Anfang unserer Beziehung, als Adam und ich unseren ersten größeren Krach hatten, drehte Adam mir einfach den Rücken zu und weigerte sich rundheraus, über die Sache zu diskutieren. Ich sah plötzlich seinen Vater vor mir. Ich wußte, daß ich auf keinen Fall mit jemandem leben konnte, der sich so verhielt, aber ich war sehr verliebt in Adam, also sagte ich: ›Hör mal, wenn wir nicht miteinander reden können, können wir auch nicht heiraten, denn ich werde dich nur heiraten, wenn ich sicher bin, daß wir alle Schwierigkeiten miteinander besprechen und gemeinsam lösen können.‹ Er wußte, daß es mir ernst war. Und obwohl Adam das Reden nicht leichtfällt, und er für gewöhnlich ein bißchen Zeit braucht, um sich zu beruhigen und seine Gedanken zu ordnen, können wir seitdem über alles diskutieren – wenn nicht sofort, dann eben etwas später.«

Adam und Bella hatten eine Kommunikationsform gefunden, die ihnen beiden in ihrer Ehe gute Dienste erwies. Als Bella früh in der Beziehung merkte, daß Adam sich weigerte, über schwierige Themen zu diskutieren, war sie nicht bereit, diesen kritischen Punkt zu ignorieren. Sie konfrontierte Adam mit ihren Gefühlen und Gedanken, respektierte aber auch, daß Adam eine gewisse Zeit brauchte, um zunächst mit seinen eigenen Gefühlen ins reine zu kommen. Weil sie ihn nicht angriff und in eine Verteidigungsposition drängte, war er bereit, über das anstehende Problem nachzudenken und die notwendigen Änderungen vorzunehmen. Heute führen die beiden eine entspannte und liebevolle Beziehung, das Ergebnis stabiler Kommunikationsmuster, die während der Umwerbungsphase begründet wurden.

Als Ted achtzehn war, verkündete er seiner Mutter, daß er die Frau seines Lebens kennengelernt hätte – wenige Stunde nachdem er Cindy das erste Mal getroffen hatte. Diese »Liebe auf den ersten Blick« hatte allerdings bald mit ersten Schwierigkeiten zu kämpfen, die sich unweigerlich ausdehnten, als die beiden zusammenzogen. Cindy fand es ziemlich rücksichtslos von Ted, daß er offenbar von ihr erwartete, die ganze Hausarbeit allein zu erledigen, obwohl sie beide voll berufstätig waren. Außerdem blieb er häufig die halbe Nacht weg, wenn er sich mit seinen Freunden zum Fechten traf, ohne sie vorher zu informieren.

Ted war ebenfalls unzufrieden mit der Beziehung. Rockkonzerte, Parties und Sportereignisse gehörten zu seinen liebsten Freizeitbeschäftigungen, aber Cindy weigerte sich häufig, ihn zu begleiten, und wenn sie doch einmal mitkam, wollte sie immer früh nach Hause. Cindy verabscheute Menschenmassen und litt tatsächlich unter einer leichten Form von Klaustrophobie. Ted fühlte sich durch ihren Komplex in seiner Freiheit eingeschränkt. Beide entdeckten plötzlich Eigenschaften an ihrem Partner, denen sie früher keine Beachtung geschenkt hatten und die erst durch das Zusammenleben zum Problem geworden waren.

Eines Tages, nachdem es erneut zu einer hitzigen Auseinandersetzung gekommen war, erklärte Cindy, daß sie ausziehen würde. Ted fühlte sich im ersten Moment erleichtert. Er dachte, daß er nun endlich tun und lassen könnte, was er wollte, ohne ständig über Cindys Reaktionen und dauernde Vorwürfe nachdenken zu müssen. Aber nachdem sie eine Woche fort war, fühlte er sich zunehmend einsam und vermißte sie. Er war überrascht, daß sein anfängliches Hochgefühl so schnell verflogen war. Cindy, die sich vorübergehend bei einer Freundin einquartiert hatte, war die ganze Woche über mürrisch und niedergeschlagen. Schließlich rief sie Ted an, und die beiden hatten ein langes, tränenreiches Gespräch. In den folgenden Tagen sprachen sie sich gründlich aus, redeten offen über ihre Gefühle und hörten dem anderen aufmerksamer zu, als sie es je zuvor getan hatten.

Als sie wieder zusammenzogen, schwor Teddie, daß er von nun

an mehr im Haushalt tun würde und öfter zu Unternehmungen bereit sein würde, die auch Cindy Spaß machten. Cindy ihrerseits versprach, Ted öfter zu Konzerten und größeren Festivitäten zu begleiten. Sie merkte, daß sie kaum noch unter Klaustrophobie litt, wenn Ted ihr versicherte, daß sie sofort gehen würden, sobald sie sich unbehaglich fühlte. Heute, fast zwanzig Jahre später, sind Ted und Cindy sich einig, daß eine der größten Schwächen ihrer Umwerbungsphase zu einer der größten Stärken ihrer Beziehung geworden ist: die Fähigkeit, dem anderen aufmerksam zuzuhören und einfühlsam auf die Bedürfnisse des anderen zu reagieren.

Vertrauen: Der Grundpfeiler der Intimität

Vertrauen ist die elementare Grundlage, die sine qua non, der Intimität. Nur wo Menschen ehrlich und offen miteinander umgehen, selbst wenn es unangenehm oder peinlich ist, kann sich tiefes gegenseitiges Vertrauen entwickeln.

Wenn wir von Vertrauen innerhalb einer Beziehung sprechen, so meinen wir damit nichts Geringeres als die Fähigkeit, sich tief verletzlich, offen und schutzlos zu zeigen. Wenn wir einem Menschen vertrauen, können wir uns in seiner Gegenwart absolut entspannen. Wir sind nicht auf der Hut. Wir fühlen uns sicher. Vertrauen bedeutet, daß wir soweit wie möglich *wir selbst* sein können, ohne Maske oder Verstellung. Wir fühlen uns geborgen in der Liebe unseres Partners und in dem Wissen, daß er uns beschützt und umsorgt wie sich selbst. Und nur, wo *beide* Partner sich entspannt und sicher fühlen, kann Nähe entstehen. Ehrlichkeit ist eine Grundvoraussetzung, damit dieses Vertrauen sich entwickeln kann.

Phyllis und Sid klärten dieses Thema gleich bei ihrer ersten Verabredung. Sid erzählte die Geschichte:

»Ich weiß noch, daß wir an unserem ersten Abend in meinem Lieblingsrestaurant zum Essen waren und über Watergate sprachen. Nixons lausige Bande und ihre schmutzigen Tricks beherrschten damals die Medien. Dean hatte gerade vor dem Untersuchungsausschuß ausgesagt. Phyllis ereiferte sich darüber, wie leicht korrupte Politiker mit ihren Lügen davonkommen. Das führte schließlich zu einer Diskussion über Ehrlichkeit in persönlichen Beziehungen. Eine Freundin von Phyllis hatte eine heimliche Affäre, und Phyllis erzählte, wie unbehaglich sie sich fühlte, weil ihre Freundin sie ins Vertrauen gezogen hatte.

Es war ein erstaunlich ernstes Gespräch für ein erstes Rendezvous«, sagte Sid, »zu meiner eigenen Überraschung hörte ich mich schließlich sagen, daß ich nicht möchte, daß sie mich jemals belügt – und daß ich sie auch nie belügen würde. Irgendwie wußten wir wohl, daß die Beziehung eine Zukunft hatte. Wie auch immer, wir stellten dann einige wichtige Grundregeln auf, an die wir uns seitdem gehalten haben – sie sind das Rückgrat unserer Beziehung: Keiner wird dafür bestraft, daß er die Wahrheit sagt – auch nicht, wenn es weh tut.«

Wahrheit oder Konsequenzen

Zunächst ein ganz wichtiger Punkt: Wenn wir Ehrlichkeit von unseren Partnern erwarten, müssen wir mit allen Mitteln dafür sorgen, daß sie sich sicher fühlen können, wenn sie die Wahrheit sagen. Auch wenn die Wahrheit beunruhigend oder schmerzlich ist, sollten wir daran denken, daß dies immer noch besser ist, als die zerstörerische Last der Lüge mit sich herumzuschleppen. Beide Partner sind gleichermaßen dafür verantwortlich, daß die Wahrheit ein lebendiger und integraler Bestandteil der Beziehung bleibt.

Manchmal geraten wir durch unsere Unsicherheit in Versuchung, die Wahrheit zu beschönigen oder zu verschweigen. Wir möchten vielleicht unsere Schwächen, Ängste oder fehlenden Kenntnisse verbergen. Vielleicht haben wir nie gelernt, einem Partner unsere Schwächen preiszugeben, weil wir Angst vor Zurückweisung haben – eine weitverbreitete Angst, trotz der Tatsache, daß die meisten Menschen ihren Partner eher *noch mehr* lieben, wenn sie seine Schwächen kennen. Viele Menschen sind überzeugt, daß gerade die kleinen Unvollkommenheiten den besonderen Charme ihres Partners ausmachen. Oft geben diese Fehler uns auch die Möglichkeit, unsere Zuneigung auf eine Weise auszudrücken, die unser Selbstwertgefühl steigert und uns gleichzeitig erlaubt, unsere eigenen Schwächen zu akzeptieren.

Doch den »Haken« des Partners zu kennen und zu akzeptieren,

ist eine Sache. Eine ganz andere Sache ist es, wenn wir entdecken, daß man uns getäuscht oder betrogen hat. Es gibt nichts, das sich zerstörerischer auf Liebe und Intimität auswirkt, als Täuschungen und Lügen.

Erwartungen spielen in diesem Zusammenhang eine wichtige Rolle und können die Hoffnungen und Möglichkeiten einer Beziehung stark beeinflussen. Wenn wir sehr viel mehr erwarten, als wir schließlich erhalten, sei es aufgrund unserer eigenen romantisierten Vorstellungen oder aufgrund der Suggestionskraft unseres Partners, werden wir wahrscheinlich eine weitaus herbere Enttäuschung erleben, als wenn wir von Anfang an wissen, was wir realistischerweise erwarten können. Je ehrlicher beide sind, indem sie ihre Fähigkeiten und guten Eigenschaften weder über- noch untertreiben, desto geringer ist die Gefahr der Enttäuschung.

Als Wyatt und Emmy sich kennenlernten, erzählte sie ihm beiläufig, daß Skifahren zu ihren Leidenschaften gehörte. Bei ihrem ersten Rendezvous ließ Wyatt durchblicken, daß er selbst ein begeisterter Skifahrer wäre, allerdings nicht viel Übung hätte. In Wahrheit hatte er noch nie in seinem Leben auf Skiern gestanden, aber er war sehr sportlich und glaubte, daß er es mühelos lernen könnte. Er wollte Emmy um jeden Preis beeindrucken. Also verschwand er für eine Woche und nahm heimlich Skiunterricht in Colorado. Er übte jeden Tag von früh bis spät und war schließlich in der Lage, einen Hang mit mittlerem Schwierigkeitsgrad sicher zu bewältigen.

Einige Wochen später fuhren die beiden in Skiurlaub. Sie hatten eine Menge Spaß, und Emmy freute sich, daß sie einen Partner gefunden hatte, der ihr liebstes Hobby mit ihr teilte. Leider erkannte Wyatt während des dritten Skiurlaubs, als der Reiz des Neuen sich etwas verflüchtigt hatte, daß er dieser Sportart im Grunde nichts abgewinnen konnte. Er ärgerte sich über die hohen Kosten, die damit verbunden waren, und über die aufwendige Ausrüstung. Er verabscheute Kälte und war unzufrieden mit seinen Fortschritten. Außerdem kränkte es seine Eitelkeit, daß Emmy eine bessere Abfahrtsläuferin war als er.

Als Wyatt immer öfter Ausflüchte erfand, um sich vor dem Skifahren zu drücken, fühlte Emmy sich betrogen. Hätte Wyatt ihr von Anfang an erzählt, daß er noch nie im Leben auf Skiern gestanden hatte, es aber ihr zuliebe versuchen wollte, hätte sie sich darauf eingestellt, daß Skifahren möglicherweise nicht zu ihren gemeinsamen Hobbys zählen würde. Sie war nicht gerührt, weil Wyatt so angestrengt versucht hatte, ihr zu gefallen und zu imponieren, sondern hatte nur das Gefühl, daß sie seinen Worten nicht trauen konnte. Sie zog sich vor ihm zurück, um sich vor weiteren unangenehmen Überraschungen zu schützen.

Vorspiegelungen falscher Tatsachen, kleine Unehrlichkeiten und andere Formen der Täuschung können generell jeder Beziehung ernsthaften Schaden zufügen, aber besonders einer neuen, sich entwickelnden Beziehung. Hüten Sie sich vor einem Partner, der Sie bittet, ihm zuliebe zu lügen oder Ausreden gegenüber anderen Leuten zu erfinden. Es könnte Ihnen leicht passieren, daß er andere Leute findet, die *Sie* belügen. Es ist meist eine gefährliche Illusion, sich für die einzige Ausnahme von der Regel zu halten und davon auszugehen, daß der Partner sich völlig anders verhalten wird als in seinen früheren Beziehungen, vor allem wenn diese Beziehungen in der Regel unaufrichtig waren.

Der Umwerbungstanz

Der Umwerbungstanz folgt den Regeln der unausweichlichen Tests, deren verwirrende Schrittfolgen wir zu meistern versuchen, wobei wir uns abwechselnd aufeinander zu und voneinander fortbewegen. Jede Herausforderung, die erfolgreich ausgehandelt wird, bringt die Partner einander näher. Wenn wir Eigenschaften oder Merkmale entdecken, die unserem Traumbild von einem vollkommenen Partner widersprechen, wenn Tests nicht bestanden werden, oder wenn, was recht häufig geschieht, die Nähe zu groß wird oder die Beziehung sich zu schnell entwickelt, rückt man wieder voneinander ab. Dieser Tanz, bei dem man sich abwechselnd aufeinander zu und wieder voneinander fortbewegt, zwei Schritte vor und einen zurück, ist typisch für das Umwerbungsritual. Es ist ein natürlicher Prozeß, in dessen Verlauf zwei Menschen sich aneinander herantasten, allmählich ihre Hemmungen und ihr erlerntes Mißtrauen ablegen, um ihre Sehnsucht nach Nähe zu erfüllen und gemeinsam gesunden und wachsen zu können.

Der vorsichtigere Partner, der sich am langsamsten bewegt,

wird letztlich sowohl das Entwicklungstempo der Beziehung als auch das Ausmaß der emotionalen Bindung bestimmen und damit Grenzen setzen, die der andere nicht gefahrlos überschreiten kann.

Bei unterschiedlichem Tempo können sich leicht Probleme ergeben, weil einer der Partner möglicherweise schneller nach größerer Nähe strebt als der andere. Obwohl das Tempo – jedenfalls theoretisch – sowohl vom Mann als auch von der Frau bestimmt werden kann, ist es in unserer Kultur im allgemeinen der Mann, der das Anfangstempo einer Beziehung festsetzt: der Mann erobert, die Frau läßt sich erobern. Einige Männer fühlen sich unbehaglich, sogar bedroht, wenn sie den Eindruck gewinnen, daß die Frau dieses vermeintliche Vorrecht übernimmt.

Sandy war eine patente, selbstsichere Frau. Sie arbeitete als selbständige Unternehmerin und war daran gewöhnt, die Zügel in die Hand zu nehmen und Entscheidungen für sich und andere zu treffen. Sie war kein keusch errötendes Wesen, das Taschentücher fallen ließ, wenn sie einen Mann attraktiv fand. Wenn klar war, daß ein beiderseitiges Interesse vorhanden war, zögerte sie nicht, einen Mann anzurufen oder einzuladen. Mit den Jahren lernte sie allerdings, ihre spontane Begeisterung im Zaum zu halten, nachdem mehrere Partner ihr vorgeworfen hatten, daß sie die Beziehung zu sehr dominiere. Obwohl Sandys Verhalten für manche Männer zu selbstsicher gewesen sein mag, hängen die negativen Reaktionen zumindestens teilweise mit einer kulturellen Norm zusammen, die wir meist schon als Kinder verinnerlicht haben. Bei jedem Tanz, einschließlich des Umwerbungstanzes, führt der Mann, und die Frau läßt sich führen. Gegen diese Rollenerwartungen zu verstoßen, kann sich auf einer unbewußten Ebene für beide Partner als problematisch erweisen, selbst wenn sie theoretisch über solche Rollenstereotype erhaben sind.

Manchmal haben beide Partner sich insgeheim auf einen Ablauf verständigt, der eine wirkliche Annäherung ausschließt. Sie machen nicht zwei Schritte vor und einen zurück, sondern vollführen eine Schrittfolge, die man als Tanz der mittleren Distanz bezeichnen könnte. Bei diesem Tanz bleibt ein stets gleichbleibender, fester Abstand gewährleistet, eine Vis-à-vis-Position, weder zu nah noch zu weit entfernt. Wenn der eine Partner eine größere Intimität abblockt oder sich zurückzieht, rückt die andere Person näher oder übernimmt die Rolle des Verführers oder Eroberers. Wenn der so umworbene Partner dann wieder näher rückt, zieht sich der andere zurück. Auf diese Weise kommt es weder zu entscheidenden Fortschritten noch zu Rückschritten. Es ist ein herausstechendes Merkmal dieses Tanzes der mittleren Distanz, daß die beiden Partner sich niemals gleichzeitig am selben Ort befinden, was ihre Gefühle oder ihre Beziehung betrifft. Jeder empfindet möglicherweise eine überwältigende Zuneigung für den anderen, aber für gewöhnlich nur dann, wenn der andere am wenigsten verfügbar oder am wenigsten interessiert ist. Mit der Zeit wechseln diese Rollen hin und her, und beide spielen abwechselnd den Umworbenen und den Umwerbenden.

Maurice hatte seit seiner Scheidung vor fast fünf Jahren ein recht aktives gesellschaftliches Leben geführt. Er hatte gerade die letzte Unterhaltszahlung an seine Ex-Frau geleistet und war mit einer ganzen Reihe attraktiver Frauen bekannt, mit denen er hin und wieder ausging. Er war die flüchtigen Liebesabenteuer leid und sehnte sich nach einer dauerhaften Beziehung.

Als seine Cousine ihn mit einer Kollegin aus ihrer Anwaltskanzlei bekanntmachte, glaubte er, endlich die Frau seiner Träume gefunden zu haben – er war hingerissen von ihrer Schönheit, ihrem Charme und ihrer Klugheit. Nola hatte sich ebenfalls bis über beide Ohren in ihn verliebt, und beide stürzten sich Hals über Kopf in die Beziehung. Nach einiger Zeit verbrachten sie regelmäßig die Wochenenden miteinander und trafen sich kaum noch mit anderen Liebeskandidaten, obwohl sie offiziell keine feste Bindung eingegangen waren.

Es war ihnen beiden ein Rätsel, daß sie trotz ihrer scheinbar engen und leidenschaftlichen Beziehung regelmäßig in hitzige Auseinandersetzungen über relativ banale Kleinigkeiten gerieten.

Einmal, als Maurice gerade einen romantischen Wochenendausflug plante, mit dem er Nola zum Geburtstag überraschen wollte, erfuhr er zufällig, daß sie sich mit einem neuen Mitarbeiter aus ihrem Büro zum Essen verabredet hatte. Obwohl sie nicht abgemacht hatten, daß ihre Beziehung andere Verabredungen ausschloß, war Maurice gekränkt und eifersüchtig. Er stornierte alle Ausflugspläne, und sie stritten sich tagelang.

Nola war wütend über seine Reaktion. »Ich bin nicht dein Eigentum«, tobte sie. »Außerdem löst du dich regelmäßig in Luft auf, sobald ich versuche, unsere Beziehung zu vertiefen, und läßt dich tagelang nicht sehen.« Maurice wußte, daß sie die Wahrheit sagte. Er fand sein Verhalten selbst merkwürdig, vor allem, weil er überzeugt war, daß er Nola liebte.

Auch Nola teilte viele dieser widersprüchlichen Gefühle. Sie erzählte ihrer besten Freundin, sie wünsche sich, daß Maurice um ihre Hand anhalten würde. Aber jedesmal, wenn er »anhänglich« wurde oder anfing, Zukunftspläne zu schmieden, fühlte sie sich seltsam unbehaglich. Es dauerte nicht lange und sie brach einen Streit vom Zaun, warf ihm wüste Beschimpfungen an den Kopf und knallte mit den Türen, bis sie fürs erste wieder getrennte Wege gingen.

Nach einer Weile hatten die Wogen sich dann wieder geglättet. Beide fingen an, unter der Einsamkeit zu leiden und sich nach dem anderen zu sehnen. Jeder hoffte, daß der andere anrufen würde, was einer von ihnen auch unweigerlich unter dem einen oder anderen Vorwand tat. Sie tauschten Entschuldigungen aus, die Zärtlichkeit kehrte zurück, sie liebten sich leidenschaftlich... und verstrickten sich bald erneut in eine hitzige Auseinandersetzung.

Sowohl Maurice als auch Nola war nicht bewußt, daß sie sich in einem Tanz der mittleren Distanz bewegten. Nach zwei Jahren dieses Hin und Hers entschlossen sie sich spontan zur Heirat, um »das Problem zu lösen«.

Nach vier Monaten waren sie wieder geschieden. Das erste Mal seit Jahren waren sie sich einig. Sie waren eindeutig nicht füreinander bestimmt. Leider ging es ihnen wie vielen Paaren, die erst heiraten müssen, um festzustellen, daß sie sich lieber trennen sollten.

Ob nur ein Partner zurückhaltend ist oder ob beide zusammenarbeiten, um ein Fortschreiten der Beziehung zu verhindern – eine Beziehung, die nicht voranschreitet, wird sehr schnell verkümmern. Um mit Woody Allen zu sprechen: »Eine Beziehung ist wie ein Hai; wenn sie sich nicht bewegt, stirbt sie.«

Wenn man den »Tanz der mittleren Distanz« eine Weile vollführt hat, wird einer der Partner normalerweise darauf drängen, die Beziehung voranzutreiben oder zu beenden. Manche Leute scheinen diese Art Ultimatum zu brauchen, um sich binden zu können. Andere brauchen Ermutigung, um eine kränkelnde Beziehung abzubrechen. Irgendwann muß die Umwerbungsphase zu Ende gehen. Die Partner müssen sich entscheiden, ob sie einen Schritt nach vorn oder zurück machen wollen, ob sie zu einer tieferen Bindung bereit sind oder ob sie die Beziehung beenden oder in eine platonische Freundschaft umwandeln wollen.

Eine ganz andere Umwerbung

Viele der Umwerbungsmuster, die wir bis jetzt beschrieben haben, sind charakteristisch für Liebesbeziehungen, die mit einem Knall beginnen, mit flammender Leidenschaft und einem Feuerwerk romantischer Gefühle. Doch es gibt auch Liebesbeziehungen, die sich aus einer guten Freundschaft entwickeln, bei denen die romantischen und sexuellen Elemente zunächst völlig im Hintergrund bleiben, nicht offen ausgedrückt oder sogar überhaupt nicht empfunden werden. In diesen Fällen verläuft die Testphase häufig ganz anders. Unbeeinträchtigt von den Ängsten oder intensiven Gefühlen einer leidenschaftlichen Romanze kann sich zunächst ein fürsorgliches und freundschaftliches Verhältnis herausbilden. Die potentiellen Partner machen wichtige gemeinsame Erfahrungen, offenbaren sich ihre Gedanken und Gefühle, entwickeln Vertrauen zueinander und lernen den anderen als treuen und verläßlichen Freund kennen. Fast von selbst werden sie allmählich mit dem Charakter des anderen vertraut und fühlen sich in seiner Gegenwart entspannt und sicher.

Zu einem viel späteren Zeitpunkt setzt dann vielleicht überraschenderweise die Umwerbung ein: die Leidenschaft, die im Verborgenen lag, rückt in den Mittelpunkt. Ein neuer Grad an Verbundenheit enthüllt sich. Weil die Freundschaft bereits gut entwickelt ist, erreichen diese Beziehungen häufig ein hohes Maß an Nähe und Intimität, ohne daß dazu dramatische oder störende Anpassungen erforderlich wären. Wenn sich die Merkmale der Freundschaft und Kameradschaft mit denen sexueller und romantischer Leidenschaft verbinden, haben wir die beste aller möglichen Welten. Solche Fälle sind nicht so selten, wie man vielleicht denkt. Viele Paare, die als Freunde begonnen haben, fragen sich später verwundert, wie sie so blind – oder zumindest teilblind – für die Chemie zwischen sich sein konnten.

Da unsere Erwartungen häufig unsere Wahrnehmung steuern,

kann es leicht passieren, daß wir eine vielversprechende Beziehungsmöglichkeit, die nicht mit einem Knall beginnt, übersehen, weil wir auf eine intensive, überwältigende Leidenschaft aus sind und darauf warten, uns Hals über Kopf zu verlieben.

Wie Carla es ausdrückte: »Blake und ich waren echte Freunde. Wir hatten denselben Sinn für Humor, und wir vertrauten einander bedingungslos. Sogar sexuell haben wir uns gut verstanden. Aber ich war sehr jung und suchte nach jemandem, der irgendwie aufregender, neuer und geheimnisvoller war. Außerdem muß ich zugeben, daß ich regelrecht süchtig nach stürmischen, dramatischen Liebesbeziehungen war. Ich denke, es war einfach ein falsches Timing. Wenn ich Blake heute kennenlernen würde, wäre es wahrscheinlich die ideale Beziehung.«

Natürlich läßt sich nicht jede Freundschaft in eine Liebesbeziehung umwandeln. Bei manchen Leuten springt der gewisse Funke einfach nicht über; die Chemie stimmt nicht, die Möglichkeit einer sexuellen Verbindung ist einfach nicht vorhanden – nicht mal latent. Doch am Anfang läßt sich nie mit absoluter Sicherheit sagen, daß das Potential für eine solche Umwandlung nicht da ist. Wenn die Möglichkeit besteht, lohnt es sich darüber nachzudenken: die erfülltesten und dauerhaftesten Beziehungen sind jene zwischen Menschen, die das Gefühl haben, der beste Freund des anderen zu sein.

Vor allem sollten wir uns davor hüten, eine Ehe oder ihr Äquivalent in Betracht zu ziehen, wenn unser Partner *nicht mindestens* ein guter Freund ist. Es ist ein dummer Selbstbetrug, sich einzureden, daß diese Freundschaft sich schon irgendwann entwickeln wird, *nachdem* man sich verpflichtet hat, die Zukunft gemeinsam zu verbringen. Für die glückliche Mehrheit von uns ist die Zukunft eine lange, lange Zeit. Sie mit jemandem zu verbringen, der nicht einmal ein guter Freund ist, kann sie zu einer trostlosen Ewigkeit machen.

4. Du sagst Bulette, ich sag' Frikadelle

Ursachen von Konflikten

...reife Liebe (ist) eine Vereinigung, bei der die eigene Integrität und Individualität bewahrt bleibt.

Erich Fromm
Die Kunst des Liebens

In den ersten Monaten einer Beziehung, wenn die Liebe in voller Blüte steht und wir unseren Partner durch eine rosarote Brille sehen, können wir uns nur schwer vorstellen, daß dieser Zustand je vorübergeht: Ein Traum ist wahr geworden, und wir erleben den Himmel auf Erden. Aber es ist nur eine Frage der Zeit, bis diese Phase der ersten Verliebtheit endet. Nach und nach zeichnet sich die reale Person hinter dem Phantasiebild ab, und die Realität tritt an die Stelle des Traums.

Während der Umwerbungsphase, wenn zwei Menschen allmählich jenes dritte Wesen mit der Bezeichnung »Paar« erschaffen und sich versuchsweise für ein gemeinsames Leben einschiffen, bringen beide ihr persönliches Gepäck für die Reise mit: Wertvorstellungen, Vorlieben und Abneigungen, Abwehrmechanismen, Ansichten, Ängste, Vorurteile, Gewohnheiten und ähnliches, die sich auf jeden Aspekt der neuen Partnerschaft auswirken.

Allzu häufig entdecken wir Dinge an unseren Partnern, die wir nicht erwartet haben, sowohl positive als auch negative, attraktive und unattraktive Eigenschaften. Einige dieser Eigenschaften führen uns zu neuen Ufern, erweitern unsere Möglichkeiten, regen uns zum Wachstum an; andere bergen unweigerlich das Potential für ernste Konflikte in sich, vor allem für jene elementarste und häufigste Form des Konfliktes in intimen Beziehungen: den Kampf um die Macht.

Unterschiede

Unterschiedliche Verhaltensweisen und Einstellungen sind das Ergebnis von sowohl Vererbungs- als auch Lernprozessen. Wenn diese Persönlichkeitsmuster sich einmal festgesetzt haben – und sie verfestigen sich im Laufe unseres Lebens immer weiter –, neigen wir dazu, sie als allgemeingültige Normen zu betrachten. Von unseren Partnern erwarten wir, daß sie sich diesen Normen anpassen. Diese Ummodelungsbemühungen treffen jedoch unweigerlich auf den Widerstand unserer Partner, da auch sie beharrlich versuchen, uns nach ihren eigenen Vorstellungen zu formen. Aus der Auseinandersetzung mit diesen Unterschieden – unterschiedliche Bedürfnisse, Verhaltensweisen, persönliche Weltanschauungen, Ansichten über Geld, Sex usw. – erwachsen die häufigsten und destruktivsten Konflikte in einer Beziehung. Deshalb umfaßt der Prozeß der Paarbildung *immer* Verhandlungen über Kontrolle, über Macht und Selbstbehauptung, und diese Verhandlungen gestalten sich natürlich immer dort am schwierigsten, wo die Unterschiede zwischen zwei Menschen am größten oder am wenigsten miteinander zu vereinbaren sind.

Dean zum Beispiel wuchs in einer Familie auf, wo das Geld immer knapp war. Melody stammte aus wohlhabenden Verhältnissen. In ihrer Familie war Geld immer im Überfluß vorhanden gewesen, und es für jede Art von Luxus auszugeben, war eine Art Lebenseinstellung. Niemand in ihrer Familie wäre je auf den Gedanken gekommen, sich einen Wunsch zu versagen. Melody und Dean verdienten etwa gleichviel. Da sie beschlossen hatten, sich die Kosten zu teilen, wurde jede Entscheidung über so banale Dinge wie den Einkauf von Lebensmitteln oder wie man den Abend verbringen sollte, zu einer potentiellen Konfliktursache. Sie verstrickten sich regelmäßig in Machtkämpfe darüber, wessen Bedürfnisse wichtiger waren. Dean ging am liebsten in ein einfaches, erschwingliches Restaurant und ins Kino. Er wollte nicht das beklemmende Gefühl haben, über seine Verhältnisse zu leben und aus reiner Verschwendungssucht sein Konto zu strapazieren. Melody ging am liebsten ins Konzert oder ins Theater und anschließend in ein exklusives Restaurant. Sie fühlte sich betrogen und war verärgert über Deans Verhalten, das in ihren Augen nichts anderes als Geiz war. Beide hatten eine Reihe von rationalen Erklärungen, um ihre Haltung zu rechtfertigen. Aber der grundsätzliche Unterschied ließ sich nicht durch Diskussionen lösen, weil es im Grunde darum ging, welche Einstellung zum Geld sie durch ihre Kindheitserfahrungen für natürlich und angemessen hielten.

Menschen unterscheiden sich zwangsläufig in zahllosen Bereichen. Explosionen liegen immer in der Luft, wenn ein überwiegend selbstbeherrschter und rationaler Mensch mit einem eher emotionalen, intuitiven Partner zusammenkommt, ein Introvertierter mit einem Extrovertierten, ein Stubenhocker mit einem Naturburschen, ein risikofreudiger Abenteurer mit einem vorsichtigen Grübler oder ein spontaner Mensch mit einem Partner, der planmäßig und methodisch vorgeht. Und es gibt natürlich den nie endenden Streit zwischen dem Ordnungsfreak und dem Chaoten, dem Optimisten und dem Pessimisten oder zwischen dem Partner, der jeden Tag Sex möchte, und dem, der einmal die Woche für ausreichend hält.

Da Unterschiede zwischen Menschen Probleme verursachen, könnte man denken, daß der Schlüssel zum Eheglück darin liege, einen Partner zu finden, der einem selbst so ähnlich wie möglich ist. Doch das ist ein gefährlicher Trugschluß. Bei Partnern mit sehr ähnlichen Persönlichkeitsstrukturen besteht die große Gefahr, daß sich ihre Schwächen potenzieren und zu Exzessen oder zu einem zerstörerischen Ungleichgewicht in der Beziehung führen, wie zum Beispiel, wenn beide Partner chronisch leichtsinnig mit Geld umgehen oder zu impulsiven Wutausbrüchen neigen. Wie ein Mann es ausdrückte: »Wenn wir beide wären wie ich, würden wir nie etwas auf die Reihe kriegen, und wenn wir beide wären wie sie, würden wir uns dauernd an die Gurgel gehen.« Außerdem führt Gleichheit leichter zur Langeweile und allen damit verbundenen Problemen.

Korrektive Maßnahmen

Letzten Endes entscheidet nicht die Gleichheit oder Verschiedenheit zweier Partner darüber, ob eine Beziehung erfolgreich verläuft oder nicht. Ob diese Unterschiede zu einer Erweiterung und Festigung der Beziehung beitragen oder ob die Beziehung in einem Sumpf endloser schmerzlicher Auseinandersetzungen versinkt, ist vielmehr davon abhängig, wie wir mit diesen Unterschieden umgehen und ob wir sie richtig verstehen.

Vive la différence

Wenn zwei Menschen sich für ein gemeinsames Leben einschiffen, brauchen sie ausreichend Raum innerhalb der Beziehung, um ihre Bedürfnisse und ihre Persönlichkeit ausdrücken zu können, damit die Intimität nicht durch Machtkämpfe zerstört wird. Dazu ist es erforderlich, daß beide eine neue Einstellung entwickeln. Statt Unterschiede als Bedrohungen anzusehen, die verringert oder ausgemerzt werden müssen, sollten wir uns der Vielfalt und des Reichtums bewußt werden, die diese Unterschiede in unser Leben bringen, und uns klarmachen, daß konträre Meinungen und Standpunkte eine Beziehung ungemein beleben können. So problematisch gravierende Unterschiede sein mögen, sie können auch anregend wirken und beiden Partnern die Möglichkeit eröffnen, voneinander zu lernen. Die wichtige Frage lautet: Wie können wir die Unterschiede zwischen uns und unseren Partnern zum Wohle der Beziehung nutzen?

Donna, die als Reiseagentin arbeitete, fand ihre Tätigkeit langweilig und unbefriedigend. Als man ihr einen neuen Job anbot, bei dem es um die Organisation von Alternativreisen ging, dachte sie monatelang über die Vor- und Nachteile dieses Angebots nach. Jedesmal, wenn sie sich mit Mark traf, pflückte sie besessen die Einzelheiten und möglichen Probleme des Arbeitsplatzwechsels auseinander. Mark haßte solche haarspalterischen Analysen. Er konnte nicht verstehen, warum Donna nicht einfach eine Entscheidung traf und die Probleme in Angriff nahm, wenn sie tatsächlich auftauchten. Ihre Angewohnheit, ewig über einer Entscheidung zu brüten, machte ihn ungeduldig und ärgerlich.

Umgekehrt versetzte Marks Impulsivität Donna häufig in Angst und Schrecken, wie zum Beispiel, als er spontan beschloß, eine Zweizimmerwohnung zu kaufen, ohne zuvor den Rat eines Sachverständigen einzuholen. Sie hatte schlaflose Nächte, weil sie sich all die baulichen Mängel vorstellte, die sich später zeigen könnten.

Dieser Widerspruch in ihren persönlichen Verhaltensweisen war im ersten Jahr der Beziehung ein Hauptstreitpunkt zwischen Mark und Donna. Doch nachdem sie die Vorteile des anderen Ansatzes erkannt hatten, verwandelte der Nachteil sich in einen Vorteil. Mark fand es hilfreich, zunächst Donna um ihre Meinung zu einer neuen Idee zu bitten, und Donna fand durch Marks Unterstützung den Mut, mehr Risiken einzugehen.

Jean und Elliot lernten sich bei der gemeinsamen Arbeit in einer kleinen Firma kennen. Auch sie gingen ziemlich unterschiedlich an das Leben heran. Jean war eine unverwüstliche Optimistin, fast schon eine gnadenlose Frohnatur, während Elliot überzeugt war, daß hinter jeder Ecke Gefahren lauerten. Ihre Verschiedenheit zeigte sich besonders deutlich, wenn sie Bridge spielten. Jean dachte, daß Elliot mit seinem Blatt ständig zu niedrig reizte, während Elliot ihr regelmäßig vorwarf, zu hoch zu reizen. Aber wenn Elliot in berufliche Schwierigkeiten geriet, gab Jeans Optimismus ihm neue Kraft. Wenn Jeans Optimismus zu unrealistisch wurde, bewahrte Elliots Problembewußtsein sie vor falschen beruflichen Entscheidungen. Zum Bridgespielen suchten sie sich andere Partner – alles in allem ein relativ kleines Opfer.

In der besten aller Welten ergänzen sich die Partner. Ihre Verschiedenheit fördert die Beziehung. Wenn wir den potentiellen Nutzen, der sich aus einem unterschiedlichen persönlichen Stil ergeben kann, zu schätzen lernen, und den individuellen Beitrag jedes Partners zu einzelnen Bereichen der Partnerschaft erkennen, verringern wir die Gefahr zerstörerischer Machtkämpfe. Ein mehr kooperativer Geist kann sich entwickeln, der eine ausgewogene Partnerschaft fördert und neue, belebende Impulse gibt.

Der Standpunkt, den wir hier vertreten, ähnelt der Theorie der »mischerbigen Lebenskraft« in der Genetik. Individuen mit unterschiedlichen Eigenschaften vereinigen sich, um eine kraftvollere und in vielen Hinsichten bessere Einheit zu erzeugen. Es gibt zum Beispiel bestimmte Bäume, die enorme Mengen an Früchten tragen, aber die Früchte sind relativ sauer. Ein anderer Baum trägt süße Früchte, aber nur in geringer Anzahl. Wenn man die beiden Baumsorten kreuzt, entsteht ein Baum, der eine Fülle schmackhafter Früchte hervorbringt. (Manchmal gehen solche Experimente natürlich auch nach hinten los. Ein Wissenschaftler, der einen Hering mit einer Qualle kreuzte, in der Hoffnung, einen grätenfreien Hering zu erzeugen, schuf eine grätenreiche Qualle.)

Partner in stabilen Beziehungen fühlen sich durch ihre Verschiedenheit bereichert. Sie lassen einander Raum, um diese Unterschiede auszudrücken, und begrüßen die einzigartigen und belebenden Beiträge, die ein Partner leisten kann, der kein geklontes Ebenbild der eigenen Person ist. Man kann Abmachungen treffen, die beiden Partnern erlauben, ihre eigenen individuellen Stärken in die Gemeinschaft einzubringen: er kocht vielleicht selten, aber wenn das Auto seinen Geist aufgibt, repariert er es; sie übernimmt die Urlaubsplanung und hält die sozialen Kontakte aufrecht, aber er sorgt für einen gut Teil ihrer übrigen Freizeitgestaltung, kauft Karten für Live-Shows oder reserviert einen Tisch im Restaurant.

Über diese Beiträge »Buch führen« zu wollen, ist ein destruktives Unterfangen, weil der »Buchhalter« meist seine eigenen Vorstellungen zur Berechnungsgrundlage macht. Die Analyse wird fast zwangsläufig zu dem Ergebnis kommen, daß der andere weniger zu der Beziehung beiträgt als man selbst. Es ist wenig sinnvoll, wenn Sie *Ihre eigenen Stärken* zum Maßstab für Ihren Partner machen. Um schmerzliche Konflikte zu vermeiden, sollte man den Partner immer an seinen eigenen Stärken messen. Jeder möchte für seine eigenen speziellen Beiträge anerkannt werden, und niemand profitiert davon, wenn Schwächen und Unzulänglichkeiten in den Mittelpunkt gerückt werden.

Luke und Susanna zum Beispiel waren beide auf ihre Weise ziemlich dickköpfig und dominierend. Ihre Zusammenarbeit an einem gemeinsamen Buch hätte leicht zum Alptraum werden können, wenn beide stur auf ihren Vorstellungen von einer angemessenen Darstellungsform beharrt hätten. Statt dessen waren beide schließlich mit viel Freude bei der Sache, weil sie ihre gegenseitigen Stärken und Interessengebiete erkannten und die Arbeit entsprechend aufteilten.

Susanna hatte ein Talent dafür, die unterschiedlichsten Informationen effektiv auszuwerten und das Datenmaterial logisch und verständlich anzuordnen. Sie genoß es, den ersten Entwurf zu schreiben, haßte aber die endlose Detailarbeit der Überarbeitung.

Luke liebte es, mit Sprache umzugehen, an einzelnen Sätzen zu feilen oder über die richtige Zeichensetzung nachzudenken, doch ein weißes Blatt Papier hatte eine absolut lähmende Wirkung auf ihn. Luke war gut in theoretischen Dingen; Susanna verfügte über einen unerschöpflichen Vorrat an praktischen Beispielen, um die theoretischen Konzepte zu erläutern.

Während der gemeinsamen Arbeit verkniff Luke sich seine Kritik an Susannas Satzkonstruktionen. Er war erleichtert und dankbar, daß er einen Entwurf erhielt, mit dem er arbeiten konnte. Susanna enthielt sich jeder Kritik daran, daß Luke ihren Entwurf völlig umstellte. Sie überarbeitete einfach seine revidierte Fassung und respektierte Lukes Talent für sprachliche und theoretische Details.

Gegensätze ziehen sich an

Manchmal fühlen wir uns von einem bestimmten Menschen angezogen, *weil* er über eine Eigenschaft verfügt, die wir bewundern und die uns selbst entweder fehlt oder nicht besonders ausgeprägt ist. Auf einer gewissen Ebene hoffen wir vielleicht, daß diese Eigenschaft ein bißchen auf uns abfärben wird – vielleicht werden wir ja selbst ein bißchen intellektueller, ordentlicher oder kontaktfreudiger, wenn wir uns mit diesem Menschen verbinden. Außerdem stärkt es unter Umständen unser Gefühl von Sicherheit, wenn wir einen Partner finden, der verantwortungsbewußter, stabiler, impulsiver oder sparsamer ist, als wir es von uns selbst gewohnt sind.

Später in der Beziehung passiert es allerdings recht häufig, daß gerade jene Eigenschaften, die uns ursprünglich besonders reizvoll erschienen, uns besonders ärgern. Nehmen wir zum Beispiel den Mann, der sich in seinem Denken und Handeln allein nach den Gesetzen einer angeblich objektiven Logik und Vernunft richtet. Er sucht sich das Gegenteil – eine Frau, die sich in erster Linie von ihrem Gefühl und ihrer Intuition leiten läßt. Beide können viel voneinander lernen, und darin besteht ein Teil der gegenseitigen Anziehungskraft. Doch je länger sie zusammen sind, desto ärgerlicher reagiert die Frau, wenn der Mann ihre Gefühle als irrational oder belanglos abtut und sie auffordert, logischer vorzugehen. Er dagegen geht auf die Palme, wenn sie ihm vorwirft, daß er eher einem Computer als einem menschlichen Wesen ähnelt, und ihn für seine mangelnde Spontaneität kritisiert.

Jeffrey und Lacy liefern ein gutes Beispiel dafür, wie Gegensätze sich anziehen und abstoßen können. Jeffrey war hingerissen von Lacys lebendigem, leidenschaftlichen Wesen. Er fand es aufregend, daß sie so herrlich unberechenbar war. »In gewisser Hinsicht bin ich sicher ein bißchen gehemmt«, berichtete er. »Ich weiß, es ist ein altes Klischee – der überkontrollierte Mann und die leidenschaftliche Frau, aber ich fürchte, was unsere Beziehung angeht, ist viel Wahres dran. Lacy ist sozusagen für die Gefühle zuständig. Aber manchmal treibt ihre Emotionalität mich auch die Wände hoch. Sie *haßt* einen Film oder jemanden, den wir auf einer Party kennenlernen, und regt sich fürchterlich darüber auf. In mir sträubt sich alles, wenn sie so intensive Gefühle zeigt. Ich versuche dann, sie zu beschwichtigen, was prompt dazu führt, daß sie sich noch mehr aufregt und einen Teil ihres Ärgers an mir ausläßt.«

Wenn wir uns bewußtmachen, warum wir uns ursprünglich zu unserem Parnter hingezogen fühlten, fällt es uns oft leichter, eine tolerantere Haltung zu entwickeln, die heilsam und versöhnlich wirkt. Wenn Jeffrey zum Beispiel sein eigenes Unbehagen überwinden und Lacy erlauben könnte, ihren Gefühlen freien Lauf zu lassen, statt ihr zu »helfen«, ihre Emotionalität besser unter Kontrolle zu halten, würde ihr Ärger wahrscheinlich wesentlich schneller verfliegen. Jeffreys Versuch, Lacy zu beeinflussen, bewirkt genau das Gegenteil und gibt ihren intensiven Gefühlen neue Nahrung. Sie fühlt sich kritisiert, Jeffrey fühlt sich gereizt, und keiner profitiert davon.

Kleine Unterschiede können ins Riesenhafte anwachsen, wenn sie sich gegenseitig hochschaukeln. Belinda und Andy empfanden das Verhalten des anderen lange Zeit als irritierend und verletzend, bis sie erkannten, in welchem zerstörerischen Mechanismus sie gefangen waren. Wenn Belinda Probleme hatte, neigte sie dazu, sich in sich selbst zurückzuziehen. Sie verhielt sich kühl und distanziert. Wenn Andy Kummer hatte, reagierte er genau andersherum: Er verspürte ein größeres Bedürfnis nach Nähe, sowohl verbal als auch körperlich. Wenn es zu angespannten Situationen kam, fühlte Belinda sich häufig von Andys Bedürfnis nach

Nähe erdrückt, während er tief gekränkt war, weil sie auf Distanz ging. Ein Teufelskreis setzte ein: Belindas Rückzug provozierte Andy dazu, immer größere Nähe zu suchen, wodurch Belinda sich noch weiter zurückzog; Andy wurde fordernder, bis die wachsende Anspannung sich in einem bösen Streit entlud. Manchmal dauerte es wochenlang, bis diese Unstimmigkeiten beigelegt waren.

Nachdem Belinda und Andy verstanden und akzeptiert hatten, daß sie beide völlig unterschiedlich mit emotionalen Konflikten umgingen, fühlten sie sich durch das Verhalten des anderen nicht mehr so bedroht und konnten die Qualität ihrer Beziehung wesentlich verbessern.

Licht- und Schattenseiten

Um zu einer neuen Sichtweise der Unterschiede in einer Beziehung zu gelangen, sollte man versuchen, alle Eigenschaften des Partners unvoreingenommen zu betrachten. Statt mit vorgefaßter Meinung über die »Schwächen« Ihres Partners zu lamentieren, sollten Sie den Blick auf seine *Stärken* richten. Fragen Sie sich selbstkritisch, ob das störende Verhalten nicht vielleicht die »Kehrseite« einer Verhaltensweise oder Eigenschaft bildet, die Ihnen lieb und teuer ist, die möglicherweise sogar den Ausschlag dafür gegeben hat, daß Sie sich in Ihren Partner verliebt haben (die »Schokoladenseite«). So hat Belinda sich vielleicht zum Teil zu Andy hingezogen gefühlt, weil er so fürsorglich und zärtlich war; und Andy fand vielleicht Belindas Unabhängigkeit besonders reizvoll, weil sie ihm ein Gefühl von Sicherheit verlieh.

Nancy hatte ein großzügiges und warmherziges Wesen, das Barry von Anfang an bezaubert hatte. Ihre fürsorgliche Art gab ihm das Gefühl, etwas ganz Besonderes zu sein. Doch als ein örtlicher Wohltätigkeitsverein eine Zeitlang zum Hauptnutznießer von Nancys Großzügigkeit avancierte, fühlte Barry sich betrogen und vernachlässigt.

Madge liebte William für seine einfühlsame und freundliche Art. Trotzdem ärgerte sie sich, daß er in gewisser Hinsicht nicht dem traditionellen Männerbild entsprach und häufig nicht so überlegen wirkte, wie sie es sich wünschte. Sie fühlte sich nicht genügend beschützt.

Bevor Lewis Dahlia kennenlernte, war er überzeugt, daß er nur mit einer unabhängigen Frau zusammenleben wollte, die einen eigenen Beruf hatte. Doch er verübelte es Dahlia, wenn sie aufgrund beruflicher Verpflichtungen manchmal weniger Zeit für gemeinsame Unternehmungen hatte.

Caitlin liebte Jacobs Sportlichkeit und seine ungestüme Abenteuerlust, aber sie ärgerte sich grün und blau, wenn er ihr beim Wandern, bei einem Golf- oder Tennismatch überlegen war.

Leslies Loyalität, Fürsorge und unverbrüchliche Zuneigung gaben Ari ein Gefühl von Geborgenheit, aber ihre Besitzansprüche machten ihn wahnsinnig.

Jody mochte Jasons besonnenes Wesen; es gab ihr Zeit, um in Ruhe nachzudenken und ihr inneres Gleichgewicht zu finden. Aber wenn er Probleme immer so lange verdrängte, bis sie ihm völlig über den Kopf gewachsen waren, hätte sie ihm am liebsten den Hals umgedreht.

Viola bewunderte Waynes berufliches Prestige und Ansehen, haßte aber sein konservatives Wesen.

Man kann mit einiger Sicherheit davon ausgehen, daß ein ausgeprägtes Persönlichkeitsmerkmal die gleichzeitige Ausprägung eines gegenteiligen Persönlichkeitsmerkmals ausschließt. Es gibt niemanden – jedenfalls nicht auf unserem Planeten –, der alle guten Eigenschaften in sich vereint, und es ist schlicht unmöglich, daß ein einziger Mensch *alle* unsere Wünsche und Sehnsüchte erfüllt.

So wäre es zum Beispiel eine höchst unrealistische Erwartung, daß ein Mensch, dessen erfolgreiche Karriere von seiner exzellenten Analysefähigkeit und seinem starken Widerspruchsgeist abhängt, all unsere Ideen kritiklos akzeptiert, wenn er nach Hause kommt. Ein sorgloser, impulsiver Mensch ist möglicherweise etwas unzuverlässiger als uns lieb ist; ein zielstrebiger, bodenständiger Praktiker überrascht uns vielleicht seltener mit romantischen Vorschlägen zum Hochzeitstag.

Jeder persönliche Stil hat seine positiven und negativen Seiten. Wenn Tamara zum Beispiel die Urlaubskoffer packt, ist sie wochenlang beschäftigt und geht völlig in dieser Aufgabe auf. Sie durchlebt eine stressige Zeit, aber letzten Endes hat sie immer an alles gedacht. Don dagegen neigt eher zu einer Laissez-faire-Einstellung, die ein streßfreies Kofferpacken ermöglicht. Er schmeißt alles in der letzten Minute zusammen, entdeckt am Urlaubsort allerdings häufig, daß er die Hälfte vergessen hat.

Eines sollten Sie immer bedenken: Wenn Ihr Partner tatsächlich einige der Verhaltensweisen entwickeln würde, die Sie sich wünschen, dann würde er auch einige andere Verhaltensweisen entwickeln, die Sie sich *nicht* wünschen, und viele Eigenschaften verlieren, die Ihnen lieb und teuer sind. Als Pete zum Beispiel gefragt wurde, was er an Sylvia ändern würde, antwortete er, daß er es begrüßen würde, wenn sie etwas taktvoller und weniger direkt wäre. Aber nachdem er eine Weile darüber nachgedacht hatte, korrigierte er sich: »Ihre unverblümte Offenheit stößt manche Leute vor den Kopf, aber das sind meistens Leute, die selbst nicht besonders ehrlich sind. Also ist es vielleicht ein ganz guter Schutz für mich, weil ich blöd genug bin, alles zu glauben.«

Haken

Eine Bestandsaufnahme unserer eigenen Unzulänglichkeiten ist mitunter hilfreich, um die schwachen Punkte unserer Partner im richtigen Verhältnis zu sehen. Ein Schild, das wir vor kurzem gesehen haben, bringt es auf den Punkt: »Wer nach Fehlern sucht, sollte einen Spiegel benutzen, kein Teleskop.« Wir alle haben unseren Haken. Doch trotz unserer eigenen Unvollkommenheiten haben wir das Gefühl, ein Anrecht auf die Liebe und Unterstützung unserer Partner zu haben. Auch unser Partner hat dieses Recht. Wie eine Frau über ihren Freund sagte: »Er ist ein bißchen übergewichtig, aber was soll's? Ich glaube, jeder hat so eine ›Gibmir‹-Stelle, und das ist wohl seine. Ich meine, wenn das das einzige ist, was ich ihm ›geben‹ muß, kann ich wohl von Glück sagen. Wenn man jemanden liebt, muß man sich immer mit bestimmten Dingen abfinden; man geht immer irgendeine Art Handel ein.«

Die Fähigkeit, Informationen aufzunehmen und von unseren Partnern zu lernen, erfordert ein gewisses Maß an Selbstvertrauen und die Fähigkeit, eigene Schwächen und Unvollkommenheiten zu akzeptieren. Wenn wir dazu nicht in der Lage sind, wenn wir uns wegen bestimmter Schwächen beschämt, schuldig oder verlegen fühlen, geraten wir leicht in Versuchung, unser Selbstbild auf Kosten des Partners aufzupolieren. Wir wollen ihm beweisen, daß er unrecht hat, obwohl es für die Situation gar keine »richtige« oder »falsche« Lösung gibt, sondern nur ganz unterschiedliche Sicht- und Vorgehensweisen. Wenn das geschieht, gibt es immer nur zwei Verlierer.

Verwundbarkeiten und Empfindlichkeiten

Zusätzlich zu den potentiellen Schwierigkeiten, die sich aus den Unterschieden zwischen Partnern ergeben, hat jeder von uns besonders empfindliche Stellen, die leicht zu Konflikten führen können. Persönliche Verletzlichkeiten und physische oder emotionale Schwächen können Probleme verursachen, wenn sie ignoriert oder unsensibel behandelt werden.

Manche dieser Empfindlichkeiten hängen mit unserem äußeren Erscheinungsbild oder rein körperlichen Fähigkeiten zusammen. Cleo war dankbar für Judds Einstellung gegenüber ihrem Handicap. »Ich habe eine Lesestörung«, berichtete sie. »In meiner Kindheit habe ich sehr darunter gelitten und an mir gezweifelt. Meine Brüder und sogar mein Sohn ziehen mich damit auf. Judd tut das nie. Wenn ich Schwierigkeiten habe, bestimmte Worte auszusprechen, ist er geduldig und versucht mir zu helfen – ich empfinde das nicht als Kritik, sondern als Unterstützung.«

Manche Menschen sind leicht von wechselnden physischen Befindlichkeiten beeinflußbar – sie fühlen sich unwohl oder werden mürrisch, wenn sie müde sind, wenn sie frieren oder Hunger haben –, und sie müssen diesen Bedürfnissen nachgeben dürfen, ohne daß man ihnen das Gefühl vermittelt, nicht ganz in Ordnung zu sein. Viele Frauen leiden sehr stark unter prämenstruellen Symptomen. Wenn die Symptome nicht gelindert werden können, empfiehlt es sich, einen Kalender zu führen und die kritischen Tage anzukreuzen. Auf diese Weise kann der Partner sich darauf einstellen, daß es in dieser Zeit möglicherweise zu körperlich bedingten emotionalen Reaktionen kommt.

Sowohl Männer als auch Frauen geraten mitunter in ein Stimmungstief, erleben schlechte Tage im Büro, sind manchmal gereizt, verärgert oder erschöpft und brauchen ihren Teil an Streicheleinheiten und Verständnis. Wir alle brauchen hin und wieder ein bißchen Nachsicht und Wohlwollen.

Empfindliche Bereiche sind oft ein Zeichen für tiefere seelische Verletzungen, die auf frühe Kindheitserfahrungen zurückgehen. Martha schien überempfindlich zu reagieren, wenn Tad zu spät zum Abendessen kam. Tad hatte ein eigenes Geschäft, und es kam häufig vor, daß ihm in letzter Minute noch eine dringende Sache auf den Schreibtisch flatterte. Wenn Martha ihn fragte, wann er nach Hause kommen würde, neigte Tad dazu, seinen Feierabend zu früh einzuschätzen. Diese Fehleinschätzungen waren eine Art Wunschdenken, weil er sich aufrichtig darauf freute, nach Hause zu kommen und mit Martha zusammenzusein. Deshalb konnte er auch nur schwer verstehen, warum sie so aufgebracht und heftig reagierte, wenn er sich einmal verspätete.

Das Thema wurde wieder und wieder aufgewärmt, ohne daß sie zu einer Lösung fanden. Ihre junge Beziehung drohte daran zu zerbrechen. Doch Martha erkannte schließlich, daß ihr die intensiven Gefühle, die sie empfand, wenn sie auf Tad warten mußte, seltsam vertraut waren. Sie erinnerte sich, daß ihr Vater, den sie für einen Workaholic gehalten hatte, oft sehr spät von der Arbeit nach Hause kam. Abend für Abend hatte sie auf ihn gewartet und war dann meist ins Bett geschickt worden, bevor er zu Hause eingetroffen war. Sie hatte sich von ihm verraten und im Stich gelassen gefühlt. Ihre Eltern ließen sich schließlich scheiden, und ihr Vater heiratete seine Sekretärin. Es ist nicht schwer zu verstehen, wie dieser Teil von Marthas persönlicher Geschichte ihre Reaktionen auf Tads Zuspätkommen beeinflußte. Nachdem Tad verstanden hatte, warum sein Verhalten solche Ängste bei Martha auslöste, achtete er darauf, seinen Feierabend realistischer einzuschätzen.

Wenn Ihr Partner übertrieben oder chronisch empfindlich auf ein bestimmtes Verhalten Ihrerseits reagiert, sollten Sie dieses deutliche Signal beachten und die tieferen Ursachen dieser Reaktion erforschen. Auch wenn Sie den Eindruck haben, sich tadellos zu verhalten, berühren Sie wahrscheinlich einen wunden Punkt, eine empfindliche Stelle, die Sie nicht ignorieren oder herunterspielen sollten, wenn Sie die Beziehung vor ernsthaftem Schaden bewahren wollen.

In den eineinhalb Jahren ihrer Bekanntschaft waren Jay und

Vanessa dreimal zusammen in Urlaub gefahren. Während jeder dieser Reisen gerieten sie am zweiten oder dritten Tag in einen heftigen Streit, der dazu führte, daß beide eine Zeitlang getrennte Wege gingen und auch am folgenden Tag nur das Notwendigste miteinander redeten. Als sie schließlich über dieses sich abzeichnende Muster und seine Ursachen sprachen, erkannte Jay, daß er am Anfang des Urlaubs immer versuchte, sich Vanessas Wünschen anzupassen, obwohl sie seinen eigenen völlig zuwiderliefen. Er hatte das Bedürfnis, erst einmal zur Ruhe zu kommen, in der Nähe des Urlaubsdomizils zu bleiben und sich einige Tage völlig zu entspannen. Doch statt diesen Bedürfnissen nachzugeben, begleitete er Vanessa, die gern sofort die Gegend erforschte, sich in Sightseeing-Touren stürzte und den erholsamen Teil lieber auf später verschob. Wenn Jay das einige Tage lang mitgemacht hatte, wurde er unruhig und deprimiert. Er hatte das Gefühl, daß die wertvolle Urlaubszeit ihm zwischen den Fingern zerrann, ohne daß er etwas davon gehabt hätte. Er stammte aus armen Verhältnissen und hatte erst mit Ende Zwanzig seine erste Urlaubsreise gemacht, deshalb erschien ihm diese Zeit besonders kostbar. Nachdem Vanessa die Ursachen seines Verhaltens verstanden hatte, achtete sie darauf, daß Jay sich in den ersten Urlaubstagen ungestört erholen konnte, während sie selbst sich auf andere Weise beschäftigte. Als Jay die Möglichkeit erhielt, seinem Bedürfnis nach Entspannung nachzugeben, verschwanden seine Depressionen, und er konnte die restliche Zeit mit Vanessa viel besser genießen, sowohl physisch als auch psychisch.

Korrektive Maßnahmen

Weil unsere persönlichen Grenzen und sensiblen Bereiche sich normalerweise der bewußten Kontrolle entziehen, sind sie sehr schwer zu ändern. Wenn unser Partner unsere Verhaltensweisen und Reaktionen an seinen eigenen Normen bemißt und bewertet, fühlen wir uns kritisiert, was unsere Abwehr noch verstärkt und unsere Änderungsbereitschaft verringert. Echte und wirksame Veränderungen sind das Nebenprodukt einer verständnisvollen Haltung, die von dem Wunsch getragen ist, Wunden zu heilen.

Und weder Zwang noch Verurteilungen, Drohungen, Beleidigungen oder heimtückische Vergleiche sind wirksame Heilmittel.

Nur wenn wir uns sicher fühlen, können wir allmählich aus unserer Deckung herauskommen und die betreffenden Probleme näher untersuchen. Man sollte daran denken, daß jeder sensible Bereich seine eigene idiosynkratische Geschichte und innere Logik hat. Er kann nicht einfach ignoriert werden. Die *Ursache* der Sensibilität muß aufgedeckt werden, damit beide Partner mehr Verständnis füreinander aufbringen können. Diese mitfühlende Haltung leitet dann allmählich die Veränderung ein.

Serena hatte Patrick wiederholt gebeten, die Tür ihrer Wohnung zu reparieren. Obwohl er es ihr versprochen hatte, schob er es immer wieder auf. Schließlich verlor sie die Geduld und warf ihm vor, daß er faul und unzuverlässig sei. Sie war überrascht, als er ebenso zornig reagierte: Sie hatte erwartet, daß er einlenken und sich entschuldigen würde.

»Ich habe wirklich keine Ahnung, wie ich diese blöde Tür reparieren soll«, schimpfte er. »Aber du erwartest immer von mir, daß ich diese Dinge weiß, bloß weil ich ein Mann bin.«

Als sie sich länger unterhielten, entdeckte Serena, daß Patrick sehr darunter litt, wenn er den Erwartungen anderer nicht gerecht wurde. Sowohl sein Vater als auch seine Mutter hatten in seiner Kindheit viele unrealistische Forderungen an ihn gestellt; wenn er diese Ansprüche nicht erfüllen konnte, hatten sie ihn durch Kälte und Ablehnung bestraft. Er hatte große Angst, daß Serena ihn nicht mehr lieben würde, wenn er sie enttäuschte.

Als Serena diese Hintergründe kennengelernt hatte, konnte sie ihr Verhalten ändern, wenn sie ihn um eine Gefälligkeit bat. Sie ließ ihm zum Beispiel einen »Ausweg«, indem sie zuerst vorschlug, daß er einen Handwerker kommen ließ. Und wenn er die Sache selbst in Angriff nahm, verhielt sie sich liebevoll und dankbar, weil er versuchte, ihr zu helfen, egal, ob er Erfolg hatte oder nicht.

Joe wuchs in einer Familie auf, in der alles im Überfluß vorhanden war. Ererbtes Geld und das erfolgreiche Geschäft des Vaters erlaubten ihm und seinen Geschwistern den Luxus, alle Ausgaben über eine Kreditkarte laufen zu lassen, die sie alle an ihrem achtzehnten Geburtstag geschenkt bekommen hatten. Georgias Familie war zwar nicht reich, hatte aber ihr Auskommen, bis der Vater starb, und die Mutter wieder arbeiten mußte, um die Familie zu ernähren. Nach dem Tod des Vaters folgte eine schwere Zeit, aber die Familie lernte sich einzuschränken und kam schließlich einigermaßen über die Runden.

Immer wenn Joe beschloß, etwas mit seiner Kreditkarte zu kaufen, war Georgia unangenehm berührt. Die Tatsache, daß Joe beträchtliche Schulden hatte, beunruhigte sie und hielt sie sogar davon ab, die Beziehung zu vertiefen. Joe sah die Sache gelassen und machte sich keine Gedanken über seine enormen monatlichen Zinszahlungen. Für ihn waren Georgias Sorgen völlig unbegründet und übertrieben. »Schulden sind schließlich ein Eckpfeiler des Kapitalismus«, argumentierte er.

Ein ständiger Streitpunkt zwischen ihnen war ein altes, zerbeultes Auto von Joe, das selten ansprang und kaum benutzt wurde. Georgia wollte, daß Joe es verkaufte. Sie hielt es für reine Geldverschwendung, das Auto zu behalten und die Versicherung zu zahlen, während der Verkauf Joe helfen würde, seine Schulden abzubauen. Joe war jedoch der Ansicht, daß er besseres mit seiner Zeit anfangen könnte, als einen Käufer für das Auto zu finden. Das änderte sich erst, als Joe verstand, daß Georgias finanzielle Ängste mit ihrer Kindheit zusammenhingen. Er bot ihr an, das Auto für ihn zu verkaufen und als Gegenleistung den Gewinn mit ihm zu teilen – eine Lösung, die beiden etwas zusätzliches Geld einbrachte und außerdem einen Hauptstreitpunkt zwischen ihnen beseitigte.

Claire war chronisch verärgert und frustriert über Bens Entscheidungsschwäche: Er grübelte endlos über die banalsten Dinge nach. Erst als sie Bens Mutter kennenlernte und merkte, wie unglaublich dominierend sie war – sie traf noch immer Entscheidungen für Ben, schrieb ihm vor, wie er zu denken und zu handeln hätte –, konnte sie verstehen, warum er sich mit Entscheidungen so schwertat.

Sid konnte keine Witze über Sex vertragen oder im Bett herumalbern. Das ärgerte Valerie, die ihn für unerträglich »verklemmt« hielt. Ihre Ansicht änderte sich jedoch, als sie erfuhr, daß Sids Ex-Frau ihn häufig gedemütigt und sich in Gegenwart von Dritten über seine Potenzprobleme lustig gemacht hatte.

Empathie hilft uns, die Verletzlichkeiten unserer Partner zu verstehen, und eröffnet den Weg zu Kompromiß und Wachstum.

Empathie ist das Ergebnis eines Prozesses, bei dem wir unseren eigenen Standpunkt bewußt einen Moment lang aufgeben, um in die Welt des anderen einzutauchen und die Dinge mit seinen Augen sehen, seine Handlungsweisen nachvollziehen und ihm ebensoviel Verstand und Vernunft zubilligen wie uns selbst. Es ist nicht immer leicht, die Bereitschaft und die Fähigkeit aufzubringen, unsere eigenen, oft starken Überzeugungen und Meinungen beiseitezuschieben und die Welt des anderen zu betreten, aber es ist notwendig, wenn wir wirklich verstehen wollen, wie unser Partner denkt und fühlt.

Empathie ist die tiefste Form der Liebe zu einem anderen Menschen: das eigentliche Wesen der Liebe. Empathie bedeutet, daß wir uns in einen anderen Menschen *einfühlen*. Sie ist etwas anderes als *Sympathie*, bei der wir *mit* jemandem fühlen. Wenn wir Sympathie empfinden, schauen wir von außen in einen anderen Menschen hinein. Empathie heißt, daß man »in die Haut des anderen schlüpft«, die Welt mit seinen Augen sieht. Empathie hat mit dem zu tun, was die Franzosen als »la participation mystique« bezeichnen, als mystische Teilnahme.

Wenn Sie sich in die Ansichten oder Gefühle Ihres Partners einfühlen können, auch wenn Sie sie für ziemlich übertrieben, unangemessen oder sogar falsch halten, geben Sie Ihrem Partner die Möglichkeit, sich verstanden, sicher, entspannt und geliebt zu fühlen.

Ein ständiger Streitpunkt zwischen Max und Ginette war ironischerweise Ginettes extrem einfühlsames Wesen. Sie konnte sich mühelos in fast jeden Menschen einfühlen, manchmal so sehr, daß sie ihren eigenen Standpunkt verlor. Wenn die beiden ins Kino gingen und sich einen traurigen Film ansahen, identifizierte Ginette sich völlig mit dem Unglück des jeweiligen Leinwandhelden. Sie konnte ihre eigene Anspannung nur lösen, indem sie laut vor sich hinsprach, was Max vom Film ablenkte und ihm jeden Spaß verdarb. Max fing an, gemeinsame Kinobesuche zu fürchten. Mit wachsender Gereiztheit ermahnte er Ginette immer schon vor Beginn des Films, diesmal den Mund zu halten. Obwohl

Ginette die besten Vorsätze hatte, schienen die Worte ihr wie von selbst zu entschlüpfen, sobald die Spannung anstieg. Als Max schließlich verstand, daß Ginettes Geplappere ein Zeichen echter emotionaler Bedrängnis war, legte sich sein Unwille. Ihr Gerede nervte ihn deshalb nicht weniger, aber er ging anders damit um. Statt sie wütend anzuzischen, um sie zum Schweigen zu bringen, streichelte er beruhigend ihr Knie, wenn sie zu reden anfing, oder hielt ihre Hand. Max' neue Reaktion tröstete Ginette. Max zuliebe versuchte sie, ihre innere Anspannung zu bekämpfen, und merkte schließlich, daß es schon half, wenn sie still zu sich selbst sprach.

Der menschliche Geist hat die natürliche Neigung, sich selbst als Zentrum des Universums zu sehen. Das führt dazu, daß zwei Menschen die Ereignisse in ihrer unmittelbaren Umgebung oft verzerrt wahrnehmen oder interpretieren, so als würden sie sich speziell ihretwegen ereignen. Diese egozentrische Sichtweise kann endlose Streitereien auslösen. Doch wenn Empathie zu einem festen Bestandteil des täglichen Zusammenlebens wird, kann sie die Beziehung von den schwerwiegenden und häufigen Konflikten befreien, die sich aus dieser verzerrten Wahrnehmung ergeben. Statt unseren Partnern weiterhin zu unterstellen, daß ihr Verhalten einzig dem Zweck dient, *uns* zu provozieren oder zu verletzen, werden wir erkennen, daß ihr Verhalten wahrscheinlich so gut wie nichts mit uns zu tun hat.

Natalia zum Beispiel hatte von Zeit zu Zeit eine schweigsame Phase, in der sie nachdenklich und ganz in sich selbst versunken war. Mason war überzeugt, daß sie ihn durch ihr Schweigen bestrafen wollte. Er hatte das Gefühl, daß sie ihm absichtlich die kalte Schulter zeigte und ihn ausschloß. Seine Mutter hatte ihn immer auf diese Weise bestraft, wenn sie sich über ihn ärgerte, und Natalias Verhalten weckte bittere Erinnerungen in ihm. Es kam zu endlosen, quälenden Auseinandersetzungen, weil Mason steif und fest behauptete, daß Natalia wütend auf ihn sei und sich weigere, es zuzugeben. Natalia war von diesen scheinbar sinnlosen Vorwürfen völlig entnervt und protestierte jedesmal, daß er ihr Verhalten völlig falsch interpretiere und sie alles andere als wütend sei. Aber Masons eigene Verletzlichkeiten und die verzerrte Wahrnehmung, die auf seine Kindheitserlebnisse zurückging, machten ihn absolut sicher, daß er sich nicht täuschte.

Tatsächlich hing Natalias Verhalten damit zusammen, daß sie das einzige Kind von sehr autoritären und überängstlichen Eltern gewesen war, die mit Argusaugen über jeden ihrer Schritte gewacht hatten. Sie hatte einfach gelernt, sich in sich selbst zurückzuziehen, um sich einen gewissen Freiraum zu schaffen. Als Mason mehr über die Ursachen ihrer Tagträume erfuhr, fühlte er sich nicht mehr bedroht und bezeichnete die Episoden schließlich scherzhaft als Natalias »Reisen ins Innere«.

Natürlich kann auch Empathie, wie jedes andere Verhalten, negative Folgen haben, wenn es übertrieben oder falsch angewandt wird. Wenn jemand wiederholt so *über*empathisch reagiert, daß er sich selbst in diesem Prozeß verliert, wird dieses Ungleichgewicht über kurz oder lang zu Problemen führen.

Angenommen, Mason hätte so einfühlsam auf Natalias Rückzugsbedürfnisse reagiert, daß er seine eigenen Bedürfnisse nach Nähe vernachlässigt hätte. Wenn diese Überkompensation zugunsten Natalias eine Weile angehalten hätte, wäre er wahrscheinlich ungeduldig und ärgerlich geworden, falls Natalia nicht die gleiche Einfühlsamkeit gezeigt und ihr eigenes Bedürfnis nach Einsamkeit eine Weile zurückgestellt hätte, um *sein* Bedürfnis nach Nähe und Zärtlichkeit zu befriedigen. Um Konflikte zu vermeiden und eine Beziehung im Gleichgewicht zu halten, müssen *beide* Partner in der Lage sein, sich in den anderen einzufühlen, ohne dabei ihr eigenes Gleichgewicht zu verlieren und über Bord zu fallen.

Die Unschuldsvermutung

Die Unschuldsvermutung ist nicht nur eine humane Grundlage unseres Rechtssystems, sie sollte auch eine humane Grundlage unseres Beziehungssystems sein. Statt *ohne stichhaltigen Beweis* von verletzenden und negativen Vermutungen auszugehen, müssen wir lernen, unser Urteil eine Weile aufzuschieben. Um auszuschließen, daß dem Verhalten, das unserer Überzeugung nach in sträflicher und verletzender Absicht erfolgte, nicht möglicherweise andere Motive zugrundeliegen, müssen wir zunächst davon ausgehen, *daß unser Partner unschuldig ist.*

Im Bett zum Beispiel wird eine unterschiedliche Lustfrequenz häufig als Beweis für die mangelnde Liebe des lustloseren Partners gedeutet oder als Versuch, den interessierteren Partner zu bestrafen, indem man ihn oder sie sexuell abweist. Aber es ist durchaus denkbar, daß diese Unterschiede psychische Ursachen haben und auf eine generelle Abneigung des Partners gegen Sexualität oder auf anderen Erklärungen zurückzuführen sind. Wie ein Mann es ausdrückte: »Natürlich würde ich mir wünschen, daß Janet mehr aus sich herausgehen würde, mich öfter mal umarmen oder streicheln würde, aber ich habe gelernt, sie so zu akzeptieren, wie sie ist. Ich weiß, daß sie es manchmal versucht, aber im Grunde liegt es nicht in ihrer Natur.«

Sich in das Unvermeidliche fügen

Wenn wir das Verhalten unseres Partners als Ausdruck seiner Persönlichkeit, seines individuellen Stils oder seiner Geschichte sehen, statt es immer auf uns zu beziehen, können wir seine Handlungsweise besser verstehen und akzeptieren. Partner in langjährigen, glücklichen Beziehungen wissen, daß sie in gewissen Hinsichten einfach bereit sein müssen, ihren Partner so zu nehmen, wie er ist, und geben sich nicht länger der Illusion hin, ihn ändern zu können. Sie haben die Reife, um sich selbstkritisch einzugestehen, daß sie selbst trotz all ihrer Unvollkommenheiten geliebt werden möchten und billigen ihrem Partner dasselbe zu. Rhonda berichtete uns amüsiert: »Ich muß Ward immer stundenlang um den Bart gehen, damit er mich zu einem gesellschaftlichen Anlaß begleitet. Manchmal fällt mir das ein bißchen schwer. Aber ich weiß, daß ich auch nicht in jeder Beziehung seinen Wunschvorstellungen entspreche. Ich denke, wir haben uns so akzeptiert, wie wir sind.«

In allen Lebensbereichen müssen wir lernen, wo und inwieweit Veränderungen möglich und machbar sind, und wir müssen auch lernen, uns gegebenenfalls ins »Unvermeidliche zu fügen«. Nicht alle Widersprüche müssen versöhnt werden; nicht jede Empfindlichkeit kann überwunden werden.

Wenn es Sie wahnsinnig macht, wie Ihr Partner sich in bestimmten Situationen verhält, sollten Sie sich bei diesen Gelegenheiten auf sich selbst und ihre eigenen Bedürfnisse konzentrieren statt auf das ärgerliche Benehmen Ihres Partners. Ein Mann aus unserem Bekanntenkreis fand die Unentschlossenheit seiner Freundin unerträglich. Wenn er also in eine Situation geriet, wo seine Freundin sich mit einer Entscheidung schwertat – zum Beispiel bei der Kleideranprobe im Kaufhaus –, verabredete er eine feste Zeit und einen Treffpunkt mit ihr und ging seine eigenen Wege. Er machte einen kleinen Spaziergang, einen Schaufensterbummel oder setzte sich mit einer Zeitung ins Café. Diese erfolgreiche Strategie entschärfte die angespannte Situation und bot beiden einen Ausweg aus einem potentiellen Konflikt.

Wenn Sie Ihren Partner so akzeptieren, wie er ist, haben Sie die Möglichkeit, ihm emotional nah zu bleiben, auch wenn Sie mit unterschiedlichen Dingen beschäftigt sind. Es ist einen Versuch wert: Wenn Ihr Partner zum Beispiel keine Lust zum Tennisspielen hat, könnten Sie mit jemand anders spielen, während Ihr Partner sich am Rand des Tennisplatzes ins Gras legt und ein Buch liest. Oder wenn der eine kocht, könnte der andere sich an den Küchentisch setzen und einen Brief schreiben oder Rechnungen erledigen.

Sich darauf einigen, sich nicht zu einigen

In Bereichen, wo Ihre Meinungen drastisch voneinander abweichen, können Sie sich darauf einigen, sich nicht zu einigen. Die einvernehmliche Entscheidung, kein Einvernehmen zu erzielen, ist nützlich und hilfreich, wenn zwei Partner sehr verschiedene und sehr ausgeprägte religiöse oder politische Überzeugungen, Entscheidungsmethoden, Weltanschauungen oder Problemlösungsstrategien haben. In solchen Fällen kann man sich den Mund fusselig reden, um dem anderen zu erklären, warum man dieses oder jenes für richtig oder falsch hält, ohne auch nur die geringste Wirkung zu erzielen. Wenn und solange unsere persönlichen Erfahrungen uns nicht vom Gegenteil überzeugen, ist es sehr unwahrscheinlich, daß wir unsere Überzeugungen ändern.

Eine stabile Beziehung entsteht nicht dadurch, daß man zwei Persönlichkeiten zu einer homogenen Masse verrührt. Eine gesunde Beziehung ist ein Nebenprodukt des gegenseitigen Respekts für die Andersartigkeit und Unabhängigkeit des Partners.

Und sie ist ein Ort, an dem zwei Menschen die Freiheit haben, sie selbst zu sein, während sie gleichzeitig einen dritten Weg schaffen, den sie gemeinsam und zu ihrem beiderseitigen Vorteil und Nutzen beschreiten wollen.

In den meisten guten Beziehungen verringern sich allerdings im Laufe der Zeit die politischen oder religiösen Differenzen und sogar bestimmte Unterschiede im persönlichen Stil. Wenn zwei Menschen zusammenleben, beeinflußt die Sichtweise des einen die Sichtweise des anderen. Ihre unterschiedlichen Verhaltensweisen habe die natürliche Tendenz, sich aneinander anzugleichen und allmählich zu einer Form zu finden, bei der jede Person einige der Eigenschaften des anderen übernimmt und beide sich mehr und mehr auf ein gemeinsames Zentrum zubewegen. Der Optimist fängt an, potentielle Probleme zu bemerken, und der Pessimist traut sich trotz potentieller Gefahren weiter vor. Der Introvertierte entwickelt Spaß an Geselligkeiten, und der Extrovertierte genießt das Alleinsein. Selbst Aktivitäten und Interessen ändern sich: Der Bücherwurm findet möglicherweise Reiz an sportlicher Betätigung, und der sportliche Naturbursche entdeckt vielleicht die Freuden und Vorzüge einer Schmökerstunde vor dem Kamin; ein Konservativer wird vielleicht ein bißchen liberaler und ein Liberaler etwas konservativer. Viele Paare entdecken, daß selbst ihr Kleidungs- oder Einrichtungsstil sich ändert, weil sie sich gegenseitig indirekt in ihrem Geschmack beeinflussen. Das führt dann mitunter zu einem Stil, der zwar Elemente von beiden Personen umfaßt, den aber keiner von beiden je allein gewählt hätte.

Ein Mann, der schon sehr lange mit seiner Frau zusammenlebte, berichtete: »Wir werden uns immer ähnlicher. Sie bewegt sich immer mehr in Richtung Spontaneität, und ich bewege mich immer mehr in Richtung Struktur. Es ist noch immer das Yin und Yang unserer Beziehung.«

Wenn ein Paar gelernt hat, wie man sich ohne Streit und Kränkung darauf einigt, sich nicht zu einigen, können viele unversöhnliche Widersprüche bestehen bleiben, ohne ein nennenswertes Hindernis zu bilden: sie werden einfach wohlwollend zur Kenntnis genommen, mit Humor und dem immer notwendigen Quentchen Nachsicht.

Zusammenbruch der Kommunikation

Angenommen, Sie und Ihr Partner sind grundverschiedene Menschen – mit unterschiedlichem Temperament, ganz anderen Werten, Interessen, Geschmäckern, Empfindlichkeiten oder sogar Lebensphilosophien. In diesem Fall ist eine gute Kommunikation zwischen Ihnen eine lebensnotwendige Sache, wenn Sie harmonisch zusammenleben wollen. *Miß*verständnisse bilden eine weitere Hauptursache von Beziehungskonflikten.

Die meisten Menschen drücken sich weit weniger verständlich aus, als sie glauben. Wir verbergen unsere Verletzlichkeit, maskieren unsere Wut, vermeiden Diskussionen über sensible Themen, senden mehrdeutige Botschaften aus und machen es unserem Partner damit häufig schwer, wenn nicht unmöglich, zu verstehen, was uns wirklich auf der Seele oder am Herzen liegt.

Dunkle und verwirrende Kommunikationsmethoden sind häufig das Ergebnis von mangelhaften Kommunikationsmodellen in der Kindheit. Viele von uns sind in Familien großgeworden, in denen es als unschicklich galt, seine Gefühle offen zu zeigen, so daß wir gelernt haben, sie zu unterdrücken oder sie indirekt zum Ausdruck zu bringen. Es gibt noch immer zu viele Familien, in denen Kinder gesehen, aber nicht gehört werden sollen, in denen ihre Gefühle und Gedanken mißachtet, banalisiert oder spöttisch belächelt werden, als wären sie dumm und unbedeutend. In Einklang mit alten – und häufig sehr subtilen – Vorurteilen über das »angemessene« Verhalten von Männern und Frauen werden kleine Jungen häufig davon abgehalten, ihre Gefühle auszudrükken, und Mädchen daran gehindert, ihre Stärken oder Fähigkeiten offen zu zeigen.

Einem Großteil der erwachsenen männlichen Bevölkerung hat man systematisch eingebleut, jeden Ausdruck von Zärtlichkeit oder Verwundbarkeit zu vermeiden, weil diese Eigenschaften entweder als Zeichen von Schwäche oder als »weibliche« Gefühle galten. Aus Angst, vom Partner verachtet zu werden oder um ihr Selbstwertgefühl zu bewahren, verbergen viele Männer diese Gefühle hinter aggressiven Verhaltensweisen oder leugnen machohaft jede Schwäche ab, was für ihre Partnerinnen extrem verwirrend sein kann. Andererseits haben Frauen häufig gelernt, daß sie um jeden Preis Harmonie bewahren und ihre Unzufriedenheit verbergen müssen. Deshalb fällt es vielen Frauen schwer, aggressive Gefühle offen auszudrücken. Eine Folge ist, daß Männer häufig aufrichtig erstaunt sind, wenn ihre Partnerin ihnen plötzlich die kalte Schulter zeigt oder sie mit »spitzen« Bemerkungen traktiert, und sich verdutzt fragen, womit sie dieses Verhalten verdient haben.

Wenn Sie Ihre Gefühle unterdrücken oder leugnen, verhindern Sie, daß Ihr Partner sich Ihnen gegenüber einfühlsamer, unterstützender oder hilfreicher verhalten kann. Aus falschem Stolz oder um Ihre Verletzlichkeit nicht zu zeigen, geben Sie vielleicht vor, daß eine kleine Nachlässigkeit Ihres Partners Sie nicht im mindesten gekränkt hat. Doch was immer der Grund sein mag, wenn Sie den Einfluß leugnen, den Ihr Partner auf Sie hat, kann er Ihre Bedürfnisse nicht erkennen. Sie schaffen die Voraussetzung für weitere Mißverständnisse und eine fortschreitende Entfremdung, die die Liebe, die Sie einst füreinander empfunden haben, zerstören kann.

Geraldine litt darunter, daß Sal ihr keine Aufmerksamkeit schenkte, wenn sie ihn am meisten brauchte. Statt offen zu sagen, daß sein Verhalten sie kränkte, flirtete sie provokativ mit einem seiner Bekannten, in der Hoffnung, Sal eifersüchtig zu machen und seine Aufmerksamkeit wieder zu wecken. Da Sal keine Ahnung hatte, daß Geraldines Geflirte eine Reaktion auf sein eigenes Verhalten war, war er verwirrt, wütend und fühlte sich betrogen. Weil er nicht verletzlich erscheinen wollte, verbarg er seine eigenen Gefühle und trieb die Krise weiter voran, indem er eine Affäre mit einer Arbeitskollegin anfing. Geraldine erfuhr von der Sache, und die Beziehung zerbrach. Weder Geraldine noch Sal waren sich bewußt, daß ihre beiderseitige Unfähigkeit, offen über ihre Bedürfnisse und Gefühle zu sprechen, ihre Liebe zerstört hatte.

Da die meisten Männer und viele Frauen in unserer Kultur kaum je ermutigt wurden, ihre Gefühle offen und ehrlich auszudrücken, sind erste Ausflüge in dieses unbekannte Terrain mitunter schwierig und unbefriedigend, vor allem wenn das Paar gerade in einer Kontroverse steckt.

Es braucht seine Zeit, bis wir gelernt haben, unsere eigenen Gefühle zu erkennen und sie frei und ungehemmt zum Ausdruck zu bringen. Doch je mehr wir über unsere Gefühle reden, desto *bewußter* werden sie uns. Wer ein Gefühl in Worte faßt, gibt ihm

Gestalt. Wenn wir eine reiche, ausdrucksvolle Sprache entwickeln, fühlen wir uns nicht nur lebendiger, sondern können unserem Partner auch besser vermitteln, was wir empfinden.

Beduinen haben zum Beispiel siebenhundert Begriffe, um ein Kamel zu beschreiben. Weil ihr Leben von diesen Lastträgern abhängt, nehmen sie Eigenschaften und Merkmale an Kamelen wahr, die den meisten Nicht-Beduinen zweifellos entgehen würden. Dieses Begriffsvokabular hat eine sehr praktische und lebensnahe Bedeutung für die Beduinen – so wie die Fähigkeit, über Gefühle und Gedanken zu kommunizieren, für Liebespartner.

Doppeldeutige Botschaften

Schwierigkeiten beim direkten Ausdruck von Gefühlen führen schließlich zum Gebrauch von doppeldeutigen Botschaften. Zu dieser verwirrenden Kommunikationsform kommt es, wenn ein Mensch zwei widersprüchliche Botschaften gleichzeitig aussendet, für gewöhnlich durch verschiedene Ausdrucksmittel. So können zum Beispiel die gesprochenen Worte eine bestimmte Aussage enthalten, während der Tonfall eine ganz andere Bedeutung übermittelt. Wenn jemand uns seine zärtliche Liebe beteuert, aber keinen Augenkontakt hält, sich abwendet oder uns nur zögernd oder mechanisch berührt, zweifeln wir an der Aufrichtigkeit der Worte. Umgekehrt verrät die Körpersprache vielleicht verborgene Wünsche, auch wenn die Worte etwas anderes vorgeben – wie in dem alten Lied: »Deine Lippen sagen ›Nein‹, aber deine Augen sagen ›Ja‹.«

Wer eine mehrdeutige Botschaft aussendet, ist fast immer entweder verunsichert oder in einem Konflikt, auch wenn er sich dessen nicht bewußt ist. Diese mangelnde Klarheit wird dann der anderen Person übermittelt, die nicht weiß, wie sie reagieren soll.

Als Paula ihren Freund von der Arbeit abholte, fragte sie ihn, wie sein Tag gewesen sei. »Gut«, antwortete er, aber seine Stimme klang gereizt und angespannt, und er lächelte nicht. Paula war verwirrt. Sollte sie so tun, als glaubte sie, daß sein Tag gut verlaufen sei, und nicht weiter nachfragen? In diesem Fall würde seine Gereiztheit wahrscheinlich anhalten. Wenn sie statt dessen auf seinen Ton und seine Stimmung eingehen und ihn fragen würde, warum er so wütend oder beunruhigt war, würde sie eine Antwort riskieren wie: »Ich habe doch gesagt, daß alles in Ordnung ist. Laß mich in Ruhe!« Egal, welchen Teil sie »schlucken« würde, beides wäre gleich unbekömmlich. Nur einen Teil der doppeldeutigen Botschaft aufzugreifen, ist eine undankbare und fruchtlose Bemühung.

Das Dilemma einer mehrdeutigen Botschaft läßt sich nur lösen, indem der Empfänger seine Verwirrung eingesteht, *beide* Elemente anspricht und um Klärung bittet: »Ich verstehe das nicht. Du hast gesagt, daß dein Tag gut war, aber du wirkst angespannt und verärgert. Was ist los?« Dadurch regt man ein konstruktives Gespräch an, durch das sich wichtige Details und Gefühle aufdekken lassen, die, wenn sie unangesprochen bleiben, das Beziehungsklima trüben können.

Unterdrückte Gefühle

Gefühle sind eine Form von Energie. Auch sie unterliegen dem Satz von der Erhaltung der Energie, der besagt, daß Energie weder aus dem Nichts erschaffen noch verlorengehen kann. Energie kann nur von einem Zustand in einen anderen verwandelt werden, so wie Elektrizität in Wärme und Wärme in Licht. Das bedeutet, daß alle Gefühle auf die eine oder andere Weise zum Ausdruck kommen. Gefühle, die nicht offen oder direkt geäußert werden, können sich gegen das eigene Selbst richten und zu Magenverstimmungen, Alpträumen, Angstgefühlen, Eßstörungen, Suchtkrankheiten u. ä. führen. Oder sie werden gespeichert – wie die Energie in einem Akku – und entladen sich dann für gewöhnlich auf indirekte und verwirrende Weise oder an unschuldigen »Zielen«.

Ned hatte drei Monate lang an Angeboten und Marketing-Strategien gearbeitet, um einen wichtigen Kunden für die Werbefirma zu gewinnen, bei der er arbeitete. Obwohl er recht optimistisch war, ging der Auftrag im letzten Moment an eine andere Agentur. Er war am Boden zerstört, erfüllt von Enttäuschung, Wut, Minderwertigkeitsgefühlen und gekränkter Eitelkeit. Da er die Situation als persönliche Niederlage empfand und sich wie ein Versager fühlte, wollte er nicht mit seiner Freundin Jan über die Sache reden.

Als sie abends essen gingen, fing Ned einen Streit über eine harmlose Bemerkung an, die Jan über die Restauranteinrichtung gemacht hatte. Jan war bestürzt und irritiert von seiner übertriebenen Reaktion. Als sie ihn fragte, was mit ihm los sei, rastete Ned völlig aus. »Mit *mir* ist überhaupt nichts los«, bellte er. »Was ist mit *dir* los?« Die Kommunikation degenerierte im Laufe des Abends immer weiter und endete damit, daß sie kaum noch ein Wort miteinander wechselten. Keiner verstand genau, warum der Abend sich so unerfreulich entwickelt hatte. Ned brauchte lange, bis ihm bewußt wurde, daß seine verdrängte Enttäuschung die eigentliche Ursache des Streits gewesen war.

Je länger man Gefühle, vor allem Gefühle, die durch das Verhalten des Partners ausgelöst werden, verdrängt, desto mehr Unheil scheinen sie anzurichten. Kleine Kränkungen können sich anstauen und zu einem nagenden Groll entwickeln, der die ganze Beziehung zerfrißt und vergiftet.

Claudette berichtete folgende Geschichte: »Wenn Ezra sich ein bißchen erkältet oder sonst irgendwie krank ist, bediene ich ihn von vorn bis hinten. Ich koche ihm Hühnersuppe, bring ihm Frühstück ans Bett oder denke mir irgendeine kleine Überraschung aus, um ihn aufzuheitern. Wie auch immer – vor kurzem hatte ich eine Blinddarmoperation. Ich war wieder zu Hause, fühlte mich auch schon etwas besser, aber noch zu schwach, um Treppen zu steigen. Ich bat Ezra, mir ein Glas Orangensaft aus der Küche im Erdgeschoß zu holen. Ich wartete und wartete, aber er kam einfach nicht zurück. Als ich eine halbe Stunde später schließlich selbst aufstand, saß er vorm Fernseher und guckte Fußball. Er konnte mir nicht mal diesen winzigen Gefallen tun! Wenn ich so darüber nachdenke, gibt es eigentlich eine Menge Dinge, die ich ihm übelnehme. Normalerweise schlucke ich sie herunter, aber sie setzen sich fest und stauen sich an. Ich vergesse sie nicht wirklich. In meinem Kopf ist eine kleine Strichliste, und wenn dann solche Sachen passieren, kriegen sie eine Riesenbedeutung, weil da so viele andere unausgesprochene Kränkungen sind.«

Wenn Gefühle, die lange Zeit unterdrückt wurden, schließlich zum Ausdruck kommen, nehmen sie häufig übertriebene, verzerrte oder versteckte Formen an: Wir lassen das Essen anbrennen; wir vergessen etwas, das wir unserem Partner versprochen haben; wir kommen zu spät zu einer Verabredung; wir geben uns kalt und unnahbar; wir flirten mit anderen und finden unseren Partner sexuell reizlos; wir fangen einen Streit über eine banale oder unwichtige Kleinigkeit an. Das sind Beispiele für ein sogenanntes *passiv-aggressives* Verhalten – ein Verhalten, bei dem Wut und Zorn auf passive oder indirekte Weise zum Ausdruck gebracht werden.

Wenn unterdrückte Aggressionen indirekt geäußert werden, kränken oder verletzen sie unweigerlich unsere Partner, was häufig die unbewußte Absicht ist. Doch unsere Partner verstehen nicht, warum sie auf diese Weise behandelt werden, weil sie keine Ahnung haben, daß unser Verhalten eigentlich eine gefühlsmäßige Abrechnung mit ihrem eigenen vergangenen Verhalten ist. Sie werden wahrscheinlich verwirrt reagieren und es uns in ihrer Verärgerung möglicherweise auf gleiche Weise heimzahlen. Auf diese Weise kann es schnell zu einer zerstörerischen Eskalation kommen, die zu einem kalten emotionalen Klima, zu Lieblosigkeit und Entfremdung führt.

»Andeutungen« sind eine weitere indirekte und problematische Form der Kommunikation. Sie ist häufig bei Menschen zu beobachten, die in ihrer Kindheit gelernt haben, daß direkte Forderungen oder Ansprüche irgendwie unakzeptabel sind und nicht erfüllt werden. Durch indirekte »Andeutungen« versuchen wir, uns vor möglicher Ablehnung zu schützen. Das Problem ist, daß unsere Hinweise häufig nicht verstanden werden, so daß es eigentlich viel unwahrscheinlicher ist, daß wir bekommen, was wir wollen, und uns in jedem Fall minderwertig und frustriert fühlen. Möglicherweise fühlt der Empfänger solcher Andeutungen sich auch manipuliert und weigert sich deshalb bewußt, darauf einzugehen.

Wenn wir versteckte Andeutungen machen oder unsere Gefühle auf Umwegen zum Ausdruck bringen, fordern wir im Grunde von unseren Partnern, daß sie unsere Gedanken lesen. Tatsächlich sind manche Leute der – unfairen und unklugen – Ansicht, daß ihr Partner sie nur aufrichtig liebt, wenn er ihre Gedanken lesen kann. Das Problem ist, daß diese Disziplin im allgemeinen nicht zu den herausragenden Begabungen des Menschen gehört; (sehr häufig lesen wir vielmehr unsere eigenen Gedanken und projizieren das »Gelesene« auf die andere Person.) Je indirekter wir unsere Gefühle zum Ausdruck bringen, desto größer ist die Gefahr, daß eine Beziehung unglücklich und unbefriedigend wird.

Wenn unser Partner laut wird, gereizt klingt, kalt und distanziert wirkt, fühlen wir uns leicht persönlich angegriffen. Ist unser Partner wütend auf uns oder drückt sich in seinem Verhalten nur die Anspannung eines harten Arbeitstages aus? Ohne zusätzliche Informationen, die das Verhalten klären, sind wir auf unsere eigenen Vermutungen angewiesen und neigen zu Interpretationen, die sich auf unsere eigenen Erfahrungen und Ansichten stützen. Unsere Reaktionen richten sich danach, wie wir selbst fühlen und denken würden, wenn wir uns so verhalten würden wie unser Partner. Es ist natürlich durchaus denkbar, daß unsere Analyse völlig an den Intentionen unseres Partners vorbeigeht. Diese Situation führt zwangsläufig zu verzerrten Wahrnehmungen und damit zu allen möglichen Mißverständnissen.

Lloyd hatte sich viel Mühe gemacht, um einen romantischen Abend zu Hause vorzubereiten: ein herrliches Essen, Blumen, Kerzen und einen edlen Wein. Aber Jeri war mit den Gedanken nicht bei der Sache. Lloyd fühlte sich verletzt. Er dachte, daß Jeri alles als selbstverständlich hinnahm, wollte aber nichts davon sagen. Es war ihm peinlich, daß er ihre Anerkennung und Aufmerksamkeit brauchte. Je weiter der Abend voranschritt, desto kühler und unnahbarer verhielt er sich. Wie sich herausstellte, hatte Jeri früher am Abend eine schmerzliche Auseinandersetzung mit ihrer Schwester gehabt. Sie wußte, daß Lloyd ihre Schwester nicht besonders mochte und wollte ihm nichts von dem Streit erzählen, um seinen negativen Gefühlen keine neue Nahrung zu geben. Jeri hatte keine Ahnung, daß ihre Gedanken an ihre Schwester ihr Verhalten gegenüber Lloyd beeinflußten: sie fühlte sich durch seinen Rückzug zum zweiten Mal an diesem Tag von einem geliebten Menschen abgewiesen.

Lloyd erzählte Jeri nicht, daß er gekränkt war, und Jeri erwähnte nicht, daß sie sich über den Streit mit ihrer Schwester grämte. Beide empfanden den anderen einfach als lieblos und abweisend. Schließlich erfand Jeri eine Ausrede, um gleich nach dem Essen nach Hause zu gehen, und sie trennten sich mit einem Mißklang; beide fühlten sich allein, verletzt und entsetzlich bedauernswert.

Korrektive Maßnahmen

Der gemeinsame Abend von Lloyd und Jeri hätte sich natürlich auch ganz anders entwickeln und in Harmonie und Verständnis enden können, statt in Zwist und Hader.

Wie bereits erwähnt, spielt die Unschuldsvermutung eine Schlüsselrolle, um Zusammenbrüche der Kommunikation zu vermeiden. Wenn Lloyd von Jeris Unschuld ausgegangen wäre, statt ihr zu unterstellen, daß sie ihn absichtlich kränken wollte, hätte er ihr vielleicht gleich erzählt, wie er sich fühlte: »Ich bin ein bißchen verletzt – ich habe mir so viel Mühe gegeben, und du scheinst es gar nicht zu bemerken.« Er hätte sagen können, daß sie distanziert und irgendwie »abwesend« auf ihn wirkte. Das hätte vielleicht zu einem Gespräch geführt, in dem beide fähig gewesen wären, ihre unausgesprochenen Gedanken und Gefühle zu äußern. Übrigens ist es immer wichtig, daß Sie *zuerst sagen, was Sie selbst fühlen*, bevor Sie darüber reden, wie Sie das Verhalten Ihres Partners empfinden, und vor allem, bevor Sie dieses Verhalten interpretieren. Wenn Sie zunächst über Ihre eigenen Gefühle sprechen, drängen Sie Ihren Partner nicht in eine Verteidigungsstellung und geben ihm die Möglichkeit, offener auf das zu reagieren, was Sie sagen wollen.

Neugier statt Wut

Auch wenn das Verhalten Ihres Partners Sie verletzt, sollten Sie im Zweifel für den Angeklagten stimmen, solange keine eindeutigen Beweise seiner Schuld vorliegen. Sie sollten davon ausgehen, daß Ihr Partner nicht weiß, wie sein Verhalten auf Sie wirkt, und daß er Ausbildung braucht, nicht Strafe. Um Konflikte zu vermeiden, versuchen Sie eine Anklage durch eine Frage zu ersetzen: »Was hast du damit gemeint, als du das und das gesagt (getan) hast?« / »Was hast du empfunden, als du so gehandelt hast?« / »Was wolltest du erreichen oder sagen?« Seien Sie neugierig statt zornig.

Fiona hatte eingewilligt, um acht Uhr zum Abendessen zu Kevin zu kommen. Es wurde acht Uhr, es wurde viertel nach acht, es wurde halb neun, aber von Fiona keine Spur. Kevin wurde immer ungehaltener, und als Fiona um viertel vor neun eintraf, kochte er vor Wut. Doch statt gleich auf sie loszugehen, als sie durch die Tür kam, nahm er sich zusammen, erzählte ihr, daß er verärgert sei, und fragte nach dem Grund ihrer Verspätung. Sie erklärte ihm, daß sie fast zehn Stunden wie angewachsen vor ihrem Computer gesessen und an einem kniffligen Problem gearbeitet hatte, das sie nicht lösen konnte. Sie fühlte sich schrecklich schuldig und unfähig, weil sie einem Kunden eine bestimmte Analyse zugesagt hatte, die bereits vier Tage überfällig war. Ihr Chef saß ihr im Nacken, und der Kunde hatte gedroht, zu einer anderen Firma zu gehen. Sie hatte das Gefühl, daß ihr Job auf dem Spiel stand. Ihre Anspannung war offensichtlich, und Kevin konnte ihre Gefühle verstehen, aber er sagte ihr auch, wie besorgt und beunruhigt er über ihre Unpünktlichkeit gewesen war. Er bat sie, ihn in Zukunft anzurufen, wenn sie einen Termin nicht einhalten konnte. Fiona entschuldigte sich für ihre Gedankenlosigkeit, und im weiteren Verlauf des Gesprächs merkte Kevin zu seiner Überraschung, daß sein Ärger völlig verflogen war. Fiona war erleichtert, daß sie sich nicht noch schuldiger und unfähiger fühlen mußte, und konnte sich in die zärtlichen, liebevollen Arme schmiegen, die sie so dringend brauchte.

Mut zur Ehrlichkeit

Ehrlichkeit ist eine unabdingbare Voraussetzung, wenn man Mißverständnisse mit einem geliebten Menschen vermeiden möchte. prinzipiell neigen Menschen am ehesten zur Lüge, wenn sie sich vor den Folgen der Wahrheit fürchten – Bestrafung, Scham, Verachtung oder eine Reaktion, die Schuldgefühle verursacht –, oder wenn ihr positives Selbstbild ins Wanken gerät, weil ihre Handlungen, oder manchmal sogar ihre Gedanken, nicht den Erwartungen entsprechen, die sie an sich selbst stellen. Manche Leute lügen zum Beispiel über eine harmlose Begegnung mit einem anderen Menschen, weil sie sich insgeheim gewünscht haben, daß diese Begegnung nicht »harmlos« gewesen wäre.

Wenn wir uns schwach oder unzulänglich fühlen, kompensieren wir dieses Gefühl möglicherweise durch Übertreibungen der Wahrheit. Wir möchten unseren Partnern mit solchen Lügengeschichten imponieren. Unser Partner wird quasi zu einer Art Spiegel für uns. Wir manipulieren an dem Bild, das wir projizieren, damit es unseren Vorstellungen besser entspricht oder möglichst beeindruckend auf unseren Partner wirkt.

In einer längeren Beziehung werden Lügen früher oder später entdeckt. Weil Liebespartner auf so vielen subtilen Ebenen miteinander verbunden sind, löst jede Unaufrichtigkeit für gewöhnlich ein intuitives Warnsignal aus, das uns in einen Zustand erhöhter Wachsamkeit versetzt. Solange diese erhöhte Wachsamkeit sich nicht auf konkrete Fakten stützen kann, weckt sie natürlich leicht den Anschein von Paranoia.

Wenn wir die Lüge nicht aufstöbern können, nehmen wir mißtrauisch alle möglichen Fährten auf und wittern hinter jeder Ecke eine lauernde Gefahr. Dieser Zustand mißtrauischer Wachsamkeit, so unangebracht er mitunter scheinen mag, enthält normalerweise ein Körnchen Wahrheit. Oder anders ausgedrückt: »Sogar Paranoiker haben Feinde«.

Oliver und Abby gingen seit acht Monaten miteinander, als Abby Zweifel an Olivers Zuneigung kamen. Er wirkte weniger zugänglich, war oft zerstreut, hatte weniger Zeit für sie und vergrub sich in seiner Arbeit. Irgend etwas störte sie, aber sie konnte nicht genau sagen was. Trotzdem beschloß sie, Oliver von ihren Gefühlen und Beobachtungen zu erzählen. Oliver beteuerte, daß er sie nach wie vor liebe und es keinerlei Anlaß zur Besorgnis gebe. Aber es änderte sich nichts, und Abby konnte ihr Unbehagen nicht unterdrücken, so sehr sie sich auch bemühte. Sie forderte immer wieder Bestätigung, reagierte unverhältnismäßig aufgebracht, wenn Oliver eine Verabredung nicht einhielt, und fragte ihn inquisitorisch über seine Arbeit aus. Schließlich erklärte Oliver wutschnaubend, daß er ihre Paranoia nicht länger ertragen könnte und beendete die Beziehung. Abby verstand sich selbst nicht mehr und machte sich Vorwürfe, Oliver vertrieben zu haben. Nie zuvor hatte sie diese Art von Ängsten in einer Beziehung gehabt.

Nach einigen Wochen erfuhr Abby durch Zufall von einer Arbeitskollegin, daß Oliver in den letzten Monaten ihrer Beziehung eine Affäre mit einer anderen Frau gehabt hatte. Endlich konnte sie zwei und zwei zusammenzählen und ihre »Paranoia« verstehen.

Wenn Sie über längere Zeit merkwürdig beunruhigt oder verunsichert sind, und dieses Gefühl trotz eines Mangels an stichhaltigen Beweisen anhält, ist es wahrscheinlich nicht nur eine dumme Einbildung. Wenn Sie von sich selbst wissen, daß sie normalerweise nicht überempfindlich sind, hat Ihre Beunruhigung sicher eine reale Grundlage, und obwohl es vielleicht nicht das ist, was Sie befürchten, muß es irgendeine Erklärung geben. In Fällen, wo ihre Intuition Ihnen sagt, daß etwas im Busch ist, empfiehlt es sich, die Sache weiter zu verfolgen, bis das Rätsel sich aufgeklärt hat und Ihr Mißtrauen verschwunden ist.

Wenn Ihr Partner sich Ihnen gegenüber übertrieben mißtrauisch verhält, sollten Sie Ihr eigenes Verhalten kritisch untersuchen und sich fragen, was Sie selbst möglicherweise zu diesem Mißtrauen beigetragen haben: Finden Sie das Körnchen Wahrheit in den Befürchtungen Ihres Partners. Decken Sie die Sache auf und diskutieren Sie darüber, bevor die Situation sich weiter verschärft. Oft erfordert es ein gewisses Maß an Mut, um in diesen Fällen ehrlich und aufrichtig zu antworten, aber die Mühe lohnt sich. Die Aufdeckung einer schwerwiegenden Lüge oder ernsthaften Diskrepanz zwischen Wort und Tat kann das Herz einer Beziehung treffen. Wenn Ihr Partner herausfindet, daß Sie ihn in einer Sache belogen haben, wird er Ihnen auch bei anderen Sachen mißtrauen. Um sich selbst zu schützen, wird er eine abwehrende und extrem wachsame Haltung entwickeln, die Nähe und Intimität verhindert. Wenn Sie vorgeben, daß die Beunruhigung Ihres Partners absolut jeder Grundlage entbehrt, obwohl das Gegenteil der Fall ist, vergrößern Sie nur seine Verwirrung, sein Mißtrauen und seine Selbstzweifel. Diese Art der Täuschung wird als »Gaslicht«-Verhalten bezeichnet. Der Begriff wurde in Anlehnung an den Film mit Bergman/Boyer geprägt, wo ein Mann versucht, seine Frau in den Wahnsinn zu treiben, indem er so tut, als wären ihre realen Wahrnehmungen reine Phantasieprodukte ihres gestörten Geistes.

Wie wir bereits erwähnten, ist der Anspruch auf Ehrlichkeit

notwendigerweise damit verknüpft, daß jemand, der die Wahrheit sagt, nicht dafür bestraft werden darf, auch nicht, wenn es eine unangenehme Wahrheit ist. Man muß nicht glücklich über die Enthüllung sein, aber wenn man Wert auf Aufrichtigkeit legt, muß man seinen Partner dazu ermutigen – auch wenn es schmerzlich ist.

»Ich«-Aussagen

Wenn Sie Ihrem Partner Ihre Sorgen oder Befürchtungen anvertrauen, *sobald sie entstehen*, läßt sich das Problem aus der Welt schaffen, bevor es unverhältnismäßige Formen annimmt. Wenn Sie Ihre Gedanken und Gefühle offen zum Ausdruck bringen, statt sie zu unterdrücken, haben Sie die erste Hürde genommen. Wenn Sie Ihrem Partner zuhören und versuchen, die Dinge mit seinen/ihren Augen zu sehen, haben Sie auch die zweite Hürde genommen. »Ich«-Aussagen sind in beiden Situationen hilfreich.

Bei einer »Ich«-Aussage erklären Sie Ihrem Partner, welche *Gefühle* sein Verhalten *in Ihnen* auslöst. Schließlich sind *Sie* die absolute Kapazität auf dem Gebiet Ihrer Gefühle. »Ich war verletzt, als du kein Wort zu den Blumen gesagt hast, die ich dir mitgebracht habe.« / »Ich kriege Angst, wenn du so schweigsam bist. Ich denke dann, daß ich irgendwas Schlimmes gemacht habe und du mich verlassen willst.« / »Ich fühle mich ungeliebt, wenn du deinen Terminplan so vollpackst, daß wir uns nicht öfter sehen können.« / »Ich fühle mich eingeengt, wenn du mich zwei- oder dreimal am Tag bei der Arbeit anrufst.« Diese »Ich«-Aussagen *fördern* die Kommunikation. Weil sie weder Angriffe noch Unterstellungen beinhalten, führen sie nicht so leicht zu Abwehrhaltungen. Sie regen zu Offenheit und Aufnahmebereitschaft an, bereiten den Boden für fruchtbare Gespräche und fördern den Dialog mit einem Partner, der an Ihren Gefühlen schließlich ebenso interessiert sein sollte, wie er es im umgekehrten Fall von Ihnen erwarten würde.

Vergleichen Sie solche »Ich«-Aussagen mit »Du«-Aussagen wie zum Beispiel: »Dir ist es ganz egal, daß ich mir so viel Mühe gegeben habe.« / »Du denkst immer nur an dich.« / »Deine Arbeit bedeutet dir mehr als ich.« Diese letzteren Aussagen werden mit ziemlicher Sicherheit zu unproduktiven Auseinandersetzungen führen. Sie sind vom Wesen her aggressiv und werden aller Wahrscheinlichkeit Gegenaggression und Abwehr hervorrufen. »Du«-Aussagen sind unterstellend – sie verhindern sinnvolle Gespräche und fördern wütende Rechtfertigungen und Vergeltungsschläge.

Sie sind *nicht* die führende Kapazität für das, was im Innern eines anderen Menschen vorgeht, gleichgültig wie lange Sie diesen Menschen kennen. Wenn Sie also ein Gespräch mit einer ausgedehnten Analyse der Verhaltensweisen, Fehler, Motive, Gedanken und Gefühle Ihres Partners beginnen, werden Sie ihn fast mit Sicherheit provozieren und jede Gesprächsbereitschaft untergraben. Eine unaufgeforderte »Expertise« über den Charakter eines anderen, seine Gedanken und Gefühle und deren wahre Bedeutung wird auf wenig Begeisterung und Dankbarkeit stoßen. Ihre Interpretationen Ihres Partners (lautes Gedankenlesen) sind wahrscheinlich bestenfalls unpräzise und schlimmstenfalls schlichtweg beleidigend.

»Ich«-Aussagen geben Ihnen auch die Möglichkeit, Themen anzusprechen, auf die Ihr Partner sonst vielleicht sehr empfindlich reagiert. Aussagen wie »Ich fühle mich überfordert, wenn du so viele Partyeinladungen für ein Wochenende annimmst« oder »Es ist mir peinlich, wenn wir Freunde zum Essen haben und du mit offenem Mund kaust« können zum Ausgangspunkt werden, um über Bereiche zu verhandeln, in denen es kein eindeutiges Falsch oder Richtig gibt, sondern nur persönliche Präferenzen. Da diese Aussagen keine Schuldzuweisungen enthalten, geben sie Ihnen und Ihrem Partner die Möglichkeit, als Team und nicht als Kontrahenten über ein Problem und seine Lösungsmöglichkeiten zu diskutieren.

Gefühle lassen sich für gewöhnlich nicht rein rational begründen: Gefühle sind einfach da und müssen akzeptiert werden. Ihrem Partner erscheinen Ihre Gefühle vielleicht übertrieben oder unangemessen, aber da Sie so empfinden, sind diese Gefühle Teil *Ihrer* Realität. Das allein ist Grund genug, diese Gefühle ernstzunehmen. Gefühle folgen nicht den Gesetzen der Logik und Vernunft oder den Vorstellungen anderer. Ziel von »Ich«-Aussagen ist es, beide Partner in die Lage zu versetzen, die Realität des anderen besser zu verstehen.

Wenn Sie beide eine Menge darüber wissen, wie der andere fühlt – auch wenn Sie beide sehr unterschiedlich fühlen –, verfügen Sie über die Informationen und – hoffentlich – die Toleranz, um gemeinsam an der Veränderung bestimmter Verhaltensweisen und damit an einer Verbesserung der Beziehung zu arbeiten.

Es ist sehr wichtig, daß »Ich«-Aussagen beschreiben, *was Sie fühlen, nicht was Sie denken.* Bemerkungen wie »Ich habe das Gefühl, *daß* meine Meinung dich überhaupt nicht interessiert« oder »Ich habe das Gefühl, *als ob* du mich dauernd kritisieren willst« oder »Ich habe das Gefühl, *daß* du mich nicht verstehst« beschreiben eigentlich *Gedanken,* die jedoch als Gefühle getarnt werden. Unter dem Deckmantel der »Ich«-Aussage verbergen sich attributive Äußerungen, die ein konstruktives Gespräch verhindern. Korrekt formuliert müßten sie lauten: »*Ich fühle mich von dir ignoriert* – du fragst mich nie nach meiner Meinung. Interessierst du dich nicht dafür, was ich denke?« Oder »*Ich fühle mich frustriert,* weil ich dir meinen Standpunkt nicht verständlich machen kann.« Oder »*Ich fühle mich bedroht,* wenn du mich so oft kritisierst.« Gedanken sind natürlich auch wichtig, aber sie basieren für gewöhnlich auf interpretierten Wahrnehmungen oder stellen den Versuch dar, Gefühle rational zu begründen. Gedanken sind einen Schritt entfernt von Ihren Gefühlen.

Gefühle sind Ihre direktesten, persönlichsten Reaktionen auf alle Ihre Erfahrungen, gleich, ob gut, schlecht oder belanglos. Sie so zu akzeptieren, wie sie sind, statt darüber zu streiten oder sie herunterzuspielen, ist von entscheidender Bedeutung, wenn eine intime Beziehung wachsen und gedeihen soll. Gedanken und Interpretationen, *nicht Gefühle,* sind geeignete Themen für eine Debatte. Das ist weit mehr als eine wissenschaftliche Wortklauberei, sondern eine praktische und notwendige Unterscheidung, die, wenn sie verstanden und angewandt wird, zu einer wirklichen Verbesserung Ihrer Kommunikation beitragen kann. Wenn Sie von Ihren Gedanken oder Interpretationen sprechen und sie als Gefühle postulieren, wird Ihr Partner sich mit ziemlicher Sicherheit provoziert oder angegriffen fühlen und stur auf seinem Standpunkt beharren, wenn der absehbare Streit losbricht.

Fangen Sie erst mit der Arbeit an, wenn man Sie engagiert hat

Ihr Partner lebt in einem subjektiven Universum, das sich von Ihrem eigenen erheblich unterscheidet. Diese offenkundige, aber einfache Wahrheit sollten Sie berücksichtigen, bevor Sie Ihre Ansichten über den Charakter oder das Verhalten Ihres Partners öffentlich bekanntgeben. Selbst wenn Ihre Meinung richtig sein sollte, ist sie wahrscheinlich weder nützlich noch willkommen, solange Sie niemand um ihren Kommentar gebeten hat: *Nehmen Sie die Arbeit erst auf, wenn man Sie engagiert hat.* Es ist nicht Ihre Sache, Ihren Partner zu verbessern. Die Erkenntnisse, die Sie anzubieten haben, sind nur von Wert, wenn derjenige, dem sie angeboten werden, sie für wertvoll hält. Daher ist es von entscheidender Bedeutung, daß Sie Ihren Partner fragen, ob er/sie an Ihren »weisen Ratschlägen« interessiert ist, *bevor* Sie diese Ratschläge äußern: »Soll ich dir einen Tip geben, wie du dir die Arbeit erleichtern könntest?« oder »Möchtest du wissen, was mir aufgefallen ist?« Und falls Sie Kritik üben wollen, sollten Sie immer darauf achten, daß Ihr Kommentar zu einem Zeitpunkt erfolgt, an dem Ihr Partner von der Information profitieren kann. Nichts ist nervtötender, als auf etwas hingewiesen zu werden, das man ohnehin nicht mehr ändern kann.

Gerald und Brenda wohnten in verschiedenen Stadtteilen. Sie waren zu einer Dinnerparty bei Freunden eingeladen, die auf dem Lande lebten, und waren auf dem Weg dorthin in eine lebhafte Unterhaltung vertieft. Kurz vorm Ziel bemerkte Brenda, daß Geralds Hemd nicht zu seiner Hose paßte und machte eine entsprechende Bemerkung. Sie wußte, daß er farbenblind war und half ihm öfter bei der Auswahl seiner Kleidung, wofür Gerald ihr normalerweise sehr dankbar war. Diesmal reagierte Gerald verärgert, nicht, weil Brenda etwas über seine Kleidung gesagt hatte, sondern weil sie so lange damit gewartet hatte. Wenn sie ihn darauf aufmerksam gemacht hätte, als er sie abgeholt hatte, hätte er nach Hause fahren und sich umziehen können. Jetzt war es zu spät, um noch wieder umzukehren, und die unpassende Aufmachung konnte ihn nur verunsichern und ihm die Freude an der Party verderben. Sein Ärger verfehlte nicht seine Wirkung auf Brenda, die nie wieder einen Ratschlag anbot, wenn er seine praktischen und positiven Auswirkungen haben konnte.

Bestimmte Verhaltensweisen lassen sich natürlich nicht im passenden Moment kommentieren und müssen daher später aufgegriffen werden, aber man sollte selbstkritisch über seine Motive nachdenken, bevor man es tut. Viele Dinge sind es einfach nicht wert, erwähnt zu werden, weil nichts Konstruktives dabei herauskommen kann.

Selektive Verarbeitung

Praktisch gesehen gibt es Gelegenheiten, bei denen die Zurückhaltung bestimmter Informationen das einzig Richtige ist. Man könnte das »selektive Zurückhaltung« nennen. Auch wenn wir für den Wert einer offenen Kommunikation plädiert und einige der Probleme beschrieben haben, die sich aus einer mangelnden Offenheit ergeben können, gibt es zweifellos Situationen, wie im Fall von Gerald und Brenda, in denen man am besten gar nichts sagt.

Takt ist eine große Tugend und ein soziales Schmiermittel, das in Liebesbeziehungen oft zu kurz kommt. Vielleicht hängt es mit diesem Mangel an Takt zusammen, wenn manchmal Vertrautheit in Verachtung umschlägt. Ihr Partner hat wahrscheinlich einige Charakterzüge, die Ihnen nicht sonderlich gefallen, die sich aber aller Voraussicht nach nicht ändern lassen. Der beste Weg, damit umzugehen, ist sich selbst zu ändern, indem man sich selbst zu mehr Gelassenheit erzieht und seinen Partner so akzeptiert, wie er ist, statt ständig an ihm herumzunörgeln.

Wer eine Diskussion aufschiebt, um Zeit zum Nachdenken zu gewinnen, um seine Gedanken zu ordnen oder um die eigene Position durch gute Argumente zu untermauern, kann viel zum Wohle der Beziehung beitragen. Außerdem sollte man vernünftigerweise warten, bis der Partner in einer aufnahmebereiten Stimmung ist, bevor man ein kontroverses Thema anspricht.

Im Gegensatz zu einer verbreiteten populärpsychologischen Überzeugung, muß man nicht über alles sprechen. Es ist durchaus denkbar, daß bestimmte Probleme erst *durch* Diskussionen entstehen. Wer jede kleine Nuance des Lebens gnadenlos seziert, beraubt die Liebe um viele ihrer Geheimnisse, verringert ihre Intensität und macht sie ärmer und grauer. Da alle Beziehungen ihre guten und ihre schlechten Tage haben, ist es zum Beispiel nicht erforderlich, daß Sie Ihren Partner stets darüber informieren, wenn Sie ihn ein bißchen weniger lieben. Wie eine Frau es formulierte: »Wenn mir unser Zusammenleben öde und langweilig vorkommt, sage ich ihm nichts davon. Ich weiß, daß es bald wieder anders sein wird.«

Viele Leute sind der Ansicht, daß kleine Geheimnisse, kleine Dinge, die sie ganz für sich behalten, eine positive und belebende Wirkung auf ihre Beziehung haben – es macht ihnen wieder bewußt, daß sie individuelle Menschen sind, autonom und einzigartig, nicht einfach nur Teil eines Paares. Natürlich beziehen wir uns hier nicht auf ein destruktives oder schuldhaftes Geheimnis wie eine Affäre, sondern eher auf solche Dinge wie einen kurzen, harmlosen Flirt mit einem attraktiven Unbekannten, dem Sie an der Lunchtheke begegnen, oder den spontanen Entschluß, mitten am Tag allein ins Kino zu gehen oder sich einen kleinen, ganz privaten Luxus zu gönnen. Wir alle möchten einen Teil unseres Selbst für uns allein haben, einen Bereich, der nur uns gehört und über den wir niemandem Rechenschaft schuldig sind.

Manchmal hält man unwichtige Informationen auch zurück, weil sie einem ein bißchen peinlich sind oder man Angst hat, lächerlich zu erscheinen, zum Beispiel wenn man seinen Kontostand falsch einschätzt und eine Reihe ungedeckter Schecks ausstellt. Wie ein Mann es ausdrückte: »Manchmal soll sie eben nicht wissen, daß ich mich wie der letzte Trottel benommen habe.«

Diese Art von Zurückhaltung richtet keinen Schaden an; die zurückgehaltene Information ist nicht wesentlich für das Funktionieren der Beziehung. Doch wenn man bestimmte Tatsachen zurückhält, um sich selbst vor dem Ärger des Partners zu schützen, obwohl man weiß, daß die Information wichtig ist, handelt es sich um eine ausgewachsene Unehrlichkeit, die wahrscheinlich über kurz oder lang ernste und unangenehme Auswirkungen haben wird. Die Wahrheit zu verschweigen, ist eine Form der Lüge, die nichts mit dem hier erörterten Zurückhalten harmloser Informationen zu tun hat. Und wer ehrlich mit sich selbst ist, kennt den Unterschied meist sehr genau.

Man sollte nicht vergessen, daß gelegentliche Konflikte auch bei der besten Kommunikation und in der liebevollsten Beziehung unvermeidlich sind. Es gibt immer Situationen, in denen uns leicht der Hut hochgeht, Situationen, in denen wir trotz bester Absichten abwehrend reagieren, in denen wir nicht die Geduld aufbringen, die Situation vom Standpunkt des Partners aus zu sehen, oder Situationen, von denen wir uns nicht vorstellen können, daß die Beziehung sie je überleben wird. Selbst dann gibt es mehr oder weniger effektive Mittel, um mit der Situation umzugehen: Mittel, die zur Rettung der Beziehung führen und Sie näher zusammenbringen, und Mittel, die irreparable Schäden anrichten. Im nächsten Kapitel werden wir einige der notwendigen Eigenschaften diskutieren, mit denen sich die Zusammenstöße, um die fast keine Beziehung herumkommt, am besten bewältigen lassen.

5. Konflikte

Der Zusammenprall zweier Welten

Was sonst kann Liebe als verzeihen?
Mit anderen Worten
durch ihr Wirken
wird das, was geschehen ist
ungeschehen gemacht.
Wozu ist sie sonst gut?

W. C. Williams
Aus: *Asphodel, That Greeny Flower*

Eine höchst unwillkommene Überraschung: Der gefürchtete erste Streit bricht in die Idylle ein, begleitet von einem Ansturm beunruhigender Gefühle. Angst, Wut, Abwehr, Selbstschutz, Verwirrung und Unsicherheit sind nur einige der Emotionen, mit denen wir fertigwerden müssen, wenn der erste größere Krach über uns hereinbricht. Vielleicht steigen auch bittere Erinnerungen an frühere Beziehungen in uns hoch, an die Trümmer und Scherben einer zerbrochenen Liebe. Wir grübeln über die tiefere Bedeutung des Streits nach. Ist er nur die Spitze des Eisbergs? Gibt es tiefere, unvereinbare Widersprüche und Probleme, die unter der Oberfläche lauern? Wird die Beziehung das Unwetter heil überstehen?

Gleichgültig, worüber wir streiten, die ausgelösten Sorgen und Ängste sind oft dieselben – und unser persönlicher Standpunkt ist für gewöhnlich ziemlich gut vorhersehbar. Unser innerer Monolog könnte etwa folgendermaßen ablaufen:

»Wer hat diesen verdammten Streit überhaupt angefangen?«

»Der / die andere hat angefangen.«

»Wer schätzt die Ursachen für diese bescheuerte Situation richtig ein?«

»Ich.«

»Was kann ich mit dieser Analyse anfangen?«

»Nichts.«

Es trägt kaum zur Klärung bei, noch ist es besonders produktiv, die »objektiven« Elemente eines Konflikts erforschen zu wollen, so als könnte man die »wahre Wahrheit« freischaufeln und sie einvernehmlich bergen. Jeder Konflikt hat mindestens *zwei* »Wahrheiten«, Ihre eigene und die Ihres Partners. Da die meisten Konflikte im Subjektivismus wurzeln – Ihrer unterschiedlichen Sicht der Realität –, kann der Versuch, einen Streit beizulegen, indem man nach der objektiven Wahrheit sucht, eine enorme Verschwendung an Zeit, Energie und positiven Gefühlen darstellen.

Die Situation erinnert an die bekannte Geschichte von den blinden Männern und dem Elefanten. Der erste Blinde, der mit seinen Händen am Bein des Elefanten entlangfährt, erklärt im Brustton der Überzeugung: »Dies, meine Freunde, ist zweifellos ein Baum.« Der zweite Blinde, der den Schwanz des Tieres zu fassen bekommt, widerspricht energisch: »Nein, nein, keinesfalls. Du irrst dich. Das ist ein Seil.« Der dritte Blinde, dessen Hände auf der mächtigen Flanke des Elefanten liegen, ertastet eine große, glatte Oberfläche. Er behauptet steif und fest, daß es sich bei dem fraglichen Gegenstand nur um eine Hauswand handeln könne!

Wenn es zu Auseinandersetzungen kommt, sind wir alle blinde Menschen, die einen Elefanten abtasten. Unsere eingeschränkte Sicht der Realität wird auf profunde Weise von unserer Persönlichkeit und unseren Erfahrungen beeinflußt, von unserer Herkunft, unseren Erwartungen, persönlichen Vorurteilen, unterschiedlichen Gefühls- und Denkstrukturen.

Statt darüber zu streiten, wessen Erfahrungen richtig sind, sollten wir mehr Bescheidenheit entwickeln, wenn wir unsere Sicht der Realität darstellen, gesunden Respekt für andere Sichtweisen und die Bereitschaft, eine dritte gemeinsame Vision zu entwikkeln, die beide Perspektiven miteinbezieht. Diese kluge Mischung hätte vielleicht auch den drei Blinden zu der Erkenntnis verholfen, daß sie nur unterschiedliche Teile desselben Elefanten betasten.

Streit und Konflikt: Grabstätte oder fruchtbarer Boden?

Die meisten von uns sind sich durchaus bewußt, daß ein gelegentlicher Streit in einer Partnerschaft unvermeidlich ist. Doch diese Einsicht ist nur eine schwache Hilfe und ändert wenig an den beklemmenden und beunruhigenden Gefühlen, die ein heftiger Konflikt in uns auslöst. Es ist vielleicht ein kleiner Trost, daß der erste Streit häufig den Übergang von der idealisierten ersten Stufe der Verliebtheit in die realistischere zweite Stufe einleitet. Er ist ein unausweichlicher und notwendiger Initiationsritus.

In unserer Kindheit haben wir oft gelernt, unsere Gefühle im Verborgenen zu halten, vor allem die dunkleren Seiten. Wenn unsere Mütter und Väter in unserer Gegenwart eine kontrollierte und kühle Haltung bewahrten – selbst wenn sie sich anbrüllten, sobald wir außer Hörweite waren –, haben wir möglicherweise nicht gelernt, daß Partner sich streiten und diesen Streit überleben können, daß sie sich trotz erbitterter Fehden unvermindert lieben. Wenn wir andererseits erlebt haben, daß unsere Eltern sich in unserem Beisein dramatische oder brutale Auseinandersetzungen lieferten, haben wir uns vielleicht geschworen, selbst nie so zu werden. Und wenn unsere Eltern sich scheiden ließen oder wenn wir selbst eine Scheidung hinter uns haben, sind wir vielleicht überzeugt, daß jeder Streit eine nahende Katastrophe ankündigt.

Fast jeder hat die persönliche Erfahrung gemacht, daß eine Liebesbeziehung durch barsche emotionale Stürme Schiffbruch erlitt, daß Liebe und Zuneigung über Bord gespült wurden und nur noch Scherben und Trümmer übrigblieben. Jeder vernünftige Mensch, der diesen Schmerz erlitten hat, schreckt davor zurück, dasselbe noch einmal zu erleben.

Es gibt zweifellos bestimmte Formen von Konflikten, die unsere körperliche und seelische Gesundheit gefährden und manchmal sogar auf Dauer schädigen können.

Die Provozierung eines Streits, vor allem durch Beleidigungen oder Herabsetzungen einer anderen Person, kann die unterschiedlichsten Motive haben: von dem fehlgeleiteten Versuch, das eigene Selbstwertgefühl auf Kosten des anderen zu steigern, bis hin zu dem Wunsch, die Aufmerksamkeit des anderen zu erregen, wenn bestimmte Nähebedürfnisse nicht erfüllt werden. In Extremfällen könnte man von »Konfliktsüchtigen« sprechen, deren Pathologie sie zwanghaft dazu veranlaßt, Konflikte zu provozieren. Diese Menschen fühlen sich am lebendigsten, wenn sie sich in hitzige Auseinandersetzungen verstricken; andauernde Harmonie weckt bei ihnen Depressionen oder innere Ängste. Es gibt andere, die Streit suchen, um sich sexuell zu stimulieren – wenn das Zusammenleben in Monotonie abgleitet und das Liebesspiel schal und reizlos wird, brechen sie einen Streit vom Zaun, um starke Gefühle zu provozieren, die dann ins Bett kanalisiert werden. Wieder andere initiieren einen Streit, weil sie sich durch die wachsende Nähe zu ihrem Partner bedroht und unbehaglich fühlen. Durch den Streit, den sie entfachen, schaffen sie eine größere emotionale Distanz und zerstören die als beängstigend empfundene Nähe.

Natürlich ist jeder Streit alles andere als angenehm, aber nicht jeder Konflikt ist destruktiv. Wenn eine Beziehung sich vertiefen und wachsen soll, kann und darf sie problematischen Situationen nicht ausweichen. Wenn Aggressionen unterdrückt werden, ersticken sie allmählich die positiven Gefühle und töten das Leben in der Beziehung ab. Wenn wir unsere wahren Gefühle und Überzeugungen regelmäßig zurückhalten, weil wir Angst haben, auf Ablehnung zu stoßen oder Harmonie bewahren wollen, ist das eine Form passiver Unaufrichtigkeit, die den unvermeidlichen Zusammenprall nur vorübergehend aufschiebt und – letztlich – verschlimmert.

Wenn wir bei dem Versuch, unsere Unterschiede zu versöhnen, auf Streitpunkte stoßen, lernen wir etwas über die Grenzen und Verletzlichkeiten unserer Partner. Unsere eigene Wut macht uns verwundbar, wir setzen uns dem nicht unerheblichen Risiko aus, von unserem Partner verletzt, mißverstanden oder abgelehnt zu werden. Das gemeinsame Streiten hilft uns bei der Entscheidung, ob wir unserem Partner unsere innersten Gefühle anvertrauen wollen oder nicht. Die Offenlegung unserer Unterschiede wird letzten Endes dazu führen, daß unsere Wunden geheilt oder, wenn wir scheitern, vertieft werden. Mit jedem erfolgreich ausgehandelten Konflikt wächst unsere Zuversicht, daß wir auch zukünftige Stürme überstehen werden.

Das völlige Fehlen von Konflikten deutet häufig darauf hin, daß die Partner nicht bereit sind, bis an die Grenzen ihrer Wachstumsmöglichkeiten zu gehen und ihr Potential voll auszuschöpfen. Damit zwei Menschen aneinander interessiert bleiben, muß das Wachstum gefördert werden. Andernfalls kann die statische Gleichheit dazu führen, daß das Beziehungssystem stagniert und seine Vitalität verliert. Konflikte, die richtig wahrgenommen und in Grenzen gehalten werden, können sich als fruchtbarer Boden für konstruktive Veränderungen und die gesunde Entwicklung der Beziehung erweisen.

Die Ursachen von Konflikten

Zuallererst ist es wichtig, daß Sie die Ursachen Ihrer Unzufriedenheit sorgfältig analysieren. Welche Verhaltensweise Ihres Partners bereitet Ihnen Kummer? Können Sie dieses Verhalten konkret benennen, oder streiten Sie, weil Ihr Partner ganz allgemein eine Enttäuschung für Sie darstellt? Hängen Ihre Konflikte damit zusammen, daß Sie sich eigentlich einen ganz anderen Partner wünschen, einen, der Ihrem Traumbild mehr entspricht?

Wenn Sie sich ständig über Ihren Partner ärgern, weil er ist, wie er ist, weil Sie sein eigentliches Wesen stört und nicht ein oder zwei spezifische Verhaltensweisen, dann sind Sie in der falschen Beziehung und werden wahrscheinlich nie zu einer erfüllten Partnerschaft finden. Im allgemeinen kann man davon ausgehen, daß der persönliche Stil eines Menschen, seine Art in der Welt zu sein, sich im Laufe der Jahre kaum ändern wird. Ihr Partner mag ein unverbesserlicher Optimist sein; vielleicht ist er auch besessen von Details oder gnadenlos gesellig; er mag seine Gefühle ständig auf einem Tablett vor sich hertragen oder emotional zugeknöpft sein; vielleicht hat er keinen Sinn für Ästhetik oder ist ein fanatischer Sportler... Ganz gleich, welche grundsätzliche Eigenschaft es sein mag, die Sie an Ihrem Partner irritiert – sie ist Teil seines Wesens und seiner Natur. Es steht Ihnen nicht zu, diese Persönlichkeitsaspekte nach Ihrem Gutdünken zu ändern, ganz abgesehen davon, daß Sie es kaum schaffen werden. Ihr Partner hat ein Recht darauf, daß Sie seine charakteristischen Eigenarten respektieren – so wie Sie es umgekehrt auch von ihm erwarten. Die einzigen Dinge, über die es sich zu streiten lohnt, sind solche, die man ändern *kann*.

Ike zum Beispiel war der größte Ordnungsfanatiker, den man sich vorstellen kann. Alle Gegenstände in seiner Wohnung schienen auf säuberliche kleine Stapel verteilt zu sein, ausgestattet mit Etiketten, sogar seine Gewürzstreuer waren alphabetisch geordnet. Als Kelly einmal einen von Ikes Ordnungsanfällen miterlebte, fühlte sie sich äußerst unbehaglich. Sie konnte sich nicht vorstellen, wie sie jemals miteinander auskommen sollten. Aber sie liebte ihn und beschloß, es trotzdem zu versuchen. Nachdem sie zusammengezogen waren, mußte Ike akzeptieren, daß Kelly zwar nicht schlampig, aber auch kein ausgesprochener »Ordnungsfreak« war. Er übernahm bereitwillig den größten Teil der Hausarbeit und hielt die gemeinsame Wohnung ebenso in Schuß wie früher seine eigene. Kelly fand eine Möglichkeit, sich anders zu beschäftigen, wenn Ike mit seinen zwanghaften Aktivitäten begann. Beide hatten ein annehmbares Zugeständnis an den individuellen Stil des anderen gemacht und konnten daher relativ harmonisch zusammenleben.

Je besser es Ihnen gelingt, Ihren Partner so zu akzeptieren, wie er ist, und je mehr sie Ihre gelegentlichen Unmutsäußerungen auf einige bestimmte Verhaltensweisen begrenzen, desto empfänglicher wird ihr Partner auf Ihre Kritik reagieren. Überlegen Sie in Ruhe, welche *spezifische Verhaltensweise* Sie stört und trennen Sie dieses Verhalten von Ihrem Partner als Person. Nehmen Sie Rücksicht auf die Gefühle Ihres Partners, und tragen Sie nur eine gutdurchdachte Kritik vor, da Sie andernfalls nur auf Abwehr stoßen und die Chancen auf eine kooperative Veränderung erheblich verringern.

Wie bereits erwähnt, liegt der konstruktive Wert des Streits darin, daß er Veränderungen in bestimmten unerwünschten Verhaltensweisen fördern kann – es geht nicht darum, den anderen für ein – vielleicht nur in Ihren Augen – schlechtes Benehmen zu bestrafen. Strafe provoziert Widerstand. Durch Strafe kann man einen Menschen höchstens zu einer widerstrebenden und zornigen Willfährigkeit zwingen, die den Geist der Beziehung letzten Endes zerstören wird.

Menschen unterscheiden sich ebensosehr in der Art, wie sie streiten, als auch darin, worüber sie streiten. Da sind jene, die ganz ruhig bleiben und kühle, logische Argumente liefern, manche benutzen eine farbenprächtige Sprache, bei anderen fließen Tränen und wieder andere hüpfen auf und ab und brüllen, was das Zeug hält. Manche brauchen etwas Zeit und Abstand, um in Ruhe über alles nachzudenken, bevor sie mit einer Sache herausrücken, andere scheinen unfähig, ihre Reaktionen auch nur eine Sekunde lang aufzuschieben, wenn sie etwas beunruhigt.

Gleichgültig, worüber man streitet – jede Form körperlicher oder verbaler Gewalt verursacht irreparable Schäden und sollte daher vermieden werden. Physische Gewalt gegen einen Menschen oder seine Besitztümer ist *nie* gerechtfertigt, es sei denn, Sie müssen sich selbst vor einem Angriff schützen.

Verbale Aggressionen können fast ebenso zerstörerisch wirken wie physische. Worte können nicht verstümmeln oder töten, aber sie können die Gefühle und das Selbstbild eines Menschen schwer verletzen. Drohungen, beleidigende Bemerkungen, Beschimpfungen und hinterhältige Vergleiche (»Du bist wirklich ein Volltrottel, genau wie dein Vater«) sind in einer Beziehung, in der die Liebe sich entfalten soll, absolut fehl am Platz.

Gewalt erzeugt Gewalt. Wenn Sie Ihre blinde Wut unbedingt herauslassen müssen, sollten Sie ein Kissen verprügeln, einen Punchingball vertrimmen, sich einen brutalen Film ansehen oder Ihr Autofenster hochkurbeln und schreien und toben, bis Sie heiser sind; in Ihrer Beziehung jedoch sollten Sie Zurückhaltung üben. Hüten Sie sich vor einer Verklärung der Gewalt – es ist eine grausame Perversion, die nichts als Unglück bringt.

Es gibt eine andere Form von Gewalt, die häufiger und subtiler ist als die Formen, die wir bis jetzt beschrieben haben: das ist die Gewalt eines »Guerillakrieges«, bei dem Aggressionen verdeckt ausgedrückt werden, durch spitze Bemerkungen, bissige Seitenhiebe oder durch passiv-aggressive Verhaltensweisen wie Schweigen, sexuelle Verweigerung oder das »Vergessen« von Dingen, die für den Partner wichtig sind. Diese Verhaltensweisen sind häufig nicht bewußt beabsichtigt, können aber in ihrer stillen Art eine immens zerstörerische Wirkung entfalten.

Samuel und Page waren seit knapp einem Jahr zusammen. Page hatte bei mehreren Gelegenheiten ziemlich deutlich zum Ausdruck gebracht, wie viel ihr daran lag, daß Samuel pünktlich zum gemeinsamen Abendessen kam, wenn sie hinterher wieder zur Arbeit mußte.

Samuel stammte aus einer Familie, in der er jeden Abend pünktlich um sechs, der gemeinsamen Abendbrotzeit, zu Hause sein mußte, egal was er vorhatte. In der Anfangszeit der Beziehung hatte Samuel sich mehrmals verspätet, wenn er mit Page zum Essen verabredet war. Aber als er erkannte, daß sein Widerwille gegen eine feste Essenszeit mit seiner Kindheit zusammenhing, achtete er darauf, stets pünktlich zu erscheinen. Nach drei Monaten untadeligen Verhaltens kam Samuel erneut zweimal hintereinander zu spät zum Dinner. Er entschuldigte sich damit, daß ihm etwas Dringendes dazwischengekommen sei, doch dieser Beschwichtigungsversuch versetzte Page nur noch mehr in Rage. Das führte zu einem Streit, bei dem Samuel schließlich zugab, daß er seit einigen Tagen eine Wut auf Page hatte. Er hatte ihr sein Auto geliehen, weil sie Holz für ihren Kamin kaufen wollte. Als sie ihm den Wagen zurückgab, waren Rücksitz und Boden voller Erdklumpen und Holzsplitter gewesen, außerdem war der Benzintank fast leer. Samuel erwähnte die Sache mit keinem Wort, aber sein Ärger drückte sich auf passiv-aggressive Weise aus – in seinen Verspätungen. Wenn er Page gleich gesagt hätte, daß er wütend war, hätte die spätere Explosion vermieden werden können. Wenn Page nicht bereit gewesen wäre, die Diskussion trotz Samuels anfänglicher Weigerung zu vertiefen, wären sie möglicherweise nie auf die eigentliche Ursache des Streits gestoßen. Manche Paare setzen eine derartige Serie symbolischer Eskalationen immer weiter fort, ohne je zu erkennen oder anzusprechen, was sich unter der Oberfläche abspielt.

Manchmal nimmt der »passive« Ausdruck von Zorn und Ärger auch eine selbstzerstörerische Form an. Manche Menschen entwickeln Eßstörungen und werden fett, um ihre Partner auf diese Weise zu bestrafen. Andere werden drogenabhängig, gefährden ihre Gesundheit und scheitern bei beruflichen Unternehmungen. All diese Formen der Selbstzerstörung, bei der die Aggressionen nach innen, gegen die eigene Person gerichtet werden, haben natürlich auch negative Auswirkungen auf die Partnerschaft.

Konstruktive Gespräche

Um zu verhindern, daß Aggressionen sich anstauen und um eine passiv-aggressive Kriegführung zu vermeiden, sollten negative Gefühle so offen und so schnell wie möglich besprochen werden. Die meisten Menschen haben allerdings gewisse Schwierigkeiten damit, negative oder unangenehme Gefühle auszudrücken. Es ist uns vielleicht peinlich, als jemand dazustehen, der so empfindlich oder so leicht aus der Fassung zu bringen ist. Vielleicht schieben wir die unausweichliche Konfrontation auch hinaus, weil wir die Reaktion unseres Partners fürchten. Aus welchem Grund auch immer – die Unterdrückung von Gefühlen wird nicht dazu führen, daß sie verschwinden, und fast jeder Partner wird spüren, daß etwas nicht in Ordnung ist – auch wenn man nicht darüber spricht. Deshalb ist es häufig eine Erleichterung, wenn einer der Partner schließlich den ersten Schritt tut.

Rahmen und Timing

Es ist zweifellos sehr wichtig, den richtigen Zeitpunkt zu wählen, wenn man über ein sensibles Thema sprechen und auch gehört werden möchte. So ist es für gewöhnlich keine gute Idee, ein schwieriges Thema in Gegenwart Dritter anzuschneiden. Auch wenn Sie oder Ihr Partner zu müde oder zu sehr mit anderen Dingen beschäftigt sind, um sich voll auf ein Gespräch zu konzentrieren, sollten Sie die Konfrontation auf einen späteren Zeitpunkt verschieben. Schließlich ist der Zweck eines solchen Gesprächs, daß man ein anstehendes Problem so effektiv wie möglich löst und nicht, daß man austestet, wieviele Fetzen fliegen können.

Vieles spricht für eine kurze Abkühlungsphase vor einem »offenen« Gespräch. Wenn die Situation angespannt ist, kann ein Aufschub von etwa dreißig Minuten die Lage entschärfen, so daß die Diskussion einigermaßen ruhig ablaufen kann. Viele Leute sind übrigens der Ansicht, daß ein emotional aufgeladenes Gespräch leichter ist, wenn sie einen gemeinsamen Spaziergang unternehmen. Die Bewegung löst anscheinend gewisse Anspannungen und erleichtert eine offene Kommunikation.

Der gesunde Menschenverstand sagt uns, daß es nicht nur

wichtig ist, *wann* wir ein solches Gespräch beginnen, sondern auch, *wie* wir es beginnen, d. h. welchen »Rahmen« wir ihm geben. Es empfiehlt sich, mit einer einleitenden Bemerkung zu beginnen, die um die Zeit und Aufmerksamkeit des Partners bittet, wie zum Beispiel »Es gibt da etwas, was mir wirklich Sorgen macht, und ich muß mit dir darüber sprechen. Können wir jetzt darüber reden, oder bist du nicht in der Stimmung?« Dieser Ansatz zeigt Respekt für die Bedürfnisse des Partners und läßt ihm Optionen. Auf diese Weise lassen sich mögliche Widerstände verringern, weil Ihr Partner nicht das Gefühl hat, unvorbereitet zu einem Gespräch gezwungen zu werden. In diesem Zusammenhang berichtete eine Frau: »Mein Verlobter reagiert überaus empfindlich auf die kleinste Kritik, wenn ich also ein Hühnchen mit ihm zu rupfen habe, klopfe ich an seine Tür und frage ihn, ob er etwas gegen ein kurzes Gespräch einzuwenden hat. Wenn er sagt ›Jetzt nicht‹, weiß ich, daß ich mich erst mal zurückziehen muß. Aber normalerweise ist er zum Gespräch bereit, wenn ich ihm einfach nur die Möglichkeit gebe, ›später‹ zu sagen.«

»Wenn der Zeitpunkt für das Gespräch festgesetzt ist, sollten Sie sich daran halten. Legen Sie den Hörer neben das Telefon, schalten Sie den Fernseher oder das Radio ab, schaffen Sie eine ungestörte Atmosphäre und denken Sie daran, von der Unschuldsvermutung auszugehen, die wir im letzten Kapitel besprochen haben. Stimmen Sie im Zweifel für Ihren Partner und unterstellen Sie ihm, daß es nicht in seiner Absicht lag, Sie durch sein Verhalten zu kränken. Das Gespräch sollte durch gegenseitiges Interesse, nicht durch Vorverurteilungen geprägt sein. Es ist sicher nicht leicht, diese Einstellung zu bewahren, wenn Sie dasselbe Thema bereits zum dritten Mal durchkauen, aber Menschen neigen nun einmal dazu, denselben Fehler mehr als einmal zu machen – Sie nicht? – und sollten die notwendige Zeit zur Veränderung erhalten, *wenn* sie sich aufrichtig darum bemühen. Die beste Art, mit Fehlern umzugehen, ist, sie als Lernmöglichkeit zu betrachten, nicht als Beweis für eine verkümmerte Moral, für pure Feindseligkeit oder für einen fehlerhaften Charakter – vor allem nicht in einer Liebesbeziehung.

Etwas falsch zu machen, ist tatsächlich der erste Schritt in jedem Lernprozeß. Verhaltensveränderungen beginnen im allgemeinen retroaktiv, das heißt, nachdem der Irrtum begangen und entdeckt worden ist. Zuerst machen wir einen Fehler, dann erkennen wir ihn oder werden darauf aufmerksam gemacht: *nach* der Tat. Wenn wir nicht für den Irrtum bestraft werden, sondern man uns *vorurteilslos* berät, sind wir eher bereit, den Fehler zu korrigieren und in Zukunft zu vermeiden.

Sprechen, um gehört zu werden

Selbst beim dritten Anlauf gibt es mehr und weniger erfolgreiche Wege, um an ein Problem heranzugehen. Angenommen, Ihr Partner kommt nach wie vor chronisch unpünktlich zu Verabredungen, obwohl Sie ihm bereits bei mehreren Gelegenheiten deutlich gemacht haben, daß Sie sein Verhalten äußerst rücksichtslos finden. Statt zu zetern: »Ich bin dir absolut gleichgültig, sonst hättest du dich schon längst geändert«, könnte es sich als wesentlich lehrreicher und auch produktiver erweisen, wenn Sie in freundlichem Ton fragen: »Was fühlst du dabei, wenn du mich immer wieder warten läßt, obwohl du weißt, wie sehr es mich beunruhigt? Was geht in dir vor, wenn du dich so verhältst?« Das ist eine Frage, keine Anklage. Dieser Ansatz verbessert die Chancen für eine gute Kommunikation, die ihrerseits wieder den erhofften Wandel fördern wird.

Denken Sie auch daran, »Ich«-Aussagen und keine »Du«-Aussagen zu benutzen, und beschränken Sie sich darauf, *Ihre* Gefühle und *Ihre* Wahrnehmungen bezüglich des betreffenden Geschehens zu beschreiben. Unterdrücken Sie den Wunsch, den Standpunkt Ihres Partners zu kritisieren. Das wird den Streit nur vertiefen. Menschen sind am ehesten bereit, ihr Verhalten zu ändern, wenn ihnen bewußt wird, welche Gefühle ihr Verhalten in der anderen Person auslöst, nicht wenn man ihnen nachweist, daß sie im »Unrecht« sind.

Kritische Bemerkungen lassen sich am leichtesten verdauen, wenn sie durch ein Bonbon versüßt werden. Eine Kritik in ein paar Komplimente zu verpacken, ist häufig eine gute Idee und erzeugt eine Atmosphäre gegenseitiger Offenheit: »Danke, daß du meiner Mutter mit dem Abwasch geholfen hast. Sie hat sich sehr darüber gefreut. Sie ist allerdings ziemlich eigen mit ihrem Kristallgeschirr. Ich würde in Zukunft nicht darauf bestehen, es abzuwaschen – sie macht es wirklich lieber selbst, obwohl ich weiß, daß sie dir für deine Hilfe sehr dankbar war.«

Die spezifische Sprache, die in einem Gespräch benutzt wird, kann das Ergebnis enorm beeinflussen. Schuldzuweisungen, die mit anklagendem Finger auf Ihren Partner weisen, sollten Sie ebenso vermeiden wie Begriffe, die einen absoluten oder ausschließenden Charakter haben. Worte wie »nur«, »immer«, »nie«, »alle«, »bloß« oder »jedes« sind leicht entzündlich, weil sie Grauzonen außer acht lassen. Solche Begriffe dienen der Hervorhebung oder Übertreibung und lassen den Zuhörer daher an Ausnahmen denken, während der Punkt, um den es eigentlich geht, verlorengeht.

Ist es wirklich wahr, daß Ihr Freund *immer* vergißt, die Videokassetten zurückzugeben? Und stimmt es, daß Sie *alle* Freizeitaktivitäten allein planen müssen? Ist es völlig zutreffend, daß Ihr Partner *bloß* stur ist – hat er nicht noch ein oder zwei andere Eigenschaften? Sind sie wirklich der *einzige*, der etwas für die Beziehung tut? Wird *jede* Meinung, die Sie zum Ausdruck bringen, ignoriert, und werden Sie *nie* ernstgenommen? Sie werden mit dem Gespräch sehr viel weiterkommen, wenn Sie sich auf spezifische Situationen beziehen, Verallgemeinerungen vermeiden und modifizierende Begriffe verwenden wie »manchmal«, »häufig«, »während der und der Zeit« usw.

Das Gesetz der abnehmenden Reaktionsstärke spricht dafür, ein emotional aufwühlendes Gespräch so kurz wie möglich zu halten. Bei einem intensiven Gespräch fühlt man sich leicht überfordert und erschöpft, deshalb sollte man versuchen, die Zahl der angeschnittenen Themen auf die wirklich wesentlichen zu begrenzen, die ohne emotionale Bauchschmerzen verdaut werden können.

Hüten Sie sich vor dem »Alles-in-einem-Abwasch«-Irrtum, d. h. überschütten Sie Ihren Partner nicht mit einem Sammelsurium an Vorwürfen, die mit dem eigentlichen Thema nichts zu tun haben.

Angenommen, Sie sind wütend auf Ihren Partner, weil er Sie auf einer Party oberlehrerhaft korrigiert und Ihnen dauernd widersprochen hat. Als Sie ins Auto steigen, um nach Hause zu fahren, setzen Sie zu einer flächendeckenden Schimpfkanonade an, die etwa folgendermaßen lauten könnte: »Du machst mich rasend! Was fällt dir eigentlich ein, mich den ganzen Abend zu verbessern und zu bevormunden! Wer zum Teufel glaubst du, daß du bist?! Mister Unfehlbarkeit oder was! Außerdem ist es eine Unverschämtheit, daß du mit meinem Bruder über meine finanzielle Situation gesprochen hast. Und wo wir gerade dabei sind – bitte mich ja nicht wieder, auf deine blöde Katze aufzupassen, wenn du wegfährst. Ich bin zweimal zu spät zur Arbeit gekommen, weil ich sie stundenlang suchen mußte, um ihr diese beknackten Pillen zu geben.«

Ein sogenannter Overkill! Die Botschaft, die Sie übermitteln wollen, geht irgendwo zwischen Bruder und Katze verloren, während Ihr Partner ratlos den Faden sucht... und außerdem auf Rache sinnt, weil er sich völlig von Ihnen überfahren fühlt. Das *letzte*, was Sie mit dieser Holzhammermethode erreichen werden, ist ein verändertes Verhalten.

Hüten Sie sich auch vor dem »Historischen-Geröll«-Irrtum. Verschonen Sie Ihren Partner mit einem geschichtlichen Abriß Ihrer Beziehung, »von der Steinzeit bis heute«. Wie der »Alles-in-einem-Abwasch«-Irrtum bringt auch dieser Ansatz eine Reihe von fremden Elementen in das Gespräch mit ein. In diesem Fall hat die Liste der Vorwürfe allerdings einen realen oder eingebildeten Bezug zum eigentlichen Streitpunkt. »Ich kann einfach nicht glauben, daß du vergessen hast, mich heute morgen zur Arbeit abzuholen. Alles andere ist dir wichtiger als ich. Letzte Woche hast du mich beim Tennis sitzenlassen; neulich haben wir deinetwegen das halbe Theaterstück verpaßt; und letztes Jahr am Ostersonntag, als wir bei meinen Eltern zum Essen eingeladen waren, bist du so spät gekommen, daß wir schon alle beim Nachtisch saßen.«

Das Ergebnis solcher Kritiklawine, wie begründet sie auch immer sein mag, drängt den Gesprächspartner in die Ecke und läßt ihm keinerlei Bewegungsspielraum, außer vielleicht, die Diskussion auf eine jener früheren »Verfehlungen« zu lenken, die irgendwie zu rechtfertigen war. Doch in keinem Fall wird man auf diese Weise zu einer kreativen Lösung des eigentlichen Problems und Gesprächsthemas kommen.

Wenn es zu Streit oder Mißverständnissen kommt, sollten Sie immer daran denken, daß Sie Ihren Partner erziehen, nicht bestrafen wollen. Die meisten Menschen neigen dazu, so zu reagieren, wie sie behandelt werden. Eine barsche Behandlung erzeugt harsche Reaktionen, und je mehr man uns angreift, ignoriert, beschuldigt oder unter Druck setzt, desto eher werden wir uns verschanzen und bockbeinig widersetzen. Wenn man uns rücksichtsvoll behandelt, wenn unsere Gefühle respektiert werden, fällt es uns leichter, Fehler zuzugeben und offen für Veränderungen zu sein. Unsere eigene Scham, wenn wir unseren Partner enttäuscht haben, hat häufig eine größere Veränderungskraft als der größte Wutausbruch unseres Partners.

Der Versuch, den Partner dazu zu bringen, das Leben durch dieselbe Brille zu betrachten wie wir selbst, gehört zu den häufigsten und zerstörerischsten Irrtümern, die man in einer Beziehung begehen kann. Es ist eine reine Illusion zu glauben, daß man dem anderen seine Sichtweise ausreden und damit eine erhoffte Veränderung erreichen könnte. Die eindeutig beste und effizienteste Methode, um Veränderungen zu fördern, besteht in der Schaffung einer sicheren und vertrauensvollen Atmosphäre, indem man Toleranz und Einfühlungsvermögen für den Standpunkt des anderen zeigt.

Norm und Olivia hatten sich schon unzählige Male über das Thema oraler Sex gezankt. Norm war überaus angetan von dieser Form des Liebesspiels, aber Olivia, die es ein paarmal angetestet hatte, fand es gräßlich. Norm versuchte immer wieder, Olivia von ihrer Einstellung abzubringen. Er bemühte sich um peinliche Sauberkeit, er brachte ihr alle möglichen Artikel und Studien mit, die bestätigten, daß diese Praktik völlig normal und äußerst positiv zu bewerten sei. Manchmal, wenn er besonders frustriert war, setzte er Olivia so lange zu, bis sie aus purer Erschöpfung versprach, beim nächsten Mal oralen Sex zu machen. Dieses nächste Mal schob sie dann allerdings so lange wie möglich hinaus, und wenn der Moment schließlich gekommen war, ging sie an die Sache heran wie das Lamm an die Schlachtbank. Gleichgültig, wie Norm seine eifrigen und ziemlich notorischen Überredungsversuche verpackte – sie weckten nur Olivias Widerstand.

Schließlich sah Norm ein, daß Olivias Abneigung gegen oralen Sex sehr tief verwurzelt war, auch wenn ihm selbst diese Haltung fremd war. Obwohl Norm alles andere als glücklich darüber war, auf diese Liebespraktik verzichten zu müssen, war es offensichtlich, daß seine Kampagne Olivia enormes Unbehagen bereitete. Also erklärte er ihr, daß er sie auch dann uneingeschränkt lieben würde, wenn er für den Rest seines Lebens auf oralen Sex verzichten müßte. Als Olivia sich trotz ihrer sexuellen Hemmungen geliebt und respektiert fühlte, war sie eher geneigt, diese Großzügigkeit zu erwidern. Nachdem Norm sie nicht mehr bedrängte, interessierte sie sich selbst dafür, warum diese Form von Sexualität ihr so unangenehm war. Durch eine Therapie erkannte sie, daß ihre Ängste mit einem sexuellen Mißbrauch in ihrer Kindheit zusammenhingen. Die Bewußtmachung und Aufarbeitung dieser frühen Erlebnisse führten dazu, daß sie allmählich ihre Hemmungen verlor und öfter von sich aus die Initiative zum oralen Sex ergriff. Norm erkannte ihre Bemühungen dankbar an und drängte sie nie, mehr zu tun, als sie selbst zu geben bereit war. Olivia entwickelte das Gefühl, selbst bestimmen zu können, wie weit sie gehen wollte, und konnte sich dadurch wesentlich besser entspannen. Das erste Mal in ihrem Leben konnte sie diese Praktik tatsächlich genießen. Obwohl diese Form des Liebesspiels keine zentrale Rolle in ihrem Sexleben einnahm, gab es doch fast immer zumindest eine kurze Phase oraler Stimulation, wenn sie miteinander schliefen. Empathie und Toleranz lösten das Problem, das durch Widerstand und Zwang nicht zu lösen gewesen war.

Wenn Sie an einer fruchtbaren Lösung Ihrer Schwierigkeiten interessiert sind und nicht nur Dampf ablassen wollen, müssen Sie auch auf Ihre Sprechweise und Ihren Tonfall achten. Viele Menschen wirken wesentlich furchteinflößender und einschüchternder, als sie glauben. Wie eine Frau es ausdrückte: »Ich habe schließlich entdeckt, daß mein Einfluß um so schwächer wird, je stärker ich etwas ausdrücke. Wenn ich sage: ›Liebling, wenn du die Küche saubermachst und alles halb fertig liegen läßt, könnte ich schreien. Bitte räum doch zu Ende auf, wenn du einmal angefangen hast‹, sagt er: ›Oh, es tut mir leid. Ich wollte später weitermachen.‹ Aber wenn ich in die Küche stürme und brülle: ›Himmel, Arsch und Wolkenbruch, jetzt steht das schmutzige Geschirr schon seit drei Stunden da, und du hast immer noch nicht abgewaschen!‹ und dann anfange, die Teller wütend in die Spülmaschine zu stopfen, sagt er entweder gar nichts und bleibt schweigsam, bis der Sturm sich wieder gelegt hat, oder er brüllt zurück: ›Niemand hat dich gebeten, in die verdammte Küche zu gehen!‹ oder irgend so was. Es ist eindeutig so, daß die Art, wie ich mit ihm spreche, viel damit zu tun hat, wie er reagiert. Also versuche ich, mich erst ein bißchen zu beruhigen, bevor ich ihn auf etwas anspreche. Seitdem ich meine Methode geändert habe, läuft es viel besser.«

Menschen reagieren am positivsten, wenn man sie als gleichrangige Partner und nicht als Unterlegene behandelt. Einschüchterung, Herablassung, Verachtung oder Aussagen, die darauf zielen, den Partner zu beschämen, vor allem in Gegenwart Dritter, zeugen von einem Mangel an Selbstvertrauen bei der Person, die zu diesen Mitteln greift. Alles, was dadurch erreicht wird, ist Krieg und Widerstand. Eine Frau, die wir interviewten, meinte dazu: »Manchmal redet er mit mir, als ob ich ein Neandertaler oder ein Volltrottel wäre. Dann ist bei mir der Ofen aus. Wenn er mir so kommt, bin ich zu keinerlei Kooperation mehr bereit.«

Elterliches Gehabe oder autoritäre Taktiken haben zwischen gleichrangigen Partnern ebenfalls nichts verloren. Wenn wir versuchen, unsere Partner herumzukommandieren, werden sie Mittel und Wege finden, um diese Bemühungen zu unterlaufen. Sie werden möglicherweise Gewicht zulegen, zu rauchen anfangen, uns sexuell abweisen, Dinge vergessen, die sie für uns erledigen sollten, oder auf andere Art demonstrieren, daß wir sie nicht dominieren können. Die Macht in einer Beziehung verteilt sich letzten Endes immer gleichmäßig. So oder so, entweder direkt oder indirekt, wird die Person, die sich unterdrückt fühlt, die Dominierungsversuche des Partners sabotieren.

Wer sich gekränkt fühlt, sinnt häufig auf Rache und Vergeltung, doch so süß die Vorstellung auch sein mag – in einer Liebesbeziehung sollte man solche Rachephantasien keinesfalls ausleben – es sei denn, man will die Beziehung beenden. Ein derartiges Verhalten provoziert nur einen Teufelskreis von eskalierenden Angriffen. Es führt nicht zur Abschwächung, sondern zur Ausdehnung von Konflikten. Die emotionalen Verletzungen, die man dem anderen dabei im Laufe der Zeit zufügt, werden selten vergessen. Dasselbe gilt für Drohungen, die normalerweise ein verzweifeltes Mittel sind, um den Partner auf das eigene Unglück oder die eigene Frustration aufmerksam zu machen. Wer Drohungen einsetzt, ist im Grunde seines Wesens meist schwach und unsicher, und versucht, diese Gefühle durch Einschüchterungsversuche, eine Art Imponiergehabe, zu kompensieren. Diese Einschüchterungsversuche sind auch eine Form von Gewalt und Mißbrauch; sie sind ein unfaires Druckmittel, das Angst und Wut erzeugt, nicht Kooperationsbereitschaft. Drohungen sind eine unwirksame Methode, um den Partner wissen zu lassen, daß man enttäuscht oder beunruhigt ist. Wer wiederholt zu Drohungen greift, ohne sie wahrzumachen, verliert an Glaubwürdigkeit und bringt seinen Partner unweigerlich dazu, das Vertrauen und den Respekt zu verlieren.

Jedesmal, wenn Ed auf Carrie wütend war, drohte er, die Beziehung zu beenden, und jedesmal, wenn Ed drohte, sie zu verlassen, zog Carrie sich deprimiert in sich selbst zurück. Als Ed erkannte, daß er mit seinen Drohungen eigentlich nur einen Ausweg aus einer Konfliktsituation suchte und im Grunde nie die Absicht hatte, Carrie zu verlassen, hörte er damit auf. Er versprach, erst dann wieder vom Abbruch der Beziehung zu sprechen, wenn er es ernsthaft in Betracht ziehen würde. Carrie konnte offener und konstruktiver über auftauchende Probleme diskutieren, weil sie sich weniger unter Druck gesetzt fühlte und mehr Vertrauen zu Ed entwickelte.

Jemanden um etwas zu bitten, ist wesentlich effektiver, als Befehle zu erteilen. Zwischen gleichrangigen Partnern sollte es selbstverständlich sein, daß beide das Recht haben, eine Bitte, die sie als unzumutbar betrachten, abzulehnen, und daß der andere bereit ist, über diese Weigerung zu verhandeln oder sie zu akzeptieren.

Der Dialog, nicht der Monolog, ist das angemessene Mittel, um Veränderungen herbeizuführen. Sich selbst für unfehlbar zu halten und von oben herab mit dem Partner zu reden, als wäre er ein armseliger Tropf zu Füßen des Meisters, ist keine besonders effiziente Methode. Wie ein Mann es ausdrückte: »Was mir wirklich auf den Keks geht, ist diese gouvernantenhafte Art, die sie manchmal hat – wenn sie anfängt, mir Vorträge zu halten. Ich fühle mich dann von oben herab behandelt, so als ob ich ein kleiner Junge wäre. Wenn sie sich als Schulmeister aufspielt, stelle ich einfach auf Durchzug.« Solange ein Mensch nicht von sich aus eingewilligt hat, Ihr Schüler zu werden, werden Ihre »Bildungsbemühungen« auf wenig Gegenliebe stoßen.

Auch eine erhöhte Lautstärke oder längere Ausdauer beim Sprechen haben einen bemerkenswert geringen Einfluß darauf, ob man gehört und verstanden wird. Ein Vorsprung an Logik und

Eloquenz mag sich im Vorstandszimmer auszahlen, aber nicht zwangsläufig im Schlafzimmer. Ziel des Dialogs ist es, beiden Gesprächsteilnehmern die Möglichkeit zu geben, ihre Gedanken und Gefühle offenzulegen, so daß Unterschiede erkannt, erforscht und demokratisch verhandelt werden können. Sie haben einen anderen Menschen noch lange nicht überzeugt, nur weil Sie ihn unter den Tisch geredet und zum Schweigen gebracht haben. Unausgesprochene oder mundtot gemachte Gefühle sind unverarbeitete Gefühle. Jeder »Sieg«, der darauf basiert, daß man den anderen zum Verstummen bringt, ist ein Pyrrhussieg: Der Konflikt wird mit Sicherheit wieder aufbrechen. Deshalb ist es wichtig, dafür zu sorgen, daß beide Partner sich mit dem Gespräch und den ausgehandelten Ergebnissen wohl fühlen, bevor man davon ausgeht, daß der Fall endgültig abgeschlossen ist. Und die einfachste Methode, um das herauszufinden, ist zu fragen. Wenn man jedes Gespräch damit beendet, daß man noch einmal zusammenfaßt, was besprochen oder entschieden wurde, kann man Mißverständnisse und damit eine weitere Vertiefung des Konflikts vermeiden.

Und noch einmal – hüten Sie sich vor dem Gedankenlesen. Es besteht die große Gefahr, daß Sie von Voraussetzungen ausgehen, deren Zuverlässigkeit oder Berechtigung nie ausreichend überprüft wurde und vorschnelle Schlüsse ziehen, die sich als schwere Fehlurteile erweisen. Fast jeder hat diese peinliche Erfahrung schon einmal gemacht, sowohl als Ankläger als auch als fälschlich Beschuldigter. In langen Beziehungen kann es leicht zur bösen Gewohnheit werden, daß man die Gedanken des Partners »vorliest« und mehr Aufmerksamkeit darauf verwendet, für den Partner zu sprechen, als seine eigenen Gefühle und Gedanken auszudrücken. Wenn Sie gewohnheitsmäßig für ihren Partner sprechen und dabei nicht sehr gewissenhaft Ihre eigenen Hypothesen überprüfen, provozieren Sie unter Umständen eine Reihe von schwerwiegenden Mißverstandnissen und setzen die Beziehung einem unkalkulierbaren Risiko aus.

Humor ist ein hervorragendes soziales Schmieröl und eine Möglichkeit, Abwehrhaltungen zu verringern, aber er hat auch seine Grenzen. Häufiger Sarkasmus ist zum Beispiel meist ein Zeichen verdeckter Aggressionen, die nicht verarbeitet wurden. Und Humor kann auch dazu mißbraucht werden, um ernste Probleme herunterzuspielen, die ein tieferes Gespräch erfordern würden.

Eine der Eigenschaften, die Gabriella an Dave besonders schätzte, war sein Sinn für Humor. Seine Schlagfertigkeit und sein Witz brachten sie immer zum Lachen, selbst in angespannten oder unangenehmen Situationen. Aber sein Humor und seine selbstironischen Bemerkungen gaben ihm auch die Möglichkeit, unbequemen und wichtigen Themen auszuweichen. So hatte er zum Beispiel die ärgerliche Angewohnheit, spontan irgendwelche Freunde einzuladen, wenn er sich allein mit Gabriella verabredet hatte. Obwohl Gabriella darüber lachte, merkte sie, wie ihr Ärger anwuchs. Als Dave schließlich zum dritten Mal hintereinander einige Bekannte aufforderte, sie zu begleiten, ohne Gabriella vorher zu fragen, platzte ihr der Kragen und sie machte ihm eine peinliche Szene vor seinen Freunden. Weder Dave noch Gabriella konnten dem anderen seine Rücksichtslosigkeit verzeihen, und das war das traurige Ende ihrer Beziehung.

Die Kunst des Zuhörens

Was die Konfliktlösung betrifft, ist die Art und Weise, wie wir Informationen aufnehmen, genauso wichtig wie die Art und Weise, in der wir sie präsentieren. Aber aufmerksames Zuhören ist durchaus keine Selbstverständlichkeit. Wer häufig die Erfahrung gemacht hat, daß er ignoriert, nicht ernstgenommen oder ungerecht beschuldigt wurde, neigt dazu, ein schlechter Zuhörer zu sein.

Wir hören einem anderen Menschen nicht schon deshalb zu, weil seine Worte an unsere Ohren dringen. Aufmerksames Zuhören ist eine komplexe Fähigkeit, die verlangt, daß Sie Ihrem Partner Ihre volle, ungeteilte Aufmerksamkeit schenken. Damit meinen wir, daß Ihre Aufmerksamkeit weder durch äußere *noch* durch innere Vorgänge abgelenkt ist.

Wer fernsieht, Zeitung liest, Musik hört oder mit einer Arbeit beschäftigt ist, während er versucht, einem anderen zuzuhören, wird eine gesunde Kommunikation zweifellos behindern. Sowohl der Zuhörer als auch der Sprecher müssen in diesem Fall mit der jeweiligen Ablenkung um die volle Aufmerksamkeit konkurrieren. Das wird mit Sicherheit zu Mißverständnissen führen, die später ausgebügelt werden müssen. Es kann auch eine wachsende Ungeduld und Gereiztheit auslösen, wenn beide versuchen, den Einfluß der Störquelle zu ignorieren.

Im Gegensatz dazu sind die inneren Ablenkungen, die mit der vollen und ungeteilten Aufmerksamkeit des Zuhörers konkurrieren, weniger offensichtlich: es kann leicht geschehen, daß die Gedanken abschweifen und man sich nicht mehr voll auf die Aussagen des Partners konzentriert. Da man den Partner nicht verletzen möchte, fängt man dann oft schon in Gedanken an, Einwände, Verbesserungen, Ausflüchte, Ausnahmen, Entschuldigungen und Einschränkungen zu formulieren, obwohl der Partner noch gar nicht ausgeredet hat. Wenn Sie innerlich abschweifen, verlieren Sie die Fähigkeit, wirklich aufmerksam zuzuhören.

Es ist leicht, äußere Ablenkungen auszuschalten: legen Sie die Zeitung beiseite, schalten Sie den Fernseher aus, hören Sie auf, den Garten umzugraben oder Klavier zu spielen, oder verschieben Sie das Gespräch, bis Sie diese anderen Aktivitäten erledigt haben. Mit inneren Ablenkungen umzugehen, ist schwieriger, aber es gibt eine Reihe von nützlichen Techniken. Es ist zum Beispiel hilfreich, dem Partner direkt in die Augen zu sehen, während er spricht: Die Mimik enthüllt nicht nur zusätzliche Informationen, sondern hilft Ihnen auch dabei, sich auf das Gesagte zu konzentrieren.

Wenn Sie sich bedrückt, schuldig oder sonst irgendwie unwohl fühlen, während Sie zuhören, sollten Sie versuchen, sich durch einige tiefe Atemzüge zu entspannen. Denken Sie daran, daß auch diese unangenehme Situation vorübergehen wird und daß Sie etwas von dem lernen können, was Ihr Partner Ihnen mitteilt. Bleiben sie offen für das, was der andere zu sagen hat, und vermeiden Sie den häufigen Fehler, Ihr Gegenüber zu unterbrechen, ihm zu widersprechen, das Thema abzuwandeln oder zu wechseln.

Als Zuhörer sollten Ihre verbalen Äußerungen sich darauf beschränken, daß Sie um nähere Erklärungen oder spezifische Beispiele bitten, um besser zu verstehen, was der andere meint. Ansonsten sollten Sie versuchen, still zuzuhören.

Es sollte immer nur einer zur Zeit reden. Auch wenn Sie glauben, daß Tatsachen falsch dargestellt werden, sollten Sie Ihren Partner möglichst erst dann korrigieren, wenn er ausgeredet hat.

Falls die Korrektur für das weitere Gespräch unerläßlich ist, beschränken Sie sich auf einen kurzen, freundlichen und keineswegs bedrohlichen Hinweis.

Denken Sie daran, daß Ihr Ziel als Zuhörer nicht darin liegt, Ihren Partner zu dominieren, seine Sorgen herunterzuspielen oder zu banalisieren oder ihm nachzuweisen, daß er sich irrt. Vielmehr sollten Sie Ihren Partner dazu ermutigen, sein Anliegen so ausführlich und deutlich wie möglich zu erklären, damit Sie zu einem umfassenden Verständnis seines Standpunkts gelangen können. Da es selten ein eindeutiges Richtig oder Falsch gibt, sondern einfach nur zwei verschiedene Sichtweisen, kann man ohne die relevanten Informationen nicht zu einer brauchbaren Lösung kommen. Diese erforderlichen Daten können Sie nur erhalten, wenn Sie genau und aufmerksam zuhören.

Wenn Ihr Partner also einen Vorwurf oder eine Kritik äußert, sollten Sie auf keinen Fall den Fehler begehen, sich nur darauf zu konzentrieren, wie Sie Ihrem Partner einen Irrtum nachweisen, ihn widerlegen oder seine Worte entkräften können. Richten Sie Ihre Aufmerksamkeit vielmehr auf die Berechtigung des Vorwurfs, das Körnchen Wahrheit, auf die eine Sache, von der Sie lernen können und durch die Ihre Beziehung sich verbessern läßt. Wie ein Mann uns sagte: »Sogar wenn ich denke, daß ich nicht gemacht habe, was sie mir vorwirft, höre ich ihr zu. Wenn sie sich die Mühe macht, mich darauf aufmerksam zu machen, und es sie offensichtlich beunruhigt, ist da normalerweise etwas, das ich lernen muß. Sie regt sich nicht völlig grundlos auf.«

Aktives Zuhören

Die Technik des »aktiven Zuhörens« sorgt dafür, daß Sie nicht nur hören, sondern tatsächlich *verstehen*, was Ihr Partner Ihnen zu sagen versucht. Häufig haben zwei Menschen Schwierigkeiten, Ihre Streitigkeiten beizulegen, weil sie, ohne sich dessen bewußt zu sein, über zwei völlig verschiedene Dinge reden. Manchmal ist man so eifrig damit beschäftigt, die Behauptungen des Partners zu bewerten und seine eigene Entgegnung zu formulieren, daß die Aufmerksamkeit abgelenkt war. Manchmal hat man auch seine eigenen Interpretationen auf die Aussage des Partners projiziert und ist ohne es zu merken, von bestimmten Voraussetzungen ausgegangen, die gar nichts mit dem zu tun haben, was der Partner meinte. Durch aktives Zuhören lassen sich kleine Mißverständnisse korrigieren, bevor sie sich zu Riesenproblemen entwikkelt haben.

Aktives Zuhören bedeutet im wesentlichen, daß Sie die Aussage Ihres Partners paraphrasieren, daß Sie noch einmal mit eigenen Worten wiederholen, was Ihr Partner Ihrer Ansicht nach ausdrükken wollte. Es ist ein Überprüfungsverfahren, um sicherzustellen, daß Sie und Ihr Partner tatsächlich auf derselben Wellenlänge sind. Durch aktives Zuhören vergewissern Sie sich noch einmal, daß Sie sowohl die ausgedrückten Gedanken als auch die Gefühle, die diesen Gedanken zugrundeliegen, verstanden haben.

Nicole und Chad hatten einen fürchterlichen Streit, als sie von der Weihnachtsfeier in Nicoles Büro nach Hause fuhren. Chad war verletzt und wütend, weil Nicole ihn kaum beachtet hatte, vor allem, weil sie sich wenig Mühe gegeben hatte, ihn mit ihren Arbeitskollegen bekannt zu machen. Nicole dachte, daß Chad ihr das harmlose Vergnügen mißgönnte, mit anderen Männern zu plaudern. Sie war wütend, weil sie ihn für besitzergreifend und maßlos eifersüchtig hielt.

Nicole und Chad hätten ihre schmerzliche Auseinandersetzung vermeiden können, wenn sie sich an das Prinzip des aktiven Zuhörens gehalten hätten. Dann wäre ihr Gespräch vielleicht folgendermaßen verlaufen:

CHAD Warum hast du mich zu der Feier geschleppt, wenn du gar nicht mit mir zusammen sein wolltest?

NICOLE Du denkst, daß ich nicht mit dir zusammen sein wollte? Aber ich *wollte* mit dir zusammen sein.

CHAD Du behauptest, du wolltest mit mir zusammen sein, aber ich hatte einen ganz anderen Eindruck. Du hast mich den ganzen Abend ignoriert und hast dich offenbar großartig mit deinen anderen Freunden amüsiert!

NICOLE Du glaubst, ich wollte dich nicht dabeihaben, weil ich dir nicht genug Aufmerksamkeit geschenkt habe?

CHAD Natürlich. Du hast mich kaum mit jemandem bekanntgemacht. Ich fühlte mich gräßlich, so gut wie unsichtbar.

NICOLE Warst du eifersüchtig?

CHAD Nein, ich habe mich einfach ignoriert gefühlt.

NICOLE Das tut mir leid. Ich habe nicht gemerkt, daß du dich allein und unwohl gefühlt hast. Ich hatte den Eindruck, daß du dich gut amüsierst und dich selbst mit den Leuten bekannt gemacht hast. Ich war wohl zu sehr mit dem Büroklatsch beschäftigt. Du warst also nicht eifersüchtig?

CHAD Na ja... ein bißchen. Ich dachte, du würdest lieber mit jemand anders zusammen sein.

NICOLE Nein, ich war an niemand interessiert. Obwohl mir aufgefallen ist, daß du jedesmal an meiner Seite aufgetaucht bist, wenn ich mit einem der Typen gesprochen hab. Ich dachte, du wärst eifersüchtig und besitzergreifend, deshalb habe ich versucht, mich von dir loszueisen.

CHAD Du hast gedacht, ich wär eifersüchtig, weil ich neben dir auftauchte? Vielleicht ein bißchen, aber ich hab vor allem versucht, Kontakt zu kriegen. Ich wollte dich wirklich nicht einengen. Ich hab nur deine Nähe gesucht, weil ich mich so verloren fühlte und niemanden kannte. Vielleicht hilft es, wenn wir künftig öfter mal Verbindung aufnehmen.

NICOLE Sicher. Und ich werde mehr darauf achten, dich den anderen vorzustellen. Ich verstehe, wie du dich gefühlt hast.

Um die potentielle Verwirrung des Zuhörers zu verringern, sollten Sie versuchen, ihr Anliegen möglichst knapp und präzise zu formulieren. Denken Sie daran, daß nur der Sprecher beurteilen kann, ob er wirklich verstanden wurde oder nicht. Wenn der Zuhörer nicht versteht, um was es geht, sollte der Sprecher noch einmal mit anderen Worten erklären, was er meint. Der Dialog sollte fortgesetzt werden, bis eine befriedigende Verständigung erreicht ist.

Im folgenden ein weiteres Beispiel für aktives Zuhören:

ER Ich weiß nicht genau, ob ich dich heute morgen richtig verstanden hab. Ich dachte, du wolltest mit mir schlafen, aber als wir dann dabei waren, hatte ich den Eindruck, daß du es so schnell wie möglich hinter dich bringen wolltest.

SIE Du wußtest nicht, ob ich mit dir schlafen wollte oder nicht?

ER Genau. Ich wußte nicht, wie ich reagieren sollte. Eigentlich war ich fast im Begriff, mich wieder auf die Seite zu rollen und weiterzuschlafen, aber das schien irgendwie auch nicht richtig.

SIE Na ja, ich kann mir vorstellen, daß ich eine mehrdeutige Botschaft ausgesandt hab. Ich wollte wirklich mit dir schlafen, aber ich hatte eine Verabredung mit meiner Mutter. Letzte Woche war sie ziemlich sauer auf mich, weil ich zu spät gekommen bin. Ich hatte versprochen, diesmal pünktlich zu sein. Ich hatte Angst, daß ich mich wieder verspäten würde, wenn wir miteinander schlafen würden.

ER Hört sich an, als ob du nicht genau wußtest, ob du wolltest, und deshalb *mir* die Entscheidung zugeschoben hast.

SIE Nein, ich wollte nicht, daß du die Entscheidung triffst. Aber ich war unschlüssig, was wahrscheinlich dazu geführt hat, daß du auch unschlüssig warst. Ich fühlte mich verpflichtet zu gehen, aber ich wollte dich auch nicht enttäuschen.

ER Also wußtest du tatsächlich nicht, was du wolltest? Du hattest Angst, mich zu enttäuschen, und Angst, zu spät zu kommen?

SIE Ich glaube, das stimmt.

ER Warum hast du mir nicht gesagt, was du empfunden hast? Eine ausgefallene Vorstellung wäre mir lieber gewesen als dieser Schnelldurchlauf.

SIE Dir ist es lieber, wenn ich nein sage, als wenn du dich gehetzt fühlst, auch wenn das bedeutet, daß wir nicht miteinander schlafen?

ER Ja. Das andere macht keinen Spaß.

SIE Das war mir nicht bewußt. Ich bin froh, daß du das gesagt hast, weil ich mich jetzt viel weniger unter Druck fühle.

Gültigkeitserklärung

Wenn wir zweifeln, daß unser Partner uns gehört hat, neigen wir dazu, uns selbst zu wiederholen, vielleicht mit lauterer Stimme, vielleicht bei anderer Gelegenheit, aber wir werden nicht locker lassen und so oft auf das Thema zurückkommen, bis wir überzeugt sind, einen nachhaltigen Eindruck hinterlassen zu haben. Doch wenn wir uns einmal gehört, verstanden und anerkannt fühlen, sind wir in der Lage, uns zu entspannen. Tatsächlich ist es eine der wichtigsten Voraussetzungen für eine erfolgreiche Konfliktlösung, daß der Partner unseren Standpunkt bestätigt und anerkennt.

Zu dieser Bestätigung gehört, daß wir die Erfahrungswelt unseres Partners akzeptieren und daß wir anerkennen, daß diese Welt, auch wenn sie sich von unserer eigenen erheblich unterscheidet, deshalb nicht weniger Gültigkeit besitzt. Für die meisten Menschen ist das Gefühl, daß man ihren Standpunkt akzeptiert und ernst nimmt genauso wichtig wie das Ergebnis, für das sie sich einsetzen. Psychologisch gesehen ist es vielleicht sogar noch wichtiger. Wir müssen nicht unbedingt mit den Aussagen unseres Partners übereinstimmen, aber wenn wir die Gültigkeit ihres Standpunktes bestätigen, erkennen wir den Wert ihrer subjektiven Erfahrung an, auch wenn wir selbst ganz andere Erfahrungen gemacht haben. Durch diese Anerkennung zeigen wir, daß die Beziehung Raum für mehr als eine Sichtweise läßt. Angenommen, Ihr Partner sagt: »Es ist kalt hier drin. Drehst du die Heizung ein bißchen höher?«, und Sie antworten: »Es ist nicht kalt hier. Ich habe bloß ein T-Shirt an, und ich friere auch nicht.« Mit dieser Reaktion bestreiten Sie, daß die Worte Ihres Partners Gültigkeit haben. Sie unterstellen, ausgehend von Ihrer eigenen subjektiven Sichtweise, daß Ihr Partner sich irrt. Wenn Sie statt dessen sagen: »Ich verstehe, wenn du frierst, obwohl mir selbst nicht kalt ist«, schaffen Sie eine Ausgangsbasis für weitere Verhandlungen. In diesem Fall können Sie sich darauf einigen, die Heizung höherzustellen, oder Sie können Ihren Partner bitten, sich einen wärmeren Pullover anzuziehen, damit Ihnen selbst nicht der Schweiß ausbricht. Oder Sie stellen die Heizung nur ein paar Grad höher und Ihr Partner zieht sich einen mitteldicken Pullover an. In diesen Beispielen basiert die Lösung auf einer kooperativen Haltung, die beiden Sichtweisen gleichermaßen Rechnung trägt.

Wir alle möchten, daß andere Menschen Rücksicht auf unsere Gedanken und Gefühle nehmen, vor allem jene Menschen, die uns am nächsten stehen. Dem anderen zuzugestehen, daß seine Ansichten gültig sind, ist der beste Weg, um Respekt und Rücksicht zu zeigen. Ob wir diese Anerkennung deutlich zum Ausdruck bringen, kann darüber entscheiden, ob der Prozeß der Konfliktlösung gelingt oder scheitert.

Shane fühlte sich oft wie die Public Relations-Managerin der Beziehung: Wenn sie sich nicht um die sozialen Kontakte kümmern würde, säßen sie wahrscheinlich die meiste Zeit allein zu Haus und würden kaum andere Leute treffen. Obwohl Eugene gleich zu Anfang der Beziehung deutlich gemacht hatte, daß er nicht besonders gut in der Pflege solcher Kontakte war, ärgerte Shane sich manchmal über das Ungleichgewicht. Eugene bestätigte ihr dann jedesmal, wie sehr er ihre Bemühungen zu schätzen wußte und machte auch ein oder zwei Versuche, selbst einige Verabredungen zu initiieren. Obwohl Shane wußte, daß es in diesem Bereich wohl nie zu einschneidenden Veränderungen kommen würde, bedeutete es ihr sehr viel, daß Eugene ihre Gefühle ernst nahm und anerkannte. Ohne Groll übernahm sie anschließend erneut die Rolle des Sozialvorstands.

Es ist von entscheidender Bedeutung, daß Sie die Gefühle Ihres Partners anerkennen, *bevor* Sie Ihre eigenen Gefühle auf den Tisch packen. Wenn diese Reihenfolge nicht eingehalten wird und die Bestätigung ausbleibt, kann es leicht zu Problemen in Form eines eskalierenden Wettstreits kommen. Wenn Ihr Partner zum Beispiel sagt: »Es macht mich wirklich wütend, wenn du mich so anschreist«, und Sie darauf antworten: »Wenn ich nicht brülle, hörst du mir ja nicht zu«, haben Sie den Eskalationsprozeß eingeleitet. Wenn Sie statt dessen zunächst die Gefühle Ihres Partners bestätigen, indem Sie zum Beispiel sagen: »Tut mir leid – ich bin wohl etwas zu laut geworden«, können Sie eine Erklärung anschließen: »Ich habe gedacht, daß du mir nicht zuhörst, und wollte deine Aufmerksamkeit wecken.« An diesem Punkt wäre dann Ihr Partner an der Reihe, Ihren Standpunkt zu ratifizieren und seine vermeintliche Unaufmerksamkeit zu erklären.

Den meisten Leuten fällt es leichter, Ihre Verantwortung für einen Streit anzuerkennen, wenn der Partner ebenfalls seinen Teil an Verantwortung übernimmt. Wenn der Partner unsere Realität leugnet, fühlen wir uns gedemütigt und herabgesetzt. Wenn wir nicht die erhoffte Bestätigung erhalten, versuchen wir nur um so hartnäckiger, den Partner von unserer Sichtweise zu überzeugen und verschanzen uns immer mehr in unserer eigenen begrenzten Welt.

Wie die Einhaltung der richtigen Reihenfolge einen Streit abwenden kann, illustriert das Beispiel von Mara. »Nigel und ich sind gestern abend Essen gegangen und dann anschließend zu mir gefahren«, erzählte sie. »In meiner Wohnung habe ich dann als erstes den Anrufbeantworter abgehört. Nigel folgte mir und meinte: ›Es ist nichts Weltbewegendes passiert, du brauchst nicht länger zuhören‹, oder irgend so was. Wie auch immer – es brachte mich jedenfalls auf die Palme. ›Ich höre meinen Anrufbeantworter ab, so oft und so lange ich will‹, zeterte ich. ›Wenn ich einen Mann gewollt hätte, der mir sagt, was ich tun und lassen soll, hätte ich meinen Vater geheiratet! Hör auf, an mir rumzunörgeln!‹ Zu meiner Überraschung sagte er: ›Tut mir leid – du hast recht. Es geht mich wirklich nichts an, wie du mit deinem Anrufbeantworter umgehst.‹ Ich war völlig platt. Und das war das Ende des Streits. Mein Zorn war verflogen, und wir hatten einen unheimlich schönen Abend. Solange ich weiß, daß er mir zuhört, bin ich friedlich wie ein Lamm.«

Ein weiteres sehr verbreitetes Kennzeichen einer schlechten Kommunikation und außerdem meist die verräterische Einleitung für eine entwertende Antwort ist die Phrase »Ja, aber...« Zunächst scheint die Bemerkung Zustimmung und Sympathie zu signalisieren, weil sie mit dem Wort »ja« beginnt. Doch das nachfolgende »aber« hat einen ausschließenden Sinn. Laut Webster's Dictionary hat die Konjunktion »aber« *immer* eine adversative Bedeutung; das heißt, sie bezieht sich grundsätzlich auf einen Gegensatz, nicht auf eine Gemeinsamkeit. Durch das »aber« wird daher die Wirkung des »ja« abgewertet und annulliert, und der Empfänger der Botschaft hat das Gefühl, mißachtet oder nicht ernstgenommen zu werden. Wenn Sie zum Beispiel sagen: »Ja, ich weiß, daß du überarbeitet bist, *aber* ich brauche jetzt deine Aufmerksamkeit«, negieren Sie im Grunde die Bestätigung oder die Zustimmung, die Sie durch das Wort »ja« angedeutet haben, stellen die Worte des anderen in Frage und erhöhen die Wahrscheinlichkeit eines Konflikts.

Andererseits ist die Konjunktion »und« *einschließend.* Wenn Sie sagen: »Ich weiß, daß du überarbeitet bist, *und* ich brauche jetzt so dringend deine Aufmerksamkeit«, bestätigen Sie beide Positionen und Bedürfnisse, und lassen sie gleichberechtigt nebeneinander stehen, was die Wahrscheinlichkeit eines Konflikts verringert. »Und« lädt ein, »aber« weist ab; »und« öffnet, »aber« schließt. Sie können sicher sein, daß das mehr ist als eine kleinliche Wortspalterei: Der Gebrauch eines »und« statt eines »aber« schafft eine Atmosphäre, die sich weitaus günstiger auf die Lösung anstehender Probleme auswirkt. Natürlich ist die Verwendung des Wörtchens »und« allein nicht ausreichend. Sie müssen auch *meinen,* was Sie sagen, und bereit sein, die Gefühle und Gedanken Ihres Partners gleichberechtigt neben Ihren eigenen gelten zu lassen.

Eine gleichberechtigte Partnerschaft ermöglicht die tiefste Form von Intimität, und die Bereitschaft, die Welt des anderen anzuerkennen, ist eine Grundvoraussetzung jeder gleichberechtigten Partnerschaft. Wenn beide die Erfahrungen Ihres Partners gelten lassen, können beide sich entfalten.

Die Lösung von Konflikten

Viele Paare haben beschlossen, nie im Streit ins Bett zu gehen, sondern vorher alle Probleme zu lösen, die sich im Laufe des Tages ergeben haben. Obwohl das im Prinzip ein sehr guter Ansatz ist, gibt es Situationen, in denen man besser darauf verzichtet, ein Problem in seine Einzelteile zu zerlegen und minutiös aufzuarbeiten – zum Beispiel, wenn Sie beide so müde und erschöpft sind, daß Sie sich nicht mehr voll konzentrieren können und Ihre Gedanken immer wieder abschweifen, oder wenn Sie in einer Sackgasse stecken und wiederholt zum selben zermürbend unproduktiven Problemlösungsversuch ansetzen. Wenn Sie sich zum Beispiel unter Druck fühlen, weil sie am nächsten Morgen früh aufstehen und einen schwierigen Arbeitstag vor sich haben, könnten Sie sich darauf einigen, die Diskussion am nächsten Tag fortzusetzen. Es ist völlig okay zu sagen: »Es tut mir leid, ich bin zu müde, um das jetzt zu Ende zu bringen. Können wir morgen darüber reden (oder in ein paar Stunden oder zu einem bestimmten Zeitpunkt in ein paar Tagen)?«

Natürlich möchte man nicht, daß der Partner sich gedemütigt, ignoriert oder sonst irgendwie verletzt fühlt, wenn man sich für eine wichtige Diskussion zu erschöpft fühlt. Aber es ist wesentlich besser, ein befriedigendes Gespräch zu führen, wenn beide ausgeruht und aufmerksam sind, als eine fruchtlose Diskussion endlos auszudehnen. Eine Pause verhilft Ihnen vielleicht zu einer neuen Perspektive und einem konstruktiveren Lösungsansatz. Man sollte allerdings nicht vergessen, daß derjenige, der ein bißchen Abstand und Zeit für sich allein braucht, um sich über seine Gefühle klarzuwerden, dafür verantwortlich ist, die Diskussion wieder aufzunehmen. Mitunter ist es hilfreich, wenn man eine feste Zeit abmacht, zu der man das Gespräch fortsetzen will.

Manchmal zieht ein Streit sich über mehrere Tage hin, bevor er beigelegt werden kann, weil die Diskussion weitere Probleme zu Tage fördert, die in direktem Zusammenhang mit dem eigentlichen Konflikt stehen. Der entscheidende Punkt ist, daß Sie das Gespräch nicht abreißen lassen, die Kommunikationswege offen halten, bis Sie eine Lösung gefunden haben, die für beide Seiten befriedigend ist.

Wenn einer der Partner in einer Beziehung zum Verlierer wird, wird die Beziehung selbst zum Verlierer. Der Versuch, einen Streit zu »gewinnen« (der Versuch, den Partner zu besiegen, als ob er/sie ein Gegner wäre), ist ein destruktives Konfliktlösungsmodell für eine Partnerschaft. Eine Beziehung ist *kein* Alles-oder-nichts-Spiel; am Ende jedes Streits stehen entweder zwei »Gewinner« oder zwei »Verlierer«. Alles in allem ist es zweifellos wesentlich angenehmer und befriedigender, positive und liebevolle Gefühle füreinander zu empfinden, als »recht« zu behalten.

Die Kunst der Entschuldigung

Ein Konflikt läßt sich nur konstruktiv lösen, wenn beide Partner das Risiko eingehen, auch schwierige Dinge auszusprechen. Dazu gehört, daß man sich entschuldigt, wenn man einen Fehler begangen hat. Den ersten Schritt zur Versöhnung zu tun, kann schwierig sein, weil man seine Verwundbarkeit preisgibt und sich damit einem Angriff des Partners aussetzt. Sich versöhnungsbereit zu zeigen, bedeutet jedoch nicht notwendigerweise, daß man alle Schuld auf sich nimmt. Solche falsche Unterwürfigkeit kann die Beziehung sogar in eine falsche Richtung und einen weiteren Gefühlssumpf lenken. Doch wenn einer den ersten Schritt tut, ist es leichter für den anderen, dem Beispiel zu folgen. Auf den anderen zuzugehen und um Verzeihung zu bitten, erfordert ein gewisses Selbstbewußtsein. Es ist immer der schwächere oder der unsichere Partner, der um jeden Preis »recht« behalten muß.

Es versteht sich von selbst, daß jeder Partner eine profunde Verantwortung dafür trägt, daß der andere sich *sicher* fühlen kann, wenn er einen wie auch immer gearteten Irrtum zugibt. Zu viele

Menschen betrachten das Eingeständnis eines Fehlers als perverse Möglichkeit, ihre Rachsucht genüßlich auszukosten. »Es wird auch Zeit, daß du deinen Fehler endlich einsiehst« oder »Ich hab's dir ja gleich gesagt« oder »Vielleicht hörst du nächstes Mal auf mich« sind in einer Partnerschaft, die liebevolle Nähe anstrebt, fehl am Platz. Jede Erwiderung, die die Schuld des Partners herausstreicht oder ihn beschämt, ist absolut unangebracht und destruktiv. Alles, was dabei herauskommt, sind Entfremdung, Groll, Abwehr und die deutlich verminderte Bereitschaft, in Zukunft einen Irrtum einzugestehen.

Es ist wesentlich konstruktiver und ermutigender, wenn Sie Ihrem Partner statt dessen zeigen, daß Sie seine Entschuldigung anerkennen und zu schätzen wissen, indem Sie etwas sagen wie: »Danke, daß du die Schuld auf dich nimmst« oder »Ich finde es toll, daß du so ehrlich bist«. Je mehr ein Mensch auf diese Weise für seine Offenheit belohnt wird, desto eher wird er auch in Zukunft bereit sein, einen Fehler einzugestehen. Es ist keine Schande, sich zu irren oder unüberlegt zu handeln. Man muß jedoch bereit sein, sich für einen Irrtum zu entschuldigen, weil sonst das Vertrauen und die Liebe in einer Beziehung ernsthaften Schaden nehmen können. Wenn jemand sein Bedauern ausgedrückt hat und die Entschuldigung angenommen wurde, sollte das Thema ein für allemal abgeschlossen sein und nicht bei nächster Gelegenheit wieder aufgewärmt werden.

Auch wenn Sie erst ein oder zwei Tage nach einem Streit erkennen, inwiefern sie selbst dazu beigetragen haben, ist es wichtig, sich zu entschuldigen. Wendy und Jake hatten eine Auseinandersetzung, weil Jake wieder zur Uni gehen und ein Jurastudium aufnehmen wollte. »Weißt du nicht mehr, wie unglücklich du warst, als du deinen Wirtschaftsabschluß nachgeholt hast?« meinte Wendy. »Die ganze Zeit hast du rumgejammert, weil du kein Geld hattest. Und diese Ausbildung wird viel mehr kosten und viel länger dauern. Wovon willst du das alles bezahlen, wenn du weniger arbeitest?« »Ich wollte bloß deine Unterstützung«, erwiderte Jake, »keine Analyse meines Finanzlebens. Ich halte das Studium für eine gute Idee, und ich werde es machen.« Sie stritten stundenlang hin und her, bevor sie das Thema schließlich fallenließen.

Als Jake am nächsten Morgen seine übliche Joggingrunde machte, bevor er zur Arbeit fuhr, grübelte er über die Sache nach.

Beim Laufen hatte er oft die besten Ideen, und als er jetzt mit etwas kühlerem Kopf über die Angelegenheit nachdachte, wurde ihm klar, daß Wendy völlig recht hatte: Er würde unter enormen finanziellen Druck geraten, wenn er weniger arbeitete, um wieder zu studieren. Die Aussicht auf drei weitere magere Jahre gefiel ihm überhaupt nicht. Nach seinem Morgenlauf schrieb er Wendy eine Notiz, um ihr mitzuteilen, daß sie die Sache richtig eingeschätzt hatte. Beide betrachteten die Angelegenheit damit als erledigt und verloren kein Wort mehr darüber.

Die Wiederherstellung der Intimität

Die Wiederherstellung der Intimität nach einem Streit kann mitunter schwierig sein, vor allem, wenn einer der Partner es vorzieht, sich im Bett zu versöhnen, während der andere mehr Zeit zum Reden, für gemeinsame Unternehmungen oder auch für sich allein braucht, bevor er sich wieder zur körperlichen Intimität bereit fühlt. Dieser verbreitete Unterschied kann einen neuen Konflikt auslösen: Der Partner, der seinen Wunsch nach Sexualität zum Ausdruck bringt, fühlt sich möglicherweise abgewiesen, wenn er auf keine positive Reaktion stößt, und der andere Partner fühlt sich vielleicht bedrängt oder überfordert. Ganz plötzlich scheint die eben noch greifbare Lösung des Konflikts wieder in weite Ferne gerückt.

Wenn eine solche Diskrepanz bei Ihnen und Ihrem Partner vorliegt, sollte die Entscheidung darüber, wann und wie man wieder miteinander schläft, in erster Linie von der Person ausgehen, die vorsichtiger und empfindlicher auf die Wiederaufnahme der sexuellen Beziehung reagiert. Vielleicht braucht der empfindlichere Partner eine kurze Phase für sich allein, bevor er sich in der Lage fühlt, den sexuellen Kontakt wieder aufzunehmen. Doch es ist auch sehr wichtig, daß der Partner, der die emotionale Verbindung schneller herbeisehnt, getröstet wird. Worte der Bestätigung wie »Ich muß jetzt eine Weile allein sein, aber ich bin bald wieder da«, können helfen, den emotionalen Graben zu überbrükken. Wenn die Partner wieder zusammenkommen, sollten sie eine Zeitlang besonders zärtlich miteinander umgehen und ihre Freundschaft durch gemeinsame Unternehmungen bestärken und erneut bekräftigen. Auf diese Weise lassen sich Widerstände abbauen, und die Liebe kann sich erneut entfalten.

Gesunde Konfliktlösungen sind normalerweise von der Rückkehr liebevoller Gefühle begleitet, weil unsere Schutz- und Abwehrwälle zerbröckeln. Es gibt verläßliche Anzeichen dafür, ob ein Konflikt erfolgreich gelöst wurde. Man kann es zum Beispiel daran ablesen, daß die negativen Gefühle sich auflösen und man auf dem besten Wege ist, die Sache zu vergeben und zu vergessen. Viele Menschen vergessen tatsächlich völlig, wodurch ein Streit ausgelöst wurde. Wie ein Mann es ausdrückte: »Ich weiß, daß es Situationen gab, wo wir uns erbittert über etwas gestritten haben, aber ich kann mich beim besten Willen nicht erinnern, worum es dabei ging.« Jeder erfolgreich gelöste Streit stärkt außerdem unsere Zuversicht, daß wir auch schwierige Zeiten gemeinsam meistern werden, ohne daß die Beziehung daran zerbricht, und fördert dadurch das gegenseitige Vertrauen. Wie eine Frau uns berichtete: »Mein Freund weiß jetzt, daß wir uns sogar ganz schrecklich streiten können, ohne daß ich ihn deshalb verlassen würde, daß ich ihn nicht betrügen würde, wie seine Ex-Frau.«

Die Evolution von Konflikten

Konflikte wird es immer geben – selbst in der stabilsten Beziehung –, aber in einer guten Partnerschaft sollten die Auseinandersetzungen sich mit der Zeit verändern – sie sollten mit weniger Schuldzuweisungen auskommen und von der wachsenden Überzeugung geprägt sein, daß man als Team ein gemeinsames und für beide Seiten vorteilhaftes Ziel anstrebt. In einer Beziehung, die auf dem erfolgreichen Weg zu mehr Intimität und tieferer Liebe ist, sollte die Häufigkeit, die Intensität und die Dauer von ernsthaften Konflikten allmählich abnehmen.

Wenn Sie jedoch den Eindruck haben, daß Ihre Streitereien *nicht* seltener, weniger intensiv oder kürzer werden, sollten Sie mit Ihrem Partner über dieses Phänomen reden. In einer ruhigen Minute, wenn Ihre Streitereien vorübergehend beigelegt sind, sollten Sie gemeinsam versuchen, die tieferen Ursachen Ihrer Auseinandersetzungen aufzudecken. Viele Paare stellen fest, daß es ein oder zwei wiederkehrende Grundthemen gibt, die zum Streit um tausenderlei Kleinigkeiten führen.

Die häufigsten Konflikte hängen mit dem Thema Macht zusammen. Unterschiede im persönlichen Stil (zum Beispiel spirituell-materialistisch, intuitiv-logisch, geordnet-spontan) führen fast automatisch zu Auseinandersetzungen darüber, wessen Haltung den Ausschlag geben soll. Bei den unzähligen Entscheidungen, die ein Paar treffen muß, gibt es zwangsläufig Konflikte darüber, wer das Sagen haben soll. Diese ursächlichen Streitthemen können in so unterschiedlichen Situationen zum Ausdruck kommen wie der Wahl eines Restaurants, der Entscheidung, was man sonntags unternehmen will, oder sogar, wie man das Geschirr abwäscht.

Häufiger Streit darüber, wie oft man sich sieht, wieviel Zeit man zusammen verbringt und andere Aspekte, die mit der Vertiefung und dem Entwicklungstempo einer Beziehung zusammenhängen, können auf eine unterschiedliche Bindungsbereitschaft hinweisen. Dieses Thema muß natürlich offen diskutiert und geklärt werden, bevor die Beziehung sich vertiefen kann.

Es ist kein Grund zur Panik, wenn Sie wiederholt auf dasselbe Thema zurückkommen müssen, bevor es endgültig geklärt ist. Ein Konflikt wird vielleicht nur teilweise gelöst und taucht dann nach ein paar Wochen oder Monaten erneut auf. Wenn ein Problem nicht vollständig bereinigt wird, muß man das Thema wieder aufgreifen, und mit jedem Versuch werden Sie der Lösung wahrscheinlich ein Stückchen näher kommen. Wie eine Frau es ausdrückte: »Wenn mir etwas wichtig ist, kriegt er es mit. Vielleicht nicht sofort, aber unsere gemeinsame Geschichte hat gezeigt, daß er letzten Endes versteht, was ich ihm sagen will, wenn ich, freundlich und geduldig, immer wieder darauf zurückkomme.«

Ein Mann, den wir interviewten, faßte es folgendermaßen zusammen: »Ich glaube, eine gute Beziehung ähnelt zwei Steinen mit scharfen Kanten, die zusammen in einer Tasche liegen. Mit der Zeit, wenn sie immer wieder in Berührung kommen, sich aneinander reiben und gegeneinander kullern, splittern bei beiden kleine Stückchen ab, die spitzen Kanten werden runder. Irgendwann hat man dann zwei ziemlich glatte Steine mit glänzender Oberfläche, aber es dauert eben seine Zeit.«

6. Einfluß

Wege zur Veränderung

Die Kunst des Fortschritts bewahrt die Ordnung im Wandel und den Wandel in der Ordnung.

ALFRED NORTH WHITEHEAD

Unsere Verhaltensweisen und Denkstrukturen, die wir im Laufe der Jahre entwickelt haben und die uns lieb und teuer sind, weil sie uns recht gute Dienste erwiesen haben, sind unserem Partner häufig ein ganz besonderer Dorn im Auge. Immerhin hat er einen Großteil seines eigenen Lebens damit verbracht, völlig andere Techniken für dieselben Situationen zu lernen und einzuüben.

Diese variierenden Verhaltensmuster, die leicht zu Konflikten in einer Beziehung führen können, sind das Ergebnis einer einzigartigen Kombination von genetischen Anlagen und erlernten Reaktionsweisen, von denen die meisten in der frühen Kindheit geprägt wurden. Der unverbesserliche Optimist, das rastlose Energiebündel, der zwanghafte Ordnungsfanatiker, der eingefleischte Zyniker und andere grundlegende Verhaltensweisen machen für gewöhnlich das aus, was wir als Persönlichkeit bezeichnen: eine spezielle Art, in der Welt zu sein. Ganz gleich, welche Ursachen diese Persönlichkeitsfigurationen haben mögen – die Wahrscheinlichkeit, daß sie sich bei einem erwachsenen Menschen noch ändern, ist äußerst gering. Und je älter wir werden, desto schwieriger wird es.

Wenn die Art, wie unser Partner in der Welt ist, uns chronisch unglücklich macht, sollten wir uns von diesem Partner trennen: so einfach ist das. Wie wir im letzten Kapitel erwähnten, ist es nicht nur nutzlos, es ist auch anmaßend und unfair, von einem anderen Menschen zu erwarten, daß er sich völlig verwandelt und zu einer Generalüberholung seiner Persönlichkeit ansetzt. Unglücklicherweise hält diese Erkenntnis manche Menschen nicht davon ab, sich an die Wunschvorstellung zu klammern, daß sie mit ein bißchen Zeit und Mühe ihren Partner völlig umkrempeln und in einen anderen Menschen verwandeln könnten, wobei sie der aufrichtigen Überzeugung sind, dies zum Besten ihres Partners zu tun. Der Weg zur Hölle ist mit »guten« Vorsätzen gepflastert!

Die Mechanismen der Veränderung

So widersinnig es ist, die Persönlichkeit unseres Partners völlig umwandeln zu wollen, der Versuch, einzelne Verhaltensänderungen herbeizuführen – vor allem in Bereichen, die uns direkt betreffen –, ist durchaus legitim. *Bis zu einem gewissen Grade* können wir das Verhalten unseres Partners beeinflussen und zum Besseren wandeln (und natürlich zum Schlechteren).

Unglücklicherweise sind die häufigsten Methoden, die zur Anregung von Veränderungen benutzt werden – wie zum Beispiel Vorwürfe, Schmeicheleien, zärtliche Erpressungen, Nörgeln, Provozierung von Schuldgefühlen, Wutanfälle und andere Formen emotionaler Nötigung und Manipulation –, nicht besonders geeignet. Durch diese Methoden bringt man Kritik und Unzufriedenheit zum Ausdruck, und der Empfänger solcher Botschaften fühlt sich mit ziemlicher Sicherheit angegriffen, ungeliebt und wütend – die ungünstigste Voraussetzung für die Einleitung von Veränderungen.

Fran betrachtete sich selbst als visuelle Perfektionistin. Unordnung war ihr ein absolutes Greuel, während Ordnung und Sauberkeit, vor allem in ihrer Wohnung, eine beruhigende Wirkung auf sie ausübten und ihr eine Art ästhetischen Genuß bereiteten. Wenn Ken bei ihr übernachtete, verrückte er gelegentlich die Küchenstühle, ließ das Frühstücksgeschirr stehen oder legte eine Illustrierte nicht wieder an ihren Platz im Zeitungsständer zurück. Fran wußte, daß ihn solche Dinge in seiner eigenen Wohnung nicht störten. In seiner Küche stapelten sich stets Berge von Geschirr, das Bett war meistens nicht gemacht und auf dem Fußboden vor seinem Kleiderschrank türmte sich für gewöhnlich ein Haufen schmutziger Wäsche. Wenn sie ihn besuchte, tat sie ihm daher meistens den »Gefallen«, seine Wohnung ein bißchen aufzuräumen.

Nach einigen Monaten hatten Frans ausdauernde Belehrungen über eine »angemessene« Ordnung dazu geführt, daß Ken mehr auf den Zustand seiner Wohnung achtete... wenn er Frans Besuch erwartete. Bevor Fran eintraf, veranstaltete er eine wilde Aufräumorgie, um ihre Kritik zu vermeiden oder auch den stillen Vorwurf, der sich darin ausdrückte, daß sie das Geschirr wegräumte, die Aschenbecher leerte oder die Bücher neben seinem Bett in Reih und Glied rückte. Doch bald merkte er, daß seine Lust auf Sex dahinschwand, ein teures Nebenprodukt seines unterdrückten Ärgers.

Niemand hat soviel Macht, daß er einen anderen Menschen gegen dessen Willen ändern könnte, es sei denn, dieser Wille wird durch Zwang oder Gewalt gebrochen. Doch was hätten Sie davon? Das Ergebnis wäre ein wütender, geschlagener, zerrissener Mensch: kein Mensch, den Sie lieben oder respektieren könnten. Und ganz sicher kein Mensch, der *Sie* lieben und respektieren könnte. Je stärker Sie versuchen, die Persönlichkeit Ihres Partners zu ändern, desto stärker wird er sich dagegen sträuben und Ihre Versuche unterlaufen, und im Handumdrehen stecken Sie mitten in einem eskalierenden Machtkampf.

Um einen Verhaltenswandel beim Partner auszulösen, gibt es nur einen Weg, und zwar, *sich selbst* zu ändern. Da Ihre Machtbefugnisse sich nur auf einen einzigen Menschen erstrecken, sind Sie selbst die einzige Person, die Sie erfolgreich verändern können. Doch wenn Sie Ihre Absichten und Bemühungen kreativ und bewußt auf *sich selbst* konzentrieren, kann das einen enormen *Nebeneffekt* auf das Verhalten Ihres Partners haben.

Homöostase

Eine Beziehung ist ein System, das heißt, daß die Teile – die beiden Menschen und ihr Verhalten – sich wechselseitig beeinflussen und voneinander abhängig sind: was die eine Person tut, beeinflußt zwangsläufig das, was die andere tut. Innerhalb eines Systems ist es nicht möglich, die Wirkungsweise eines einzelnen Teils zu ändern, ohne zugleich die Wirkungsweise der komplementären Teile zu verändern.

Alle lebenden Systeme operieren im Einklang mit bestimmten

elementaren Prinzipien, eines davon ist das Prinzip der *Homöostase*. Homöostase bezieht sich auf die Tatsache, daß ein lebendes System immer einen Zustand des Gleichgewichts oder der Balance anstrebt. Angewendet auf Beziehungen bedeutet das: Wenn bei einer der Personen innerhalb des Systems ein – problematischer – *Exzeß* auftritt, wird es im komplementären Teil des Systems, bei der anderen Person, sehr wahrscheinlich zu einem *Defizit* kommen.

Angenommen, Sie haben den Eindruck, daß Ihr Partner in einem bestimmten Bereich wesentlich weniger Aufgaben übernimmt als sie. Während Sie die Verantwortung für diesen Bereich weiterhin auf sich nehmen, versuchen Sie alles mögliche, vom Schmeicheln bis zum Nörgeln, um Ihren Partner zu einem größeren Beitrag zu überreden. Doch all Ihre Worte fruchten nichts – Sie erledigen die Arbeit nach wie vor allein, wenn auch leise murrend. Unbewußt machen Sie sich durch Ihr Verhalten zum Mitverschwörer und kollaborieren mit Ihrem Partner, um genau das Problem aufrechtzuerhalten, das Sie eigentlich lösen möchten.

Wenn Sie zu viel Kraft oder Mühe in einen bestimmten Aspekt der Beziehung investieren und Ihr Partner zu wenig, können Sie das Gleichgewicht Ihres Beziehungssystems verändern, indem *Sie Ihren eigenen Beitrag reduzieren*. Dadurch entsteht eine Art Vakuum, und *nach einer gewissen Zeit* wird Ihr Partner wahrscheinlich versuchen, dieses Vakuum durch seinen eigenen Beitrag zu füllen.

Julie hatte es immer übernommen, den gemeinsamen Urlaub zu planen, weil Oskar von sich aus nie irgendwelche Anstalten machte, sie zu unterstützen. Als sie dieses Mal mit den Vorbereitungen beginnen wollte, kam es zu einer schwierigen Situation in ihrem Beruf. Obwohl sie sich voll und ganz auf die Probleme bei der Arbeit konzentrierte, war es mehr als fraglich, ob es ihr überhaupt möglich sein würde, in Urlaub zu fahren. Jede ernsthafte Planung oder Vorbereitung ihrerseits war völlig unmöglich. Sie hatte einfach nicht die Zeit dazu.

Julie war sehr unglücklich. Oskar zeigte nach wie vor keinerlei Initiative, obwohl sie ihn mehrmals darum gebeten hatte. »Eines Tages wurde ich richtig wütend«, erzählte sie, »ich sagte ihm, daß es allein bei ihm liege, ob wir in Urlaub fahren könnten oder nicht. Mehr sagte ich nicht. Ich konzentrierte mich einfach voll auf meine Arbeit. Zu meiner Überraschung stellte sich heraus, daß Oskar die ganze Sache allein organisierte. Und wir hatten einen tollen Urlaub, obwohl er natürlich die Zahnpasta und die Schnorchelausrüstung vergaß. Wir haben die Sachen einfach neu gekauft, als wir da waren. Daß ich auf ihn zählen konnte, als es wirklich drauf ankam, war eine ungeheure Erleichterung für mich.«

Auf den ersten Blick zweifeln Sie vielleicht an Julies Methode und ihrem Erfolg. Sie haben vielleicht die große Befürchtung, daß wenn *Sie* weniger tun, *überhaupt nichts* getan wird. Tatsächlich wird eine Sache, an der Ihr Partner absolut kein Interesse hat, wahrscheinlich hauptsächlich an Ihnen hängen bleiben. Aber wenn Ihr Partner einen persönlichen Vorteil aus seinem Beitrag ziehen kann, wird er allmählich mehr tun, *weil* Sie weniger tun, um die hinterlassene Lücke zu schließen. Wie die meisten Veränderungen kostet auch diese Veränderung Zeit und Geduld – Systeme ändern sich selten über Nacht.

Machtverzicht

Wer es aufgibt, seinen Partner ändern zu wollen und statt dessen sich selbst ändert, kann das Beziehungssystem positiv beeinflussen. Die Änderung des eigenen Verhaltens gehört zu den effizientesten Mitteln, um Konflikte zu vermeiden und die erwünschten Ziele zu erreichen. Mitunter finden Menschen es allerdings schwer, ihr Verhalten zu ändern, weil sie einen Machtverlust fürchten. Doch die Bereitschaft, die Kontrolle über bestimmte Bereiche aufzugeben, ist notwendig, wenn Sie tatsächlich eine Veränderung anstreben.

Bei manchen Paaren übernimmt der eine Partner die Rolle des verantwortlichen »Elternteils« und der andere die des unmündigen »Kindes«. Wenn einer der Partner zu stark in eine dieser beiden Rollen drängt, wird dem anderen die gegenteilige Rolle praktisch *aufgezwungen*, da das System einen Zustand der Homöostase anstrebt. Die Starrheit und Polarisierung dieser Rollenverteilung führen zu einem unausgewogenen Verhältnis. Doch die ungute Balance kann nicht aufgehoben werden, solange der »Elternteil« nicht bereit ist, einen Teil seiner Kontrolle aufzugeben.

Gleichgültig, wie sehr das »Kind« sich bemühen mag, mehr Verantwortung zu übernehmen – es wird erst dann Erfolg haben, wenn der Elternteil den nötigen Raum für Veränderungen geschaffen hat und die kontrollierende Rolle zugunsten einer eher unterstützenden aufgibt.

Die Fähigkeit, Macht und Kontrolle abzugeben, ist häufig wesentlich schwieriger zu erlernen als die Fähigkeit, Macht auszuüben. Aktive Kontrolle wird häufig mit Stärke gleichgesetzt, während die Fähigkeit zur Hingabe oder Nachgiebigkeit als Zeichen von Schwäche gedeutet wird. Das Gegenteil ist meistens wahr. Denn es erfordert erheblich mehr Selbstvertrauen und innere Stärke, die gewohnte Wachsamkeit und Kontrolle aufzugeben. Die Bereitschaft, sich von seinem Partner leiten zu lassen trotz des Wunsches, selbst zu führen, ist kennzeichnend für eine vertrauensvolle, gleichberechtigte Beziehung, in der beide Partner die Möglichkeit haben, ihre Verletzlichkeit offen zu zeigen.

Viele Menschen haben noch nie die befriedigende Erfahrung echter Hingabe gemacht, weil sie immer die Kontrolle behalten müssen, um ihre Ängste in Schach zu halten. Wenn wir nicht bereit sind, Kontrolle abzugeben, hindern wir unseren Partner daran, eben die Veränderungen zu vollziehen, die wir angeblich wünschen. Wir verlangen vielleicht von unserem Partner, daß er mehr im Haushalt tut, doch unsere Forderungen sind so eng gesteckt, daß wir ihm keinen Raum für einen eigenen kreativen Beitrag lassen. Oder wir finden seine Art von Kreativität derart unproduktiv oder ärgerlich, daß wir die Sache schließlich doch wieder selbst in die Hand nehmen, wobei wir uns ziemlich märtyrerhaft fühlen: »Wenn ich es nicht selbst mache, wird ja doch nichts Ordentliches draus.« (Als ob wir allein wüßten, was »ordentlich« ist.)

Wenn es zum Beispiel Aufgabe Ihres Partners ist, das Geschirr in die Spülmaschine zu räumen, Sie ihm aber die ganze Zeit Anweisungen erteilen, wie er es machen soll, werden Sie bald merken, daß Sie den Geschirrspüler immer öfter selbst einräumen. Wenn Sie möchten, daß Sie und Ihr Partner abwechselnd kochen, Sie aber dauernd an seinem Essen herummäkeln – das Fleisch ist zu zäh, an den Nudeln fehlt das Salz, es gibt keinen Salat –, wird Ihr Partner sich mit sinkender Begeisterung an den Herd stellen. Wenn Sie möchten, daß Ihr Partner besser über weltpolitische Ereignisse informiert ist, ihm aber dauernd seine mangelnden Kenntnisse unter die Nase reiben oder ihn scharf kritisieren, wenn er eine Meinung äußert und ihm dabei ein faktischer Fehler unterläuft, wird er seine Bemühungen sehr wahrscheinlich einstellen oder zumindest aufhören, mit Ihnen zu diskutieren.

Häufig betrachtet die kontrollierende Person ihr Verhalten anfänglich nur als großzügig und wohlmeinend und durchaus nicht als dominierend und problematisch. Billie und Charles hatten sich im College kennengelernt. Als sie etwa ein Jahr miteinander gingen, hatte Billie einen schlimmen Unfall beim Tauchen. Eine Weile sah es so aus, als würde sie für immer gelähmt bleiben. Während der langen Rekonvaleszenzzeit war sie stark auf Charles' Hilfe angewiesen. Er mußte sie füttern, zu Arztterminen fahren und ihr beim Studium helfen. Billie war sehr abhängig von Charles, und die Situation begünstigte zwangsläufig ein System, das durch eine Art Eltern-Kind-Verhältnis geprägt war. Sie waren beide nicht besonders glücklich über diese Rollenverteilung, aber trotz aller Bemühungen schafften sie es nicht, aus diesen Rollen auszubrechen. Schließlich erwies sich die Belastung als zu groß, und sie beendeten die Beziehung. Während der neun Monate, die sie getrennt verbrachten, merkte Billie, daß sie ihre Selbständigkeit allmählich zurückgewann. Mit der fortschreitenden Genesung kehrte auch die Fähigkeit zurück, ihr Leben wieder selbst in die Hand zu nehmen. Doch als die beiden ihre Beziehung wieder aufleben ließen, fiel Charles prompt in die elterliche Rolle zurück, und Billie rutschte erneut in die kindliche Abhängigkeit. Als ihnen bewußt wurde, daß sie das alte Muster wiederholten, fingen sie an, entschieden gegenzusteuern. Sie machten sich humorvoll auf ihre gegenseitigen »Ausrutscher« aufmerksam und schafften es schließlich, ein ausgewogenes, demokratisches Machtverhältnis in der Beziehung herzustellen.

Wenn man sich selbst verändert, wird man schließlich ein neues Gleichgewicht in der Beziehung herstellen – ein Gleichgewicht, das auf lange Sicht unter Umständen besser funktioniert. Aber alle Systeme haben die Neigung, sich Veränderungen zu widersetzen – den *Status quo* aufrechtzuerhalten. Daher ist es sehr wichtig, daß man *beharrlich* bleibt – es braucht seine Zeit, bis die Widerstände gegen die Veränderung überwunden sind, und es braucht zusätzliche Zeit, bis die neuen Verhaltensweisen sich etabliert haben.

Selbst wenn man sein eigenes Verhalten ändert, gibt es keine Garantie dafür, daß man das Verhalten des Partners erfolgreich und auf die gewünschte Weise beeinflußt. Doch eine Verhaltensänderung Ihrerseits kann auch dazu führen, daß Sie eine neue Einstellung entwickeln, durch die sich das ursprüngliche Problem von selbst löst. Lisa und Jack hatten ein sehr unterschiedliches Naturell. Lisa hatte in jeder Hinsicht ein rasantes Tempo: Sie erledigte alle Aufgaben in kürzester Zeit, machte oft zwei Dinge gleichzeitig, war nie um eine schlagfertige Antwort verlegen, bildete sich schnell eine Meinung und traf schnelle Entscheidungen. Auch ihr Temperament ging schnell mit ihr durch. Jack dagegen war eher ein ruhiger, besonnener Typ. Er neigte zu einem eher gemächlichen Tempo, war kühl, konzentriert und kontrolliert mit einem leichten Hang zum Phlegmatismus.

Jedesmal wenn Lisa versuchte, Jack zu einer temperamentvolleren Gangart zu bewegen, schien er sich nur um so heftiger zu sträuben, wie ein bockbeiniges Maultier. Nachdem Lisa die Nutzlosigkeit ihrer Bemühungen erkannt hatte, mußte sie einen anderen Weg finden, um mit ihrer Frustration umzugehen. Sie beschloß, ihr eigenes Tempo zu verlangsamen und anstehende Aufgaben ruhiger und gelassener anzugehen. Das war ein Ziel, das sie mit mäßigem Einsatz erreichen *konnte*. Obwohl Jacks Langsamkeit sie gelegentlich noch immer auf die Palme trieb, führte ihre neue Einstellung dazu, daß sie die Beziehung weit weniger frustrierend fand.

Lisas Wandlung hatte zwar keinerlei Einfluß auf Jacks Verhalten, aber das Beziehungssystem verbesserte sich. Beide profitierten davon, daß der langwährende Konflikt zwischen ihnen beigelegt wurde. Und als Lisa ihr eigenes Tempo verlangsamte, konnte sie auch Jacks methodischer Art mehr Vorteile abgewinnen und besser verstehen, inwiefern er einen positiven Beitrag zu ihren gemeinsamen Entscheidungen leistete.

Es gibt bestimmte Risiken, wenn die Verhaltensweisen innerhalb eines Systems sich wandeln. So stellen wir vielleicht fest, daß gemeinsam mit den Eigenschaften, die uns gestört haben (die »Schattenseiten«), auch einige der Eigenschaften verschwunden sind, die wir besonders geschätzt haben (die »Schokoladenseiten«): Ein Mensch verhält sich verantwortungsbewußter, verliert aber gleichzeitig etwas von seinem leichtsinnigen Charme; wird selbständiger, hat aber weniger Zeit für uns. Und manchmal machen wir sogar die überraschende Entdeckung, daß es uns eher beängstigt als freut, wenn unser Partner sich haargenau so verändert, wie wir gehofft hatten.

Heathers Vater war Alkoholiker. Als Kind wußte sie nie, wie er sich verhalten würde. Da sie keine Kontrolle über ihn hatte, versuchte sie, alle möglichen anderen Dinge unter Kontrolle zu bringen, um die fehlende Geborgenheit und Sicherheit auf diese Weise zu ersetzen.

Heather und Greg lernten sich auf dem College kennen. Heather fiel auf, daß Greg ziemlich viel Bier trank, aber keiner von ihnen zog ernsthaft den Gedanken in Betracht, daß er ein aufstrebender Alkoholiker sein könnte. Als Greg sein Zahnarztstudium aufnahm, wurde das Problem offensichtlicher, vor allem wenn sie sich mit anderen Leuten trafen. Nach einigen Drinks wurde Greg entweder ziemlich unhöflich und aggressiv, oder er schlief ein. Jeder schrieb sein Verhalten dem Umstand zu, daß er so hart arbeiten mußte. Heather trat Greg heimlich gegen das Schienbein, wenn er zu viel trank, oder bat ihn leise, damit aufzuhören, aber es blieb alles beim alten.

Eines Morgens nach einer durchzechten Nacht zitterten Gregs Hände so sehr, daß er seine Patienten nicht behandeln konnte. Er mußte sich schließlich eingestehen, daß er ein ernsthaftes Alkoholproblem hatte. Er beschloß, den Anonymen Alkoholikern beizutreten. Heather mußte zu ihrer Überraschung feststellen, daß diese Wendung sie nicht wie erwartet erleichterte, sondern tatsächlich stark beunruhigte. Zahlreiche Ängste machten sich bemerkbar: Wenn Greg sich selbst besser unter Kontrolle bekäme, würde er vielleicht erkennen, daß er sie gar nicht brauchte und sie verlassen. Vielleicht würde er sich auch in eine andere Frau verlieben. Heather unternahm etwas gegen ihre Ängste. Sie wollte nicht so enden wie ihre Mutter – als Frau eines Alkoholikers, also gab sie nach und nach einige der Aufgaben ab, die sie vorher allein getragen hatte. Als Greg mit dem Trinken aufhörte, übernahm er einige dieser Verantwortungen. Durch diese Entwicklung wuchs Heathers Vertrauen in Greg, und ihre Beziehung begann sich zu wandeln. So entdeckte Heather zum Beispiel, daß sie sich selbst »erlaubte«, Orgasmen mit Greg zu haben, etwas, das ihr vorher immer schwergefallen war.

Wenn ein Paar es schafft, sein Beziehungssystem grundlegend zu ändern, kann das neue Gleichgewicht der Kräfte eine emotional schmerzliche Übergangsphase auslösen. Statt daß die Situation sich schlagartig verbessert, verschlimmert sie sich unter Umständen für eine Weile, weil die alten Regeln nicht mehr gelten und die neuen Regeln für die zukünftige Funktionsweise des Systems noch nicht fest etabliert und vertraut sind. Es ist ein bißchen so, als würden Sie beschließen, ein paar Unterrichtsstunden zu nehmen, um Ihr Tennisspiel zu verbessern. Zuerst werden Sie sich Ihrer schlechten Angewohnheiten bewußt, die Sie möglicherweise seit Jahren gepflegt haben. Wenn Sie anfangen, Ihre Schlagtechnik zu verändern, fühlen Sie sich zuerst steif und ungeschickt. Wahrscheinlich haben Sie sogar mehr Schwierigkeiten, den Ball mit der neuen, besseren Technik zu treffen als mit der alten. Eine Zeitlang wird Ihr Spiel tatsächlich schlechter. Doch nach einer Phase, die hauptsächlich durch Schwierigkeiten und Mißerfolge gekennzeichnet ist, gewöhnen Sie sich allmählich an die neue Technik. Mit wachsender Übung wird Ihr Spiel immer besser und besser, und übertrifft bald alles, was Sie vorher erreicht haben. Dieselbe Zeit und Übung ist erforderlich, damit neue und wirksamere Interaktionsmuster sich etablieren und zum festen Alltag einer Beziehung werden können.

Eines der größten Probleme bei der Veränderung von Beziehungsstrukturen ist der Hang zu einer gewissen Wachhundmentalität. Gequält von der bangen Frage, ob der Partner auch konsequent seinen Beitrag leistet, achten manche Menschen mehr auf die möglichen Ausrutscher des Partners als auf ihre eigenen Fortschritte. Wer seine Aufmerksamkeit auf den Partner konzentriert, provoziert nur dessen Abwehr. Wie bereits erwähnt, läßt ein Beziehungssystem sich am leichtesten und sichersten verändern, wenn wir unsere Energien darauf verwenden, unsere *eigene* Rolle zu ändern.

Aktion und Reaktion

Es gibt ein hilfreiches und wichtiges Prinzip zur Anregung von Veränderungen, das auf dem physikalischen Gesetz von Aktion und Reaktion beruht: auf jede Aktion folgt eine äquivalente und spiegelbildliche Reaktion. Auf Beziehungen angewendet, bezeichnet das Prinzip von Aktion und Reaktion im wesentlichen die Reziprozität von Verhaltensweisen: Bestimmte Handlungs- und Verhaltensweisen auf seiten des einen Partners werden zu äquivalenten Reaktionen auf seiten des anderen Partners führen. Aggressive Verhaltensweisen erzeugen letzten Endes aggressive Reaktionen; Großzügigkeit löst normalerweise Großzügigkeit aus. Das heißt, daß es bis zu einem gewissen Grade möglich ist, das Verhalten des Partners zu ändern, indem man ihn konsequent so behandelt, wie *man selbst* behandelt werden möchte.

Angenommen, Ihr Partner hat einen Fehler begangen, und Sie reiben ihm seinen Irrtum mit einem triumphierenden »Ich hab's dir ja gleich gesagt« unter die Nase. Durch dieses Verhalten werden Sie mit ziemlicher Sicherheit keine positiven Gefühle auslösen und auch kaum die Bereitschaft Ihres Partners fördern, verständnisvoll zu reagieren, wenn *Sie* sich einmal irren. Und Sie *werden* sich irren. Negative Aktionen und mangelnde Unterstützung erzeugen negative Aktionen und mangelnde Unterstützung.

Eine großzügige Haltung zahlt sich dagegen unter Umständen noch in ferner Zukunft aus. Wir befragten ein Paar, das seit über fünfzig Jahren verheiratet war und noch immer eine glückliche und erfüllte Ehe führte. Der Mann erzählte von der Anfangszeit ihrer Beziehung. Er hatte seine Frau während der Wirtschaftsdepression kennengelernt, als er trotz seiner Ingenieurausbildung nur schlechtbezahlte Jobs als Bauzeichner finden konnte. Zu allem Unglück wurde er dann bei einem dieser Jobs auch noch gefeuert, und seine Arbeitgeber stahlen und vermarkteten eine Erfindung, die er gemacht hatte. Er war am Boden zerstört und völlig verzweifelt. Doch die ganze Zeit über verlor seine neue Freundin nie den Glauben an ihn. Sie hielt zu ihm und unterstützte ihn sowohl emotional als auch finanziell, bis die Dinge sich schließlich zum Besseren wendeten. Nach einer schweren Zeit wirtschaftlicher Entbehrungen fand er einen gutbezahlten Job und erhielt schließlich eine angemessene Entschädigung für seine gestohlene Erfindung. »Durch die enorme Unterstützung, die Doreen mir am Anfang gegeben hat«, erzählte er, »hat sie genug Kredit für ein ganzes Leben aufgebaut.«

Dem Partner zuzugestehen, daß er in schlechter Stimmung ist, ohne ihm Schuldgefühle zu vermitteln, ist eine weitere Form von

Großzügigkeit. Wir alle haben unsere melancholischen Phasen und sollten nicht dem zusätzlichen Druck von außen ausgesetzt sein, ein fröhliches Gesicht machen zu müssen. Das gibt uns natürlich nicht das Recht, unsere schlechte Laune an unserem Partner auszulassen. Aber ein großzügiger Partner, der uns die Zeit zubilligt, die wir brauchen, um unsere persönlichen Kümmernisse aufzuarbeiten, hilft uns, schneller und rückhaltloser zur Beziehung zurückzukehren.

Noras Freunde würden sie als ziemlich launischen Menschen beschreiben, und ihren engsten Verwandten zufolge neigte sie schon als kleines Mädchen zu Depressionsanfällen. Diese melancholischen Phasen hatten immer wieder zu Problemen mit ihren Partnern geführt, weil die Männer häufig glaubten, daß *sie* die Ursache von Noras Stimmungsumschwüngen seien und sich persönlich angegriffen fühlten.

Doch bei Gary war das anders. Ihm fiel es nicht schwer, Noras gelegentliche Anfälle von Melancholie zu tolerieren, solange er wußte, daß es nichts mit ihm zu tun hatte. Wenn Nora in düstere Stimmung verfiel, zog er sich still zurück und überließ sie sich selbst. Ab und zu schaute er unaufdringlich nach ihr, um zu sehen, ob sie etwas brauchte. Nora empfand eine nie gekannte Erleichterung. Da sie nicht mehr unter dem Zwang stand, eine freundliche Fassade zu bewahren, konnte sie ihre melancholischen Phasen viel schneller überwinden. Wenn ihre Stimmung sich aufhellte, zeigte sie Gary, wie dankbar sie für seine Rücksichtnahme war, was wiederum Gary ein Gefühl der Selbstbestätigung gab: eine Lösung, von der beide gleichermaßen profitierten.

Wenn ein Partner zu geizig mit seiner Zeit, Zuneigung oder Unterstützung umgeht, kann es mit einer Beziehung leicht bergabgehen. Eine solche Reduzierung der Fürsorge führt normalerweise auch beim Partner zu einer Verweigerungshaltung, nach dem Motto: »Ich gebe nur, wenn ich was bekomme – und ich bekomme nichts!« Sehr bald setzt ein Teufelskreis negativer Reziprozität ein – beide Partner fühlen sich betrogen, allein und vernachlässigt: das Gegenteil der großzügigen Einstellung, die wir beschrieben haben.

Man kann solchen negativen Kreislauf allerdings ohne viel Mühe in einen positiven verwandeln. Der Trick ist, schnell und nicht-bestrafend auf den Lapsus des Partners zu reagieren, indem man wiederum das eigene Verhalten verändert und in solchen Situationen *mehr gibt*, statt sich zu verweigern. Diese großzügige Haltung hat eine entwaffnende Wirkung. Sie verringert die Abwehrhaltung des Partners und wird wahrscheinlich den Wunsch in ihm wecken, die Großzügigkeit zu erwidern. Ein positiver Kreislauf wird in Gang gesetzt, ähnlich dem der Umwerbungszeit, als ein liebevoller Umgang selbstverständlich war.

Unterstützung und positive Verstärkung

Ausgehend von der Erkenntnis, daß man mit Honig mehr Fliegen fängt als mit Essig – daß Freundlichkeit Freundlichkeit erzeugt und daß Kritik und Vorwürfe ihresgleichen erzeugen –, können wir jetzt untersuchen, wie diese Grundhaltungen genutzt werden können, um nicht nur eine allgemeine Atmosphäre der Liebe und Zuneigung zu schaffen, sondern auch konkrete Verhaltensänderungen.

Der Prozeß der positiven Verstärkung umfaßt zwei Schritte: erstens, schenken Sie jedem Verhalten Ihres Partners, das Sie *fördern* und *bestärken* möchten, besondere Beachtung, und zweitens, geben Sie Ihrem Partner unmittelbare verbale Anerkennung, ein Lob oder andere Formen der Bestätigung, wenn eine positive Veränderung eingetreten ist, gleichgültig, wie geringfügig sie sein mag. Diese Methode ist das Gegenteil von Vorwürfen als Mittel der Veränderung.

Negative Verstärkung, das heißt der Entzug oder die vorübergehende Verweigerung von »Bonbons«, um pädagogischen Druck auszuüben, hat für gewöhnlich eine destruktive Wirkung. Wer so behandelt wird, fühlt sich für gewöhnlich verletzt, wütend und infantilisiert. Positive Verstärkung führt dazu, daß man sich bestätigt fühlt; sie fördert die Kooperationsbereitschaft und verringert Widerstände und andere Formen der Abwehr. Sie steigert die Motivation, offen auf Veränderungen zu reagieren, und begünstigt ein entspannteres Beziehungsklima.

Kate stammte aus New York City und hatte nie gelernt, Auto zu fahren. Nachdem sie eine Weile in San Francisco gelebt hatte, lernte sie Larry kennen. Obwohl beide in San Francisco arbeiteten, beschlossen sie, zusammen in Larrys Wohnung nach Sausalito zu ziehen, auf die andere Seite der Golden Gate Bridge.

Unter Larrys geduldiger und liebevoller Anleitung lernte Kate das Autofahren und machte schließlich ihren Führerschein. Aber als Anfängerin fühlte sie sich noch immer etwas unsicher und unbehaglich, wenn sie allein in die Stadt fahren mußte. An einem Freitagnachmittag, kurz nachdem Kate zu Hause angekommen war, rief Larry an und teilte ihr mit, daß er ein wichtiges Geschäftsessen am selben Abend völlig vergessen hatte. Ihm blieb keine Zeit mehr, um noch den Bus nach Hause zu nehmen und dann gemeinsam mit ihr in die Stadt zurückzufahren, aber er wollte gern, daß sie ihn zu dem Essen begleitete. Er fragte sie, ob sie sich zutraue, allein zu fahren.

»Ich litt Höllenqualen«, erzählte Kate. »Ich war überzeugt, daß er ungeduldig und ärgerlich reagieren würde, wenn ich zögerte. Ich sagte ihm, daß ich Angst hätte, über die Brücke zu fahren. Ich war darauf gefaßt, daß er mir heftige Vorwürfe machen würde, und ich hatte sogar das Gefühl, es verdient zu haben, weil ich mich so kindisch anstellte. Aber Larry war überraschend verständnisvoll. Er redete mir ganz liebevoll zu und meinte, er wisse genau, daß ich es könnte, wenn ich es versuchte. Er sagte mir, daß ich eine wirklich gute Autofahrerin sei, nur noch etwas unerfahren. Und er schlug vor, daß ich zum Parkplatz auf der anderen Seite der Brücke fahren und dann ein Taxi nehmen sollte. Seine Unterstützung und sein Verständnis haben mir irgendwie Mut gemacht – zu unserer beider Überraschung bin ich den ganzen Weg zum Restaurant allein gefahren.«

Jeder Mensch möchte sich kompetent und erfolgreich fühlen. Wenn man uns durch positive Anerkennung den Rücken stärkt, fühlen wir uns motiviert, in allen Bereichen höhere Leistungen zu vollbringen, über uns selbst hinauszuwachsen und die Extrameile zu fahren. Anerkennung und Lob regen zu grandiosen Leistungen, zu Reziprozität und Großzügigkeit an, und zwei Menschen, die einander lieben, wollen das Beste für den anderen und für sich selbst. Positive Verstärkung ist von ungeheurem, praktischen Nutzen, solange sie aufrichtig empfunden und in vernünftigem Maß gegeben wird.

Lernen am Modell

Menschen, Kinder genauso wie Erwachsene, lernen mehr durch Beobachtung eines Modellverhaltens als durch irgendeine Form von pädagogischem Zwang. Wir lernen mehr von Taten als von Worten. Statt beharrlich zu versuchen, unseren Partnern das Fehlerhafte an ihrem Verhalten zu erklären, ist es wesentlich effektiver, ihnen die Methoden, Verhaltensweisen und emotionalen Reaktionen, die uns erstrebenswert scheinen, modellhaft vorzuführen. Theo zum Beispiel wurde immer wahnsinnig angespannt und nervös, wenn er unter Druck geriet, und versuchte dann in seiner Hektik, sechs Dinge auf einmal zu erledigen – keines davon besonders gut oder gründlich. Sonja blieb in einer vergleichbaren Situation völlig ruhig und gelassen.

Als Theo den Unterschied in ihren Vorgehensweisen bemerkte, reagierte er zunächst gekränkt und ärgerlich. Er hatte den heimlichen Verdacht, daß Sonja nur so gelassen blieb, weil sie sich vor ihrem Teil der Verantwortung drückte und der Großteil der Last auf seinen Schultern lag. Doch allmählich dämmerte ihm etwas: »›Ich bin nicht Teil einer Armee, die durch Rußland rast, um vor dem ersten Schnee ihr Ziel zu erreichen.‹ Das wurde mir durch Sonjas Beispiel bewußt. Sie hielt ein gleichmäßiges Tempo ein und bewahrte die Ruhe. Ich beobachtete sie und sagte mir: ›Wer möchte ich lieber sein – dieses angespannte, hektische Nervenbündel oder sie?‹ Und von da an habe ich angefangen, mich zu entspannen – und niemand ist gestorben oder sonst irgendwas, und die Arbeit wurde trotzdem fertig.«

Theo hat nicht versucht, eine zweite Sonja zu werden. Er mochte sich so, wie er war, aber er war flexibel genug, um zu erkennen, daß sein Leben sich angenehmer gestalten würde, wenn er eine Seite aus Sonjas Lebensbuch beherzigte und eine einzelne Fähigkeit von ihr lernte, die in bestimmten Situationen besser funktionierte als sein eigenes Verhalten.

Die Vorgehensweisen zweier Menschen können beide gleichermaßen effektiv und geeignet sein, aber eben für unterschiedliche Anlässe. Wenn Sie sich auf Ihre spezielle Verhaltensweise versteifen, unabhängig von der jeweiligen Situation, und die besonderen Vorzüge an den Methoden Ihres Partners nicht anerkennen, könnten Sie sich auf lange Sicht ins eigene Fleisch schneiden. Bill hatte zum Beispiel im allgemeinen ein recht rebellisches Wesen, während Becky eher zur Nachgiebigkeit neigte. Wenn Becky eine Aufgabe in Angriff nahm, hielt sie sich für gewöhnlich an vorgegebene Regeln oder Anweisungen. Bill dagegen zog es vor, seine eigenen Regeln zu machen. Dieser Unterschied führte häufig zu Konflikten, wenn sie vor einer gemeinsamen Aufgabe standen.

Weil beide bereit waren, vom anderen zu lernen, erkannte Bill, daß es bestimmte Situationen gab, in denen es wesentlich effizienter war, zunächst die Gebrauchsanleitung zu lesen. Becky wurde sich bewußt, daß Bills kreativere Vorgehensweise ein hohes Maß an Flexibilität erlaubte, die in schwierigen Situationen etwas Lebensrettendes haben konnte. Beide konnten etwas vom anderen lernen und sich dadurch in bestimmten Hinsichten verändern, die der Beziehung guttaten.

Wenn Sie möchten, daß Ihr Partner sein Verhalten ändert, sollten Sie zunächst darüber nachdenken, ob Sie selbst ein gutes Rollenmodell für das betreffende Verhalten abgeben, ein Modell, von dem Ihr Partner etwas lernen kann. Wieder machen Sie vielleicht die Entdeckung, daß Sie Ihren Partner am schnellsten und leichtesten zu der gewünschten Veränderung bewegen können, wenn Sie ihr eigenes Verhalten ändern und – wie in diesem Fall – ein gutes Rollenmodell liefern.

Aufheiterungen

Humor ist ein weiteres höchst wirkungsvolles Mittel, um Abwehrhaltungen abzubauen und kooperative Veränderungen zu fördern. Wer humorvoll zum Ausdruck bringt, daß er die Unzulänglichkeiten des Partners akzeptiert, wird für gewöhnlich auf positive Reaktionen stoßen und die Gesamtatmosphäre der Beziehung verbessern. Auch ist es nicht überraschend, daß der Partner eine Botschaft eher versteht, wenn sie auf freundliche, humorvolle Art übermittelt wird. Wir meinen hier natürlich nicht jenen bitteren, sarkastischen Humor, der dem Ziel dient, den anderen zu verletzen, sondern die gutmütige Art, die Menschen erlaubt, über sich selbst zu lachen oder über die Absurdität der Situation.

Natasha zum Beispiel hatte die Angewohnheit, derart in Gedanken zu versinken, daß sie praktisch meilenweit entfernt war, obwohl man neben ihr saß. Francis fand dieses Verhalten anfangs ziemlich irritierend, vor allem, wenn Natasha nicht antwortete, wenn er mit ihr sprach. Er wußte, daß sie ihn nicht absichtlich ausschloß. Ihr Verhalten zeigte nur, daß sie sich völlig auf eine Sache konzentrierte, was unter anderen Umständen durchaus ein Vorzug war. Diese Erkenntnis änderte allerdings nichts daran, daß ihr Verhalten ihn wenig begeisterte. Doch statt wütend zu reagieren, meisterte Francis solche Momente mit einem Lächeln, wedelte mit der Hand vor Natashas Gesicht und sagte: »Hallo, erinnerst du dich an mich? Ich bin deine Verabredung, Francis Mansfield.« Das weckte Natasha aus ihren Tagträumen. Sie lachten beide ausgiebig über die Situation, und Francis hatte Natashas Aufmerksamkeit zurückerobert.

Loslassen

Die Fähigkeit, gelegentlich fünfe gerade sein zu lassen, indem man großzügig über Kleinigkeiten hinwegsieht, ist ein wesentlicher Bestandteil jeder stabilen Beziehung. Kleinere »Fehltritte« zu übergehen, statt kleinlich auf jeder Banalität herumzuhacken, ist ein Ausdruck von Großmut und führt zu einer friedlicheren, harmonischeren Beziehung.

Eine Frau berichtete uns: »Das Wichtigste, was ich in meiner Beziehung gelernt habe, ist, mehr Gewicht auf das zu legen, was ich gebe – nicht so knauserig zu sein, nicht so fordernd –, und ihm nicht dauernd irgendwelche verrückten Motive zu unterstellen, nur weil er mal einen Fehler macht oder grantig ist. Wenn ich nicht so stark reagiere und einen freundlichen Ton anschlage, ist er viel netter und liebevoller zu mir, und wir kommen viel besser miteinander aus.« Ein anderer Mann bestätigte diese Ansicht: »Wir haben eingesehen, daß Worte billig zu haben sind; was zählt, sind die Taten – daß man nett zueinander ist. Wir haben früher endlose Diskussionen über jede Kleinigkeit geführt, über jede Enttäuschung und jeden Fehler. Wenn sie heute meinen Rasierapparat für ihre Beine benutzt, lege ich einfach eine neue Klinge ein und vergeß die Sache – es ist eine Banalität –, und sie schimpft nicht mit mir, wenn ich nach der Gartenarbeit mit schmutzigen Stiefeln ins Haus stapfe. Sie wischt es einfach weg und bittet mich freundlich, meine Schuhe auszuziehen. Ich tu es gern: Unser Leben ist viel angenehmer und schöner geworden, seit wir die Dinge leichter nehmen.«

Viele extrem unabhängige und autarke Menschen – Eigenschaften, die unter anderen Umständen überaus positiv sein können – zweifeln daran, daß sie durch eine Veränderung des eigenen Verhaltens und die Bereitschaft, »loszulassen«, tatsächlich ein verändertes Verhalten des Partners begünstigen. Aber die Wahrheit ist, daß eine Veränderung der eigenen Einstellung, selbst wenn sie nicht sofort zu dem erstrebten Verhaltenswandel bei unserem Partner führt, sich nachhaltig und positiv auf unsere Beziehung und auf das Glück, das wir in dieser Beziehung finden, auswirkt. Letzten Endes ist der Inhalt der meisten Streitereien ziemlich banal, doch der Streit als solcher kann bittere Kränkungen hinterlassen und die Beziehung sogar dauerhaft schädigen. Auch wenn banale Ärgernisse einen Großteil unserer Streitereien verursachen, sind die emotionalen Auswirkungen häufig alles andere als banal. Deshalb ist es so wichtig, daß wir ein bißchen Nachsicht und Humor mit uns selbst und anderen entwickeln.

Ein Mann berichtete uns: »Früher habe ich ihr dauernd widersprochen, wenn mir etwas gegen den Strich ging. Tatsächlich habe ich eine Menge Energie damit verschwendet, weil es so viele Themen zu geben schien, in die ich mich festbeißen konnte. Heute gehe ich meistens drüber weg. Ich sage mir: ›Laß dich davon nicht verrückt machen‹. Vor einigen Wochen warf sie mir zum Beispiel vor, daß ich nie nachdenke, bevor ich handle. Wie auch immer, sie sagte irgendwas wie: ›Deinetwegen ist das und das passiert‹ – ich weiß nicht mehr genau, was es war. Was ich noch weiß, ist, daß ich beschloß, nicht darüber zu streiten. Es gab Zeiten, da wär ich sofort drauf angesprungen und in die Luft gegangen, aber diesmal hab ich mir auf die Zunge gebissen und bin spazierengegangen. Als ich zurückkam, haben wir noch ein bißchen über die Sache geredet, aber eigentlich war die Luft raus. Ich glaube, als ich weggegangen bin, ist ihr auch bewußt geworden, daß es sich nicht lohnt, eine Mücke zum Elefanten zu machen. Wir sehen die Dinge lockerer und lassen das Kriegsbeil ruhen.«

Eine Frau berichtete uns, daß sie bei aufsteigendem Ärger immer einen Moment in sich gehe: »Ich denke einen Moment darüber nach, wie wichtig die Lösung des Konflikts oder des Streits, den wir gerade ausfechten, morgen noch sein wird, oder in einer Woche oder sogar in einem Jahr. Wenn ich zu dem Schluß komme, daß es dann kaum noch eine Rolle spielen wird, laß ich's gut sein.«

Die gesunde Fähigkeit, gelegentlich über banale Dinge hinwegzusehen, sollte nicht damit verwechselt werden, Gefühle einfach zu unterdrücken. Letzteres wird sehr wahrscheinlich zu negativen Folgen führen, weil gekränkte Gefühle auf andere Weise zum Ausdruck kommen. Im ersteren Fall geht es vornehmlich um das Prinzip der Verhältnismäßigkeit, um die Einschätzung der relativen Bedeutung des Streitpunktes. In gewisser Weise ist es eine Ermessensfrage: ist es eine große Sache oder eine kleine? Und wenn es eine kleinere ist, kann man sie bedenkenlos fallenlassen und zu anderen Dingen übergehen?

Wir reden hier von der sehr praktischen Fähigkeit, sich selbst nötigenfalls im Zaum zu halten – ein gewisses Maß an Mäßigung und Zurückhaltung zu üben –, statt einfach impulsiv zu handeln. In diesem Zusammenhang erzählte uns eine Frau: »Früher habe ich ihn immer fürchterlich angebrüllt, er war dann immer schrecklich unglücklich und mich packte die Reue. Ich habe einfach gelernt, meine Reaktionen zu mäßigen, milder und nachsichtiger zu sein.«

Veränderungen unseres eigenen Verhaltens – indem wir Nachsicht üben, das Leben von der heiteren Seite nehmen, Macht abgeben, großzügiger sind, positiv verstärken statt zu kritisieren – haben alle einen beträchtlichen Einfluß auf das Verhalten des Partners und können daher sukzessiv dazu beitragen, die Beziehung selbst zu verändern. Es gibt Dinge, die wir ganz allein tun können, ohne zunächst unseren Partner zu konsultieren, zu überreden, unter Druck zu setzen, zu umschmeicheln oder auf andere Weise seine Zustimmung einzuholen. Ob unser Partner sofort Gleiches mit Gleichem vergilt oder nicht – unsere Großzügigkeit wird belohnt werden, wenn vielleicht auch nicht sofort oder auf dieselbe Weise. Für die Veränderung einer Beziehung gibt es kaum etwas Lohnenderes und Effizienteres als eine generell großzügige Einstellung. Das zeigt sich zum Beispiel an der folgenden kleinen Geschichte:

Ein Paar, das seit zwei Jahren zusammenlebte, stand kurz vor der Trennung. In den vergangenen sechs Monaten waren ihre

Streitereien derart eskaliert, daß kaum noch ein Tag verging, ohne daß sie sich in die Haare gerieten. Der Mann wurde sich bewußt, daß seine Gedanken fast ausschließlich darum kreisten, wie er die Beziehung beenden könnte. Etwa zu diesem Zeitpunkt nahm er an einem Workshop zum Thema Persönlichkeitsentfaltung teil, der ihn tief beeindruckte und einige seiner tiefsitzenden Überzeugungen ins Wanken brachte. »Ich wollte nicht mehr um jeden Preis recht behalten; ich wurde irgendwie entspannter. Ehrlich gesagt, weiß ich nicht genau, was eigentlich passierte, aber irgend etwas hatte sich dramatisch verändert: Ich konnte bestimmte Dinge plötzlich auf sich bewenden lassen, wie ich es nie zuvor gekonnt hatte. Ich warf diese ganze Scheißlast einfach von mir ab, und ich fühlte mich plötzlich wieder so, wie damals, als wir uns kennengelernt hatten. Und ihre Bereitschaft, mir genauso offen zu begegnen, ohne mich irgendwie zu bestrafen, war wie ein riesiges Geschenk für mich. Wir waren beide sehr erleichtert, daß wir diesen erbitterten Kleinkrieg, den wir seit Monaten geführt hatten, beenden konnten.«

Statt darauf zu warten, daß die Probleme an die Oberfläche kommen, sollten Sie sich an die in diesem Kapitel beschriebenen Vorschläge und Techniken halten. Dann haben Sie bereits eine Menge dafür getan, um eine liebevolle und harmonische Beziehung zu fördern, die sich zu Ihrem beiderseitigen Vorteil entfalten kann.

7. Der dritte Weg

Die Kunst des Verhandelns

Gespräche bilden den Anfang, die Mitte und manchmal auch das Ende der meisten Liebesfreuden. Eine echte, dauerhafte Liebesbeziehung, ob als Ehe oder in anderer Form, ist ein höchst exklusiver Klub, dessen gesamte Mitgliederzahl aus zwei gleichberechtigten, auf Lebenszeit amtierenden Präsidenten besteht.

ROBERTSON DAVIES
The Pleasures of Love

Eine der elementarsten Wahrheiten über den Menschen ist gleichzeitig eines der verzwicktesten Probleme in Beziehungen: Jeder versucht auf Teufel komm raus, sich sein Leben so einzurichten, daß er bei den Dingen, die ihm Freude bereiten, so wenig Abstriche und Kompromisse wie möglich machen muß... Aber wie bekannt, ist dem einen sin Uhl dem andern sin Nachtigall, und was dem einen gefällt, gefällt dem anderen noch lange nicht. Die logische Folge hieraus ist nicht weniger wahr und nicht weniger verzwickt: In einer Beziehung hofft jeder von uns insgeheim, daß der andere sich bekehren läßt.

Das Ärgerliche daran ist natürlich, daß es *zwei* Leute gibt, die von diesem Dämon besessen sind, aber nur *eine* Beziehung.

Unsere unterschiedlichen Persönlichkeiten, Bedürfnisse und Prioritäten treten besonders deutlich hervor, wenn eine Entscheidung getroffen werden muß, die beide Personen berührt und bei der jede Person ein lebhaftes Interesse am Ergebnis hat: zum Beispiel Entscheidungen über die angemessene Freizeitgestaltung, die Regelung finanzieller Angelegenheiten oder wann und mit wem man gesellschaftlich verkehrt. Konflikte über diese und andere Fragen ergeben sich häufig schon kurz nachdem man eine Beziehung eingegangen ist.

Wenn eine Beziehung sich entwickelt, steigt die Zahl solcher wichtigen Entscheidungen dramatisch an und damit auch das Konfliktpotential. Deshalb ist das *Verfahren*, das zwei Menschen anwenden, um über ihre divergierenden Bedürfnisse und Ansichten zu verhandeln, von immenser Bedeutung für die Überlebenskraft einer Beziehung.

Im folgenden stellen wir eine Reihe von Strategien vor, die einem Paar dabei helfen können, diese gefährlichen Beziehungsklippen sicher zu umschiffen.

Der Standpunkt der Beziehung

In einer stabilen Beziehung ist eines der Grundprinzipien konstruktiver Verhandlungen, daß *alle Entscheidungen vom Standpunkt der Beziehung aus getroffen werden*. Das bedeutet, daß die Wünsche Ihres Partners genauso sorgfältig und gründlich durchdacht werden müssen wie Ihre eigenen und daß Sie gemeinsam nach einer Alternative suchen, die der Gesamtheit der Beziehung nützt. Die Fähigkeit eines Paares als Einheit zu denken und zu handeln, zeigt sich an der Bereitschaft, Entscheidungen vom Standpunkt der Beziehung aus zu treffen statt zugunsten des einen oder anderen Partners.

In unserer Kultur lernen wir sehr viel über Individualität, Wettbewerb, Leistung und finanziellen Erfolg. Wir lernen sehr viel weniger über die Bedeutung von Kooperation, Gemeinschaft, den Wert eines sozialen Gewissens und das befriedigende Gefühl, etwas zum Wohl eines größeren Ganzen beizutragen. Einer der wenigen Bereiche, in denen wir manchmal solche Einstellungen lernen, ist der Mannschaftssport. Ein paar herausragende Sportler mögen ausreichen, um hin und wieder ein Spiel zu gewinnen, doch um die Meisterschaft zu erringen, ist das nicht genug. Ein Team gewinnt auf Dauer nur, wenn die Mitglieder gut *zusammenspielen* und die Stärken jedes einzelnen Spielers zur Geltung kommen. Das Ganze ist größer als die Summe seiner Teile.

Wie ein Sportlerteam läßt sich auch eine Beziehung am besten verstehen, wenn man sie wie einen einzigen komplexen Organismus betrachtet. Sie hat ihre eigenen Bedürfnisse, die Aufmerksamkeit verlangen, so wie die der einzelnen Partner innerhalb der Beziehung. Ein gut-funktionierendes Paar verfährt implizit nach dem Prinzip, daß jeder Partner zum Glück und zur Zufriedenheit des anderen beitragen muß, wenn er sein eigenes Glück sichern möchte.

Dieses Prinzip zeigt sich am folgenden Beispiel. Nach nur sechs Monaten Bekanntschaft zog Shawn 500 Meilen von ihrem Heimatort fort, um mit Brett in der Stadt zu leben, in der er sein Restaurant betrieb. Bald darauf geriet Brett in geschäftliche Schwierigkeiten. Sein Geschäftsführer kündigte, und Brett mußte zeitweise für ihn einspringen. Das bedeutete, daß er erst weit nach Mitternacht nach Hause kam und kaum noch Zeit für die Beziehung hatte. Nachdem das drei Wochen so gegangen war, und die beiden eine Reihe ebenso hitziger wie unergiebiger Auseinandersetzungen geführt hatten, teilte Shawn ihm mit, daß sie wieder nach Hause ziehen würde, wenn er nicht bis Ende der folgenden Woche einen neuen Geschäftsführer gefunden hätte. Brett war nicht gerade glücklich über Shawns Ultimatum, aber einige Tage später stellte er einen neuen Manager ein. Er hätte es vorgezogen, sich noch ein wenig länger nach einem geeigneten Kandidaten umzusehen. Der Mitarbeiter, den er ausgewählt hatte, war noch reichlich unerfahren und würde wahrscheinlich nicht lange bleiben. Aber Brett wußte, daß das Restaurant auch mit einem mittelmäßigen Manager leidlich laufen würde, und er wollte seine Beziehung nicht wegen dieser Entscheidung gefährden.

Als Brett dieses wichtige Zugeständnis machte, erfüllte er eine der Grundanforderungen zum Erhalt der Beziehung, ebenso wie zuvor Shawn durch ihre Umzugsbereitschaft. Beide hatten die Bedürfnisse der Beziehung über ihre eigenen individuellen Wünsche gestellt und damit eine Entscheidung vom Standpunkt der Beziehung her getroffen.

Partner, die das Wagnis der Nähe eingehen, damit die Liebe über die Distanz geht, arbeiten als Team an den Zielen des größeren Ganzen. Wie beim Mannschaftssport gibt es immer Raum für den einzelnen, um seine individuellen Fähigkeiten zu zeigen und die Massen zu befriedigen, aber wenn das Geltungsbedürfnis eines einzelnen Spielers mehr wiegt als das gute Zusammenspiel des Teams, gerät das Team aus dem Tritt und wird schließlich scheitern.

Manche Ehepaare leben weiterhin vornehmlich als zwei Singles, die zwar unter demselben Dach wohnen, aber getrennte

Wege gehen und ihre Absichten und Anstrengungen nie zum beiderseitigen Nutzen kombinieren. Wenn die eine oder andere Person Zugeständnisse macht, werden sorgfältige Strichlisten geführt wie bei einem Wettstreit. Da wir für die Zugeständnisse unseres Partners selten ein so exzellentes Gedächtnis haben wie für unsere eigenen, fühlen wir uns über kurz oder lang unfair behandelt und ausgenutzt – so als würden wir emotional am Hungertuch nagen, während unser Partner lebt wie die Made im Speck. Dieser Standpunkt führt unweigerlich zu bitteren Gefühlen und verweigerter Zuneigung. Wenn der Partner dann seinerseits reagiert und sich ebenfalls verweigert, eskaliert der Konflikt immer weiter und schraubt sich spiralförmig hoch.

Wie Joseph Campbell es ausdrückt: »Man bringt kein Opfer für die andere Person, man bringt ein Opfer für die Beziehung.« Ihren Partner für die persönlichen Opfer verantwortlich zu machen, die Sie zum Wohle der Beziehung gebracht haben, ist genauso unsinnig, wie dem Garten dafür zu grollen, daß Sie so viel Zeit, Geld und Energien in ihn investiert haben, damit er Sie durch seine Früchte und Blumen erfreut.

Paare, die seit vielen Jahren glücklich verheiratet sind, stimmen in einem wesentlichen Punkt überein, sie berücksichtigen zunächst die Bedürfnisse ihrer Partner und ihrer Familie, wenn sie Entscheidungen treffen. Die Haltung beider Partner ist zu einem gut Teil von der Überlegung geprägt: »Was ist das Beste für alle Betroffenen?« Wenn beide Partner das Gefühl haben, daß ihre eigenen Bedürfnisse berücksichtigt werden, haben sie mehr Interesse daran, auch die Bedürfnisse des Partners zu erfüllen. Wenn Sie also möchten, daß Ihr Partner mehr Rücksicht auf Ihre Wünsche nimmt, sollten Sie am besten damit beginnen, mehr Rücksicht auf seine zu nehmen. Das versteht sich eigentlich von selbst, aber es wird oft und leicht übersehen.

Ramon und Inez lebten seit zwei Jahren zusammen, als Ramon sein Medizinstudium in Chicago beendete und anfing, sich um eine Stelle als Internist zu bewerben. Er bewarb sich im ganzen Land außer in Chicago, weil er die Winter in der Stadt verabscheute und gern in ein anderes Klima wollte. Inez war wenig begeistert von seiner einseitigen Entscheidung. Die meisten ihrer Freunde und Familienangehörigen lebten in Chicago, und sie hatte gerade einige interessante Karrieremöglichkeiten für sich angezapft. Sie blieb fest: »Ich erzählte Ramon, daß es aus wäre, wenn er seine Frostködeligkeit für wichtiger hielt als eine faire Berücksichtigung meiner Wünsche. Ich hatte schon genug geopfert, um ihm sein Studium zu finanzieren. Fairerweise muß ich allerdings sagen, daß Ramon bis zu diesem Zeitpunkt keine Ahnung hatte, wie wichtig es mir war, hierzubleiben. Er willigte schließlich ein, sich auch in der Chicagoer Gegend um eine Internistenstelle zu bewerben. Weil er bereit war, meine Bedürfnisse zu respektieren, wußte ich insgeheim, daß ich bereit sein würde, ihn zu begleiten, falls er in Chicago nichts finden würde. Aber ich betete, daß es nicht dazu kommen möge.«

Verhandlungsstrategien

Entscheidungen vom Standpunkt der Beziehung aus zu treffen, erfordert eine Analyse der speziellen Bedürfnisse, die den getrennten Standpunkten der beiden Partner *zugrundeliegen*. Das ist mehr als eine bloße Analyse der oberflächlichen Pros und Contras der zwei Alternativen. Das Verfahren, auf das wir uns beziehen, ist *kooperativ*. Es steht häufig im krassen Widerspruch zu dem Modus operandi, auf den sich zwei Partner geeinigt haben, die für acht Stunden oder mehr pro Tag in einer Arbeitswelt gefangen sind, wo das Konkurrenz- und Gewinnerprinzip im Vordergrund steht. Deshalb ist dieser Ansatz oft weitaus schwieriger, als man glaubt. Außerdem sind Menschen, die lange Zeit allein gelebt haben, normalerweise nicht daran gewöhnt, bei ihren Entscheidungen auf andere Rücksicht zu nehmen. Und schließlich ist es tatsächlich ziemlich kompliziert herauszufinden, was ein neuer Partner braucht, jedenfalls am Anfang, wenn beide noch dabei sind, sich kennenzulernen.

Der dritte Weg

Wenn zwei Menschen in einer Partnerschaft ihre Bedürfnisse allmählich besser erkennen und vermitteln können, ergeben sich neue Verhandlungsmöglichkeiten. Sie müssen nicht länger entweder *seinem* oder *ihrem* Weg folgen, sondern können einen

»dritten Weg« beschreiten und zu einer Lösung finden, die den wesentlichen Bedürfnissen beider Partner gerecht wird.

Jeremy wollte eine Reinigungskraft für die Wohnung einstellen, die er mit Kimberly teilte. Er verdiente recht gut, verabscheute Hausarbeit und war abends und am Wochenende müde. Er wollte sich in seiner Freizeit entspannen. Kimberly wollte, daß sie die Hausarbeit weiterhin selbst erledigten. Sie verdiente weniger als Jeremy und wollte ihr Geld lieber für andere Dinge verwenden als für eine Haushaltshilfe. Außerdem hatte sie eine ganz besondere Einstellung zum Putzen – es hatte eine Art therapeutischen Wert für sie, obwohl sie durchaus nicht den Wunsch hatte, die ganze Hausarbeit allein zu erledigen.

Die beiden gerieten in eine Sackgasse bei ihren Auseinandersetzungen. Ihre Streitereien über die Sache führten zu ernsthaften Spannungen, weil beide versuchten, den anderen zu ihrem jeweiligen Standpunkt zu bekehren. Doch keiner gab auch nur einen Zollbreit nach. Die »Dichotomanie« hatte sie fest im Griff: jener Entweder-oder-Ansatz, bei dem eine Person oder Idee »gewinnt« und die andere »verliert«. Sie brauchten einen neuen Ansatz, um aus der ausweglosen Pattsituation herauszukommen, einen »dritten Weg«.

In diesem Fall hatte Jeremy das Bedürfnis nach Erholung und Entspannung; Geld war nicht so wichtig. Obwohl Jeremy anbot, die Haushaltshilfe allein zu bezahlen, war Kimberly nicht zufrieden, weil sie einen Teil der Hausarbeit weiterhin selbst erledigen wollte. Schließlich kam Jeremy auf eine Idee, die beiden Bedürfnissen Rechnung trug. Sie würden weiterhin abwechselnd kochen und einkaufen, aber er würde Kimberly dafür bezahlen, daß sie seinen Teil der Putzarbeit übernahm. Auf diese Weise mußte Kimberly nicht die Kontrolle über den Haushalt aufgeben, und mit einem Teil des Geldes, das sie von Jeremy bekam, konnte sie jemanden für die gröberen Arbeiten einstellen, die ihr keinen Spaß machten. Durch diese Lösung hatte Kimberly etwas zusätzliches Geld zur Verfügung, und Jeremy bekam die zusätzliche Freizeit, die er sich wünschte. Sie hatten einen dritten Weg gefunden, der ihr Dilemma auf eine für beide Seiten befriedigende Weise löste.

Clive und Robin stritten häufig über Robins Jogginggewohnheiten. Aufgrund eines Rückenleidens konnte Clive sie beim Laufen nicht begleiten. Deshalb joggte Robin mit wechselnden Partnern – häufig mit anderen Männern –, und das ärgerte Clive. Manchmal stand sie schon morgens um halb fünf auf, um ihre Joggingpartner zu treffen, und schreckte Clive aus dem Schlaf. Clive wollte, daß Robin an den Tagen, wo sie bei ihm übernachtete, auf ihr morgendliches Joggingtraining verzichtete. Robin lag sehr viel an ihrem Laufprogramm, und sie wollte es nicht so häufig unterbrechen. Sie stritten wochenlang hin und her, bis sie schließlich einsahen, daß der Konflikt allmählich ihre Beziehung gefährdete. Keiner von ihnen wollte dieses Risiko eingehen, also fingen sie an, nach einem dritten Weg zu suchen. Robin schlug vor, daß sie einen ausgedehnten Morgenspaziergang unternehmen könnten, wenn sie die Nacht zusammen verbracht hatten. Das befriedigte Robins Bedürfnis nach sportlichem Ausgleich und gab beiden die Möglichkeit, etwas länger zu schlafen und mehr Zeit miteinander zu verbringen. Heute genießt Robin das morgendliche Spazierengehen fast ebensosehr wie das Joggen, Clive genießt das Training ebenfalls, und sie haben ein weiteres gemeinsames Hobby entdeckt.

Die Schaffung eines dritten Weges erfordert, daß die Partner einen Dialog führen, bei dem beide so gut wie möglich erklären und beschreiben, welche individuellen Bedürfnisse sie durch ihren jeweiligen Standpunkt erfüllen möchten. Es erfordert außerdem, daß man detailliert begründet, warum man den Vorschlag des Partners für unakzeptabel hält und seine Kritikpunkte präzise definiert. Dieses Verfahren bringt nicht nur mehr Licht in das anstehende Thema, sondern führt auch dazu, daß Sie einander besser kennenlernen. Denken Sie daran, daß es sich hier um eine allmähliche Entwicklung handelt; erwarten Sie keine sofortigen Ergebnisse. Bei dem Versuch, einen dritten Weg zu finden, werden Sie wahrscheinlich eine Reihe von unpraktikablen Lösungen über Bord werfen müssen, bevor Sie eine Einigung erzielen, die für beide Seiten akzeptabel ist.

Bei einem solchen Dialog merken Sie vielleicht zu Ihrer Überraschung, daß etwas, was Sie für absolut wesentlich gehalten haben, eigentlich gar nicht so wichtig ist, und daß irgendein anderer Aspekt, den Sie gar nicht auf der Rechnung hatten, von alles entscheidender Bedeutung ist. Myra und Fritz hatten zum Beispiel geplant, im Urlaub eine Autofahrt durch den Südwesten der USA zu machen. Nachdem die Reise in allen Einzelheiten geplant war, entschied Myra, daß sie lieber mit der Bahn statt mit dem Flugzeug zum Ausgangsort reisen wollte. Diese Idee war ihr gekommen, weil sie einen Bericht über die luxuriösen Annehmlichkeiten einer Bahnreise gelesen hatte. Fritz war wenig begeistert und begründete seine Ablehnung damit, daß eine Zugfahrt zu viel Zeit kosten würde. Als sie eine Weile über die Sache diskutierten, stellte sich heraus, daß der *wahre* Grund für Fritz' Ablehnung ein anderer war: Er hatte keine Lust, einen völlig neuen Reiseplan ausarbeiten zu müssen. Er hatte beträchtliche Mühen und Anstrengungen darauf verwendet, den ursprünglichen Plan auszutüfteln, und nach einer stillschweigenden Übereinkunft trug er immer die alleinige Verantwortung für die Urlaubsorganisation. Nachdem Myra angeboten hatte, sich um alles Notwendige zu kümmern, und Fritz keine zusätzliche Arbeit von den veränderten Reiseplänen hatte, war er von der neuen Idee recht angetan.

Kompromisse

Wenn einer oder beide Partner das Gefühl haben, daß ihre eigenen Bedürfnisse denen des anderen allzu häufig untergeordnet werden, kommt es leicht zu Konflikten. Obwohl die Schaffung eines dritten Weges die ideale Lösung sein mag, um Probleme zu lösen, gibt es Situationen, in denen andere Formen der Konfliktlösung besser geeignet sind.

Während der dritte Weg den Entwurf einer völlig neuen Lösung verlangt, die beide Partner zufriedenstellt, geht es bei einem Kompromiß im wesentlichen darum, daß man die beiden Alternativen zusammennimmt und sich irgendwo in der Mitte trifft, sozusagen beim Durchschnitt beider Alternativen. Bezogen auf unser Thema bedeutet ein Kompromiß eine Verhandlungsform, bei der zwei Parteien *innerhalb* ihrer ursprünglichen Parameter bleiben, aber jeder zu einem gewissen Grade nachgibt.

Jonathan war Psychotherapeut. Von Montag bis Donnerstag arbeitete er immer sehr lange, meist bis acht oder neun Uhr abends. Durch seinen Terminplan konnte er nur selten mit Amalia zusammensein, außer an den Wochenenden. Amalia beschwerte sich, aber da Jonathan unter erheblichem finanziellen Druck stand, konnte er kaum Zugeständnisse machen; er mußte jeden Monat eine beträchtliche Summe an Unterhalt und Alimente zahlen und sah keine Möglichkeit, seine Praxis einzuschränken. Um finanziell über die Runden zu kommen, empfing er oft sogar noch Extrapatienten nach neun Uhr.

Zuerst stritten sie sich über ihre widersprüchlichen Bedürfnisse, wobei Amalia ins Feld führte: »Deine Arbeit ist dir wichtiger als ich!« und Jonathan antwortete: »Du hast überhaupt kein Verständnis für meine Situation. Viele Leute können erst abends zu mir kommen, weil sie tagsüber arbeiten müssen.« Doch durch Vorwürfe ließ sich keine Lösung erzielen. Erst als sie noch einmal in Ruhe ihre jeweiligen Bedürfnisse darlegten und gegeneinander abwogen, fanden sie schließlich zu einem Kompromiß. Dienstags würde Jonathan um sechs Uhr Feierabend machen. Abgesehen von dringenden Notfällen würde der Dienstagabend heilig sein und ausschließlich ihnen beiden vorbehalten bleiben. An den anderen Abenden konnte Jonathan so lange arbeiten, wie er es für nötig hielt. Diese Lösung trug den Bedürfnissen beider gleichermaßen Rechnung, wenn man davon ausgeht, daß Amalia – wäre es allein nach ihr gegangen – mehrere Abende pro Woche für sich beansprucht hätte, während Jonathan lieber auch am Dienstag länger gearbeitet hätte, um sein Einkommen noch weiter aufzustocken.

Bei allen erfolgreichen Kompromissen muß jeder Partner etwas geben, um etwas zu bekommen. Man sollte nicht vergessen, daß eine erfolgreiche Kompromißverhandlung bei beiden Partnern eine gewisse *Unzufriedenheit* hinterläßt, weil die Wünsche beider immer nur teilweise erfüllt werden. Aber auch hier gilt – ein halber Laib Brot ist besser als gar keiner, und eine Liebesbeziehung ohne Kompromiß gibt es nicht.

Tauschgeschäfte

Während Sie bei einem Kompromiß nur etwa die Hälfte von dem bekommen, was Sie wollen, können Sie bei einem Handel oder Tauschgeschäft beinah alles kriegen – allerdings nur halb so lange.

Wenn Sie den Kinofilm für diesen Abend aussuchen und Ihr Partner sucht ihn das nächste Mal aus, oder wenn Sie diesen Monat ins Ballett gehen und nächsten Monat zum Fußballspiel, machen Sie einen Handel. Bei dieser Methode bekommt jeder ab und zu seine »egoistischen« (d. h. kompromißlosen) Wünsche erfüllt – unserer Ansicht nach ein notwendiger Luxus in jeder glücklichen Beziehung.

Allison und Quinn hatten in zwei Bereichen einen Handel geschlossen. Allison liebte Opern und Konzerte und genoß es, sich für einen Abend in der Stadt richtig fein herauszuputzen. Quinn zog sich in seiner Freizeit am liebsten lässig an und langweilte sich bei kulturellen Ereignissen zu Tode. Aber er willigte ein, einige dieser Veranstaltungen mit Allison zu besuchen, solange sie kein Abonnement kaufte – was sie vorgezogen hätte –, sondern einzelne Veranstaltungen auswählte und dabei Quinns besonderen Abneigungen Rechnung trug. Sie erklärte sich außerdem einverstanden, mit Freunden zu jenen Veranstaltungen zu gehen, die sie nicht missen wollte, vor denen es Quinn jedoch grauste – Wagneropern zum Beispiel.

Quinn seinerseits war ein begeisterter Angler. Allison versuchte es ein paarmal und kam zu dem Schluß, daß es auf der ganzen Welt kaum etwas Langweiligeres und Unbequemeres gab, als Fische zu fangen. Als Teil ihres Handels tauschte Quinn sein Boot gegen ein anderes ein, das Allison komfortabler fand. Außerdem einigten sie sich darauf, nach Möglichkeit nicht allein, sondern mit Freunden zum Angeln zu fahren, weil Allison sich dann weniger langweilte. Wenn sie doch allein fuhren, nahm sie sich ein Buch oder eine Handarbeit mit.

Bei einem Handel können beide davon ausgehen, daß ein erheblicher Teil ihrer Bedürfnisse erfüllt wird, wenn nicht sofort, dann nächste Woche oder nächsten Monat oder nächstes Jahr, je nach getroffener Übereinkunft. Beide haben die Gewißheit, daß sie auf lange Sicht nicht auf etwas verzichten müssen, was ihnen persönlich überaus wichtig ist, um die Beziehung aufrechtzuerhalten.

Kontrolle abgeben

Alle erfolgreichen Konfliktverhandlungen – der dritte Weg, Kompromisse, Tauschgeschäfte – verlangen, daß man ein gewisses Maß an Entscheidungskontrolle aufgibt. Und für manche Menschen ist jede Form von Kontrollverlust eine überaus bittere Pille.

Das übertriebene Bedürfnis, die Handlungen des Partners zu

kontrollieren, ist häufig eine Abwehrreaktion gegen Angstgefühle, wenn wir unsere persönliche Autonomie durch die Bedürfnisse, Wünsche, Gefühle oder Entscheidungen unseres Partners bedroht glauben. Selbst wenn es eindeutig notwendig und vernünftig ist, über eine Lösung zu verhandeln, kann es dennoch Ängste auslösen. Wenn ein Partner dazu neigt, verstärkt Kontrolle auszuüben, um mit diesen Ängsten umzugehen, löst das wiederum Ängste beim Partner aus. Damit bewegt die Beziehung sich in ein problematisches Stadium, weil sie nicht länger als Einheit funktioniert, sondern in zwei Einzelwesen aufgespalten wird, die um die Macht ringen. Deshalb ist die Fähigkeit beider Partner, eine gewisse Kontrolle *aufzugeben*, von entscheidender Bedeutung für jede gesunde Partnerschaft.

In der Beziehung zwischen Sasha und Joyce schien Sasha das Zepter fest in der Hand zu halten. Er setzte seinen Willen bei den meisten gemeinsamen Entscheidungen durch, er bestimmte, wann und wo sie zusammenwaren, wo sie essen wollten, welchen Film sie sehen würden, mit wem sie gesellschaftlich verkehrten usw. Doch seine ziemlich rigide Kontrolle war von einer Flut an Vorwürfen begleitet. Er beklagte sich beständig darüber, daß Joyce zu wenig Initiative zeige, und wie unfair es sei, daß er die ganze Verantwortung allein tragen »mußte«, weil sonst »überhaupt nichts passierte«.

Doch wenn Joyce tatsächlich einmal die Initiative ergriff, hatte Sasha stets etwas auszusetzen und zerpflückte kritisch jede ihrer Entscheidungen. Joyce wußte nie, was sie seinen »logischen« Argumenten entgegensetzen sollte. Sie fühlte sich durch Sashas überaus dominierende, kritische Art oft zum Nachgeben gezwungen und in ihren Wünschen unterdrückt. Es gab kaum einen Bereich in der Beziehung, wo ihre Meinung einmal den Ausschlag gab. Obwohl sie Sasha liebte, war sie oft frustriert und wütend. Bald zeigte sich der erste Kummerspeck, und weder Diäten noch Sashas inständige Bitten und »hilfreiche Ratschläge« brachten ihn zum Verschwinden. Joyce schien einfach nicht in der Lage zu sein, sich selbst unter Kontrolle zu bringen. Das hing natürlich damit zusammen, daß ihr Gewicht etwas war, was Sasha nicht kontrollieren konnte, und das war genau der (unbewußte) Punkt. Jetzt saß sie am Ruder und hatte die Macht, auch wenn diese Macht bestenfalls selbstzerstörerisch sein konnte.

Nach einer kurzen Therapie wurden sich sowohl Sasha als auch Joyce der Rollen bewußt, die sie in ihrer Beziehung übernommen hatten. Sie entdeckten, wie sehr ihre Verhaltensweisen sich gegenseitig beeinflußten. Als Sasha sich weniger dominierend verhielt und mehr über die Vorteile das Nachgebens lernte, traf Joyce allmählich mehr Entscheidungen. Im Laufe dieses Prozesses verlor sie allmählich die Pfunde, die sie zugelegt hatte. Es stellte sich heraus, daß Joyce viele der Aufgaben, die vorher allein Sashas Ressort gewesen waren, bravourös meisterte. Sasha entdeckte zu seinem Erstaunen, wie erleichtert er sich fühlte, weil er nicht mehr die ganze Verantwortung allein tragen mußte.

Kontrolle abzugeben, auf Macht zu verzichten und uns selbst teilweise zum Objekt der Entscheidungen eines anderen Menschen zu machen, ist mitunter eine recht schwierige Lernaufgabe, die Zeit, Vertrauen und einen festen Willen erfordert. Dazu gehört ferner die Bereitschaft, auch ein Ergebnis zu akzeptieren, das vielleicht nicht ganz so vollkommen ist, wie wir es uns vorgestellt haben.

Es ist natürlich denkbar, daß zwei Partner sich auf ideale Weise ergänzen, weil der eine Partner extrem gelassen ist, während der andere das Gefühl braucht, die Dinge unter Kontrolle zu haben. Doch für gewöhnlich bieten Beziehungen, in denen die Macht gleichmäßiger verteilt ist, ein wesentlich größeres Potential für ein gemeinsames Glück und tiefe gegenseitige Verbundenheit.

Arbeitsteilung

Gleichberechtigte Partner, die Machtkämpfe über Entscheidungen vermeiden wollen, können sich zum Beispiel an das Prinzip der Arbeitsteilung halten, bei dem jeder Partner vornehmlich die Entscheidungen trifft, die in sein jeweiliges Fach- oder Interessengebiet fallen.

Seit Einsetzen der Industriellen Revolution hat sich die Effizienz und Produktivität am Arbeitsplatz enorm gesteigert. Eine der Methoden, durch die dies erreicht wurde, war die Arbeitsteilung. Eine komplexe, facettenreiche Aufgabe wurde in einzelne Komponenten unterteilt, die von unterschiedlichen Arbeitern übernommen wurden. Dieses Verfahren, das den Arbeitsprozeß wesentlich vereinfachte, führte zur Entstehung einzelner Spezialistengruppen, die ihren jeweiligen Arbeitsbereich perfekt beherrschten und einen wertvollen Einzelbeitrag zum Ganzen lieferten.

Diese Form der Arbeitsorganisation ist vor allem wichtig, wenn beide Partner berufstätig sind und die Stunden des Tages kaum ausreichend scheinen, um auch nur das Notwendigste zu erledigen. Wenn man die Arbeit aufteilt, wobei jeder Partner möglichst die Aufgaben übernimmt, die seinen Begabungen und Interessen am nächsten kommen, läßt sich das Zusammenleben wesentlich angenehmer und einfacher gestalten, weil jeder Partner bereitwillig die Kontrolle über bestimmte Bereiche abgibt, um im Gegenzug mehr Freiheit zu erhalten.

So sorgt Colin zum Beispiel dafür, daß die Schuhe immer glänzen, das Haus immer tip-top aussieht und jedes defekte Gerät repariert wird. Lana kümmert sich um die sozialen Kontakte und übernimmt einen Großteil des Einkaufens und Kochens.

Die Aufteilung von Aufgaben setzt natürlich ein gewisses Maß an Vertrauen voraus, vor allem im Anfangsstadium einer Beziehung, wenn man vielleicht nur zögernd die Kontrolle über einen angestammten Zuständigkeitsbereich abgibt. Doch mit der Zeit, wenn man die Arbeitsweise des Partners und seine speziellen Interessen besser kennengelernt hat, sollte man sich allmählich entspannen und die Aufgaben aufteilen, die man vorher allein wahrgenommen hat, sie gegebenenfalls sogar ganz auf den Partner übertragen.

Marjory hatte ein Haus und einen eigenen Garten. Sie liebte ihre grüne Oase, aber sie hatte selten Zeit, sich ordentlich darum zu kümmern. Amos pusselte für sein Leben gern im Garten herum und verstand auch eine Menge davon, konnte dieser Leidenschaft aber kaum nachgehen, da er in einem Hochhaus lebte.

Am Anfang erledigten Marjory und Amos einen Großteil der Gartenarbeit gemeinsam und trafen auch gemeinsam alle wichtigen Entscheidungen über den Garten, wobei Marjorys Wünsche meist den Ausschlag gaben. Nach einigen Monaten hatte Marjory mehr Vertrauen in Amos' gartenbauliche Fähigkeiten gefaßt und überließ ihm allmählich immer mehr Verantwortung. Je mehr Marjory ihre Kontrolle lockerte, desto mehr Spaß machte es Amos, eigenständige Entscheidungen über den Garten zu treffen.

Er veranlaßte alles, was seiner Meinung nach erforderlich war, ohne Marjory bei jeder Gelegenheit zu konsultieren. Das bedeutete nicht, daß Marjorys Beitrag nicht mehr willkommen war, es war einfach so, daß Amos' Begeisterung und Kompetenz Marjory dazu ermutigten, seinem Urteil zu vertrauen. Bei den seltenen Anlässen, wo sie nicht mit ihm übereinstimmte, behielt sie ihre Meinung für sich. Sie war glücklich über das Endprodukt, einen herrlichen Garten, für den sie kaum einen Finger rühren mußte.

Die traditionelle Rollenverteilung früherer Zeiten hatte den Vorteil, daß bestimmte Zuständigkeitsbereiche, zum Beispiel Haushalt und Familie, klar abgegrenzt waren. Das Problematische an dieser Tradition war natürlich, daß diese Aufgabenbereiche strikt nach dem jeweiligen Geschlecht, und nicht nach persönlichen Interessen und Fähigkeiten verteilt wurden.

Mit der allmählichen Auflösung dieser starren Rollenstereotypen stehen wir heute vor dem neuen Problem, daß wir entscheiden müssen, wer was tun soll. Das führt am Anfang vielleicht zu einer etwas belastenden und stressigen Situation. Doch mit der Zeit zeichnen sich dann allmählich die individuellen Begabungen und Vorlieben ab, und wir trauen unserem Partner bestimmte Rollen und Aufgaben zu, die wir zuvor allein ausgeführt haben.

Rollen sollten natürlich nicht eisern festgelegt sein, und wenn bestimmte Aufgaben beiden Partnern gleichermaßen zuwider sind, sollten sie abwechselnd übernommen werden. Manchmal lernt man etwas Wertvolles hinzu, wenn man eine Aufgabe in einem ungewohnten Bereich übernimmt. Wenn Sie zum Beispiel die Führung der Haushaltskasse übernehmen, gewinnen Sie vielleicht ein ganz neues Verständnis für Ihre allgemeine Finanzlage und eine vernünftige Ausgabenplanung. Außerdem werden Sie vielleicht mit den Prinzipien und der Sprache der Wirtschaft vertraut und lernen etwas über Hypotheken, Zinsraten, Steuergrenzen usw.

Interims- oder Zwischenlösungen

Auch wenn die Aufgabenbereiche relativ gerecht verteilt sind, wird es genügend Gebiete geben, auf denen Sie beide gleichermaßen engagiert sind und um die gemeinsame Kontrolle wetteifern.

In Situationen, wo Sie sich wegen einer bestimmten Sache in den Haaren liegen, können Interimslösungen aufgrund ihres vorübergehenden Charakters von großem Nutzen sein. Solche Zwischenlösungen fördern eine experimentierfreudige, abwartende Haltung und verhindern, daß die Partner sich zu sehr ins Zeug legen oder sich allzu sehr mit dem Erfolg und den oft unvorhersehbaren Folgen eines Vorschlags identifizieren. Wenn einer der Partner noch immer unzufrieden ist, nachdem man die Interimslösung eine Zeitlang ausprobiert hat, kann man sie verwerfen und andere Alternativen austesten, bis eine beiderseitig zufriedenstellende Lösung gefunden ist.

Colleen und Warren lebten seit sechs Monaten zusammen und gerieten sich dauernd über Geldangelegenheiten in die Wolle. Colleen plädierte für ein gemeinsames Konto, aber Warren hielt diesen Vorschlag für absolut unpraktikabel. Er sah im Geiste bereits all die geplatzten Schecks vor sich, die ein gemeinsames Konto nach sich ziehen könnte. Er befürchtete, daß sie beide die Übersicht verlieren und ihr Konto heillos überziehen würden. Er war dafür, daß sie beide getrennt bezahlten, die Ausgaben in eine Liste eintrugen und am Ende des Monats die Kosten verrechneten. Colleen war gegen diese Methode, weil sie Angst hatte, daß sie ihre Belege verlieren könnte oder vergessen würde, alles aufzuschreiben; sie hielt Warrens Plan für unpraktisch und kompliziert und außerdem für viel zu zeitaufwendig.

Nach langen Diskussionen kamen sie schließlich überein, es drei Monate lang probeweise mit einem gemeinsamen Konto zu versuchen. Nach zwei Monaten platzten einige Schecks, und Warren forderte den sofortigen Abbruch des Versuchs. Aber Colleen beharrte auf dem ursprünglich vereinbarten dritten Monat, damit sie ihr System verbessern konnte. Sie versprach, Warrens Scheckausgangsbuch alle paar Tage zu überprüfen, und führte akkurat Bilanz über ihr Konto. Der dritte Monat verging ohne den kleinsten Kratzer, und seitdem benutzen die beiden ein gemeinsames Konto.

Das soll nicht heißen, daß Colleens Methode die »richtige« oder sogar die »bessere« war. Wenn die beiden sich auf Warrens Verfahren geeinigt hätten, hätte *er* vielleicht die Hauptverantwortung übernommen und dafür gesorgt, daß Colleen bei der monatlichen Endabrechnung nicht benachteiligt worden wäre. Auch diese Methode hätte vielleicht reibungslos funktioniert. Der entscheidende Punkt an diesem Beispiel ist, daß der Problemlösungsprozeß kooperativ verlief und beide Standpunkte gebührend berücksichtigt wurden.

Obwohl einige Lösungen prinzipiell besser sein mögen als andere, gibt es, wenn überhaupt, nur ganz wenige Patentlösungen für ein Problem. Für gewöhnlich lassen sich eine ganze Reihe potentieller Lösungen für jedes Problem finden. Ob eine Lösung gut oder schlecht ist, wird letzten Endes davon abhängen, ob die Partner bereit sind, sie vollen Herzens zu unterstützen und gemeinsam zu tragen. Je größer die Bereitschaft ist, sich voll und ganz für einen eigenen Vorschlag zu engagieren oder andernfalls die Position des Partners zu unterstützen, desto wahrscheinlicher ist es auf lange Sicht, daß man ein für *beide Seiten* befriedigendes Ergebnis erzielen wird.

Wenn zwei Partner einander zugestehen, daß jeder die Freiheit hat, eine Arbeitslösung zu überdenken oder zu verbessern, weil beide in erster Linie am Wohl der Beziehung interessiert sind und darauf vertrauen, daß ihre elementaren Bedürfnisse letzten Endes erfüllt werden, kann das Ergebnis sich für beide als konstruktive und angenehme Überraschung erweisen.

Carly arbeitete als Krebsforscherin in Wichita und erhielt das Angebot, für sechs Monate in Los Angeles zu unterrichten. Sie freute sich riesig über die Möglichkeit, sorgte sich aber um Benjamins Reaktion. Sie wollte nur gehen, wenn er sie begleiten konnte. Benjamin war ziemlich beeindruckt von dem attraktiven Angebot, das man Carly gemacht hatte, und redete ihr zu, die erforderlichen Unterlagen einzureichen. Er wollte in der Zwischenzeit versuchen, seine Termine so zu koordinieren, daß er während der sechs Monate einige längere Abstecher nach Los Angeles machen könnte.

Carly vervollständigte ihre Bewerbungsunterlagen, war sich aber immer noch nicht sicher, ob sie das Angebot annehmen sollte, wenn das bedeutete, sechs Monate lang von Benjamin getrennt zu sein. Während sie noch am zweifeln war, stellte Benjamin fest, daß Los Angeles auch für ihn einige kulturelle und berufliche Vorteile bot. Mit neu erwachtem Eifer machte er sich daran, seinen Terminplan so zu arrangieren, daß er schließlich in der Lage war, mehr als die Hälfte der Zeit gemeinsam mit Carly in Los Angeles zu verbringen. Was als Problem begonnen hatte, war plötzlich zu einem Glücksfall geworden, den beide freudig herbeisehnten.

Die Bereitschaft, vorgefaßte Meinungen aufzugeben und sich auf neue Sichtweisen einzulassen, das Glas als halb voll statt als halb leer zu betrachten, erleichtert den gegenseitigen Anpassungsprozeß und läßt ihn weniger entbehrungsreich erscheinen.

Auf die Barrikaden gehen

Manchmal ist eine Sache von so immenser Bedeutung für einen Menschen, daß sie im Grunde nicht verhandelbar ist. In diesen *seltenen* Fällen gibt es wenig oder keinen Raum für einen Handel oder Kompromiß oder gar den Ausweg einer Interimslösung: in solchen Fällen ist man sozusagen bereit, für eine Sache auf die Barrikaden zu gehen.

Chloe zum Beispiel meinte: »Es gibt bestimmte ökologische Fragen, in denen ich nicht bereit bin, nachzugeben. Ich bestehe darauf, daß Flaschen, Dosen und Papier vernünftig entsorgt werden, auch wenn es unbequem für Derek ist. Ich finde es einfach nicht in Ordnung, bestimmte Umweltprobleme zu ignorieren. Derek hat sich anfangs geweigert, aber inzwischen ist es besser geworden.«

Beths Sohn Alan war sechs Jahre alt, als sie Chris kennenlernte. Obwohl Beth und Chris sich inzwischen meisterhaft darauf verstanden, ihre Meinungsverschiedenheiten auszuhandeln, hatte Beth vor kurzem festgestellt, daß es eine Sache gab, bei der es für sie keine zwei Seiten gab. Chris hatte eine Spielzeugpistole für Alan gekauft. Beth war ihm dankbar für seine Großzügigkeit und wußte es zu schätzen, daß er sich um eine gute Beziehung zu ihrem Sohn bemühte. Das änderte jedoch nichts daran, daß Pistolen oder anderes Kriegsspielzeug ihren tiefsten Grundüberzeugungen zuwiderliefen. Sie wollte um jeden Preis vermeiden, daß Alan auf den Gedanken käme, sie würde dieses Spielzeug in irgendeiner Weise unterstützen. Für sie hätte es eine Art stillschweigender Zustimmung bedeutet, wenn sie Alan erlaubt hätte, die Pistole anzunehmen: »Chris versuchte mich zu überzeugen, daß Jungen nun mal Jungen sind«, sagte sie, »aber es hatte keinen Zweck. Diese Überzeugung sitzt bei mir einfach zu tief.«

Ein Mann, den wir interviewten, bezeichnete derartige Streitthemen als »Rote Couch-Debatten«. Er erzählte, wie seine Partnerin ihn zu Beginn der Beziehung überredet hatte, eine rote Couch zu kaufen – gegen sein besseres Wissen. Er haßte diese rote Couch. Er schwor sich, nie wieder zu kapitulieren, wenn eine Sache ihm zutiefst zuwider war. In solchen Fällen sagte er nur noch: »Dies wird keine rote Couch«, was soviel hieß wie: »In dieser Sache werde ich nie und nimmer nachgeben.«

Wenn wir von unserem Partner erwarten, daß er unsere nicht verhandelbaren Forderungen respektiert, müssen wir sparsam damit umgehen und dürfen nur nach reiflicher Überlegung davon Gebrauch machen – sonst geht es uns wie jemandem, der blinden Alarm schlägt, und dann ignoriert oder verlacht wird, wenn es tatsächlich ernst ist. Solange »Rote Couch-Debatten« nicht zu oft geführt werden, sollten Partner in einer stabilen Beziehung bereit sein, tiefempfundene Gefühle zu respektieren. Schließlich möchten wir im umgekehrten Fall genauso behandelt werden.

Zitronensaft machen

Howard Gossage, ein früherer Werbemanager, hat einmal gesagt: »Wenn du nur Zitronen hast, mach Zitronensaft«.

In Situationen, wo Sie nicht weiterkommen, weil Ihr Partner wegen einer bestimmten Sache »auf die Barrikaden geht«, sollten Sie – soweit möglich – mit wohlwollender Akzeptanz reagieren und nicht versuchen, den Partner durch beleidigtes Verhalten oder stille Vorwürfe für die erlittene Mißbill zu bestrafen. Die Fähigkeit, sich auch unter Druck großmütig zu zeigen, zeugt von echter Charakterstärke und Reife.

Mitunter kann es natürlich ziemlich hart sein, angesichts unübersehbarer Widrigkeiten weiterzumachen, aber sogar ein Badeurlaub, in dem es jeden Tag Hunde und Katzen regnet, läßt sich retten, wenn man seine Ziele und Erwartungen ändert: Tischtennis, gute Bücher, Musik und viel Sex und Schlaf können den erwarteten Sonnenstrand wettmachen.

Aufgeklärtes Eigeninteresse

Wenn Sie großzügig und verständnisvoll sind, wird Ihr Partner sich eher anerkannt und bestätigt fühlen, was ihn wiederum motivieren wird, sich Ihnen gegenüber ebenfalls großzügig und verständnisvoll zu zeigen. Ein solches Verhalten meinen wir, wenn wir von »aufgeklärtem Eigeninteresse« sprechen: letzten Endes liegt es in Ihrem eigenen Interesse, wenn Sie Ihrem Partner das Gefühl vermitteln, daß er geliebt und anerkannt wird.

Aufgeklärtes Eigeninteresse kann darin zum Ausdruck kommen, daß Sie Ihrem Partner kleine Aufmerksamkeiten mitbringen, sein/ihr Lieblingsessen kochen, Ihrem Partner einige unangenehme Pflichten erleichtern oder dafür sorgen, daß er ungestört ausruhen kann. Aufgeklärtes Eigeninteresse kann bedeuten, daß Sie alles dafür tun, damit Ihr Partner das heißersehnte Klavier bekommt, auch wenn Sie es sich eigentlich nicht leisten können, weil Musik ihn glücklich macht. Es bedeutet, den Partner bei bestimmten Zielen zu unterstützen – dem Wunsch, wieder zur Schule zu gehen oder einer kreativen Tätigkeit nachzugehen, selbst wenn diese Bestrebungen keine finanziellen Vorteile bringen, weil sie eher mit dem Streben nach Glück und persönlicher Entfaltung zusammenhängen.

Aufgeklärtes Eigeninteresse kann dazu führen, daß Sie über Ihren eigenen Schatten springen und Ihren Partner in die Oper begleiten, zu einem Sportereignis oder auch zu einer Familienfeier, auf die Sie lieber verzichtet hätten, wenn es allein nach Ihnen gegangen wäre. Es kann bedeuten, daß Sie einen Campingurlaub machen, obwohl Sie lieber im Hotel wohnen würden, einfach um Ihrem Partner eine Freude zu bereiten. Sie sollten diese Dinge nicht tun, weil Sie eine Gegenleistung dafür erwarten. In diesem Fall werden Sie sehr wahrscheinlich eine Enttäuschung erleben. Doch wenn Sie freiwillig und ohne Hintergedanken zum Geben bereit sind und damit zur allgemeinen Zufriedenheit Ihres Partners beitragen, wird er diese liebevollen Gesten sehr wahrscheinlich erwidern wollen.

In der Rolle des Gebenden profitieren Sie außerdem von den positiven Gefühlen, die sich einstellen, wenn Sie etwas zum Glück oder Wohlergehen eines geliebten Menschen beitragen. Altruismus bereichert Ihre Seele und Ihr Selbstwertgefühl. Sie machen vielleicht die überraschende Entdeckung, daß Sie auf ungeahnte Weise davon profitieren, wenn Sie Ihrem Partner etwas gegeben haben. Vielleicht finden Sie das langweilige Fußballspiel plötzlich wahnsinnig spannend; und die laue, sternenklare Nacht erweist sich vielleicht als einmaliges Erlebnis, obwohl Sie ursprünglich auf ein weiches Bett und eine heiße Dusche spekuliert hatten. Und die Erinnerungen, die Sie gemeinsam aufbauen, sind Reichtümer, von denen Sie noch lange zehren können.

Wenn Sie die Bedürfnisse Ihres Partners besser kennen, können Sie sie leichter erfüllen. Menschen unterscheiden sich zum Beispiel häufig in ihren Bedürfnissen nach emotionaler Nähe oder Distanz. Der eine Partner möchte vielleicht mehr Zeit mit dem Partner gemeinsam verbringen, der andere braucht vielleicht mehr Zeit für sich allein. Das Bedürfnis nach gemeinsam oder getrennt verbrachter Zeit ist für gewöhnlich eine Sache persönlicher Präferenzen und hat nichts damit zu tun, daß Ihr Partner Sie vertreiben oder erdrücken will. Dieses Wissen sollte Sie zu einer großzügigen Haltung motivieren. Jeder Mensch kann natürlich den ersten Schritt tun: »Ich weiß, daß du jetzt Trost brauchst, und bleibe gern eine Weile bei dir. Aber anschließend brauche ich ein bißchen Zeit für mich und werde mit einem Buch nach oben gehen.« Oder: »Ich weiß, daß du deinen Freiraum brauchst. Nimm dir jetzt ein bißchen Zeit für dich, und später machen wir dann etwas gemeinsam.« Beide Methoden sind praktikabel, je nachdem, wessen Bedürfnis gerade drängender ist. Aber die Voraussetzung ist in beiden Fällen dieselbe: wenn Sie den Wunsch Ihres Partners respektieren, haben Sie selbst zahlreiche – häufig unerwartete – Vorteile davon. Nehmen wir zum Beispiel Chuck und Alana, bei denen die Frage, wie oft man miteinander schlafen sollte, ein zentrales Streitthema bildete.

Chucks sexuelle Bedürfnisse waren erheblich größer als Alanas. Statt dauernd darüber nachzudenken, warum Chuck kaum je sexuell befriedigt schien, erkannte Alana schließlich, daß diese Frage im Grunde nicht so wichtig war. Wichtig war allein, *ob* er sexuell befriedigt war. Da sie ihn liebte, wollte sie, daß er glücklich war, und beschloß, sexuell entgegenkommender zu sein. Als sie aufgrund ihrer *eigenen freien Willensentscheidung* und nicht aus *Zwang* öfter zum Sex bereit war, stellte sie zu ihrer Überraschung fest, daß *sie* mehr Spaß am Sex entwickelte. Cuck seinerseits nahm sich mehr Zeit und machte sich mehr Gedanken darüber, wie er Alana erfreuen könnte – im Bett und auch sonst.

Manchmal wirkt aufgeklärtes Eigeninteresse wie ein Handel, aber die Einstellung, die sich dahinter verbirgt, ist eine völlig andere. Matthew war begeisterter Footballfan, vor allem, wenn es um sein lokales Team ging. Seit seiner Kindheit schwärmte er für die Mannschaft und wußte alles über das Team und die Spieler. Er ging entweder ins Stadion oder er verfolgte die Spiele mit beinah religiöser Andacht im Fernsehen. Dana hatte sich alle Mühe gegeben, aber sie konnte dieser Sportart beim besten Willen nichts abgewinnen. Football langweilte sie zu Tode. Sie fand ihre Religion in der Kirche und wollte gern, daß Matthew sie sonntags zum Gottesdienst begleitete, aber Matthew brachte der Kirche ähnliche Gefühle entgegen wie Dana dem Football.

Dana wußte, daß Football wichtig für Matthew war. Wenn sie Verabredungen mit gemeinsamen Freunden traf, achtete sie darauf, daß die Termine sich nicht mit den Footballspielen überschnitten, sie wollte, daß Matthew glücklich war. Matthew begleitete Dana hin und wieder zum Gottesdienst, nicht weil er eine Gegenleistung dafür erbringen wollte, daß er seine Footballspiele ungestört sehen konnte, und sicher nicht, weil er den Kirchgang besonders genoß. Er ging mit, weil er wußte, daß seine Begleitung für Dana wichtig war und sie glücklich machte.

Keiner der Leute in diesen Beispielen ist ein Märtyrer. Sie alle erfüllen die Bedürfnisse ihres Partners aus Liebe und wecken dadurch wiederum liebevolle Gefühle in ihrem Partner. Tatsächlich ist aufgeklärtes Eigeninteresse eng mit der Liebe selbst verknüpft. Es drückt den Wunsch aus, daß der Partner glücklich ist, seine tiefsten Sehnsüchte erfüllen und sich voll entfalten kann. Es ist weit mehr als eine Binsenweisheit und durchaus kein Paradox, daß *Sie* vom Glück und der Zufriedenheit Ihres Partners profitieren werden.

Aufgeklärtes Eigeninteresse, wie wir es verstehen, ist kein zynisches Taktieren, obwohl es oberflächlich gesehen so erscheinen mag. Haley berichtete, daß sie immer für einen Wochenendausflug plädierte, wenn sie den Eindruck hatte, daß die Beziehung eine kleine »Auffrischung«, wie sie es nannte, brauchen könnte.

Frederick erholte sich jedoch lieber zu Hause. Wenn sie also einen Wochenendausflug vorschlagen wollte, machte sie ihm zunächst einen Drink und dann eines seiner Lieblingsessen. Wenn er getränkt, gefüttert und entspannt war, reagierte er viel empfänglicher auf ihre Vorschläge. Aber insgeheim war Haley nicht wohl bei diesem sorgfältig geplanten, strategischen Manöver. Als wir sie fragten, warum sie den Vorschlag nicht beim Frühstück mache, antwortete sie: »Weil er morgens so brummelig ist, daß er jeden Vorschlag ablehnen würde – auch wenn es die beste Idee aller Zeiten wäre.«

Haleys Handeln aus aufgeklärtem Eigeninteresse war keine rein egoistische Manipulation, es verfälschte weder Tatsachen noch schmälerte es das Wohlergehen des anderen. Und Frederick nahm ihr diese Taktik auch überhaupt nicht übel. »Ich weiß immer, wenn sie etwas von mir will«, sagte er, »aber sie ist dann so liebenswert, daß ich ihr nichts abschlagen kann. Außerdem – wenn wir erst mal unterwegs sind, macht es mir meistens unheimlichen Spaß.«

Wer den günstigsten Zeitpunkt oder die effizienteste Vorgehensweise für einen Vorschlag wählt, ebnet im Grunde nur den Weg zu einem erstrebenswerten Ziel. Wer dieses Grundprinzip jeder gesunden Kommunikation mißachtet, ist fast unweigerlich zum Scheitern verurteilt.

Innerhalb einer gesunden Beziehung versuchen beide Partner, ihre individuellen Bedürfnisse zu erfüllen, ohne die Struktur der Beziehung zu gefährden. Das läßt sich am ehesten erreichen, wenn man Entscheidungen vom Standpunkt der Beziehung selbst trifft, wenn möglich einen dritten Weg findet oder sich nötigenfalls auf einen Kompromiß, Handel, eine Zwischenlösung oder auf »Zitronensaft« einigt.

All diese Methoden fördern die Fähigkeit eines Paares, die unzähligen wichtigen Entscheidungen zu treffen, vor denen sie im Laufe eines gemeinsamen Lebens unweigerlich stehen werden, wie zum Beispiel, ob sie Kinder haben wollen und wieviele, wie sie mit dem zunehmenden Alter ihrer Eltern umgehen oder mit der Frage eines Umzugs, Hauskaufs oder der Eröffnung eines eigenen Geschäfts.

Keine dieser wichtigen Lebensentscheidungen kann von einem Partner allein getroffen werden, sie berühren das Leben beider und lassen sich durch einen gemeinsamen Entscheidungsprozeß enorm erleichtern. Ein kreativer Umgang mit diesen Entscheidungsfindungen wird die Verbundenheit zweier Menschen immens vertiefen und festigen.

Teil III

Engagement und Bindung

8. Echte und scheinbare Gefahren

Die Entscheidung zur Bindung

Die größte Herausforderung im Leben ist die Ehe, sie ist der zentrale Ort der Aufklärung und der natürliche therapeutische Prozeß in unserer Kultur.

CARL WHITAKER, M. D.

Eine feste Bindung. Schon der Gedanke scheint viele Menschen in Panik zu versetzen. Nehmen wir zum Beispiel den folgenden Witz:

HENRY Ich hab' gehört, daß du und Roxanne jetzt eine feste Beziehung habt.

NATHAN Keineswegs! Wir stehen uns sehr nahe, aber wir haben keine feste Beziehung.

HENRY Ihr steht euch sehr nahe, habt aber keine feste Beziehung? Was ist der Unterschied?

NATHAN Na ja, es ist ein bißchen wie bei Eiern mit Schinken. Das Huhn steht der Sache sehr nahe, das Schwein hat eine feste Beziehung.

Zweifellos eine bitterböse Ansicht. Und tatsächlich ist der Gedanke an eine feste Bindung für viele Menschen gleichbedeutend mit Begrenzung, gnadenloser Gleichheit und Berechenbarkeit, dem Verlust eines eigenen Selbst, einer Form von Gefangenschaft und dem Ende aller Möglichkeiten: etwas, das man meiden sollte wie die Pest.

Doch für viele andere hat der Gedanke an eine feste Bindung auch ganz andere Assoziationen. Für sie bedeutet es, daß man sich in Zeiten der Not und Bedrängnis auf einen anderen Menschen verlassen kann, das Ende der quälenden Ängste vor der Einsamkeit, die Hoffnung und die Möglichkeit größtmöglicher persönlicher Entfaltung, weil man die Seele eines anderen Menschen berührt und zu einer tiefen inneren Nähe findet – die höchste Form von Kameradschaft, die ein Mensch erleben kann. Für diese Leute ist eine feste Bindung ein wesentlicher Bestandteil ihrer gemeinsamen Suche nach dem, was Liebe – nicht bloße Verliebtheit – bedeutet. Eine ungeheure Chance und der Beginn eines der größten Abenteuer dieses Lebens.

Irgendwann in der Umwerbungsphase entwickelt der eine oder andere Partner für gewöhnlich eine wachsende Unzufriedenheit mit der Intensität der Beziehung; er möchte, daß die Partnerschaft einen tieferen Grad an Verbundenheit erreicht oder, falls das nicht möglich ist, die Beziehung beenden.

Ohne eine gewisse Bereitschaft, sich dauerhaft zu binden, hat eine Liebesbeziehung für gewöhnlich eine recht befristete Lebensdauer und nur sehr begrenzte Wachstumsmöglichkeiten. Man kann eine ziemlich ausgedehnte Umwerbungszeit genießen, aber letzten Endes müssen beide an Bord gehen, wenn sie sich für ein gemeinsames Leben einschiffen wollen. Eine Beziehung, in der diese Bereitschaft zur Bindung und Verantwortung fehlt, ist wie ein Haus, das auf einem äußerst wackligen Fundament steht. Die Fassade mag prunkvoll sein, die Innenausstattung herrlich luxuriös, doch das erste größere »Beben« wird das Haus zum Einsturz bringen.

Unserer Ansicht nach ist eine feste Bindung sowohl eine Grundüberzeugung als auch ein kontinuierlicher Entscheidungsprozeß. Eine feste emotionale Bindung impliziert die Anerkennung einer langfristigen Lebensperspektive, die die Unvollkommenheiten unseres Partners – und unsere eigenen – miteinschließt und die sich der Unausweichlichkeit von kommenden Stürmen, von guten und von schlechten Tagen, bewußt ist.

Menschen, die eine feste emotionale Bindung eingegangen sind, sagen Dinge wie: »Es bedeutet, daß ich fast alles tun würde, damit die Beziehung Bestand hat.« / »Es heißt, daß man zusammenhält. Daß man eben einfach bleibt, auch wenn es Probleme gibt und man am liebsten alles hinschmeißen möchte.« / »Wir sind nicht zusammen, um irgendwann auseinanderzugehen. Wir sind zusammen, um ein Leben lang zusammenzubleiben.« / »Ich will nicht, daß diese Beziehung scheitert, und wenn ich hart genug daran arbeite, wird sie nicht scheitern.« / »Sie ist mein Schwan. Wir gehören für immer zusammen.«

Eine feste Bindung ist sowohl eine Investition als auch ein Versprechen. Eine Investition an Energien, Gedanken, Geduld, Gefühlen und Zeit, verbunden mit dem Versprechen, die Beziehung vor Schaden zu bewahren und auch in schweren Zeiten an ihr festzuhalten und auftauchende Probleme zu meistern.

Eine dauerhafte Bindung einzugehen, bedeutet, daß man die Absicht hat, aktiv daran zu arbeiten, daß die Beziehung funktioniert. Es bedeutet nicht, daß man passiv abwartet, wie sie sich entwickelt. Es ist eine aktive, keine passive Haltung, gekennzeichnet von der Bereitschaft, an Problemen zu arbeiten, bis eine befriedigende Lösung gefunden wird, auch wenn für eine Weile keine Lösung in Sicht ist.

Ein amüsantes Beispiel für eine feste Bindung liefert die folgende bekannte, wenn auch sicherlich erfundene Anekdote. Ein Schauspieler wird von einem Journalisten über seine Ehe interviewt: »Scheidungen sind in Hollywood an der Tagesordnung. Die Leute scheinen es ganz normal zu finden, vier- oder fünfmal zu heiraten, aber Sie und Ihre Frau sind fast vierzig Jahre verheiratet. Haben Sie nie an Scheidung gedacht?«

»An Scheidung?« entgegnet der Schauspieler. »Nein, daran hab' ich nie gedacht... aber an *Mord* – jeden Tag.«

Der innere Entschluß, ein Leben lang zusammenzubleiben, steht nach Ansicht vieler Paare in direktem Zusammenhang mit ihrer Fähigkeit, auftauchende Probleme zu meistern und auch schwere Zeiten gemeinsam durchzustehen. Eine Frau berichtete uns: »So unausstehlich ich ihn manchmal fand, ich habe nie daran gedacht, die Beziehung zu beenden. Vielleicht lag es daran, daß ich von Anfang an entschlossen war, mich nie scheiden zu lassen. Außerdem war inzwischen Hannah da, und ich hätte alles dafür getan, um ihr ein glückliches Zuhause und eine richtige Familie zu erhalten. Was immer zerbrochen war, wir haben es irgendwie gekittet. Und heute – nach zwei sehr harten Jahren – kann ich sagen, daß wir wieder richtig glücklich miteinander sind.«

Alle wirklich wichtigen Erfolge im Leben lassen sich nur mit Geduld und Ausdauer erreichen, und dies gilt ganz besonders, wenn Sie eine erfolgreiche, dauerhafte Partnerschaft anstreben. Allgemein ausgedrückt, ist die Erfolgswahrscheinlichkeit um so größer, je ausdauernder Sie beide darum kämpfen, Ihre Probleme zu lösen und Ihre Kommunikation zu verbessern. Die Erwartung des Erfolgs begünstigt seinen Eintritt.

Dies heißt natürlich nicht, daß Paare, die eine feste emotionale Bindung eingehen, sich nie scheiden lassen. Aber wenn eine Scheidung als letzte aller Möglichkeiten gilt, steht das Paar unter dem kreativen Druck, andere, weniger drastische Lösungen für seine Probleme zu finden.

Warum eine feste Bindung eingehen?

Die meisten Menschen gelangen irgendwann in ihrem Leben an den Punkt, wo sie sich nach einer festen, dauerhaften Bindung sehnen. Für manche kommt dieser Zeitpunkt früh, bei anderen erst in mittleren Jahren, wenn die meisten Freunde einen festen Partner gefunden haben oder wenn man Kinder möchte oder das erste Mal mit der Erkenntnis konfrontiert wird, daß man älter und – wenn man Glück hat – alt wird.

Wir alle müssen eines Tages sterben, und es ist eindeutig besser, in dem Bewußtsein zu sterben, über viele Jahre von einem anderen Menschen gekannt und geliebt worden zu sein, als allein zu sterben oder in Gegenwart eines Menschen, den wir erst kurze Zeit kennen, der weder unsere Seele berührt noch Zugang zu unserem Herzen gefunden hat, mit dem wir nur relativ wenige wichtige Erfahrungen teilen. Der tiefe Trost, den man aus der Erfahrung einer innigen und dauerhaften Liebe schöpfen kann, ist nicht hoch genug zu bewerten, und eine solche Liebe ist undenkbar, unerreichbar ohne eine feste, emotionale Bindung.

In einer gut funktionierenden Partnerschaft, die auf einer tiefen emotionalen Bindung beruht, können wir aus unserer Deckung herauskommen und wir selbst sein. Es ist eine Einheit von Denken und Fühlen. »Ich merkte plötzlich«, berichtete ein Mann, »daß ich mich entspannen konnte und daß es das erste Mal seit fünfzehn Jahren war. Ich hatte plötzlich das Gefühl, ›nach Hause zu kommen‹.«

Die Gewißheit, daß jemand an unserer Seite sein wird, wenn das Leben uns vor Schwierigkeiten stellt, die unsere Talente oder Kräfte übersteigen, ist ein unermeßlicher Trost angesichts der Unberechenbarkeiten des Lebens. »Er weiß, daß ich für ihn da bin«, erzählte eine Frau, die seit zwölf Jahren verheiratet war. »Und wenn irgendein Notfall eintritt, laß ich sofort alles stehen und liegen, um ihm beizustehen. Etwas anderes kommt gar nicht in Frage.«

Eine feste emotionale Bindung setzt innere Kräfte frei, die in andere Bereiche investiert werden können. Man kann oft beobachten, daß Menschen, die sich für eine feste Bindung entschieden haben, sich selbständig machen, eine neue Ausbildung beginnen, neue Projekte in Angriff nehmen oder Pläne realisieren, die seit Jahren im Verborgenen schlummerten.

Die Schattenseite der festen Bindung

Wo Licht ist, ist auch Schatten, und eine dauerhafte emotionale Bindung bildet da keine Ausnahme. Wer sich entscheidet, fest zu einem anderen Menschen zu stehen, verspürt zumindest eine leise Trauer, weil er eine bestimmte Art von Freiheit verliert. Die Freiheit, ungezwungene Kontakte sexueller und anderer Art zu knüpfen und die Lust auf Abwechslung und Abenteuer ungehemmt ausleben zu können. Und wer eine dauerhafte Bindung eingeht, muß natürlich eine gewisse Einschränkung der Flexibilität in Kauf nehmen, weil er Rücksicht auf den Menschen nehmen muß, den er liebt. Das zeigt sich vor allem, wenn Entscheidungen getroffen werden müssen und man plötzlich nicht nur seine eigenen, sondern auch die Wünsche des Partners in Betracht ziehen muß. Wir müssen uns damit abfinden, daß wir nicht länger der Nabel der Welt sind, und lernen, unsere Selbstherrlichkeit durch Großmut und Güte zu ersetzen. Gleichzeitig müssen wir mit den Ängsten vor den neuen, unbekannten Risiken fertig werden, die unweigerlich damit verbunden sind, daß wir unser Schicksal mit dem eines anderen Menschen verknüpfen. Wir können nie mit hundertprozentiger Sicherheit sagen, wie die Gesundheit, die finanziellen Verhältnisse, die Arbeit oder die Familie unseres Partners unser Leben beeinflussen werden. All diese tatsächlichen oder potentiellen Schattenseiten einer festen Partnerschaft tragen zu den Bindungsängsten bei, auf die wir später in diesem Kapitel eingehen werden.

Die Entscheidung, sich zu binden

Die Entscheidung zu einer festen Bindung ist kein einmaliges Ereignis, sondern ein allmählich voranschreitender Prozeß, den zwei Menschen in einer Beziehung durchlaufen. Auf dem Entwicklungsweg einer Beziehung gibt es für gewöhnlich besondere Meilensteine, herausragende Ereignisse oder Momente, in denen die wachsende Zuneigung durch wichtige Entscheidungen zum Ausdruck kam – zum Beispiel durch die Entscheidung, sich zu verloben oder zusammenzuleben oder ein Kind zu haben. In solchen Momenten erleben wir die immense Vertiefung der Bindung häufig sehr bewußt. Die wachsende Verbundenheit, die sich aus der erfolgreichen Aushandlung profanerer Entscheidungen und der gemeinsamen Bewältigung des Alltags ergibt, ist oft weniger augenfällig. Erst im Rückblick erkennen wir vielleicht, wie stark und tief unsere Bindung mit der Zeit geworden ist.

Man geht nicht notgedrungen eine feste emotionale Bindung ein, nur weil man sich entschieden hat, zusammenzuleben. Für viele Leute ist das Zusammenleben anfangs vor allem eine Möglichkeit, »die Liebe auszuprobieren«. Auch wenn das ein vernünftiger Ansatz ist, kommt man irgendwann unweigerlich an den kritischen Punkt, wo man sich für eine tiefere Bindung entscheiden muß, wenn die Liebe sich entwickeln und über die Distanz gehen soll.

Traditionell wird eine feste emotionale Bindung durch den Akt der Ehe symbolisiert, jene kulturell sanktionierte, rechtsgültige und öffentliche Erklärung, durch die zwei Menschen ihre Beziehung feierlich besiegeln und ihre Absicht kundtun, für immer zusammenzubleiben. Man muß sich nur die gegenwärtigen Scheidungsstatistiken ansehen – zur Zeit werden etwa fünfzig Prozent aller neu geschlossenen Ehen geschieden –, um zu wissen, daß das Bekenntnis zu einer dauerhaften Bindung wesentlich weitreichender, komplexer und schwerer erkämpft ist als alles, was durch eine Heiratsurkunde ausgedrückt werden kann.

Weder der symbolische Akt der Eheschließung noch irgendein anderes äußerliches Ereignis, nicht einmal die Entscheidung zu einem gemeinsamen Kind, ist zwangsläufig ein Zeichen von fester Bindung. Ein Paar kann sich für ein Kind entscheiden, einfach weil der eine Partner um jeden Preis Vater oder Mutter werden möchte und der andere zur Kooperation bereit ist, oder eben aus dem ganz anderen Grund, daß zwei Menschen beschlossen haben, gemeinsam eine der größten und lohnendsten Herausforderungen des Lebens anzunehmen. Ein Paar kauft vielleicht ein Haus, weil es eine gute Geldanlage ist oder um einen Zufluchtsort im Alter zu haben. Eine feste emotionale Bindung ist eine innere Einstellung, keine äußere. Sie ist kein Symbol, keine Sache, die für eine andere steht – sie ist die Sache selbst, das »wirklich Wahre«.

In diesem Zusammenhang berichtete eine Frau: »Als ich das erste Mal heiratete, habe ich mir sozusagen von Anfang an eine Hintertür offengehalten, um schnell verschwinden zu können, falls es nicht funktionieren sollte. Diesmal kann ich mir sehr gut vorstellen, daß wir noch mit siebzig und achtzig zusammen sind.«

Eine echte und tiefe Bindung ist durch ein Gefühl der Ruhe, Ganzheit und durch nachlassende Zweifel gekennzeichnet. Wenn die Beziehung diesen Reifungsprozeß erlebt, können oft auch schwerwiegende Probleme, die eine Partnerschaft lange belastet haben, zum ersten Mal gelöst werden. Eine Frau, die ihren Freund geheiratet hatte, nachdem sie vorher sechs Jahre mit ihm zusammengelebt hatte, meinte: »Irgendwie kriegte plötzlich alles seine Ordnung, als wir uns zur Heirat entschlossen. Es war wie Schwangerwerden, die Natur schien irgendwas zu machen, was uns veränderte. Einige unserer Probleme lösten sich einfach in Luft auf. Ich konnte zum Beispiel seine Kinder viel besser akzeptieren, und er verhielt sich meinem Sohn gegenüber viel positiver. Wir redeten nicht mehr darüber als vorher, es kam ganz von allein.«

Wenn eine feste, emotionale Bindung ein fortschreitender Entwicklungsprozeß ist – an welchem Punkt fällt dann die Entscheidung, sich für ein gemeinsames Leben einzuschiffen? Eine stürmische Verliebtheit ist zweifellos ein wahnsinnig aufregendes und belebendes Gefühl, doch die Entscheidung für eine lebenslange Partnerschaft erfordert weit mehr als starke romantische und sexuelle Gefühle, sogar mehr als das Gefühl gegenseitiger Abhängigkeit, Hilfe und Unterstützung. In gewisser Hinsicht besteht der erste Schritt zu einem gemeinsamen Leben in einer sehr praktischen Entscheidung. Wir müssen die Beziehung auf ihr Überlebens- und, noch wichtiger, auf ihr *Entfaltungs*potential untersuchen, um uns für eine ungewisse Zukunft zu rüsten. Die Entscheidung, gemeinsam reifer und runzliger zu werden, aneinander zu wachsen und zusammen alt zu werden, ist eine uneingeschränkte Entscheidung, die nicht nach einer bestimmten Anzahl von Jahren, sondern erst mit dem Tod endet.

Fehlgeleitete Bindungen

Die Entscheidung für eine feste und dauerhafte Bindung läßt sich nicht durch äußere Einflüsse herbeizwingen, zum Beispiel, weil die Frau schwanger wird, oder weil es der sehnlichste Wunsch schwerkranker Eltern ist, daß ihr Kind noch vor ihrem Tode heiratet. Sie läßt sich nicht herbeiführen, weil ein Partner aus beruflichen Gründen umziehen muß und das Paar sich nicht trennen will.

Man sollte sein Herz niemals leichtfertig verschenken. So sympathisch es sein mag, wenn jemand offen und verletzlich ist – zu viel Offenheit und Verletzlichkeit gegenüber einem Menschen, der unsere Gefühle nicht erwidert, kann schwere seelische Wunden hinterlassen und dazu führen, daß wir in einer späteren, glücklicheren Verbindung nicht das nötige Vertrauen entwickeln. (Wie um diesen Punkt besonders zu unterstreichen, zeigt eine Untersuchung, daß Menschen, denen mehrmals durch unglückliche Liebesaffären das »Herz gebrochen« wurde, eher zu Herzanfällen, Angina pectoris und anderen schwerwiegenden Herzerkrankungen neigen.[1])

Obwohl es nicht immer leicht ist, mit Sicherheit zu bestimmen, ob eine Beziehung das gewisse Etwas hat, das zu einer erfüllten Partnerschaft führt, gibt es bestimmte Anzeichen dafür, ob man eine feste Bindung eingehen oder lieber meiden sollte. Solange zum Beispiel nicht *beide* Partner bereit sind, eine feste Bindung einzugehen, wird die Beziehung nicht funktionieren. Beide Partner müssen sich unabhängig voneinander für eine dauerhafte Bindung entscheiden, auch wenn sie letztlich in ihrer Entscheidung übereinstimmen. Um herauszufinden, ob Ihr Partner zu diesem Schritt bereit ist, sollten Sie ihm aufmerksam zuhören. Sie können Ihren Partner – oder sich selbst – nicht zu einer festen Bin-

[1] San Francisco Chronicle, 8. April 1987, S. 5.

dung zwingen. Nachgiebigkeit ist keine Bindungsbereitschaft. Die Entscheidung für eine feste und dauerhafte Bindung muß jeder frei und ganz für sich allein treffen, ohne Druck oder Drohungen.

Anzeichen fehlender Bindungsbereitschaft

Wenn sich in der Umwerbungszeit herausstellt, daß Ihr Partner nicht bereit ist, eine monogame Beziehung mit Ihnen zu führen, können Sie mit Gewißheit davon ausgehen, daß er oder sie nicht zu einer festen Bindung bereit ist. Das mag so offensichtlich scheinen, daß man es kaum erwähnen muß. Aber überraschenderweise schaffen es viele Leute, diese Wahrheit wegzurationalisieren. Wenn Ihr Partner andere fortdauernde Beziehungen unterhält, oder vielleicht Freundschaften von verdächtig romantischer Natur, und Sie mißtrauisch auf sein nächstes sexuelles Abenteuer warten, können Sie sich nicht entspannen und Vertrauen entwikkeln. Sogar wenn Ihr Partner bereit ist, monogam zu leben, sind Sie sich vielleicht unangenehm bewußt, daß er/sie einen merkwürdig »suchenden Blick« hat oder sich beim Flirten verdächtig nah am »Abgrund« bewegt, was ahnen läßt, daß es um mehr geht als eine harmlose Spielerei. Ein solches Verhalten löst fast zwangsläufig Eifersucht und Bitterkeit aus, die unweigerlich mit einer liebevollen Beziehung in Konflikt geraten. Bei einer Liebe, die über die Distanz gehen soll, müssen beide Partner ein gewisses Gefühl der Ehrfurcht vor dem entwickeln, was sie gemeinsam aufgebaut haben, und alles in ihrer Macht Stehende tun, um die Beziehung davor zu bewahren, daß sie durch Täuschungen oder äußere Einflüsse verletzt oder zerstört wird.

Hüten Sie sich auch vor einem Partner, der jedes zukunftsorientierte Gespräch vermeidet, der vom Thema ablenkt, sobald Sie darüber reden, was Sie beide nächste Woche, nächsten Monat oder nächstes Jahr machen werden. Wenn Ihr Partner nie davon spricht, was geschehen würde, wenn die Beziehung sich vertiefen sollte, wo Sie leben würden, was für Pläne man für ein gemeinsames Leben hat, ist das ein deutliches Anzeichen dafür, daß seine/ihre Gedanken nicht in diese Richtung gehen – jedenfalls noch nicht.

Andererseits gibt es auch Menschen, die mit wachsender Begeisterung über solche Dinge reden, die es lieben, sich solche Träume *auszumalen*... aber mehr auch nicht. Unglücklicherweise können diese Leute sich als die größten Herzensbrecher erweisen. Ihre Partner fallen nur allzu leicht auf ihre Versprechungen herein, die nichts als leere Worte sind.

Allgemein ist ein Partner, der sein Wort nicht hält, mit Vorsicht zu genießen. Hüten Sie sich zum Beispiel vor Partnern, die dauernd hochfliegende Pläne für gemeinsame Unternehmungen oder besondere Ereignisse machen, deren Pläne sich jedoch nie zu realisieren scheinen. Und besondere Vorsicht ist geboten, wenn Ihr Partner Ihnen sagt, daß er Sie wahnsinnig liebt und gern mit Ihnen zusammensein möchte, aber irgendwie nie die letzten nötigen Unterlagen für die Scheidung zusammenbekommt.

Ein weiteres Zeichen, das auf die fehlende Bindungsbereitschaft eines Partners hindeutet, ist die Weigerung, Ihre Familienangehörigen oder Freunde kennenzulernen, oder das Widerstreben, Sie seinen eigenen Bekannten oder Verwandten vorzustellen.

Es versteht sich von selbst, daß man stets mit äußerster Vorsicht reagieren sollte, wenn der Partner ein Alkohol-, Drogen- oder anderes Abhängigkeitsproblem hat. Solange dieses Problem nicht gelöst ist, ist Ihr Partner in erster Linie mit seiner Sucht »liiert«. Das nicht wahrhaben zu wollen, ist ein dummer Selbstbetrug, egal, welche Versprechungen und Proteste Ihr Partner vorbringen mag. Wer eine feste Bindung mit einem Suchtkranken eingeht, begibt sich freiwillig auf eine Einbahnstraße ins Unglück.

Hüten Sie sich vor jemandem, der an einem Tag Feuer und Flamme und am nächsten kalt wie Eis ist, während Sie kontinuierlich für die positiven Gefühle verantwortlich bleiben. Und wenn jemand sagt, daß er für eine dauerhafte Beziehung nicht zur Verfügung steht, sollten Sie ihn beim Wort nehmen. Es gibt natürlich Menschen, die sich insgeheim nach einer tieferen Bindung sehnen, aber das Gegenteil behaupten, weil sie Angst vor Nähe haben oder weil sie sich vor Schuldgefühlen fürchten, falls die Liebe versagt. Aber die meisten meinen, was sie sagen. Lassen Sie sich nicht durch Ihr Wunschdenken dazu verleiten, eine unangenehme Wahrheit zu beschönigen und zu glauben, daß Sie

Ihren Partner von seiner Meinung abbringen könnten. Wenn Sie sich dieser Illusion hingeben, erwartet Sie mit großer Wahrscheinlichkeit keine tiefe Bindung, sondern tiefe Einsamkeit.

Auffangbeziehungen

Allzu oft stürzen wir uns Hals über Kopf in eine neue Beziehung, nachdem eine Partnerschaft gescheitert ist. Für gewöhnlich sind solche »Auffangbeziehungen« von dem Wunsch motiviert, sich an dem früheren Partner zu rächen, der uns verletzt hat (indem wir ihm zeigen, wie leicht er zu ersetzen ist), oder eine Möglichkeit, uns von dem Schmerz und Verlust, den wir erlitten haben, abzulenken. Oft spielt beides eine Rolle.

Im allgemeinen ist die Person, die als »Lückenbüßer« gewählt wird, das totale Gegenteil des vorherigen Partners, jedenfalls in den Bereichen, die sich als problematisch erwiesen haben. Wenn zum Beispiel Sex ein Problem war, wird die Auffangbeziehung leidenschaftlich sexuell sein; wenn der frühere Partner pessimistisch oder unsicher gewesen ist, wird der neue Partner optimistisch oder selbständig sein; und wenn die alte Beziehung sich müde dahinschleppte und nach langem Siechtum schließlich mit einem leisen Seufzer verschied, wird die neue Beziehung mit einem Knall beginnen und mit den verführerischen Reizen sprühender Intensität und Abwechslung erfüllt sein.

Wenn Rache das vorherrschende Motiv für die Auffangbeziehung ist, wird der neue Partner dem alten in gewisser Hinsicht sicherlich überlegen sein – mehr Glamour, mehr Macht, mehr Geld – was dem früheren Partner dann irgendwie unter die Nase gerieben wird, um ihn zu verletzen. Man protzt sozusagen mit seinem neu erworbenen »überlegenen Status«.

Die Motive, die vielen Auffangbeziehungen zugrunde liegen, sind zweifellos eine hohle und unzureichende Grundlage für eine glückliche und dauerhafte Partnerschaft.

Wenn man den Verlust einer wichtigen Beziehung erlebt, kommt es zu seelischen Verletzungen, die eine angemessene Trauerphase erfordern, Zeit, um die Trauer und den Verlust aufzuarbeiten, damit die Heilung beginnen kann. Ein Mensch, der gerade verlassen wurde, ist empfindlich verletzt und hat oft das

Gefühl, unzulänglich und nicht liebenswert zu sein. Eine neue Liaison kann Sie von dem Schmerz und dem Kummer über eine zerbrochene Beziehung ablenken, aber sie kann auch dazu verleiten, daß man eine vorübergehende Betäubung und Zerstreuung mit »echter Liebe« verwechselt. Wer sich selbst keine ausreichend lange Heilungs-/Trauerphase zwischen zwei Beziehungen zugesteht, läuft Gefahr, die unverarbeiteten Gefühle aus der alten Partnerschaft auf den neuen Partner zu projizieren, eine Last, unter der die neue Beziehung sehr leicht zerbrechen kann.

Wenn die Gefahr besteht, daß man selbst oder der neue Partner einen »Lückenbüßer« gesucht hat, sollten Sie auf jeden Fall eine gewisse Zeit abwarten, bevor Sie sich dafür entscheiden, die Beziehung zu vertiefen und zu festigen. Wie eine Frau uns sagte: »Ich hätte Coy zu jenem Zeitpunkt niemals heiraten dürfen, weil mein Herz noch immer an Jonah hing. Ich hatte die Beziehung zu ihm noch nicht verarbeitet. Ich weiß es nicht genau, aber wenn ich länger gewartet hätte, hätte die Ehe mit Coy vielleicht gehalten ... aber so hat es nicht funktioniert.«

Beziehungen unter Druck

Eine weitere Beziehungsform, die eine besonders sorgfältige und vorsichtige Einschätzung erfordert, ist eine Partnerschaft, in der man sich aufgrund äußerer Bedingungen gezwungen fühlt, eine festere Beziehung einzugehen, und nicht, weil man seinem Partner aufrichtig zugetan ist. Ein solcher Zwang könnte zum Beispiel darin bestehen, daß man eine gewisse symbolische Altersgrenze erreicht – sagen wir dreißig oder vierzig – und das Gefühl hat, daß es irgendwie geboten sei, in diesem Alter verheiratet zu sein. Vielleicht haben viele Ihrer Freunde geheiratet oder eine Familie gegründet, und Sie wollen nicht als einzige/r übrigbleiben. Sie haben vielleicht das Gefühl, daß man Sie bei der Arbeit mehr anerkennen würde, mit entsprechenden Gehaltserhöhungen und Beförderungen, wenn Sie verheiratet wären, oder einer oder Sie beide haben vielleicht den Eindruck, daß die Ehe die einzig angemessene Lösung für eine unbeabsichtigte Schwangerschaft ist. Wenn eine Frau Angst hat, daß ihre biologische Uhr abläuft, oder wenn ein Mann fürchtet, daß er zu alt wird, um noch ein guter

Vater zu sein, sehen sich vielleicht beide gezwungen, eine voreilige Entscheidung über eine Beziehung zu treffen.

Vielleicht fühlen Sie sich unsicher, müde, haben Angst vor dem Alleinsein. Die vorherrschende Meinung in unserer Kultur stigmatisiert noch immer allein lebende Menschen ab einem bestimmten Alter, vor allem Frauen – als ob es ein Zeichen von Versagertum oder fehlender Attraktivität wäre –, so daß das Eingehen einer Beziehung zu einer Art Gegenmittel für diese Form leidvoller Unterdrückung wird.

Viele Menschen fühlen sich auch unter Druck gesetzt, weil sie schon sehr lange mit einem Partner zusammen sind, und geben dann eher den Erwartungen anderer nach als ihren eigenen Wünschen. Die eigenen Eltern oder die Eltern des Partners drängen vielleicht darauf, daß man die Beziehung offiziell bestätigt. Möglicherweise hat man eine Heirat in die Wege geleitet und fühlt sich verpflichtet, die Sache bis zum bitteren Ende durchzustehen, obwohl man inzwischen ernsthafte Zweifel hat, ob die Entscheidung richtig war.

Manche Leute streben eine feste Bindung an, um aus ihren Familien zu fliehen. Vor allem Frauen wird suggeriert, daß die Ehe eine der wenigen legitimen Möglichkeiten ist, um einem unfreundlichen, einengenden, unglücklichen oder konfliktreichen Zuhause zu entkommen. Wie eine Frau uns anvertraute: »Die Ehe schien die einzige Möglichkeit zu sein, meiner schrecklichen Familie zu entfliehen. Ich haßte mein Zuhause, aber ich bin nie auf den Gedanken gekommen, einfach auszuziehen und meinen eigenen Weg zu gehen.«

Manche Leute finden die Familie ihres Partners sympathischer als ihren Partner selbst und heiraten deshalb. Ein Mann erzählte uns: »Sie hatte eine wundervolle Familie, und meine eigene war so kritisch und so negativ. Ich liebte ihre Eltern, sie hatten zwei Töchter und keine Söhne, deshalb nahmen sie mich mit offenen Armen auf. Es war herrlich, so viel Wärme und Akzeptanz zu finden. Ich hatte das nie zuvor erlebt.«

Natürlich ist die Ehe bei vielen jungen Menschen auch mehr ein Akt der Selbstbestätigung, der Auflehnung *gegen* ihre Eltern, die den Partner oder die Unabhängigkeit ihrer Kinder vielleicht mißbilligen, als ein klares Bekenntnis *zugunsten* der Person, die man gewählt, und der Beziehung, die man eingegangen ist.

Welche Ursachen der äußere Druck auch immer haben mag, Beziehungen, die auf irgend etwas anderes gründen als tief empfundener Zuneigung für den Partner, werden sehr wahrscheinlich scheitern. Wenn der äußere Druck nachläßt, werden Sie möglicherweise feststellen, daß es sonst kaum etwas gibt, das Sie und Ihren Partner verbindet, und daß Sie einen schrecklichen Irrtum begangen haben – einen Irrtum, der weitaus schmerzlicher sein kann, als Sie je für möglich gehalten hätten.

Kriterien für eine feste emotionale Bindung

Die meisten Menschen, die sich für eine feste Bindung entscheiden, haben zuvor eine wachsende Bereitschaft entwickelt, sich ernsthafter zu engagieren. Wenn man sich die Hörner genug abgestoßen hat, wird die Sehnsucht nach Freiheit und völliger Unabhängigkeit allmählich von dem Wunsch nach Heimat und festen Wurzeln verdrängt. Doch die bloße Tatsache, daß man bereit ist, fest zu einem anderen Menschen zu stehen, bedeutet noch nicht zwangsläufig, daß der Partner, mit dem man gerade zusammen ist, auch der richtige ist.

Darüber zu entscheiden, ob der jeweilige Partner tatsächlich der/die Richtige ist, ist eine schwierige Aufgabe. Wenn Sie sich jemanden wünschen, mit dem Sie eine lebenslange Liebe begründen können, müssen Sie nicht nur die Eigenschaften Ihres Partners gründlich unter die Lupe nehmen, sondern auch einschätzen, wie Sie beide als Einheit funktionieren.[2]

Unserer Ansicht nach gibt es sechs Hauptfaktoren, die zusammengenommen eine realistische und recht umfassende Orientierungsgrundlage und praktische Entscheidungshilfe bieten. Diese Faktoren sind: Chemie, Kameradschaft, Vertrauen, Respekt, Akzeptanz und gemeinsame Werte. Sie sind der stützende Unterbau einer stabilen Beziehung, die tragenden Pfeiler, auf denen eine gute Partnerschaft basiert, im Gegensatz zu den eher oberfläch-

[2] Im Anhang dieses Buches finden Sie einen kurzen Fragebogen, den *Verträglichkeitsindex*, mit dem Sie herausfinden können, wie gut Sie und Ihr Partner zusammenpassen und ob Sie Aussicht auf ein glückliches Leben zu zweit haben.

lichen oder dekorativen Attributen. Sie sollten nicht mit jenen Checklisten verwechselt werden, die gelegentlich in Frauenzeitschriften erscheinen, um Ihnen bei der Suche nach dem »idealen Partner« zu helfen. Der Mensch, mit dem wir am ehesten ein gemeinsames Leben aufbauen können, hat häufig zahlreiche Qualitäten, die wir rein theoretisch nie für wichtig erachtet hätten, während ihm andere Eigenschaften fehlen, die wir irrtümlich für zwingend erforderlich gehalten haben.

Chemie

Allgemein gesagt hat die »Chemie« mit dem Grad oder der Intensität der gegenseitigen Anziehungskraft zwischen zwei Menschen zu tun. Ebenso wie viele unserer tierischen Artgenossen werden wir durch das äußere Erscheinungsbild eines Partners angezogen – durch das Gesicht, die Figur, durch die Art, wie sich jemand bewegt oder kleidet – wie auch durch bestimmte körperliche Eigenarten, den Klang der Stimme, die Art und Weise, wie sich ein Körper anfühlt und wie er auf unseren reagiert. Ob wir einen Menschen attraktiv finden, wird auch von Pheromonen beeinflußt: sexuell stimulierende hormonelle Düfte, die jeder von uns produziert. Diese Gerüche sind individuell sehr verschieden, und obwohl nicht immer bewußt wahrnehmbar, haben sie häufig einen ungeheuren Einfluß darauf, ob wir uns von einem anderen Menschen angezogen oder abgestoßen fühlen.

Aber die »Chemie« wird nicht nur durch körperliche Merkmale unseres Partners bestimmt, sie zeigt sich auch in unseren Reaktionen auf bestimmte Persönlichkeitsaspekte. Vielleicht war es der Humor Ihres Partners, der Sie sofort für ihn eingenommen hat. Möglicherweise haben Sie sich spontan zu ihm hingezogen gefühlt, weil er ein leidenschaftlicher Musikliebhaber oder ein begeisterter Sportler war oder weil er so liebevoll mit Kindern umging. Vielleicht waren Sie fasziniert von der Vitalität Ihrer Partnerin, ihrem Selbstbewußtsein oder ihrem Sinn fürs Praktische.

Eine Frau, die seit zwanzig Jahren verheiratet war, berichtete: »Ich habe mich spontan zu ihm hingezogen gefühlt, obwohl ich das damals nicht sexuell gedeutet habe. Ich war fünfzehn und in dieser Hinsicht noch ein bißchen zurück. Es war sein Sinn für

Humor und diese Lebendigkeit und Klugheit, die mich sofort für ihn eingenommen haben.«

Bei vielen Paaren entwickeln sich solche nicht-sexuellen Gefühle mit der Zeit zu sexuellen Gefühlen. Für andere geben rein körperliche und sexuelle Elemente den Hauptausschlag für eine Beziehung. Unabhängig von der Reihenfolge ist für manche Leute eine intensive sexuelle Verbindung ein extrem wichtiges Element, wenn es um die Einschätzung eines potentiellen Lebenspartners geht. Wie eine Frau uns berichtete: »Wenn die Chemie nicht stimmt, fehlt einfach etwas Entscheidendes. Ich hatte viele Beziehungen, die auf Intellekt, Kameradschaft, Philosophie und allen möglichen anderen Dingen basierten, aber nichts davon kann guten Sex ersetzen.«

Eine andere Frau erzählte eine Geschichte aus der Anfangszeit ihrer Beziehung: »Scott hat mich sexuell ungeheuer angezogen. Unsere Körper waren wie elektrisch miteinander. Als ich versuchte, mich zwischen den beiden Männern zu entscheiden, die mich während meines zweiten Uni-Jahres heiraten wollten, sah ich einen Film mit dem Titel *Tom, Dick und Harry*. Die Frau in dem Film macht ihre Entscheidung davon abhängig, ob sie die Glocken läuten hört, wenn sie einen der Männer küßt. Wenn ich Scott küßte, hörte ich sie läuten – und daran hat sich bis heute nichts geändert.«

Hüten Sie sich jedoch davor, zu viel Gewicht auf die sexuelle Beziehung zu legen. Viele Leute begehen den schwerwiegenden Fehler, sich an einen sexuell aufregenden Partner zu binden, weil sie Leidenschaft mit Liebe verwechseln, sie zum Kern einer Beziehung machen und alle Bedenken beiseite schieben.

Obwohl es nicht zwangsläufig erforderlich ist, daß die sexuelle Beziehung zu Ihrer/m Auserwählten den rauschenden Höhepunkt Ihrer sexuellen Erfahrungen bildet, sollte sie Ihnen doch ein ausreichendes Maß an Genuß und Befriedigung verschaffen. Wie ein einundsechzigjähriger Mann uns erzählte, der seit siebenunddreißig Jahren verheiratet war: »Sex war nie das Hauptthema bei uns; nicht diese blinde, alles verzehrende Leidenschaft oder Lust, die alles andere hinwegfegt, aber trotzdem war Sex immer sehr wichtig. Man kann sich nur schwer vorstellen, daß eine Ehe auseinandergeht, wenn es im Bett gut funktioniert.«

Natürlich gibt es einige Ehen, die auseinandergehen, *obwohl* es im Bett gut funktioniert – aber für die meisten Menschen ist die Sexualität eine der wichtigste Möglichkeiten, um Nähe herzustellen, um ihre Liebe zu bekräftigen und ihre Verletzlichkeit und Zärtlichkeit zum Ausdruck zu bringen. Ungehemmte, entspannte Sexualität stärkt das gegenseitige Vertrauen. Es ist ein Weg zu der mystischen Einheit, in der wir unsere Getrenntheit überwinden können. Ein offen ausgelebter Orgasmus ermöglicht uns das einzigartige Erlebnis unbedingter und absoluter Hingabe an unseren Partner. Eine glücklich verheiratete Frau sagte uns: »Die sexuelle Anziehungskraft zwischen uns ist immer sehr groß gewesen. Ich bin überzeugt, daß das eine enorme Hilfe war. Selbst nach dem größten Krach war die Lust auf Sex noch immer da. Es hat uns irgendwie geholfen, wieder zusammenzufinden und auf den richtigen Weg zu kommen.«

Wenn die sexuelle Anziehungskraft anfangs nicht besonders ausgeprägt oder das Liebesspiel nicht völlig befriedigend ist, sollte es zumindest klare Anzeichen dafür geben, daß Sie sich sexuell immer besser verstehen und Ihre gemeinsame Sexualität allmählich lustvoller erleben, bevor Sie sich für eine feste Bindung entscheiden.

Wenn andererseits der sexuelle Bereich extrem unbefriedigend ist und die Probleme sich nicht ausräumen lassen, ist das möglicherweise ein Zeichen dafür, daß eine grundsätzliche Unvereinbarkeit im Sexuellen vorliegt oder daß Sie nicht in der Lage sind, Probleme gemeinsam zu besprechen und zu lösen. Eine Frau, die seit vierundvierzig Jahren verheiratet war, berichtete offen über ihre Situation: »Was wir von Anfang an hatten, war eine tiefe Freundschaft, Respekt für den anderen – wahre Liebe, wie ich denke, aber der Sex war nicht gerade umwerfend, und das wurde mit der Zeit nur noch schlimmer. Ich glaube, ich konnte mich nicht richtig entspannen und es deshalb auch nicht genießen. Das war wirklich das Hauptproblem. Ich schätze, wir wußten es beide, aber wir haben einfach so weitergewurschtelt. Als ich mir schließlich eingestand, daß wir Hilfe brauchten, und Morgan darauf ansprach, war er nicht interessiert. Damals habe ich zum ersten Mal gespürt, daß er jemand anders hatte.«

Vor allem sollten Sie sich nie vormachen, daß die sexuellen Probleme sich von allein lösen, wenn Sie erst einmal verheiratet sind. Obwohl es stimmt, daß sexuelle Probleme manchmal spontan verschwinden, ist das äußerst selten der Fall. Und auch wenn der Sex für gewisse Phasen im Zusammenleben eines Paares eine geringere Priorität einnehmen mag, sind die meisten Paare der Ansicht, daß bei fehlender oder fader Sexualität auch die Intimität leidet. Bei den meisten Menschen werden Probleme im Bett zu einer wachsenden Entfremdung führen, und wenn der Sex auf Dauer unbefriedigend bleibt, wird die Beziehung allmählich immer kälter und liebloser werden.

Kameradschaft

In den erfülltesten Beziehungen ist jeder Partner der beste oder zumindest ein sehr guter Freund des anderen. Der Mensch, mit dem Sie eine feste Bindung eingehen, ist jemand, mit dem Sie enorm viel Zeit verbringen werden, deshalb sollten Sie gründlich darüber nachdenken und genau überlegen, ob Sie gern mit Ihrem Partner zusammen sind und seine Gesellschaft genießen. Die Fähigkeit zu spielen, miteinander zu lachen, gemeinsam zu arbeiten und zu entspannen, sind wichtige Kriterien für diese Einschätzung.

Gute Freunde und Kameraden zu sein, bedeutet auch, daß Sie und Ihr Partner sich gegenseitig mit Fürsorge und Respekt behandeln. Es ist leider häufig der Fall, daß Menschen ihre Lebenspartner grober und gedankenloser behandeln als ihre Nachbarn, als ob eine Partnerschaft das perverse Vorrecht einräumen würde, verletzende und rücksichtslose Verhaltensweisen an den Tag zu legen, die jede andere Freundschaft mit Sicherheit beenden würden. Wer sich in einer Beziehung wohl fühlt, hat deshalb noch lange nicht das Recht, unsensibel und respektlos zu sein. Wenn Ihr Partner während der Umwerbungsphase nicht mindestens so fürsorglich, rücksichtsvoll und einfühlsam ist, wie Sie es von einem guten Freund erwarten würden, wird sich die Situation wahrscheinlich mit der Zeit verschlimmern.

Bevor man sich für eine dauerhafte Bindung entscheidet, sollte man ausreichende Beweise dafür haben, daß die Kommunikation sich verbessert, daß es immer leichter möglich wird, Konflikte zu lösen, ohne daß ein bitterer Nachgeschmack bleibt. Wer sich die Zeit nimmt, diesen wichtigen Aspekt jeder guten Freundschaft zu entwickeln, erspart sich eine Menge Leid. Wenn man schwerwiegende Probleme hat, *bevor* man sich emotional bindet, werden die Probleme nachher wahrscheinlich noch größer werden. Man kann mit ziemlicher Sicherheit davon ausgehen, daß eine Beziehung, die durch häufige Konflikte in der Umwerbungsphase *gekennzeichnet* ist, in ernsthaften Schwierigkeiten steckt und keine große Lebenserwartung hat.

Ein weiteres Merkmal echter Freundschaft sind gewisse gemeinsame Interessen und Vorlieben. Eine Frau, die seit über vierzig Jahren verheiratet ist, sagte in diesem Zusammenhang: »Wir genießen die Freundschaft des anderen mehr als die Freundschaft zu irgendeinem anderen Menschen. Wir führen gute Gespräche, wir lieben Musik und Malerei, wir machen gern gemeinsame Spaziergänge und Wanderungen, und wenn wir reisen, haben wir eine großartige Zeit zusammen. Wir verbringen tatsächlich sehr viele schöne und vergnügliche Stunden miteinander.«

Es versteht sich von selbst, daß Sie nicht allein deshalb eine erfolgreiche Beziehung haben werden, weil Ihre Interessen relativ gut übereinstimmen. Auch wenn gemeinsame Hobbys eine Beziehung fördern können, sind sie keine notwendige Voraussetzung. Das Entscheidende ist, daß Sie *einige* gemeinsame Interessen haben bzw. daß Sie es unbefangen genießen können, sich unterschiedlichen Aktivitäten zu widmen. Eine Frau mit einer langjährigen, glücklichen Beziehung erzählte uns: »Wir unternehmen tatsächlich nur wenig gemeinsam. Er beschäftigt sich mit seiner Bildhauerei, und ich lese viel. Wir reisen beide gern, wir gehen gern gut essen, aber was die Gestaltung unserer Freizeit betrifft, haben wir sehr unterschiedliche Vorstellungen. Ich treffe mich gern mit Freunden zum Klönen. Er ist eher ein Einzelgänger, obwohl er für sein Leben gern Schach spielt – und gewinnt –, was mich nun wieder überhaupt nicht interessiert. Sogar wenn wir zusammen verreisen, machen wir die meiste Zeit völlig andere Dinge. Er steht früh auf, und ich schlafe am liebsten bis Mittag. Er joggt am Strand, während ich ein Buch lese. Aber wir fühlen uns unheimlich wohl zusammen, wenn wir getrennte Wege gehen.« Tatsächlich scheinen einige Leute ein relativ großes Bedürfnis nach getrennten Aktivitäten zu haben. Diese Menschen empfinden zu viele gemeinsame Interessen leicht als etwas Erstickendes – als eine unangenehme Beschränkung ihrer persönlichen Autonomie. Doch wenn sie dann wieder mit ihrem Partner zusammen sind, nachdem sie eine gewisse Zeit für sich allein hatten, können sie die Gesellschaft des anderen um so mehr genießen.

Vertrauen

Vertrauen ist das Fundament jeder Beziehung. Eine Freundschaft, in der kein gegenseitiges Vertrauen herrscht, ist nicht viel wert. Vertrauen entsteht, wenn man seine Gefühle offen zeigen kann, ohne verletzt zu werden. Letzten Endes hat Vertrauen damit zu tun, daß man sich sicher fühlt. Je sicherer wir uns mit einem Menschen fühlen, je mehr wir unsere Schutzmechanismen aufgeben und dem anderen unser innerstes Selbst preisgeben, desto weniger einsam fühlen wir uns in der Welt. Wer seine Verletzlichkeit offenbaren und sich dabei sicher fühlen kann, erhält die Möglichkeit der persönlichen Entfaltung und Heilung.

Vertrauen entwickelt sich direkt proportional zur Verläßlichkeit und Integrität des Partners. Zwischen Worten und Taten muß hundertprozentige Übereinstimmung herrschen. Wenn ein Partner unzuverlässig ist, Versprechen bricht, immer wieder Ausflüchte dafür findet, daß er sein Wort nicht gehalten und berechtigte Ansprüche enttäuscht hat, wird der andere unweigerlich mit wachsendem Mißtrauen und Argwohn reagieren. Er wird sich in einen inneren Schutzraum zurückziehen, wo er vor schmerzlichen Enttäuschungen sicher ist. Die Möglichkeit wirklicher Nähe und Intimität wird dramatisch eingeschränkt.

In der Umwerbungsphase können Sie Ihren Partner in vielen verschiedenen Situationen beobachten. Das gibt Ihnen ausreichend Gelegenheit, den Charakter des anderen einzuschätzen. Hält der Partner sein Wort oder hat er ein gespaltenes Verhältnis zur Wahrheit, je nachdem, woher der Wind weht? Hält er sich in beruflichen und privaten Situationen an eine gewisse Ethik? Lügt oder betrügt er, wenn er den Eindruck hat, ungeschoren davonzukommen? Sie können mit einiger Gewißheit davon ausgehen, daß ein Partner, der sich gegenüber anderen Menschen unaufrichtig verhält, dies letztlich auch Ihnen gegenüber tun wird.

Solange Sie nicht von der Vertrauenswürdigkeit Ihres Partners überzeugt und ganz allgemein positiv von seinen Charaktereigenschaften angetan sind, haben Sie keine Basis, um eine Beziehung aufzubauen.

Respekt

Es ist schwer vorstellbar, wie eine Beziehung auf lange Sicht erfolgreich verlaufen soll, wenn die Partner sich nicht gegenseitig respektieren und achten. Wer wichtige Aspekte im Wesen und im Leben des Partners nicht aufrichtig respektiert, wird die Beziehung auf lange Sicht durch diese mangelnde Achtung untergraben.

Jede aufrichtige Zuneigung ist dadurch gekennzeichnet, daß man stolz auf seinen Partner ist – auf sein soziales Engagement oder seine beruflichen Leistungen oder seinen Sinn für Ästhetik oder seine Talente oder seine moralische Integrität oder seine Unabhängigkeit oder seinen Mut oder seine Wärme oder seine Intelligenz. In jeder Ehe oder anderen festen und dauerhaften Beziehung werden Sie zwangsläufig alle Schwächen, Unzulänglichkeiten und Verletzlichkeiten Ihres Partners kennenlernen. Wir alle haben unsere Fehler, die in Krisen oder angespannten Situationen leicht größer erscheinen, als sie sind. Fehler und Verfehlungen wiegen schwerer, wenn sie nicht durch Achtung und Verständnis aufgewogen werden.

Dieser Respekt fördert unsere eigene Entfaltung und Entwicklung, weil der Partner uns dann in bestimmten Bereichen ein positives Rollenmodell liefert. Wenn wir einen Menschen bewundern, sind wir dazu motiviert, von ihm zu lernen, und wenn wir voneinander lernen, profitiert die Beziehung als ganze von der damit verbundenen Kreativität, eine Kreativität, die der Langeweile und dem Überdruß entgegenwirkt.

Akzeptanz

Wenn Sie Ihren Partner respektieren, können Sie auch seine Fehler oder negativen Seiten leichter akzeptieren. Das Gefühl, so akzeptiert zu werden, wie man ist, ist ein wichtiges Merkmal jeder

Beziehung, die sich auf Dauer entfalten soll. Menschen, die in langjährigen, erfüllten Partnerschaften leben, erklären diesen Umstand immer wieder damit, daß sie sich »sicher«, »unterstützt« und »verstanden« fühlen. Die Form von Akzeptanz, auf die wir uns beziehen, bedeutet im Kern, daß jeder Partner sich geliebt fühlt für das, *was er ist, nicht für das, was er tut.* Wenn diese Akzeptanz in einer Beziehung vorhanden ist, können die Partner sich aneinander freuen – frei von der Angst, etwas falsch zu machen, oder dem Druck, sich ständig produzieren, behaupten oder den anderen unterhalten zu müssen. Wenn Liebe und Zuneigung von momentanen Handlungen abhängig sind, muß man beständig auf der Hut sein und kann sich nie wirklich entspannen. Dieser Zustand erhöhter Wachsamkeit ist tatsächlich eine Form von Streß und kann leicht dazu führen, daß man den Partner meidet, um sich frei und unbeschwert zu fühlen.

Manche Menschen befürchten, daß ihr Partner seine schlechten Angewohnheiten nie verbessern, verändern oder korrigieren wird, wenn sie ihn so akzeptieren, wie er ist. Doch das Gegenteil ist wahr. Ein gesundes Maß an Akzeptanz befreit uns davon, ständig mit einem Auge auf die Anerkennung unseres Partners zu schielen. Dieses Gefühl von Freiheit führt dazu, daß wir selbst stärker den Wunsch nach konstruktiver Veränderung entwickeln.

Es gibt eine deutliche Wechselwirkung zwischen dem Gefühl, akzeptiert zu sein, und der Fähigkeit, sich emotional zu öffnen, und emotionale Offenheit ist zweifellos ein wesentlicher Bestandteil jeder echten Intimität. Eine Frau, die wir interviewten, bestätigte diese Ansicht: »Er ist bereit, mir seine tiefsten Gefühle anzuvertrauen, seine Unsicherheiten und Verletzlichkeiten, seine Träume, seine Hoffnungen, seine Zweifel, seine Niederlagen und Erfolge. Das gibt mir das Gefühl wirklicher emotionaler Verbundenheit. Es ist fast so, als wäre da ein körperliches Band zwischen uns, das mir das Gefühl gibt, sicher, geborgen und nicht allein auf der Welt zu sein.« Ohne diese Akzeptanz kann man sich auch innerhalb einer Beziehung sehr leicht einsam und verloren fühlen: zwei Schiffe auf demselben Meer, die in der Dunkelheit aneinander vorbeigleiten.

Gemeinsame Werte

Je mehr grundsätzliche Werte Sie mit Ihrem Partner teilen, desto weniger Widersprüche müssen Sie versöhnen und desto harmonischer werden Sie wahrscheinlich zusammenleben. Mit grundsätzlichen Werten meinen wir, daß zwei Menschen ähnliche Vorstellungen von den wichtigen Dingen des Lebens haben, daß sie in elementaren Dingen übereinstimmen: Weltanschauung, Ethik, politische Überzeugungen, generelle Haltung gegenüber der spirituellen und materiellen Welt, allgemeine Lebensziele.

Man kann sehr häufig beobachten, daß Partner in einer glücklichen Beziehung mit der Zeit immer mehr gemeinsame Werte entwickeln; aber es hilft immens, wenn viele dieser Werte schon von vornherein übereinstimmen. Dieser Vorrat an gemeinsamen Werten hat eine ungemein erleichternde und tröstende Wirkung, weil wir nicht ständig unter dem Zwang stehen, uns selbst erklären zu müssen.

Es ist möglich, daß zwei Menschen einen sehr unterschiedlichen Hintergrund haben und dennoch in vielen grundsätzlichen Werten übereinstimmen: Eine unterschiedliche ethnische, religiöse, rassische oder nationale Herkunft schließt nicht aus, daß man dieselben Ansichten darüber hat, wie man sich gegenüber anderen Menschen verhalten sollte oder was man im Leben für wichtig hält.

Wie man sein Leben leben möchte (Ihr Lebensstil) und wo (Stadt, Land oder Vorort); welche Vorstellungen man von einer Familie hat (ob, wann und wie viele Kinder); wie man über Arbeit, Geld und Freizeit denkt, sind einige der wichtigsten Werte, über die man sich einig sein sollte. Es ist natürlich selten, daß zwei Menschen in allen Wertvorstellungen übereinstimmen, aber es ist hilfreich, wenn die Diskrepanzen in Bereichen auftreten, die für beide von geringerer Bedeutung sind. Obwohl zum Beispiel Politik fast jeden Lebensbereich berührt – das Zusammenleben Ihrer lokalen Gemeinde, Ihre persönliche Meinung über die Abtreibung oder die Verwendung Ihrer Steuergelder usw. –, können politische Meinungsunterschiede relativ unbedeutend sein, wenn keiner von Ihnen politisch aktiv ist. Wenn dagegen einer oder beide Partner politisch sehr engagiert sind, können unterschiedliche politische Anschauungen zu ernsthaften Problemen führen.

Dasselbe gilt für religiöse oder spirituelle Werte. Eine gemeinsame Religion oder spirituelle Orientierung kann eine Beziehung zwar enorm fördern, aber wenn die spirituelle oder religiöse Praxis nicht von oberster Priorität ist, sind Glaubensunterschiede auch kein besonders großes Hindernis. So wird zum Beispiel eine Ehe zwischen einer Katholikin und einem Juden relativ unproblematisch sein, wenn beide nicht orthodox sind und nicht darauf bestehen, daß die Kinder ausschließlich in der jeweils eigenen Religion erzogen bzw. nur eine Religion praktiziert wird.

Wenn fundamentale Werte aufeinanderprallen, besteht immer die Gefahr, daß die Beziehung aufgrund unversöhnlicher Meinungsunterschiede auseinanderbricht. Dieses Risiko, das man nicht unterschätzen sollte, macht noch einmal deutlich, wie wichtig es ist, ausreichend Zeit darauf zu verwenden, sich in der Umwerbungsphase gründlich kennenzulernen. Wir empfehlen daher jedem Paar, lange Gespräche über fundamentale Werte zu führen, *bevor* sie sich entscheiden, ihr Schicksal auf Dauer an das ihres Partners zu knüpfen.

Die Verträglichkeitsbewertung

Obwohl diese sechs Bewertungskriterien von großer Bedeutung sind, entschließt sich natürlich niemand für eine feste Bindung aufgrund rein statistischer Berechnungen. Das Bedürfnis nach einer festen, dauerhaften Bindung basiert auf unserer Intuition und unseren tiefsten Gefühlen. Dennoch bietet die Bewertung der Merkmale, die wir beschrieben haben, die Möglichkeit, seine Gefühle noch einmal zu überprüfen und vielleicht zu enträtseln, warum man gewisse unerklärliche Vorbehalte hat.

Die Wahrheit ist, daß jede Beziehung im Hinblick auf die geschilderten Kriterien ihre Unvollkommenheiten und ihre Grenzen hat. Die Frage ist daher, ob die Unzulänglichkeiten derart schwerwiegend sind, daß sie die Lebensfähigkeit der Beziehung gefährden. Wenn eine wesentliche Eigenschaft völlig fehlt oder wenn mehrere der beschriebenen Merkmale nur in äußerst dürftiger Form vorhanden sind, bewegen Sie sich wahrscheinlich auf dünnem Eis, und das Defizit kann sich unter Umständen als fataler Fehler in Ihrer Beziehung erweisen.

Deshalb sollten Sie eine Bestandsaufnahme von Ihren wichtigsten Bedürfnissen machen, um sicherzugehen, daß zumindest diese Grundbedürfnisse in der Beziehung soweit wie möglich erfüllt werden. Eine Frau berichtete zum Beispiel: »Ich wußte genau, was ich um keinen Preis tolerieren konnte, und was wohl. Was ich nie wieder tolerieren konnte, war ein entscheidungsschwacher Mann oder ein Mann, der ausrastete, wenn etwas nicht nach seinem Willen ging. Winston war anders. Er war weder wischi-waschi noch verrückt. Er liebte mich vorbehaltlos, er war loyal, und daß er außerdem noch atemberaubend attraktiv und erfolgreich war, hat mich nicht im geringsten gestört. Was mich ein bißchen gestört hat, war sein unglaublich abgedroschener Humor, und was mich *extrem* gestört hat, war die Tatsache, daß er Geistlicher war. Aber ich hatte große Hochachtung vor ihm, und wir hatten viel gemeinsam. Deshalb war ich mir sicher, daß er der Richtige war – trotz seiner ›Fehler‹.«

Alexis stammte aus einer relativ wohlhabenden Familie und hatte sich nie Gedanken über Geld gemacht. Sie und Preston waren sich beide bewußt, daß er in seinem sozial engagierten Beruf niemals Reichtümer scheffeln würde. Alexis kämpfte mit diesem Problem, vor allem, weil sie sehr an ihren Eltern hing, die keinen Hehl daraus gemacht hatten, daß sie Prestons Fähigkeit, eine Familie zu ernähren, äußerst skeptisch beurteilten. Nachdem sie lange mit sich gerungen hatte, entschied Alexis schließlich, daß ihre Bewunderung für Prestons Kampf gegen gesellschaftliche Mißstände mehr wog als eine gelegentliche Ebbe in der Haushaltskasse. Sie war überzeugt, daß sie sich einem eingeschränkten Lebensstil anpassen könnte und daß das Problem sich als relativ unbedeutend erweisen würde, da sie in anderen Bereichen so gut zusammenpaßten. Außerdem waren ihr materielle Werte nie so wichtig gewesen wie ihren Eltern.

Hätte Alexis insgeheim darauf spekuliert, Prestons berufliche Entwicklung in lukrativere Bahnen zu lenken, hätte ihr grundsätzlicher Mangel an Respekt für seine Rolle als Familienernährer wahrscheinlich mit der Zeit sein Selbstwertgefühl untergraben. Er hätte sich angegriffen und minderwertig gefühlt. Wenn niemand zum Nachgeben bereit gewesen wäre, hätte das Problem sich letzten Endes als unüberwindbares Hindernis erwiesen, als toxisches Mittel, das ihre Beziehung vergiftet hätte.

Es ist auch denkbar, daß Alexis zu dem Schluß gekommen wäre, daß materielle Dinge durchaus von großer Bedeutung für sie sind und von zentraler Bedeutung für ihr Glück. In diesem Fall hätte sie vielleicht darüber nachgedacht, ob sie selbst für ein zusätzliches Einkommen sorgen könnte. Wenn sie das Gefühl gehabt hätte, dazu nicht in der Lage zu sein, wäre es vielleicht besser gewesen, sich gegen die Beziehung mit Preston zu entscheiden und einen Partner zu wählen, mit dem sie in dieser Hinsicht stärker übereinstimmte. Eine Frau, die exakt vor demselben Problem stand wie Alexis, meinte zum Beispiel: »Ich wollte die Gewißheit, daß der Mann, den ich heiratete, in der Lage sein würde, mir in etwa das gleiche Leben zu ermöglichen, das meine Mutter geführt hatte. Vielleicht nicht ganz so privilegiert, aber er sollte mir zumindest ein bißchen Luxus bieten können, ohne deshalb auf mich herabzusehen oder mir Schuldgefühle zu vermitteln. Brad wäre mit dieser Art Leben sicher nicht glücklich gewesen, deshalb konnte ich einfach nicht bei ihm bleiben. Drei Jahre später lernte ich Rick kennen. Ihm war es genauso wichtig wie mir, finanziell gut dazustehen. Wir haben natürlich andere Probleme, aber für mich persönlich sind sie weniger schmerzlich, als das Geldproblem es gewesen wäre.«

Ein Mann war besorgt, weil es seiner Partnerin an klassischer Bildung und Kunstverständnis mangelte. Da er Komponist war, hatte er nicht die Absicht, bei diesem für ihn überaus wichtigen Wert irgendwelche Abstriche zu machen. Eine intellektuelle Gemeinschaft war von höchster Bedeutung für ihn. »Deshalb habe ich zwei Jahre gewartet, bevor ich Nadia geheiratet habe«, berichtete er. »Während der Umwerbungsphase hat sie angefangen, alle möglichen Bücher zu lesen, und als ich sie zu Vorträgen und Konzerten mitnahm, reagierte sie mit großer Begeisterung. Das hat mich davon überzeugt, daß sie ein echtes Interesse an den Bereichen hatte, die mir so wichtig waren, obwohl sie anfangs noch nicht viel darüber wußte. Ihr Interesse war von Anfang an ungeheuer groß und hat bis heute angehalten. Heute ist es sogar so, daß sie *mir* bestimmte Bücher empfiehlt.«

Bei einem anderen Mann wurde die Liste der Beziehungsnotwendigkeiten davon angeführt, daß er sich frei und unabhängig fühlen wollte. Er lernte eine Frau Ende Dreißig kennen, die beruflich erfolgreich war und ein ausgefülltes Privatleben hatte. Doch ihr Wunsch nach einer Familie war genauso groß wie sein Bedürfnis nach Unabhängigkeit: eine ausweglose Situation. Er hatte bereits erwachsene Kinder und verspürte nicht die geringste Neigung, noch einmal voll in die Vaterrolle einzusteigen, vor allem angesichts der vielen damit verbundenen Einschränkungen. Nach einer schmerzlichen Phase, in der beide verzweifelt nach einem Ausweg aus diesem Gefühlskonflikt suchten, mußten sie sich schließlich eingestehen, daß es das beste war, die Beziehung zu beenden.

Machen Sie sich nicht vor, daß grundsätzliche Probleme sich ändern werden, wenn Sie erst einmal verheiratet sind: daß Ihr Partner sich plötzlich in einen häuslichen Typ verwandelt und nicht mehr so viel Zeit mit seinen Freunden verbringen wird; daß Ihre Freundin nicht länger wegen jeder Kleinigkeit endlose Telefongespräche mit ihrer Mutter führt; daß er mehr Interesse am Sex entwickelt; daß sie ihre Versprechen und Verabredungen einhält... Tatsächlich wird ein Bereich, der problematisch war, *bevor* man sich für eine feste Bindung entscheidet – ihr Alkoholkonsum, sein Übergewicht, Streit ums Geld –, mit der Zeit nur *noch* schlimmer werden. Die Ehe wird nicht dazu führen, daß ein tiefgreifender Widerspruch sich auflöst. Ganz im Gegenteil. Die Ehe oder das Zusammenleben führen im allgemeinen dazu, daß solche Konflikte stärker hervortreten und sich vertiefen. In gewisser Weise verändert die Ehe oder ihr Äquivalent unsere Sichtweise eines Problems. Wenn eine Beziehung vorübergehend ist, wird auch das Problem als vorübergehend betrachtet, doch bei dem Gedanken, den Rest unseres Lebens mit diesem Problem verbringen zu müssen, nimmt es riesenhafte Formen an. Wenn ein ernsthaftes Problem in der Beziehung besteht, sollten Sie sich daher fragen, ob Ihre Bindungsbereitschaft davon abhängig ist, daß Ihr Partner sich ändert, oder ob Sie für die nächsten Jahrzehnte mit diesem Problem leben können.

Es ist möglich, daß Ihr Partner sich durch eine feste Bindung zum Vorteil wandelt, aber man sollte nicht darauf wetten, denn die Wahrscheinlichkeit, daß er sich nur wenig ändert, ist erheblich größer. Wenn es also Bereiche gibt, die geklärt werden müssen, damit Sie sich in der Beziehung wohl fühlen, ist es wesentlich klüger, die Umwerbungsphase auszudehnen und zu versuchen, die Probleme zu lösen, *bevor* Sie sich für eine dauerhafte Bindung entscheiden.

Bei all diesen rationalen Überlegungen und Kriterien wundern Sie sich vielleicht, was mit der »Liebe« geschehen ist. Warum fehlt der Begriff oder das Konzept der Liebe auf unserer Liste der essentiellen Eigenschaften? Wir denken, daß Liebe allzu oft mit Verliebtheit verwechselt wird, jenem eingeschränkten, eher sexuell orientierten und vergänglichen Gefühlszustand, der aufgrund seiner Intensität ungeheuer reizvoll und verlockend ist. Flammende Verliebtheit ist zweifellos etwas Wundervolles und ungeheuer Belebendes, aber sie ist nicht dasselbe wie Liebe.

Wahre Liebe wächst und reift mit der Zeit. Sie ist eine Mischung aus Chemie, Freundschaft, Vertrauen, Respekt, Akzeptanz und gemeinsamen Werten. Anders als die Verliebtheit, die auf dem Reiz des Neuen basiert, sind der Liebe keine zeitlichen Grenzen gesetzt. Ganz im Gegenteil – bei richtiger Pflege und Fürsorge kann die Liebe ein Leben lang halten und wird tatsächlich immer reicher, lebendiger und kraftvoller, je länger sie andauert.

Bindungsängste

»Bindungsangst« ist ein ziemlich ausgetretener und mehrdeutiger Begriff, um zu »erklären«, warum ein Mensch davor zurückschreckt, eine dauerhafte, monogame Beziehung einzugehen, und das Wagnis der Nähe scheut. Fast jeder Mensch hat schon einmal in der einen oder anderen Form gewisse Bindungsängste empfunden. Manchmal sind diese Ängste flüchtig und verursachen keine Probleme. Manchmal können sie eine Beziehung lähmen und sie an ihrer Entfaltung hindern.

Auch wenn wir dieses komplexe Thema hier nicht erschöpfend behandeln können, wollen wir im folgenden einige der häufigsten Bindungsängste erläutern. Bei manchen Leuten wirken mehrere dieser Ängste zusammen. Doch wenn man die Ursachen der Ängste versteht, kann man sie leichter überwinden oder zumindest einige der Hindernisse ausräumen, die den Weg zu größerer Nähe und Intimität verstellen.

Angst vor dem Unbekannten

Ambiguität (oder Unsicherheit) und Angst sind Bettgenossen. Die meisten Menschen reagieren auf Unbekanntes mit gewissen Widerständen, aber einige mehr als andere. Sicherheit, Berechenbarkeit und Kontrolle sind ebenfalls eng miteinander verbunden. Wenn wir tiefgreifende Veränderungen in unserem Leben vornehmen, zum Beispiel, indem wir eine feste Beziehung eingehen, schlagen wir zwangsläufig einen weniger berechenbaren Kurs ein, einen Weg, der häufig von einem gewissen Verlust an Kontrolle und einem entsprechenden Angstanstieg begleitet ist.

Viele Menschen schrecken vor der Möglichkeit solcher tiefgreifenden Veränderungen in ihrem Leben zurück. Das Risiko, auf unvorhersehbare Weise zu scheitern, erhöht sich immerhin beträchtlich. Sie bezweifeln, daß sie zu den zahlreichen Anpassungen fähig sind, die man mit dem Gedanken an eine Beziehung assoziiert. Menschen, die lange ohne Partner gelebt haben und »allein das Sagen hatten«, empfinden diese Angst häufig besonders intensiv, vor allem wenn sie schon etwas älter sind und feste Gewohnheiten entwickelt haben.

Angst vor Verantwortung

Manche Leute scheuen eine feste, dauerhafte Beziehung hauptsächlich aufgrund der damit verbundenen Verpflichtungen. Im allgemeinen ist diese Angst vor Verantwortung eng mit Rollenattributen verknüpft. Männer schrecken häufig vor den materiellen Anforderungen zurück, die sich aus der Rolle des Familienernährers ergeben, oder haben Angst vor der Verantwortung der Vaterschaft. Frauen scheuen eher die Übernahme zusätzlicher Haushaltspflichten und den Konflikt zwischen Mutterrolle und Beruf. Da Frauen außerdem zunehmend gegen die Doppelbelastung aufbegehren, üben sie mehr Druck auf die Männer aus, ihren Teil der Hausarbeit zu übernehmen.

Andere Ängste gehören ebenfalls in dieses Bild. Ängste, die damit zusammenhängen, daß man teilweise für das Glück und Wohlergehen seines Partners verantwortlich ist – und vielleicht an einen Menschen gerät, der hochverschuldet ist, gesundheitlich angeschlagen ist, schwierige Kinder hat oder andere gegenwärtige oder potentielle Lebensschwierigkeiten mit sich bringt.

Angst vorm Versagen

Wer sich nicht bindet, kann nicht scheitern. Das ist der allerbeste Schutz. Wenn man eine Bindung eingeht und die Beziehung zerbricht, fürchtet man vielleicht die Scham – vor allem, wenn andere von Anfang an mit deutlicher Skepsis auf die Wahl reagiert haben.

Die Angst vor dem Versagen kann vor allem bei jemandem, der bereits geschieden ist, stark ausgeprägt sein, aber man muß nicht geschieden sein, um die Angst vor dem Schmerz und dem Verlust jedes Trennungsprozesses nachempfinden zu können. Auch Menschen, die eine Scheidung aus zweiter Hand miterlebt haben, bei ihren Eltern oder engen Freunden, wissen nur zu genau, welche Qual, Bitterkeit und finanzielle Kosten eine gescheiterte Beziehung mit sich bringen kann. Die Tatsache, daß es immens schwierig ist, eine einmal eingegangene Bindung wieder aufzulösen – vor allem eine formelle Ehe –, verbunden mit der Angst, für lange Zeit in einer unglücklichen oder erstickenden Verbindung gefangen zu sein, ist für manche Leute Grund genug, einen weiten Bogen um jede feste Beziehung zu machen.

Die Angst, verlassen zu werden

Die Angst, verlassen zu werden, geht oft auf frühe Erfahrungen mangelnder Liebe und Fürsorge zurück. Häufig hängt sie auch damit zusammen, daß man zu viele Gefühle auf eine einzige Karte setzt, sich mit Haut und Haaren von einem einzigen Menschen abhängig macht und alles verliert, wenn dieser Mensch einen plötzlich fallen läßt wie eine heiße Kartoffel. Es gibt wahrscheinlich eine biologische Ursache dafür, daß Frauen eher zu dieser Angst neigen – aufgrund ihrer besonderen Verwundbarkeit im fortgeschrittenen Schwangerschaftsstadium und in der Stillphase. Aber die soziale, kulturelle und familiäre Konditionierung, durch die viele Frauen in ihrer Kindheit und Jugend verinnerlichen, daß sie einen Mann brauchen, um ihren Weg zu machen und ein vollwertiger Mensch zu sein, trägt sicher wesentlich stärker zur Förderung dieser Angst bei.

Man darf jedoch nicht vergessen, daß auch eine erhebliche Anzahl von Männern Angst davor hat, verlassen zu werden, denn der Schmerz des Verlustes ist nicht auf ein Geschlecht beschränkt.

Angst, in der Falle zu sitzen

Das Gegenstück zur Angst vor dem Verlassenwerden ist die Angst, in eine Falle zu gehen. Bei einem extrem dominierenden Partner ist diese Befürchtung natürlich durchaus berechtigt. Für gewöhnlich hängt diese Angst jedoch eher damit zusammen, daß jemand den Verlust seiner Autonomie und Freiheit befürchtet, weil er überzeugt ist, daß eine feste Bindung zwangsläufig ein solches Opfer erfordert. Für solche Menschen ist eine feste Bindung gleichbedeutend mit dem Ende aller Abenteuer, vor allem sexueller Abenteuer, und der furchteinflößenden Vorstellung, den Rest des Lebens in stumpfsinniger Monotonie mit einem einzigen Partner zu verbringen. Männer sind offenbar anfälliger für diese Angst vor der Falle, was sich wiederum sowohl auf biologische Ursachen als auch auf die gesellschaftliche Konditionierung zurückführen läßt. In der frühen Menschheitsgeschichte waren Männer vor allem Jäger, die Bewegungsfreiheit brauchten, um das Wild zu erlegen und ihre Familien mit Nahrung zu versorgen. Auch heute noch werden Männer wesentlich stärker dazu ermutigt, sich frei in der Welt zu bewegen, und noch immer billigt man ihnen eindeutig größere sexuelle Freiheiten zu als ihren weiblichen Gegenstücken. In diesem Fall wirken vielleicht Natur und Kultur zusammen, um größere Widerstände gegen die Begrenzungen und Schranken einer monogamen Lebensweise entstehen zu lassen. Ein Mann drückte das folgendermaßen aus: »Ein Ehegelübde wäre für mich dasselbe, als würde ich ein Mönchsgelübde ablegen. Es ist eine gruselige Vorstellung für mich.«

Obwohl Männer sich häufiger vor der »Falle« fürchten, kennen auch viele Frauen, vor allem jene, die ihre Macht und Möglichkeiten voll entwickelt haben, den spitzen Stachel dieser Angst.

Jede Entscheidung, die ein Mensch trifft, schließt notwendigerweise andere Entscheidungen aus, und diese anderen Möglichkeiten neigen dazu, eine geheimnisvolle Anziehungskraft zu entwikkeln, sobald man sie aufgeben muß. Egal, auf welcher Seite des Zauns man stehen mag, die Kirschen auf der anderen Seite wirken immer süßer. Man kann unter dem Zaun hindurchkriechen, auf ihm entlangbalancieren oder immer wieder drüberspringen, von einer Seite zur anderen, vom Alleinsein zur Bindung und wieder zurück, aber früher oder später erschöpft einen die Anstrengung, und man fühlt sich nirgends mehr zu Haus. Das »Kirschen-in-Nachbars-Garten«-Syndrom befällt uns häufig, kurz nachdem wir eine feste Bindung eingegangen sind oder wenn wir kurz davor stehen. Oh, armer Mensch, der du nur eines willst – alles!

Die Überwindung von Bindungsphobien

Zu einem gewissen Grad empfindet fast jeder Mensch zu Anfang einer festen Bindung eine oder mehrere dieser Ängste. Das heißt, daß diese Ängste die Möglichkeit einer erfüllten und dauerhaften Beziehung keineswegs ausschließen müssen. Andernfalls gäbe es nur sehr wenige feste Partnerschaften. Die Überwindung dieser Bindungsphobien ist für gewöhnlich ein natürliches Nebenprodukt wachsender Nähe und Intimität. Tatsächlich lösen diese Ängste sich bei manchen Menschen erst einige Jahre, *nachdem* sie sich für eine feste Bindung entschieden haben.

Trotz der zahlreichen Verkleidungen, in denen diese Ängste auftreten können, liegen die Ursachen meistens, wenn auch nicht immer, in unserer eigenen Psyche begründet und nicht in der realen Persönlichkeit unseres Partners und der Beziehung *an sich*. Trotzdem ist es manchmal schwierig, den Unterschied genau zu erkennen. Sind unsere Ängste Vorzeichen eines drohenden Unheils? Oder sind sie Ausdruck einer neurotischen Angst, die unabhängig von der jeweiligen Beziehung überwunden werden muß, wenn man jemals zu Intimität und Glück finden will? Es fällt leichter, diese Unterscheidung zu treffen, wenn man sich genügend Zeit nimmt, um seinen Partner an den sechs Kriterien Chemie, Freundschaft, Vertrauen, Respekt, Akzeptanz und gemeinsame Werte zu messen. Paare, die in relativ glücklichen, langjährigen Beziehungen leben, haben uns immer wieder bestätigt, daß sie fest überzeugt waren, den richtigen Partner für sich gefunden zu haben, als sie sich zu einer festen Bindung entschlossen, auch wenn sie vielleicht andere Unsicherheiten und Ängste verspürten. Sie schilderten ihre Empfindungen zum Beispiel folgendermaßen:

»In der Nacht vor unserer Hochzeit war ich sehr beunruhigt – ich dachte daran, daß ich meine Freiheit verlieren würde. Ich hatte keinen Zweifel daran, daß er der Richtige war, aber der Gedanke, verheiratet zu sein, machte mir Angst.«

»Mir wurde bewußt, daß ich noch nie in Europa gewesen war. Ich war erst dreiundzwanzig; außer mit ihr hatte ich erst mit einer einzigen anderen Frau geschlafen. Ich dachte, ich müßte verrückt sein, aber ich wußte, daß ich sie liebte.«

Andererseits berichteten Leute, die sich schließlich scheiden ließen, daß sie von Anfang an grundsätzliche Zweifel an ihrem *Partner* hatten.

»Ich glaube nicht, daß es irgend etwas war, was er sagte oder tat, es war einfach seine Art. Er war nicht klug genug für mich. Ich mochte seinen Humor nicht – er war einfach nicht witzig. Und wenn ich mich mit ihm unterhalten wollte, konnte er mir nie richtig Kontra bieten. Das mögen Kleinigkeiten gewesen sein, aber sie haben innerlich an mir genagt.«

»Ich hatte die ganze Zeit Zweifel, ob sie die Richtige war, schon als wir miteinander gingen, schon als wir verlobt waren. Ich habe immer gedacht, ich weiß nicht, ob ich sie wirklich liebe. Ich weiß nicht, ob ich sie wirklich heiraten möchte oder ob ich sie auch nur besonders mag. Aber ich habe diese Gefühle unterdrückt und einfach weitergemacht.«

»Er war eher ein Bruder für mich als ein Liebhaber. Irgendwas fühlte sich falsch an, aber ich konnte den Finger nie genau auf die wunde Stelle legen – ›theoretisch‹ paßten wir wundervoll zusammen. Eine Woche, bevor wir heirateten, sagte ich ihm, daß ich nicht sicher sei, ob ich auf Dauer mit ihm zusammenbleiben könnte. Wir haben trotzdem geheiratet.«

Die letzten drei Zitate zeigen beispielhaft, was geschieht, wenn man einer verbreiteten und unseligen Tendenz nachgibt und *seine Intuition ignoriert*.

Intuition ist eine Form von instinktivem Wissen; sie ist *vor*-bewußt, das heißt, sie ist nicht das Produkt sorgfältiger, rationaler Überlegungen. Sie ist genaugenommen weder ein Gedanke noch ein Gefühl, sondern eine Mischung aus beidem. Intuition ist durch einige charakteristische Merkmale gekennzeichnet: sie ist der *erste*, spontane »Schnappschuß« oder Eindruck, den unsere Sinne »aufnehmen«, sie ist *fließend* oder flüchtig und wird meistens leicht durch nachfolgende Überlegungen ausgeblendet: Gedanken, Rationalisierungen, andere Gefühle usw.

Jeder Mensch hat intuitive Eingebungen, obwohl wir sie oft zugunsten rationalerer Betrachtungen oder überlegterer Gefühle verdrängen. Fähigkeiten, die nicht trainiert werden, gehen verloren – zumindest vorübergehend. Die Intuition bildet da keine Ausnahme. Doch durch Übung können wir unsere Fähigkeiten so gut wie immer zurückgewinnen.

Wie viele andere Instinkte entspringt auch die Intuition dem universellen und elementaren Selbsterhaltungstrieb des Menschen. Wer also seine Intuition verkümmern läßt, schränkt seine Überlebensqualität ein. Außerdem ist eine gut-entwickelte, gutausgelotete Verbindung mit unserer Intuition eine machtvolle, authentische Methode, um mit unserem tiefsten, innersten Selbst in Kontakt zu bleiben.

Deshalb ist es ungeheuer wichtig, daß man zusätzlich zu der rationalen, bewußten Bewertung eines potentiellen Partners auch seine Intuition befragt. Denken Sie daran, daß die Intuition weder in Ihrem Kopf noch in Ihrem Herzen beheimatet ist, sondern irgendwo dazwischen. Um ihre Stimme zu hören, müssen Sie in Ihren Erfahrungen zu einem Punkt zurückgehen, wo Sie Ihren Partner noch nicht so gut kannten, wo noch keine anderen rationalen Überlegungen oder emotionalen Ansprüche Ihre Reaktionen überlagerten. Suchen Sie einen ruhigen, friedlichen Ort für Ihre Meditation auf oder versuchen Sie auf andere Weise, den »Lärm« der anderen Botschaften auszuschalten, damit Sie die Stimme Ihrer Intuition besser hören können.

Eine intuitive Eingebung kann sich in der ruhigen Überzeugung ausdrücken, daß dies die richtige Beziehung für Sie ist, oder als nagendes Gefühl in Ihrem Innern, daß irgend etwas einfach nicht stimmt, obwohl Sie nicht genau sagen können, worin das Problem besteht.

Sophia erinnerte sich, daß sie einige Wochen vor ihrer Heirat einen Brief an ihren Vater schickte. Sie vertraute ihm an, daß sie nicht glücklich sei, obwohl sie ihren Verlobten Rasheed liebte und ihn für einen wundervollen Menschen hielt. »Aber mein Vater schrieb zurück, daß ich mich beruhigen solle«, sagte Sophia. »Er gab mir das Gefühl, daß irgend etwas mit mir nicht stimmte, weil ich fühlte, wie ich fühlte, als ob ich verrückt oder überspannt wäre. Er warnte mich, Rasheed aufzugeben, weil ich nie wieder einen so guten Mann finden und es mein Leben lang bereuen würde. Also steckte ich meine Gefühle weg und dachte, daß das Problem allein bei mir liegen müßte. Ich habe Jahre gebraucht, um zu erkennen, daß es tatsächlich Probleme gab und daß meine Gefühle weder dumm noch verrückt waren.«

Intuition kann viele Formen annehmen. Manche Leute erleben eine Intuition als »Gefühl im Bauch«, das sich rational nicht völlig erklären läßt. Andere hören ihre Intuition als »Stimme« in ihrem Kopf. Manchmal drückt die Intuition sich auch als vage »Ahnung« aus, die Ihnen etwas mitzuteilen versucht, das Sie noch nicht völlig verstanden haben oder nicht in Worte fassen können.

Ein Mann erzählte uns von seiner Beziehung zu einer Frau, die er heiraten wollte. Sie war wunderschön, klug und wohlhabend, und der Sex mit ihr war wahnsinnig aufregend: nach allen rationalen Überlegungen war sie ein absoluter »Glückstreffer«. Obwohl sie auch häufig miteinander stritten, war der Mann überzeugt, daß sie ihre Probleme lösen könnten. Doch monatelang – jedesmal, wenn er allein joggte, was er mehrmals die Woche tat – hörte er eine innere Stimme, die im Takt mit seinen Schritten immer wieder dieselbe Litanei wiederholte: »Du liebst sie nicht, du liebst sie nicht, du liebst sie nicht...« Er entschied, daß diese Stimme ein Zeichen seiner Neurose und generellen Angst vor einer engen Bindung war. Er tat sein Bestes, um die Stimme zu ignorieren, auszuschalten und zu übertönen, weil oberflächlich alles so wahnsinnig gut aussah. Außerdem hatte er Angst, allmählich zu alt zu werden, um sich noch einmal ernsthaft zu verlieben. Doch die ständigen Streitereien zwischen ihm und seiner Verlobten führten schließlich dazu, daß sie die Hochzeit verschoben.

Nach einigen weiteren Monaten lösten sie ihre Verlobung auf. Es war eine überaus schmerzliche, schwierige und bittere Trennung. Doch schon nach kurzer Zeit fühlte der Mann sich ungeheuer erleichtert. Er wäre nie glücklich mit ihr geworden. Die Stimme in seinem Innern hatte recht behalten. Der Selbstschutzmechanismus seiner Intuition hatte ihn auf eine Weise gewarnt, die er anfangs nicht verstanden hatte.

Wenn Sie merken, daß Sie ausgeklügelte Rationalisierungen erfinden, um bestehende Probleme herunterzuspielen oder zu verdrängen, versucht Ihre Intuition wahrscheinlich, Ihnen etwas mitzuteilen. Wenn die Beziehung in Ordnung ist, müssen Sie keine seelischen Verrenkungen vollführen, damit sie funktioniert. Bei einer Frau zeigte die Intuition sich in einem Traum, der ihr bestätigte, daß sie den richtigen Partner gefunden hatte: »Als ich überlegte, ob ich ihn heiraten sollte oder nicht, hatte ich diesen Traum. In meiner Küche herrschte ein fürchterliches Chaos, der Boden war übersät mit Kaffeesatz, zerbrochenem Glas und allen möglichen Abfällen. Jedenfalls ein gräßliches Durcheinander. Unter der Spüle stand ein Reinigungsmittel, das ›Vertrauen‹ hieß. Ich spritzte das Mittel auf den Boden und wischte den Schmutz auf. Ich glaube, ich hatte jenen Punkt in meinem Leben erreicht, wo ich fest auf mich selbst vertraute und überzeugt war, daß wir jedes Chaos gemeinsam bewältigen würden.«

Natürlich kann man sich immer irren, aber Ihre Intuition sagt Ihnen, was Sie in Ihrem tiefsten Innern für richtig halten. Aber wenn wir besonders gut darin sind, uns selbst zu betrügen – woher wissen wir, ob unsere neurotischen Ängste sich nicht als Intuition verkleiden?

Um diese Unterscheidung treffen zu können, sollte man wiederum auf die sechs Kriterien zurückgreifen. Stimmt Ihre Intuition mit einem bestimmten Defizit in einer dieser Kategorien überein? Wenn theoretisch alles stimmt, sollten Sie als nächstes Ihre vergangenen Beziehungsmuster analysieren. Haben Sie schon öfter kalte Füße bekommen, sobald eine Beziehung enger wurde oder Ihr Partner sich stärker engagierte? *Wenn* Sie bereit waren, eine feste emotionale Bindung einzugehen, war es in einer

Beziehung, in der paradoxerweise Ihr Partner derjenige war, der immer halb auf dem Sprung war oder sich auf andere Weise entzogen hat?

Wenn Ihre vergangenen Erfahrungen darauf hindeuten, daß Sie immer dann bindungsbereit waren, wenn Ihr Partner es *nicht* war und umgekehrt, spricht wahrscheinlich eher Ihre Angst als Ihre Intuition, und Sie täten wahrscheinlich gut daran, die Beziehung aufrechtzuerhalten und diese Angst zu überwinden. Doch wenn Sie in der Vergangenheit eine langjährige, erfüllte Partnerschaft gehabt haben, eine Beziehung, in der beide Partner sich gleichermaßen engagiert haben, sollten Sie diesen intuitiven Zweifeln besondere Aufmerksamkeit schenken. Obwohl es möglich ist, daß Sie durch eine gescheiterte Beziehung so verletzt wurden, daß Sie eine Phobie entwickelt haben, ist es auch möglich, daß Ihre innere Stimme Ihnen eine wichtige Wahrheit zuflüstert, die Sie nicht ignorieren sollten, gleichgültig, wie sehr Sie sich nach einer festen Partnerschaft sehnen.

Um mit diesen Ängsten so effektiv wie möglich umzugehen, sollten Sie mit Ihrem Partner darüber reden. Versuchen Sie nicht, Ihre Ängste geheimzuhalten und allein damit fertig zu werden. Ein offenes Gespräch bringt Sie Ihrem Partner näher, und die Art und Weise, wie Ihr Partner auf Ihre Ängste und Vorbehalte reagiert, gibt Ihnen weitere Informationen, um die Aussichten der Beziehung besser einschätzen zu können.

Der kleinste gemeinsame Nenner

Die Angst, sich zu binden, ist wie viele andere Ängste häufig ein Ergebnis früherer Verletzungen. Ob diese Verletzung real oder eingebildet ist, die Schmerzen sind ohne jeden Zweifel real. Solche Wunden führen wiederum zur Entwicklung von Abwehrmechanismen, die verhindern sollten, daß wir erneut verletzt werden. Bei einer tiefempfundenen Angst macht es wenig Sinn, blindlings dagegen anzustürmen. Solche gewaltsamen Willensakte werden für gewöhnlich zu einer *Vertiefung* der Ängste führen, zu noch stärkeren Abwehrmechanismen.

Wenn man diese Schutzwälle so schnell und so wirksam wie möglich abbauen möchte, muß man einen Weg finden, um die

Wunden zu *heilen*, zu deren Schutz sie errichtet wurden. Zu einer Heilung kommt es zweifellos am ehesten in einer sicheren und entspannten Atmosphäre, in der man nicht unter dem Druck steht, sich bis zu einem bestimmten Zeitpunkt entscheiden zu müssen, gleichgültig ob dieser Druck von Ihnen selbst, von Ihrem Partner oder einer anderen äußeren Quelle ausgeht.

Man sollte nicht vergessen, daß Heilung Zeit braucht. Das bedeutet unter anderem, daß das Tempo, in dem die Beziehung sich entwickelt, größtenteils von demjenigen Partner bestimmt wird, der die stärkste Angst empfindet und am meisten zögert. Das meinen wir, wenn wir vom Prinzip des »kleinsten gemeinsamen Nenners« sprechen.

Die Trennung auf Probe

Wenn man nach einer gewissen Zeit ohne Druck und ohne den »Streß« von Tests und Analysen noch immer unsicher ist, ob das eigene Zögern auf irrationalen Ängsten beruht oder nicht, empfiehlt sich eine probeweise Trennung. Bitten Sie Ihren Partner noch um ein oder zwei Monate Geduld, damit Sie sich über Ihre Gefühle klarwerden können, und vereinbaren Sie eine vorübergehende Trennung, die jedoch keinerlei strafenden Charakter haben darf. Zu dieser Trennung sollten Sie sich entschließen, solange noch keine bitteren Gefühle entstanden sind, bevor zu viel Wut und Kränkungen sich angestaut haben.

Während dieser Zeit können Sie sich gelegentlich treffen, aber im allgemeinen gilt – je weniger Kontakt Sie haben, desto besser; vor allem sexuellen Kontakt sollten Sie vermeiden. Da Sie aufrichtig bemüht sind, eine wichtige Lebensentscheidung zu treffen, sollten Sie während der Trennungsphase auch keine romantischen und/oder sexuellen Beziehungen zu Dritten anknüpfen. Solche Affären würden die Verwirrung lediglich vergrößern und die Beziehung in einer ohnehin sehr empfindlichen Phase weiter belasten.

Ross und Christine waren schon fast drei Jahre lang gute Freunde, als sie das erste Mal miteinander schliefen. Anfangs war es nur eine beiläufige, sexuelle Beziehung, aber nach ein paar Monaten merkte Ross, daß er mehr Zeit mit Christine verbringen wollte. Zu seiner eigenen Überraschung hatte er sich verliebt. Aber Christine war erst seit einem Jahr geschieden und schreckte vor einer neuen Bindung zurück. Der Konflikt entzündete sich schließlich am Thema Kinder. Ross hatte zwei erwachsene Kinder und wollte keine weiteren, während Christine sich sehnsüchtig eine eigene Familie wünschte. Außerdem war sie verunsichert, weil sie manchmal eher schwesterliche Gefühle für Ross empfand. Sie diskutierten offen über diese Themen und fühlten sich nicht unter Druck, eine endgültige Entscheidung über die Beziehung zu treffen.

Nach einer gewissen Zeit begann Ross sich zögernd mit dem Gedanken an ein weiteres Kind anzufreunden. Obwohl er seiner Pensionierung entgegensah, hatte er inzwischen so viel Vertrauen zu Christine gewonnen und sie so gut kennengelernt, daß er weniger Angst davor hatte, noch einmal Vater zu werden und die damit verbundene Verantwortung zu übernehmen. Aber Christine war noch immer unentschlossen und zweifelte daran, daß es gutgehen würde. Sie befürchtete, daß Ross es ihr eines Tages übelnehmen und bitterlich bereuen könnte, daß er seine Freiheit aufgegeben hatte. Aufgrund ihrer ängstlichen Zweifel und ihrer tiefen Zuneigung zu Ross hielt sie es für besser, die Beziehung zu beenden, bevor sie noch enger wurde. Schließlich teilte sie Ross ihre Entscheidung mit. Da sie absolut entschlossen wirkte und sich nicht umstimmen ließ, blieb Ross nichts anderes übrig, als widerstrebend einzuwilligen.

Diesmal war es Christine, die von sich selbst überrascht war, nach dem schmerzlichen Telefongespräch weinte sie die ganze Nacht. Sie empfand eine solche Sehnsucht, Einsamkeit und Leere wie nie zuvor nach dem Ende einer Beziehung. Ihre Intuition sagte ihr, daß sie vielleicht den größten Fehler ihres Lebens begangen hatte. Am nächsten Morgen rief sie Ross an, erklärte ihm, was sie in der letzten Nacht empfunden hatte, und erneuerte die Beziehung. Es dauerte einige Monate, bevor ihre platonischen Gefühle von romantischeren Empfindungen verdrängt wurden, aber irgendwann war es soweit, und alle drei – Ross, Christine und ihr heute elfjähriger Sohn – sind noch immer glücklich miteinander.

Wenn Sie während der provisorischen Trennung, die wir vorgeschlagen haben, eine wachsende Erleichterung empfinden, wenn Sie merken, daß Sie relativ wenig an die Beziehung denken und kaum etwas vermissen, und wenn diese Gefühle sich im Laufe eines Monats auch nicht wesentlich verändern, hat das Experiment Ihnen eine klare Antwort auf Ihr Beziehungsdilemma gegeben: Steigen Sie aus. Wenn Sie dagegen weit niedergeschlagener sind, als Sie vermutet hätten, wenn Sie sich nach Ihrem Partner sehnen (und nicht nur ganz allgemein unter dem Alleinsein leiden), wenn es Ihnen häufig schwerfällt, nicht zum Telefon zu greifen, und wenn Sie feststellen, daß Sie sich nur noch an die positiven Aspekte der Beziehung erinnern, während die negativen Ihnen völlig entfallen sind, deutet Ihre Reaktion darauf hin, daß Ihre Bindungsängste das eigentliche Problem sind. In diesem Fall machen Sie vielleicht die Entdeckung, daß der zeitliche und räumliche Abstand, den Sie brauchten, um die Beziehung besser einzuschätzen, dazu geführt hat, daß Sie zu einer Vertiefung der Intimität und Nähe bereit sind.

Wenn Ihr Partner der unentschlossenere Teil ist, bleibt das Verfahren das gleiche, nur daß *Sie* jetzt der Versuchung widerstehen müssen, die Ängste Ihres Partners als lächerlich abzutun und ihn / sie mit dem Argument, daß sich alles zum Besten wenden werde, zu einer Bindung zu überreden. Selbst wenn Ihre Worte sich letzten Endes als wahr erweisen, ist der Weg wichtiger als das Ziel. Jeder Mensch muß sich frei und unabhängig dafür entscheiden, Teil eines Paares zu werden, wenn die Beziehung einen guten Start haben soll.

Lauren und Sean waren seit zwei Jahren exklusiv, aber locker liiert. Sean war mit dem Stand der Dinge völlig zufrieden, aber Lauren, die sich nach mehr Sicherheit sehnte, wollte heiraten. Sean fühlte sich innerlich noch nicht bereit zu diesem Schritt, aber er wollte die Beziehung auch nicht beenden. Schließlich gab er Laurens Drängen nach, aber die Unzufriedenheit, die er empfand, zeigte sich in einer veränderten Einstellung gegenüber Lauren. Fast unmittelbar nach der Hochzeit ging er auf emotionale Distanz. Nach zwei Jahren waren sie wieder geschieden.

Wenn Lauren ihn zu einer provisorischen Trennung ermutigt hätte, statt ihn gegen seinen Willen zu einer festeren Bindung zu drängen, hätte er vielleicht festgestellt, daß er sich ohne sie einsam und verlassen fühlte. Wenn diese Gefühle ihn veranlaßt hätten, Lauren zu heiraten, weil er sie aufrichtig liebte und nicht verlieren wollte, wäre er mit weit mehr eigenem Engagement in diese Ehe hineingegangen. Hätte er sich andererseits dafür entschieden, die Beziehung *nicht* zu vertiefen, hätte Lauren gewußt, daß eine Ehe für Sean nicht in Frage kam. Sie hätte dann entweder beschließen können, trotzdem mit ihm zusammenzubleiben oder sich anderswo nach einem Lebenspartner umzusehen. Beide wären auf jeden Fall in der Lage gewesen, die für sie beste Entscheidung zu treffen, wenn sie sich auf eine provisorische Trennung geeinigt hätten, statt eine erzwungene Bindung einzugehen.

César und Juana gingen seit neun Monaten miteinander. César wollte heiraten und eine Familie gründen, aber Juana hatte Zweifel, ob er der Richtige für sie war. Ihr Vater war gestorben, als sie drei Jahre alt gewesen war, und ihr erster Mann ein Jahr nach der Hochzeit. Juana wußte nicht genau, ob diese Traumata und daraus resultierende Verlustängste ihre Bindungsfähigkeit beeinflußten oder ob ihre Verunsicherung tatsächlich damit zusammenhing, daß die Beziehung zu César eine entscheidende Schwäche aufwies.

César war überzeugt, daß er Juana beweisen könnte, wie tief und aufrichtig ihre Liebe war, wenn Juana sich nur entspannen und ihm vertrauen würde, aber sie war wie ein Gummiband: Manchmal konnte er sie ganz nah zu sich heranziehen, aber nach einem flüchtigen Moment der Nähe ging sie nur um so weiter auf Distanz. Schließlich war seine Geduld erschöpft, und er erklärte ihr, daß, wenn sie jemals wieder zueinanderfinden sollten, *sie* den ersten Schritt tun müßte. Er war bereit, die Beziehung ein für allemal zu beenden, falls sie nicht die Initiative ergreifen sollte. Als Juana nach zehn Tagen noch immer nicht angerufen hatte, erkannte César schließlich, daß, unabhängig davon, ob Juanas Ängste nun real oder eingebildet waren, sie auf jeden Fall nicht für die Art von Beziehung zur Verfügung stand, die er sich wünschte. Nachdem ihm das bewußt geworden war, konnte er innerlich mit der Sache abschließen und sich nach einer neuen Partnerschaft umsehen.

Es gibt einige seltene Fälle, in denen die Ergebnisse einer kreativen Trennung auf Probe irreführend sein können. Das gilt zum Beispiel für Beziehungen, in denen Sie sich stark zu einem Partner hingezogen fühlen, der Sie körperlich oder seelisch mißhandelt. In diesem Fall kann die Trennung dazu führen, daß Sie große Sehnsucht nach Ihrem Partner haben – vielleicht sogar das Gefühl, ohne ihn nicht leben zu können. Wenn Sie dann wieder zusammen sind, bereitet Ihr Partner Ihnen den Himmel auf Erden –

jedenfalls eine Zeitlang. Aber wenn Ihr Partner sich in der Zwischenzeit nicht in ernsthafte psychologische Behandlung begeben hat, besteht die große Gefahr, daß das neue Verhalten nicht lange anhalten wird. Sobald Ihr Partner sich der Beziehung wieder sicher ist, werden Sie erneut der körperlichen und seelischen Gewalt ausgesetzt sein. Ihr Wunsch, in eine Mißbrauchssituation zurückzukehren, bedeutet, daß auch Sie professionelle Hilfe brauchen, die Sie unverzüglich in Anspruch nehmen sollten.

Die zweite Situation, in der eine Trennung irreführend sein kann, betrifft Beziehungen mit einem suchtkranken Partner. Während der Trennung stellen Sie vielleicht fest, daß Ihr Partner auf das betreffende Suchtmittel verzichtet – eine demonstrative Selbstkontrolle, die Sie davon überzeugt, daß es sich lohnt, die Beziehung wieder aufzunehmen. Doch auch hier gilt, daß der Mißbrauch sehr wahrscheinlich weitergehen wird, wenn Sie nicht beide in der Zwischenzeit eine Therapie begonnen haben.

Die Beendigung einer Beziehung, die irgendeine Form des Mißbrauchs umfaßt, erfordert eine feste, rationale Entscheidung wie auch eine Menge Unterstützung durch Familie, Freunde, Selbsthilfegruppen oder professionelle Berater. Beides ist notwendig, damit man nicht der falschen Hoffnung erliegt, daß die Liebe stark genug sein wird, um das tiefverwurzelte Verhalten des Partners zu ändern. In den allermeisten Fällen bleibt eine solche Beziehung, wie sie ist, bis der mißbrauchte, ko-abhängige Partner schließlich ausbricht – erschöpft, zerstört, voll ohnmächtiger Wut und mit großem Mißtrauen gegenüber zukünftigen Beziehungen.

Ein Schritt zur Zeit

Falls Sie sich *jedesmal* erleichtert fühlen, wenn Sie sich aus einer Beziehung zurückziehen, *unabhängig vom Potential der jeweiligen Partnerschaft,* ist eine provisorische Trennung *keine* brauchbare Lösung, weil sie Ihre Widerstände gegen jede Form von Nähe nur weiter vertiefen wird. In diesem Fall sollten Sie in der Beziehung bleiben und an Ihren Widerständen arbeiten, wenn Sie sich wirklich von Ihren inneren Ängsten befreien möchten und keinen ernsthaften Grund haben, an Ihrem Partner zu zweifeln. Besprechen Sie die Situation mit Ihrem Partner und legen Sie ein kleineres Teilziel fest, das für Sie selbst akzeptabel ist, aber dennoch einen Fortschritt zu größerer Nähe bedeutet – zum Beispiel gegenseitige Treue, einen Verlobungstermin oder ein bestimmtes Datum, an dem Sie zusammenziehen wollen. Dann probieren Sie dieses neue Verhalten aus wie ein neues Kleidungsstück, um zu sehen, ob es paßt. Gestehen Sie sich selbst einige Monate zu, um sich daran zu gewöhnen. Während dieser Zeit sollten Ihre Ängste sich so weit verflüchtigt haben, daß Sie entscheiden können, ob Ihnen dieses neue Ausmaß an Intimität gefällt oder nicht.

Viele Leute mit Bindungsängsten, die auf diese Weise »ins kalte Wasser« gesprungen sind, stellen hinterher fest, daß sie sich ganz wohl fühlen, und fragen sich verwundert, wovor sie eigentlich solche Angst gehabt haben. Wie ein Mann, der seit siebenunddreißig Jahren verheiratet war, es ausdrückte: »Bei mir war es die Angst, meine Freiheit zu verlieren. Ich war ehrlich überzeugt, daß ich durch eine feste Bindung alle Kraft und Energie für andere Dinge verlieren würde. Ich war beruflich sehr ehrgeizig und hatte wahnsinnig romantische und hochfliegende Träume. Ich wollte ein berühmter Musiker werden und die ganze Welt durch meine Kunst in Erstaunen versetzen. Ich hatte mir vorgenommen, zwölf bis fünfzehn Stunden am Tag zu arbeiten, und ich konnte mir nicht vorstellen, wie ein verheirateter Mensch dazu in der Lage sein sollte. Aber nachdem ich mich für die Bindung entschieden hatte, war ich ganz ruhig. Ich habe nie das Gefühl gehabt, auf irgend etwas verzichtet zu haben. Ganz im Gegenteil. Meine Frau hat sich voll für meine Karriere eingesetzt.«

Eine angemessen lange Umwerbungsphase bietet Ihnen die Gelegenheit, einen guten Überblick über die Beziehung zu gewinnen. Sie gibt Ihnen die Chance herauszufinden, ob Sie Fortschritte machen, auf der Stelle treten oder zurückfallen. Übereilen Sie nichts, sondern gehen Sie einfach Schritt für Schritt voran. Das Ziel ist, sich voranzubewegen, auch wenn es nicht so schnell geht, wie Sie es sich wünschen, oder die Abstände zwischen einzelnen Schritten längern dauern, als Sie sich vorgestellt haben. Solange eine positive Entwicklung und eine Veränderung da ist, können Sie davon ausgehen, daß es sich lohnt, den Weg weiter zu verfolgen.

Wenn Sie merken, daß Lust und Liebe in der Beziehung ausgehöhlt und untergraben werden, weil Sie sich bei bestimmten Dingen im Kreis drehen, sollten Sie Hilfe bei einem kompetenten Therapeuten suchen, der auf Partnerschaftsberatung spezialisiert ist.

Justin wollte heiraten, aber Molly scheute vor einer festen Bindung zurück, obwohl sie ihn liebte. Sie lebten seit über drei Jahren zusammen, hatten sich aber während dieser Zeit mehrmals vorübergehend getrennt. Um mit Mollys Worten zu sprechen: »Das letzte Mal, als wir uns für eine Woche getrennt hatten, war ich überzeugt, daß es endgültig vorbei wäre. Aber dann hat Justin mich wieder so liebevoll umworben und gesagt, daß er ohne mich nicht leben könnte. Ich habe ihm erklärt, daß ich nur zurückkommen würde, wenn wir zu einer Partnerschaftsberatung gingen, und er hat zum ersten Mal eingewilligt. Na ja, wir gingen zu etwa sechs Sitzungen, und alles entwickelte sich großartig, aber das war meistens so, nachdem wir uns getrennt hatten, also blieb ich skeptisch. Und nach einer Weile war dann auch wieder alles beim alten. Justin war der Meinung, wir wären ausreichend therapiert, seine Arbeit diente ihm als Vorwand, um mehrere Sitzungen ausfallen zu lassen, und ehe ich mich versah, hockte er wieder jeden Abend mit seinem Bier vorm Fernseher. Plötzlich war ich mir so klar über die Situation wie nie zuvor. Ich habe die Beziehung beendet und es keine Sekunde bereut.«

In manchen Fällen reichen schon wenige Therapiestunden aus, um die ursächlichen Probleme in einer Beziehung aufzudecken, so daß man sich aus der Partnerschaft lösen kann, wenn das die beste Entscheidung ist. In anderen Fällen kann ein Therapeut Ihnen vielleicht neue Perspektiven auf ein Problem eröffnen und konstruktivere Lösungsstrategien vorschlagen. Es ist sehr wichtig, daß eine Therapie so schnell wie möglich begonnen wird, *bevor* man den Punkt erreicht, wo die Liebe keine Überlebenschance mehr hat, weil sich zu viele negative Gefühle angestaut haben. Ein Partner, der sich weigert, eine Beratung aufzusuchen, wenn die Beziehung in einer schwerwiegenden und nicht aufzulösenden Krise steckt, sagt damit, daß er im Grunde kein Interesse an der Verbesserung der Partnerschaft hat. Wer die notwendige Analyse von Gefühlen und Konflikten ablehnt, zeigt, daß er nicht bereit ist, zu mehr Nähe und Intimität voranzuschreiten.

Eine Entscheidung, die den Rest Ihres Lebens wesentlich beeinflussen wird, sollte nicht auf die leichte Schulter genommen werden. Doch egal, wie vorsichtig und sorgfältig man eine Beziehung einschätzt, ein gewisses Restrisiko läßt sich nie vermeiden. Doch wenn Sie sich ein Leben zu zweit und tiefe emotionale Verbundenheit wünschen, lohnt es sich, dieses Risiko einzugehen.

Ein Mann von Mitte Vierzig, der seit sechs Jahren verheiratet war, meinte dazu: »Es ist ein wirkliches Catch-22-Paradox. Wenn man keine Beziehung hat, denkt man die ganze Zeit, wie schön es wäre, nicht allein zu sein, und wenn man eine Beziehung hat, ergeben sich so viele Probleme, daß man sich am liebsten jemand anders suchen würde. Aber für mich gilt, daß ich zu meiner Entscheidung stehe und alles dafür tun werde, damit die Beziehung hält. Die Kirschen in Nachbars Garten sind nicht süßer – es kommt einem nur manchmal so vor. Es ist eine Täuschung, und immer auf der Pirsch zu sein, ist auf die Dauer ziemlich anstrengend. Es erfordert zweifellos gewisse Mühen, in einer Beziehung zu bleiben, aber ich nehme diese Mühen gern auf mich, weil ich reich dafür belohnt werde.«

Ein Leben zu zweit, eine Liebe, die über die Distanz geht, erfordert viel Geduld, Toleranz und kontinuierliches Engagement, vor allem angesichts der Belastungen und Anpassungskrisen, die Teil jeder Beziehung sind.

Wie man diese Belastungen und schwierigen Übergänge bewältigt und dabei die Liebe am Leben erhält, ist das Thema des folgenden Kapitels.

9. Stürmisches Wetter

Beziehungsstreß

Liebhaben von Mensch zu Mensch: das ist vielleicht das Schwerste, was uns aufgegeben ist, das Äußerste, die letzte Probe und Prüfung, die Arbeit, für die alle andere Arbeit nur Vorbereitung ist.

Rainer Maria Rilke
Briefe an einen jungen Dichter

Auf einem schönen, fruchtbaren Berg, hoch im Himalaya, weit entfernt von den Ansprüchen der industrialisierten Welt, an einem Ort ganz ohne Zeitung, Telefon, Radio oder Fernsehen, gibt es vielleicht ein paar Menschen, die ein glückliches, streßfreies Leben führen. Vielleicht... aber man sollte nicht darauf wetten. Für uns arme Sterbliche, die wir uns mühsam durchs Dasein schlagen, scheint es keinen schützenden Ort zu geben, der uns auf Dauer vor den Stürmen des Lebens bewahren könnte. Der Streß holt uns ein, sei es in Form von Krankheiten, wirtschaftlichen Sorgen oder zwischenmenschlichen Konflikten, sei es in Gestalt eines gelegentlichen Besuchers oder eines lästigen Dauergastes.

Abgesehen von dem Streß, den es bedeutet, daß man den unterschiedlichen Bedürfnissen zweier Menschen gerecht werden soll und sich durch die auftauchenden Konflikte arbeiten muß, die ein natürliches Nebenprodukt jeder Zweierbeziehung sind, gibt es eine Vielzahl an Streßfaktoren, die von außen auf uns wirken. Diese äußeren Streßeinflüsse können das empfindliche Gleichgewicht einer Beziehung, vor allem einer jungen Beziehung, stark belasten. Viele dieser Streßfaktoren sind natürlich von jeher unvermeidlich gewesen – sie entstehen zum Beispiel aus beruflichen Anforderungen, aus Haushaltsverpflichtungen, der Kindererziehung – und werden in der heutigen Zeit, in der Doppelverdiener allmählich die Regel werden und das Lebenstempo schneller ist als je zuvor, wahrscheinlich häufig überbetont.

Die Liste potentieller Streßfaktoren ist praktisch endlos. Ernsthafte Belastungen entstehen beispielsweise durch finanzielle Nöte oder einfach durch den Umstand, daß man in einer Gesellschaft lebt, die den persönlichen Wert eines Menschen an seiner Konsumfähigkeit mißt. Erheblicher Streß ist für gewöhnlich auch damit verbunden, wenn man umzieht oder eine bestehende Wohnung renoviert, wenn die Schwiegereltern sich anmelden oder andere Ereignisse eintreten, die die normale Routine unterbrechen. Eine schwere Krankheit oder der Tod eines geliebten Menschen, auch globale politische Konflikte oder grausame Verbrechen können eine enorm große Streßbelastung bedeuten. Da das Streßrisiko allumfassend und unvermeidlich ist, sind präventive Maßnahmen erforderlich. Gewarnt sein, heißt gewappnet sein. Um uns vor dem Risiko zu schützen, sollten wir rechtzeitig Anti-Streßstrategien einüben, damit wir schneller, kreativer und flexibler mit potentiellen Belastungen umgehen und so die negativen Auswirkungen auf uns selbst und auf die Beziehung verringern können.

Psychoökonomie

Unter Streß verstehen wir eine Störung des Gleichgewichtszustands in einer Beziehung von kürzerer oder längerer Dauer. Menschen wie Beziehungen haben ihre eigene »Ökonomie«, die auf einem ausgewogenen Verhältnis von »Einnahmen« und »Ausgaben« basiert. Jede Forderung an eine Beziehung oder ihre Teile, die ein gewisses Maß an Arbeit oder Anstrengung erfordert, ob emotional, geistig oder körperlich, ist sozusagen eine Ausgabe. Und jede Form von Zuneigung, Unterstützung, Entspannung oder Freude, die in das System investiert wird, ist eine »Einnahme«. Eine harmonische Beziehung kann nur entstehen, wenn Einnahmen und Ausgaben in einem ausgewogenen Verhältnis stehen.

Wenn dieses Verhältnis aus dem Gleichgewicht gerät, läßt sich der daraus resultierende Streß verringern oder neutralisieren, indem man die *Einnahmen* erhöht und zum Beispiel für mehr Erholung, verständnisvolle Gespräche, Vergnügen und Liebe sorgt, oder indem man die Ausgaben senkt. Noch besser ist, wenn man beide Methoden miteinander kombiniert. Wenn das Gleichgewicht nicht wiederhergestellt wird, gerät die Beziehung schließlich in eine Krise oder wirtschaftlich gesprochen ins Defizit. Die Partnerschaft fängt an, Symptome zu zeigen: Langeweile, Streit, Angst, Entfremdung, Depression, sexuelle Apathie, Schlaf- und Eßstörungen, verstärkter Alkohol- oder Zigarettenkonsum, psychosomatische oder körperliche Beschwerden und andere Krisenmerkmale. Je länger dieses psycho-ökonomische Ungleichgewicht anhält, desto stärker werden diese Symptome sich ausprägen.

Streß, der ein gewisses Maß nicht übersteigt, muß nicht zwangsläufig destruktiv sein, aber wenn das Beziehungssystem vorher schon geschwächt oder unausgewogen ist oder der Streß besonders intensiv oder chronisch ist, nimmt die Beziehung mit Sicherheit Schaden.

Natürlich gibt es keine Beziehung, die von Anfang bis Ende harmonisch verläuft und nicht von Zeit zu Zeit in eine schwere Krise gerät. Tatsächlich ist es sogar hilfreich, wenn man sich dieser Tatsache bewußt ist. Wenn man weiß, daß irgendwann auch dunkle Wolken am Horizont aufziehen, kann man die guten Zeiten viel intensiver genießen und sich besser gegen die Stürme wappnen.

Kritische Übergangsphasen

Zusätzlich zu den unkalkulierbaren Belastungen, die ein unvermeidlicher Bestandteil jedes erfüllten Lebens sind, gibt es eine Reihe von kritischen Übergangsphasen innerhalb jeder Beziehung – hochsensible Situationen, in denen Probleme praktisch vorprogrammiert sind.

Im frühen Wachstumsstadium ist jeder lebende Organismus besonders empfindlich. So wie das frisch gesprossene Blatt einer Pflanze am meisten darunter leidet, wenn die Pflanze zu wenig Wasser, Licht oder Nährstoffe erhält, ist auch eine Beziehung in ihrem frühen Stadium besonders verwundbar.

Die Verletzlichkeit erhöht sich jedoch auch in Situationen, in denen eine Beziehung sehr schnell von einer Stufe oder Form in die nächste übergeht. Obwohl das Wachstumspotential in diesen

Übergangsphasen wahrscheinlich am größten ist, bergen sie auch die größten Gefahren für die Stabilität und den Zusammenhalt der Beziehung. Ausgehend von dem Motto »Gefahr erkannt, Gefahr gebannt«, wollen wir einige der wichtigsten Übergangsphasen beschreiben, in denen die Beziehung besonders zerbrechlich ist. Wenn man diese charakteristischen Streßphasen kennt, kann man sich besser darauf vorbereiten und erhöht seine Chancen, die Krise erfolgreich zu bewältigen und die Probleme bereits im Keim zu ersticken, bevor sie ihre zerstörerische Kraft entfalten können.

Karriereentwicklung

Die Karriere oder der Beruf können beträchtliche Anforderungen an eine Beziehung stellen, vor allem wenn die Arbeit monoton ist, in unangenehmer Umgebung mit unangenehmen Kollegen stattfindet oder mit ständigen Überstunden verbunden ist. Eine entfremdete, belastende und stumpfsinnige Arbeit kann viel von der geistigen und seelischen Kraft eines Menschen aufzehren und seine Energien für die Beziehung entscheidend schwächen. Keine Beziehung kann sich entfalten, wenn einer oder beide Partner so ausgelaugt und erschöpft sind, daß Passivität, Schlaf und andere Formen der Erholung zur vorherrschenden (Nicht)Aktivität werden, wenn sie zu Hause sind.

Wenn einer oder beide Teile eines Paares versuchen, ihre finanzielle Situation zu verbessern, sei es durch eine zusätzliche Ausbildung, die Eröffnung eines eigenen Geschäfts, eine Nebentätigkeit oder das Erklimmen der Karriereleiter, muß die Beziehung wahrscheinlich weitere Entbehrungen hinnehmen. Die Zeit und Aufmerksamkeit, die vorher dem Partner gewidmet wurden, werden von der Beziehung abgezogen und in die Arbeit investiert.

Viele Leute sind irrtümlicherweise der Ansicht, daß ihre Beziehung grenzenlos flexibel und anpassungsfähig ist. Sie glauben, daß sie *nach Belieben* über die Zeit verfügen könnten, die sie ihrer Partnerschaft widmen, während sie gleichzeitig überzeugt sind, daß die Anforderungen des Berufs absolut *feste* und zwingende Größen sind, die jenseits ihrer eigenen Kontrolle liegen. Vorgesetzte, Termine, Konkurrenten – alles scheint dafürzusprechen, daß die Karriere oberste Priorität hat und die Beziehung irgendwo nebenherläuft. Die fehlgeleitete Überzeugung, daß eine Beziehung eine wesentlich größere Entbehrung aushalten könnte als der Beruf, kann sich als überaus destruktiv erweisen und ist unglücklicherweise weit verbreitet.

Wenn beide Partner berufstätig sind, haben sie häufig unterschiedliche Terminpläne. Das bedeutet, daß sie zu unterschiedlichen Zeiten nach Hause kommen, was es schwierig macht, gemeinsam zu Abend zu essen, zusammen zu frühstücken, ein vernünftiges Gespräch zu führen, miteinander zu schlafen und die Freundschaft zu erneuern. Wenn die Karriere es erfordert, abends und am Wochenende Arbeit mit nach Hause zu nehmen, wird die Beziehung weiter vernachlässigt. Nach einer Weile wird die vernachlässigte Beziehung zu kränkeln beginnen und schließlich verkümmern.

Familie

Kinder können eine Beziehung zweifellos enorm bereichern. Doch neben dem unbestreitbaren Glück, das die Elternschaft mit sich bringt, gibt es auch einige Schattenseiten. Während der Schwangerschaft verlagert sich der Schwerpunkt der Beziehung. Nicht mehr die Nähebedürfnisse des Paares stehen im Mittelpunkt, sondern beide Partner sind vornehmlich mit ihren ganz persönlichen Sorgen und Wünschen beschäftigt – das Wohlergehen des wachsenden Fötus, die bevorstehende Geburt, ob man eine gute Mutter / ein guter Vater sein wird, wie man die Familie wirtschaftlich absichert etc.

Nachdem das Kind geboren ist, wird das Zusammenleben von schlaflosen Nächten, beiderseitiger Erschöpfung und endlosen Gesprächen über das Baby bestimmt. Diese Faktoren, verbunden mit einem Abflauen der Sexualität in der Zeit unmittelbar vor und nach der Geburt, wirken zusammen und belasten die intime Beziehung des Paares. Beide Partner sind vielleicht eifersüchtig auf die Aufmerksamkeit, die der andere dem Kind schenkt. Beide fühlen sich vielleicht in gewissen Bereichen vernachlässigt, die der Partner erfüllt hat, bevor das Baby auf der Bildfläche erschien. Bei mehreren Kindern wachsen die Komplikationen natürlich proportional an, da noch mehr Kandidaten um den begrenzten Vorrat an Zeit und Aufmerksamkeit konkurrieren.

Im Gegensatz zu anderen Lebens- oder Entwicklungsstufen ist die Familienphase sehr ausgedehnt und umfaßt eine größere Anzahl kritischer Übergänge, die weit über Schwangerschaft und Geburt hinausreichen. Wenn die Kinder heranwachsen, stoßen sie auf zahlreiche Entwicklungshürden, die einen gut Teil elterlicher Aufmerksamkeit erfordern. Auch unterschiedliche Erziehungsansichten bei den Eltern bergen ein reiches Konfliktpotential, das sich an vielen Punkten im kindlichen Entwicklungsweg entzünden kann. Und es ist unmöglich, die lange und harte Prüfung, die die Adoleszenz allen Eltern auferlegt, von vornherein einzuschätzen, oder die vielfältigen Probleme, die sich ergeben können, wenn Stiefkinder in eine neu zusammengesetzte Familie integriert werden müssen.

Alles in allem können die Herausforderungen, die die Elternschaft stellt, die Aufmerksamkeit der Partner von ihren gegenseitigen Bedürfnissen ablenken. Deshalb berichten auch so viele Paare, daß ihre persönliche Beziehung am besten war, bevor das erste Kind geboren wurde, und dann wieder, nachdem das letzte Kind flügge geworden war.

Die Lebensmitte

Irgendwann in der Lebensmitte – mit vierzig oder fünfzig – wird den meisten von uns plötzlich schmerzhaft die eigene Sterblichkeit und Vergänglichkeit bewußt. Die Erkenntnis, daß die Hälfte unseres Lebens vorbei ist, bringt uns dazu, unsere Prioritäten neu zu überdenken und uns zu fragen, wie wir die verbleibenden Jahre unseres Lebens gestalten wollen.

Die Lebensmitte ist eine Zeit, in der wir gründlicher über die Erfüllung latenter Wünsche und individueller Bedürfnisse nachdenken, die viele Jahre lang zugunsten äußerer Ansprüche in den Hintergrund getreten waren. Vielleicht möchte man mehr Zeit für ein bestimmtes Hobby verwenden, einer künstlerischen Ambition nachgeben, einen neuen Beruf ausüben, mit weniger Pflichten belastet sein, sich selbst in den Dienst der Gemeinschaft stellen, sich sozial stärker engagieren oder einfach mehr Zeit für die Familie haben...

Bei manchen Menschen führt dieses Bilanzziehen zu einem beruflichen Neuanfang, einer zweiten Karriere in einem Bereich, der größere Entfaltungsmöglichkeiten bietet. Andere entwickeln eine wachsende Unzufriedenheit mit ihrer bisherigen Beziehung und suchen nach einem neuen – jüngeren, aufregenderen – Partner. Je unaufhaltsamer unsere Jugend dahinschwindet, desto mehr sind wir bemüht, das Alter aufzuhalten – wir stürzen uns in neue Romanzen, in frenetische Fitneßprogramme, und sogar Schönheitsoperationen gewinnen an Anziehungskraft. Die einschneidenden hormonellen Veränderungen in den Wechseljahren können explosive Stimmungslagen erzeugen und schwerwiegende Konflikte in einer Partnerschaft auslösen.

Welche Gestalt eine Midlife-crisis auch immer annehmen mag, sie kann uns in unseren Grundfesten erschüttern. Ohne ein gesundes Maß an Selbstkritik und eine gewisse Aufgeklärtheit kann diese Umbruchsphase die Lebensfähigkeit einer Beziehung ernsthaft gefährden.

Das leere Nest

Wenn die Kinder flügge geworden sind und das Nest verlassen haben, entsteht eine Art Vakuum. Bei einer Frau, die im Hauptberuf Hausfrau und Mutter gewesen ist, kann die veränderte Rolle zu einer Phase tiefer Verunsicherung führen, weil sie vor der Entscheidung steht, welchen Sinn und welche Richtung sie ihrem Leben von nun an geben soll.

Selbst wenn beide Partner außerhalb des Hauses arbeiten, führt dieses Leere-Nest-Syndrom mitunter zu merkwürdigen Gefühlen, wenn die beiden sich plötzlich allein am Eßtisch gegenübersitzen. Wenn Kinder in einer Familie als Puffer gewirkt haben, als Vermittler zwischen den Fronten oder sogar als primäre emotionale Stütze für einen oder beide Elternteile, wenn den Kindern im Laufe der Jahre zuviel Aufmerksamkeit gewidmet wurde und man zu wenig Energien in den Erhalt und die Entwicklung der Partnerschaft investiert hat, braucht ein Paar vielleicht eine gewisse Zeit, um den Kontakt zueinander wieder aufzubauen und der Beziehung wieder Kraft und Sinn zu geben.

Das Rentenalter

Nach der Pensionierung ergibt sich eine einzigartige Gelegenheit zur Erneuerung der gegenseitigen Verbundenheit. Die Kinder sind aus dem Haus, die Anforderungen eines festen Berufs sind entfallen, man hat mehr potentielle Freizeit für spielerische, kreative Zerstreuung und für Projekte, die man während des Berufslebens beiseite geschoben hatte. Obwohl viele Rentnerpaare mit wirtschaftlichen Schwierigkeiten oder gesundheitlichen Problemen konfrontiert werden, können diese potentiellen Streßfaktoren letztlich zu einem Gefühl größerer Zusammengehörigkeit führen, wenn das Paar in der Lage ist, diese Probleme gemeinsam in Angriff zu nehmen. Doch wenn ein Paar seine Beziehung in den vielen Jahren *vor* der Pensionierung vernachlässigt hat, können diese Schwierigkeiten auch zur Folge haben, daß die Partner sich noch weiter und vielleicht sogar völlig entfremden.

Für jene Paare, die nicht mit finanziellen Entbehrungen oder gesundheitlichen Einschränkungen kämpfen müssen, besteht eine der größten Schwierigkeiten dieser Lebensphase in den völlig veränderten Rollenerwartungen. Vor allem zu Beginn des Rentenalters kann sich dieser Übergang als starker Streßfaktor erweisen.

Menschen, die jahrzehntelang erfolgreich einem Beruf nachgegangen sind, fühlen sich unter Umständen verloren, gelangweilt oder sogar deprimiert durch die einschneidende Veränderung ihrer gewohnten Lebensroutine. Für die meisten Menschen ist der Beruf eine der Hauptgrundlagen ihres Selbstwertgefühls. Nach dem Ausstieg aus einem geregelten Arbeitsleben fühlen sich viele Leute nutzlos. Bei dem Versuch, sich zu beschäftigen, geraten sie dann häufig ihrem Partner in die Quere und bringen dessen gewohnten Lebensablauf durcheinander. Diese Veränderung sorgt dann oft auf beiden Seiten für Ärger und Verdruß, bis die Herausforderung, ein neues Gleichgewicht herzustellen, erfolgreich bewältigt wurde.

Angesichts der Tatsache, daß die meisten Frauen jünger sind als ihre Partner, bleiben viele noch eine ganze Weile im Beruf, nachdem ihr Partner bereits pensioniert ist. Wenn der Ehemann seine Haushaltspflichten vernachlässigt oder nicht bereit ist, neue Aufgaben zu übernehmen, können die dadurch ausgelösten Spannungen und Streitigkeiten die Beziehung leicht untergraben.

Zu den glücklichsten Rentnerpaaren gehören jene, die von jeher auf die Qualität ihrer Beziehung geachtet haben und die beide genügend eigene Interessen entwickelt haben, um ihre Begeisterung und Lebensfreude wachzuhalten.

Streßauswirkungen

Es ist leider eine weitverbreitete Tendenz, daß Menschen in stürmischen Streßsituationen nicht Rat und Zuflucht in ihrer Beziehung suchen, sondern genau das Gegenteil tun. Um Trost und Sicherheit zu finden, ziehen sie sich in sich selbst zurück und schaffen auf diese Weise eine emotionale Kluft zwischen sich und ihrem Partner. Meistens liegen dieser Art des Rückzugs durchaus edle und rücksichtsvolle Motive zugrunde. Viele Menschen sind aufrichtig bemüht, ihrem Partner nicht zur Last zu fallen. Wir möchten vielleicht vermeiden, den geliebten Menschen mit eigenen Problemen zu belasten, oder haben Angst, schwach und inkompetent zu wirken, und ziehen uns deshalb in unsere eigenen, inneren Schutzräume zurück, Schutzräume, die sich als Kerker erweisen können. Und unser Partner empfindet die emotionale Distanz, die wir auf diese Weise herstellen, leicht als Bestrafung.

Bei anderen Gelegenheiten isolieren wir uns vielleicht unbewußt durch eine chronische Arbeitsüberlastung oder den Mißbrauch von Tabletten/Drogen und Alkohol und errichten auch damit eine undurchdringliche Barriere zwischen uns und unseren Partnern. Auch übermäßiges Essen gehört zu den häufigsten und krassesten Distanzierungsmechanismen, da der Eßsüchtige sich infolge seiner Freßanfälle meist sehr bald unattraktiv fühlt und schließlich auch dem Partner weniger attraktiv erscheint. Exzessives Fernsehen – oder *Nicht*fernsehen in Form einer alles erstikkenden Geräuschkulisse für das Zusammenleben – ist eine weitere verbreitete Methode, um den emotionalen Kontakt zwischen zwei Partnern zu unterdrücken.

Es gibt viele andere Distanzierungsmethoden – zu viele, um sie hier alle zu nennen –, aber die radikalste und destruktivste Methode von allen ist wahrscheinlich die, eine Affäre zu haben. Eine Affäre bietet zwar die Möglichkeit, sich vorübergehend von seinen Sorgen abzulenken oder ein angeschlagenes Selbstbewußtsein wiederaufzurichten, aber sie wird die primäre Beziehung mit Sicherheit in eine Krise bringen, von der sie sich vielleicht nie wieder richtig erholt.

Die heilende Kraft der Beziehung

Eine Krankheit, eine Midlife-crisis, ein beruflicher Neuanfang oder einer der anderen dramatischen Umbrüche, die unser aller Leben von Zeit zu Zeit einschneidend verändern, lösen im allgemeinen um so mehr Streß aus, je stärker wir versuchen, allein damit fertig zu werden, statt sie innerhalb einer heilsamen Beziehung zu bewältigen. Wenn wir uns selbst distanzieren, begrenzen wir die Möglichkeiten unseres Partners, uns alternative Sichtweisen zu eröffnen und uns den Trost und seelischen Beistand zu geben, den wir vielleicht ersehnen. Wir verwehren unserem Partner damit einen der größten Vorzüge und Freuden einer liebevollen Beziehung, das Gefühl, etwas wert und nützlich zu sein, weil wir für das gebraucht werden, *was wir sind*. Wenn wir Distanz schaffen, statt in Zeiten der Not und Verletzlichkeit die Hand auszustrecken, blockieren wir einen der wichtigsten Zugänge zur Nähe und Intimität. Eine Beziehung braucht das Gefühl, gebraucht zu werden, nützlich zu sein, oder sie verliert ihren Sinn und wird zu einer hohlen, leblosen Hülle.

Kommunikation

In Phasen erhöhter Streßbelastung ist eine relativ konstante Kommunikation von erhöhter Bedeutung für das Wohlergehen einer Partnerschaft. Wie eine Frau, die seit dreizehn Jahren verheiratet war, es ausdrückte: »Ich möchte, daß Pat mich wissen läßt, was in ihm vorgeht, daß er offen zu mir ist. Ich glaube, er weiß, daß er in schwierigen Zeiten nicht allein steht, daß ich immer für ihn da bin. Ich erwarte nicht von ihm, daß er immer und um jeden Preis perfekt oder stark ist; ich liebe ihn auch, wenn er ängstlich oder niedergeschlagen ist oder wenn er glaubt, versagt zu haben. Und wenn er sich mir gegenüber öffnet, spüre ich förmlich, wie der Druck von ihm weicht.«

Kein Mensch ist eine Insel. Alles, was den einen Partner in einer Beziehung stark berührt, wird automatisch auch den anderen berühren, eine Veränderung der Stimmung, des Energielevels, der gegenseitigen Verbundenheit. Wenn Belastungen aus der Perspektive der Beziehung bewältigt werden, wenn *das Paar* sich gegen den Streß verbündet wie gegen einen äußeren Eindringling und nicht zuläßt, daß er sie gegeneinander ausspielt, kann die Beziehung sogar gestärkt aus diesen Krisen hervorgehen.

Brooke und Taylor beschrieben eine schwierige fünfjährige Phase am Anfang ihrer Ehe. Sie hatten gerade ein neues Haus gekauft, als Taylors Geschäft in eine Talsohle geriet. Es war eine schlimme Zeit, und die Belastung erhöhte sich noch, als ihre kleine Tochter an einer Kolik erkrankte und nächtelang schrie, so daß die beiden kaum noch Schlaf fanden. Durch die Anspannung und Erschöpfung waren ihre Nerven zum Zerreißen gespannt. »Es war grauenvoll«, erzählte Brooke. »Wir waren nur noch gereizt, elend und verzweifelt. Wir konnten nicht mehr sagen, daß wir einander liebten, nicht mal mehr, daß wir uns besonders mochten oder daß wir zusammenbleiben wollten. Zuerst habe ich ihm die Schuld gegeben, weil ich ihn immer für allwissend gehalten hatte. Eines Tages, nachdem wir wieder wie üblich aufeinander rumgehackt hatten, fing ich einfach an zu weinen, und plötzlich fing er auch an. Ich hatte ihn nie zuvor so weinen sehen. Wir waren beide völlig fertig, aber wir hielten einander in den Armen, und obwohl wir die Probleme des anderen nicht lösen konnten, wußten wir plötzlich, daß wir es gemeinsam irgendwie schaffen würden. Wie das im einzelnen vor sich gehen sollte, wußten wir natürlich nicht. Wir haben uns gegenseitig Bestätigung gegeben – ich glaube, Bestätigung war alles, was wir noch hatten – und wir haben zusammengehalten, bis die Dinge sich zum Besseren wendeten. Es ist merkwürdig, aber einfach das eigene Unglück mit dem anderen teilen zu können, hat wirklich geholfen.«

Wir alle machen Fehler, aber meistens nicht in böser Absicht. Unter widrigen Umständen versuchen normalerweise beide Partner, ihr Bestes zu tun. Solange beide an der Überzeugung festhalten, daß sie es »gemeinsam durchstehen«, und solange keiner die Schuld auf den anderen schiebt, kann man die Partnerschaft produktiv nutzen, um die Situation zu erleichtern. Beginnen Sie ein Gespräch mit einer einleitenden Bemerkung, wie zum Beispiel:

»Ich bin wirklich beunruhigt. Es hat nichts mit dir zu tun, aber ich möchte gern darüber sprechen.« Das hilft Ihrem Partner, sich zu entspannen und empfänglicher auf das zu reagieren, was Sie ihm mitteilen möchten, ohne sich angegriffen zu fühlen. Wenn Sie manchmal das Gefühl haben, daß Ihr Partner seine Frustrationen an Ihnen ausläßt, weil er sich unwirsch, sarkastisch, spöttisch oder krittelnd verhält, sollten Sie versuchen, nicht genauso zu reagieren, egal, wie groß die Versuchung sein mag, es dem anderen heimzuzahlen. Fragen Sie Ihren Partner offen, ob seine Verärgerung tatsächlich eine Reaktion auf etwas ist, das Sie getan haben. Selbst wenn Ihr Partner in einer miesen Stimmung ist, können Sie besser auf ihn eingehen – ohne deswegen sein Verhalten zu entschuldigen –, wenn Sie wissen, daß seine Gereiztheit nichts mit Ihnen zu tun hat. Ihr Verzicht auf einen Gegenangriff wird dazu beitragen, daß die Situation sich nicht noch weiter verschlimmert.

In anderen Fällen, wenn ein äußeres Problem wiederholt auftritt oder chronisch geworden ist, wenn Sie und Ihr Partner sich bereits den Mund fusselig geredet haben und Ihnen die ewigen, fruchtlosen Diskussionen zum Hals raushängen, ist Humor manchmal die beste Medizin. Glen hatte es wirklich satt, immer wieder mit Dorothy über seine beruflichen Existenzängste zu diskutieren, wenn er seine Angestellten nicht bezahlen konnte. Die Tatsache, daß er schon ein halbes dutzendmal vor diesem Problem gestanden und jedesmal in letzter Sekunde eine Lösung gefunden hatte, machte die Situation nicht weniger unangenehm. Er hatte jedesmal das Gefühl, daß er diesmal vor dem endgültigen Aus stände. Wenn er dann niedergeschlagen und abgespannt nach Hause kam und Dorothy ihn fragte, was los sei, antwortete er einfach nur: »Code Dreiundvierzig« – sein Kürzel für: »Konnte Löhne nicht bezahlen.« Es war eine enorme Erleichterung für ihn, daß er nicht in die Einzelheiten gehen mußte und daß Dorothy ihm die Unterstützung oder den Freiraum gab, den er brauchte. Die häusliche Stimmung heiterte sich trotz der Krise ein bißchen auf, weil beide davon ausgingen, daß sie es auch diesmal irgendwie schaffen würden, die Schwierigkeiten zu meistern.

Zwei Köpfe wissen mehr als einer – diesen glücklichen Umstand können Sie sich zunutze machen, wenn Sie persönliche Probleme mit Ihrem Partner teilen: Ihr Partner macht Sie vielleicht auf eine alternative Strategie oder Lösung aufmerksam, die Sie selbst nicht bedacht haben. Einfach nur über ein bestimmtes Problem zu reden, wirkt häufig streßabbauend, unabhängig davon, ob man zu einer brauchbaren Lösung findet oder nicht.

Es ist auch denkbar, daß Sie nach einem intensiven Gespräch mit Ihrem Partner den gemeinsamen Entschluß fassen, Ihr Leben tiefgreifend zu verändern, um ein bestimmtes Problem zu lösen, sei es durch eine berufliche Veränderung, einen Umzug oder einen neuen Lebensstil. Die Erkenntnis, daß Sie den neuen Weg nicht allein gehen müssen, daß Ihr Partner Sie begleiten und Ihnen zur Seite stehen wird, schafft Raum für neue Träume und Möglichkeiten.

Anya und Rod hatten vor kurzem ihr drittes Kind bekommen. Anya hatte einen Teilzeitjob und übernahm den größten Teil der Kinderversorgung. Rod, der als Verkaufsleiter bei einem großen Büroausstatter arbeitete, war außerdem noch Mitglied der Little League und verwaltete einen großen kirchlichen Wohlfahrtsfonds. Ihre Terminpläne waren so vollgepackt, daß sie kaum noch Zeit oder Energien für die Beziehung hatten. So schliefen sie zum Beispiel nur noch einmal im Monat miteinander, statt wie früher zweimal die Woche, und ihre Gespräche drehten sich fast nur noch um ihre endlosen Alltagsprobleme.

Als Rods Vater plötzlich starb, leiteten Rod und Anya alles Nötige für den Umzug der Mutter in die Wege. Während dieses Umzuges zog sich Rod eine Rückenverletzung zu. Er hatte schlimme Schmerzen, und weil er sich eine Weile überhaupt nicht bewegen konnte, versuchte Anya, seine Aufgaben mit zu übernehmen. Da sie ohnehin schon überlastet war, stand sie unter enormem Druck. Mehrmals am Tag brach sie unvermittelt in Tränen aus, war ungeduldig mit den Kindern und ärgerte sich über Rod, weil er sich körperlich außer Gefecht gesetzt hatte.

Es war klar, daß es so nicht weitergehen konnte, und eines Abends nach einer langen, emotional aufgeladenen Unterhaltung beschlossen Rod und Anya, ihr Leben zu ändern. Sie kamen überein, eine gewisse Anzahl ihrer äußeren Verpflichtungen aufzugeben, um mehr Zeit für die Bedürfnisse der Familie zu haben, was auch miteinschloß, mehr Gewicht auf Spaß und Vergnügen zu legen. »Im nachhinein«, erzählte Anya, »hat die Krise uns eine belebende und notwendige Veränderung beschert. Es war schlimm, daß wir erst durch den Tod von Rods Vater zu dieser Erkenntnis gekommen sind, aber unsere Familie und unsere Beziehung war in dem hektischen Getriebe unseres Alltags untergegangen.«

Phasen großer Streßbelastung sind für gewöhnlich von Gefühlen der Angst und Hilflosigkeit geprägt – eine höchst unwillkommene Begleiterscheinung der ohnehin bestehenden Schwierigkeiten. Diese quälende Unsicherheit läßt sich relativ gut bekämpfen, wenn Sie gemeinsam mit Ihrem Partner *spezifische* Prioritäten setzen und genau planen, wie Sie diese einzelnen Teilziele umsetzen wollen. Das Gefühl, die Situation wieder stärker unter Kontrolle zu haben, ist schon in sich streßreduzierend.

Wenn zum Beispiel ein gesundheitliches Problem auftritt, sollten Sie sich zusammensetzen und genau planen, wie Sie vorgehen wollen, welchen Arzt Sie konsultieren wollen, ob Sie noch eine zweite Diagnose einholen möchten, wer die Termine abmacht und wann und ob Sie gemeinsam zu diesen Terminen gehen.

In jedem Problemlösungsprozeß kann es hilfreich sein, einmal die schlimmste aller Möglichkeiten durchzuspielen. Angenommen, Sie sind in einen Rechtsstreit verwickelt und fühlen sich wie gelähmt von der Vorstellung, daß Sie den Prozeß verlieren könnten. In diesem Fall könnte die schlimmste aller Möglichkeiten zum Beispiel darin bestehen, daß Sie nach einem verlorenen Prozeß zahlungsunfähig wären und Konkurs anmelden müßten. Sicherlich keine sonderlich reizvolle Vorstellung, aber was würden Sie tun, wenn es so wäre? Vielleicht müßten Sie Ihr Haus verkaufen, um Ihre Gläubiger zu befriedigen, und wieder zu Ihren Eltern ziehen, oder sich eine zusätzliche Arbeit am Wochenende suchen, um mehr Geld zu verdienen. Wahrscheinlich wird es nicht zum Schlimmsten kommen, aber wenn Sie genau durchgespielt haben, wie Sie auf den Super-Gau reagieren würden, wird Ihnen jedes Ergebnis, das nur etwas von diesem düsteren Szenario abweicht, erträglicher erscheinen. Das macht es leichter, die Dinge im richtigen Verhältnis zu sehen.

Unabhängig davon, wie gut Sie mit auftretenden Problemen umgehen können, werden Sie im Laufe Ihres Lebens wahrscheinlich auf einige Schwierigkeiten stoßen, die jenseits Ihrer Kontrolle liegen und gegen die Sie im Grunde machtlos sind. Trotz heroischer Anstrengungen heilen einige Wunden nur mit der Zeit, zum Beispiel wenn ein Kind eine bestimmte Entwicklungsstufe durchläuft oder wenn ein Elternteil nach schwerer Krankheit schließlich stirbt.

Selbst die beste Kommunikation hat ihre Grenzen. Wenn Problemlösungsgespräche deprimierend und kräftezehrend werden, wenn sie einen toten Punkt erreicht haben und kein neues Licht mehr in die Sache gebracht wird, ist es das beste, das Thema für eine Weile ruhen zu lassen und sich selbst eine Zerstreuung zu gönnen. Unternehmen Sie etwas Vergnügliches, bei dem Sie sich entspannen und neue Kräfte schöpfen können. Kommen Sie auf andere Gedanken, verbringen Sie einen netten Abend in der Stadt oder machen Sie eine Fahrradtour auf dem Land; kuscheln Sie sich vor dem Kaminfeuer zusammen und reden Sie ausgiebig – aber über etwas anderes.

Wenn das Problem finanzieller Art ist, glauben Sie vielleicht, auf jeden Luxus verzichten zu müssen, und sei er noch so klein. Aber sich einen schönen Tag zu machen und die Beziehung zu verwöhnen, indem man ein paar Mark für einen gemeinsamen Kinoabend, einen Besuch im Museum oder Park, oder für ein erschwingliches Essen zu zweit opfert, kann eine lohnende Investition für die Zukunft sein. Es kostet wirklich nicht viel Geld, oder Zeit, eine Beziehung zu pflegen.

Dafür zu sorgen, daß man genügend private Zeit füreinander hat, ist besonders wichtig, wenn Besucher oder Hausgäste da sind. Selbst ein willkommener Gast kann Streß verursachen und eine Zweierbeziehung belasten, wenn sein Aufenthalt lange andauert. Obwohl es mit gewissen Schwierigkeiten verbunden sein mag, einem Gast zu sagen »Entschuldige bitte, wenn wir den heutigen Abend nicht mit dir verbringen, aber Mittwoch ist unser traditioneller Ausgehabend«, werden die meisten Freunde Verständnis zeigen.

June und Kirk waren erst knapp ein Jahr verheiratet, als sie in

Kirks Heimatstadt umzogen, aber der Umzug hätte ihre Beziehung beinahe zerstört. »June war glücklich in ihrem Beruf, und wir hatten uns einen wirklich netten Freundeskreis in Ohio aufgebaut. Als wir hierher zogen, fing das Elend an. Sie haßte ihren neuen Job, und meine alten Freunde schienen uns Tag und Nacht zu belagern. Wenn June von der Arbeit nach Hause kam, waren fast immer irgendwelche Leute da, die so lange blieben, bis June ins Bett ging. Wir redeten darüber und kamen schließlich zu dem Schluß, daß wir etwas unternehmen mußten, wenn unsere Beziehung nicht in die Brüche gehen sollte. Ich liebte June, und das war das letzte, was ich wollte. Für den Anfang haben wir beschlossen, daß sie ihre Arbeit aufgibt: Das war zwar finanziell eine schmerzliche Einbuße, aber emotional ein Riesengewinn. Wir zogen in eine kleinere Wohnung, trafen uns nicht mehr so häufig mit meinen alten Freunden und unternahmen mehr Dinge nur zu zweit. Wir haben uns richtig auf unsere Beziehung konzentriert, und ich glaube nicht, daß wir heute noch zusammen wären, wenn wir diese Veränderungen nicht vorgenommen hätten.«

Auch in Situationen, in denen Kinder, vor allem sehr kleine Kinder, Probleme machen, sollte man besonders darauf achten, der Beziehung oberste Priorität einzuräumen. Kinder brauchen häufig extrem viel Zeit und Aufmerksamkeit, und ihre Bedürfnisse können nicht ignoriert werden. Viele Kinder spielen ein Elternteil gegen das andere aus, um ihren Willen durchzusetzen. Vor allem Stiefkinder versuchen vielleicht, eine neue Beziehung auf diese Weise zu sabotieren. Das gilt um so mehr, wenn sie das Gefühl haben, vom neuen Elternteil verdrängt zu werden – ein Gefühl, das sie gerade am Anfang häufig haben und nicht selten zu Recht.

Die effizienteste Methode, um mit einem revoltierenden Kind umzugehen, das versucht, einen Keil zwischen die Eltern zu treiben, ist, gemeinsam Front zu machen, während man dem Kind gleichzeitig viel Bestätigung und ein angemessenes Maß an persönlicher Zuwendung gibt. Die besten Eltern-Kind-Beziehungen basieren auf gegenseitigem Respekt, auf vernünftigen Regeln, die konsequent und demokratisch praktiziert werden, und auf klar gesteckten Grenzen. Man sollte nicht gezwungen sein, zwischen einer guten Beziehung zu seinem Kind und zu seinem Partner zu wählen. Man kann und sollte beides haben. Um die Herausforderungen des Kindes und die daraus resultierenden Belastungen so gering wie möglich zu halten, sollte das Paar seine gemeinsamen Positionen miteinander besprechen und feste Regeln für die Schlafenszeit, für Süßigkeiten, Geschenke, Unternehmungen usw. festlegen. Diese Regeln müssen natürlich sowohl die Bedürfnisse des Paares als auch die des Kindes berücksichtigen.

Kein Unglück dauert ewig

Denken Sie immer daran, daß die meisten Streßbelastungen zeitlich begrenzt sind. Alle Schwierigkeiten treiben irgendwann ihrer Lösung zu, und zwar um so schneller, je gezielter Sie an den Problemen arbeiten. Auch der chronische Streß mit Kindern, die die Adoleszenz durchlaufen, geht irgendwann vorüber – auch wenn im Moment kein Ende abzusehen ist.

Doch wir alle wissen, daß nicht jede Belastungssituation erfolgreich gemeistert werden kann. Trotz all unserer Bemühungen werden manche Krisen einen unglücklichen Ausgang nehmen. Aber auch wenn das Schlimmste geschieht, läßt der Druck irgendwann nach. Ein geliebter Mensch stirbt vielleicht nach langer Krankheit. Man verliert all seine Ersparnisse. Das kreative Projekt, an dem man gearbeitet hat, erweist sich als Fehlschlag. Das eigene Geschäft geht pleite. Aber auf lange Sicht kommt irgendwann der Zeitpunkt, an dem es vorbei ist, an dem Sie sich allmählich erholen und wieder neuen Mut schöpfen. Obwohl das Leben schwierig sein mag, gibt es zumindest wieder neue Möglichkeiten und Hoffnungen, die Sie aufrecht erhalten. Und manchmal können wir die unglückliche Erfahrung zum Positiven wenden, weil wir etwas daraus gelernt haben, das uns in die Lage versetzt, für den nächsten Teil der Reise einen besseren Kurs einzuschlagen.

Jules und Lillian werden ihr viertes Ehejahr nie vergessen – es war die Hölle auf Erden. Als sie gerade dachten, daß nichts mehr schiefgehen könnte, ging alles schief. Zuerst bekam Jules' Mutter Darmkrebs und mußte sich einer schweren Operation unterziehen. Sechs Monate später hatte sein Vater einen Schlaganfall. Er erholte sich zwar wieder, aber in der Zwischenzeit erlitt Lillian eine Fehlgeburt. Jules und Lillian hatten sich seit zwei Jahren vergeblich ein Kind gewünscht und waren durch diese tragische Entwicklung am Boden zerstört. Es gab Tage, an denen sie kaum noch die Kraft hatten, morgens aufzustehen, oder herumwanderten wie in einem bösen Traum.

Doch heute, zwei Jahre später, haben sie einen gesunden Jungen, obwohl Lillian durch Komplikationen bei der Geburt drei Monate bettlägerig war. Jules' Eltern geht es relativ gut, und Jules erhielt einen Buchvertrag. Es ist nicht alles perfekt: Lillian mußte nach dem Mutterschaftsurlaub an einen ungeliebten Arbeitsplatz zurückkehren, obwohl sie es vorgezogen hätte, sich ausschließlich ihrem Kind zu widmen. Aber nach allem, was sie vorher durchgemacht hatte, konnte sie diese vergleichsweise geringe Unannehmlichkeit akzeptieren, bis Jules sein Buch fertiggestellt und ihre finanzielle Lage sich etwas verbessert hatte.

Wenn Sie unter Dauerstreß stehen, hilft es manchmal, einen Schritt zurückzutreten und über die positiven Seiten Ihres Lebens nachzudenken. Das macht es nicht nur leichter, den gegenwärtigen Streß richtig einzuschätzen, sondern es macht einem auch bewußt, daß das gegenwärtige Unglück nicht ewig währen und das Leben irgendwann weitergehen wird.

Fürsorge

Auch wenn Sie sich vom Schicksal hart gebeutelt fühlen, gibt es Dinge, die Sie tun können, um das Leben erträglicher zu machen. Das wichtigste ist wahrscheinlich, gut auf sich selbst zu achten. Gerade in Streßzeiten sollte man besonderen Wert darauf legen, sich vernünftig zu ernähren, seinen Körper mit zusätzlichen Vitaminen zu versorgen und ihm ausreichend Erholung zu gönnen. Gymnastische Übungen sind erwiesenermaßen ein gutes Gegenmittel gegen Angst, Depressionen und Müdigkeit.

Nehmen Sie sich täglich ein bißchen Zeit für sich selbst: Positive Erlebnisse, sei es durch Musik, Religion, Kino, Sport, Lesen, Schlafen oder Spazierengehen, werden Ihnen helfen, Ihr seelisches und körperliches Gleichgewicht wiederherzustellen. Aber wer Zeit für sich selbst haben möchte, muß auch in der Lage sein, um diese Zeit zu bitten und sich selbst gestatten, ein bißchen egoistisch zu sein. Vielen Menschen fällt es sehr schwer, Zeit für sich selbst zu fordern oder *Nein* zu sagen. Leider brauchen manche

Leute Jahre, bis sie gelernt haben, sich selbst auf diese Weise etwas zu geben, ohne deswegen Schuldgefühle zu entwickeln.

Michelle und Owen stritten sich jedesmal, wenn Michelles Eltern, die in Frankreich lebten, ihren Besuch ankündigten. Sie blieben immer Monate. »Ich war eine so pflichtbewußte Tochter«, erzählte Michelle, »daß ich es erst nach zwanzig Jahren Ehe fertigbrachte zu sagen: ›Nein, Mutter, ich finde es rücksichtslos, wenn ihr zwei Monate bei uns bleibt.‹ Es tut mir leid, daß ich so lange dazu gebraucht habe, weil es Owen und mich soviel unnötigen Streit gekostet hat.«

Um sich selbst ein bißchen zu verwöhnen, kann man in Zeiten erhöhter Streßbelastung auch einen Einkaufsbummel machen und sich selbst durch ein kleines Geschenk aufheitern. Wenn Sie es sich leisten können, sollten Sie jemanden einstellen, der Ihnen im Haushalt hilft. Auch gute Freunde können Ihnen neue Kraft geben und Ihnen helfen, neue Perspektiven zu entwickeln. Wenn Sie Ihre Probleme auch mit guten Freunden besprechen können, nehmen Sie Ihrem Partner etwas von dem Druck, unter dem er vielleicht steht, und fördern das Gleichgewicht in Ihrer Beziehung.

Wenn Ihr Partner derjenige ist, der eine schwierige Zeit durchmacht, sollten Sie versuchen, Ihre eigenen Bedürfnisse etwas zurückzustellen. Nehmen Sie weniger; geben Sie mehr. Soweit es Ihnen möglich ist, sollten Sie Pläne und Termine, tägliche Aufgaben und häusliche Gewohnheiten dahingehend ändern, daß Ihr Partner mehr Ruhe und Zeit findet, um sich der Lösung der Streßursachen zu widmen. Vielleicht braucht Ihr Partner ein gewisses Maß an Ermutigung, um Ihre Hilfe anzunehmen. Sie können die Schuldgefühle Ihres Partners verringern, wenn Sie ihm das Gefühl vermitteln, daß das Blatt sich auch wieder wenden wird und Sie dann auf seine Hilfe angewiesen sind.

Sie sollten Ihren Partner in solchen Situationen fragen, was er am meisten von Ihnen braucht, statt eine eigenmächtige und womöglich falsche Entscheidung zu treffen. Vielleicht hilft es Ihrem Partner am meisten, wenn Sie ihm einige der Aufgaben abnehmen, die normalerweise in seinen Zuständigkeitsbereich fallen: die Kinder versorgen, Besorgungen erledigen, Rechnungen begleichen und ähnliches. Vielleicht wünscht Ihr Partner sich etwas ganz Simples wie eine Massage oder ein spezielles Essen. Eine Frau berichtete, daß sie sich in der stressigen Zeit, als ihre Kinder noch klein waren, immer am besten entspannen konnte, wenn ihr Mann ihr abends etwas vorlas, während sie die Wäsche und den Haushalt erledigte.

Häufig hilft man seinem Partner in schwierigen Zeiten am besten, indem man einfach ein offenes Ohr für ihn hat und der Versuchung widersteht, ihm gute Ratschläge, Warnungen oder Belehrungen zu erteilen oder seine Probleme für ihn zu lösen. Eine Frau berichtete uns: »Ich habe gelernt, daß ich ihn durch nichts trösten oder aufrichten kann, wenn er wirklich unglücklich ist. Da er sich nicht um *mich* kümmert, wenn er Kummer hat, gebe ich ihm gern den nötigen Freiraum, damit er seine Probleme selbst lösen kann. Wenn wir ins Bett gehen, schmusen wir zwar ein bißchen, aber während dieser Krisen ist da keine wirkliche Nähe. Ich überlasse ihn einfach sich selbst, und nach ein paar Tagen hat er's überwunden.«

Die Stütze stützen

Wenn eine stürmische Streßsituation länger anhält, greift sie allmählich auf alle Familienmitglieder über; die »Stützen« des ursprünglichen Sturmopfers werden selbst allmählich müde und erschöpft. Wenn Sie also in der Rolle des Unterstützenden sind, dürfen Sie sich selbst nicht völlig vernachlässigen, oder Ihre Hilfe wird bald kaum noch von Nutzen für Ihren Partner sein. Wenn Ihr Partner nicht in der Lage ist, Ihnen zu helfen, müssen Sie nach anderen Hilfsquellen suchen – Zeit mit Freunden verbringen oder etwas anderes unternehmen, um Ihre emotionalen Akkus wieder aufzuladen, genauso wie Sie es auch tun würden, wenn Sie direkt und nicht nur indirekt von dem Streß betroffen wären.

Wenn möglich sollten Sie sich rechtzeitig auf vorhersehbare Streßphasen vorbereiten. Einige belastende Situationen entwikkeln sich zyklisch. Sie treten zum Beispiel regelmäßig ein, wenn ein Abschlußbericht fertiggestellt werden muß, die Kinder Ferien bekommen, Verwandtenbesuche vor der Tür stehen oder Steuern fällig werden. Wenn man rechtzeitig Vorkehrungen trifft, um für einen Ausgleich zu sorgen, lassen sich die Streßauswirkungen verringern – auch hier gilt: gewarnt sein heißt gewappnet sein.

Alberto leitete eine große Stiftung. Er warnte Flora immer

schon einige Monate im voraus, wenn der Termin für die nächste Jahresversammlung heranrückte. Obwohl Flora trotzdem noch darunter litt, daß Alberto in diesen Wochen selten zu Hause war und wenig Zeit für sie hatte, hatte sie immer schon im voraus einige spezielle Unternehmungen geplant und sich mit Freunden zum Essen verabredet. So fühlte sie sich weniger vernachlässigt und nutzte außerdem die kurze Zeit von Albertos Abwesenheit so effektiv und angenehm wie möglich.

Die Folgen des Sturms

Nach einer Streßphase folgt für gewöhnlich eine Phase der Erschöpfung und Mattigkeit. Wenn der Sturm sich einmal gelegt hat – wenn der Gerichtsprozeß vorüber, die letzte Prüfung geschafft, die ärztliche Behandlung überstanden oder der Hausgast abgereist ist –, sollte man sich die Zeit nehmen, die Nähe zum Partner wiederherzustellen und die Sturmschäden der Liebe zu beseitigen. Engagieren Sie einen Babysitter für die Kinder und nehmen Sie sich einen Tag frei, um ihn allein mit Ihrem Partner zu verbringen. Wenn Sie eine ungewöhnlich traumatische Phase hinter sich haben, fahren Sie wenn möglich übers Wochenende oder auch für eine ganze Woche weg. Da Streß häufig zur emotionalen Distanz zwischen Partnern führt, ist die Wiederherstellung der gegenseitigen Verbundenheit der notwendige erste Schritt, wenn der Streß überstanden ist.

Denken Sie daran, daß unterdrückte Gefühle immer auf irgendeine Weise zum Ausdruck kommen. Negative Gefühle, die sich während der Streßphase angestaut haben und die nicht offen besprochen oder aufgearbeitet worden sind, werden die Beziehung über kurz oder lang vergiften. Nehmen Sie sich also die Zeit, sich über einander und Ihre Gefühle zu »informieren«. Gehen Sie auf alle Themen ein, die Sie beiseite geschoben haben, weil drängendere Probleme gelöst werden mußten.

Wenn der Streß hinter Ihnen liegt – weil er erfolgreich bekämpft wurde oder *durch* Ihre Beziehung besser bewältigt wird –, werden Sie sich Ihrem Partner wahrscheinlich näher fühlen als vorher. Ein gemeinsamer »Feind« kann das Zusammengehörigkeitsgefühl enorm stärken.

Steven und Kay waren seit sechzehn Jahren verheiratet, als sie erfuhren, daß Steven Krebs hatte. Ironischerweise änderte die Entdeckung seiner Krankheit ihre Beziehung dramatisch zum Besseren. Vor der Diagnose hatte sich ihr Leben fast ausschließlich um das Geschäft gedreht. Sie besaßen und betrieben eine kleine Textilladenkette. Mit Stevens Worten: »Die Krise machte uns bewußt, wie viel wir einander bedeuteten und für wie selbstverständlich wir unsere Beziehung immer gehalten hatten. Wir haben sofort etwas geändert, weniger Gewicht aufs Geschäft und mehr auf die Beziehung gelegt. Es ist schon makaber, aber wir sind uns beide einig, daß es das glücklichste Jahr unserer Ehe war.«

Nach elfjähriger Ehe beschlossen Neil und Adrienne, ein Kind zu adoptieren. Marshall war vom ersten Tag an eine enorme Herausforderung für sie. »Weil Marshall so ein schwieriges Kind war, zwang er uns dazu, unsere Schwächen und Verletzlichkeiten preiszugeben«, sagte Adrienne. »Ich weiß jetzt mehr darüber, wie sehr Neil unter seiner eigenen Kindheit gelitten hat, als ich je erfahren hätte, wenn Marshall nicht gewesen wäre. Und auch ich habe mehr von mir preisgegeben. Es gibt so viele Dinge, die wir gemeinsam haben und die wir ohne Marshall wahrscheinlich nie entdeckt hätten. Unsere Ehe ist dadurch viel inniger geworden.«

Jeder Mensch stößt auf Widrigkeiten im Leben, aber gerade im Unglück sollten wir die Stärke, den Mut, die Weisheit und die Liebe aufbringen, fest zu unserem Partner zu stehen, damit wir einander heilen und auf diese Weise die Intimität erneuern und vertiefen können.

10. Für immer und ewig

Die Liebe am Leben erhalten

Wahre Liebe ist die Liebe im Alter, die nicht länger blind ist. Denn die intensivste Liebe ist nicht zwangsläufig die beste Liebe. BOOTH TARKINGTON

Es ist nicht so, daß Sie ernste Probleme hätten – jedenfalls noch nicht –, aber vielleicht ist es schon eine geraume Weile her, daß Sie ein wirklich gutes Gespräch hatten, so wie früher, und vielleicht schlafen Sie auch nicht mehr so gern miteinander. Vielleicht ist Ihnen aufgefallen, daß Sie sich nicht mehr richtig darauf freuen, abends zusammen zu sein, oder daß Sie häufiger über Kleinigkeiten streiten.

Kein Zweifel – irgend etwas hat sich verändert: die Flitterwochen sind vorüber, der Lack ist ab. Leise und unmerklich ist das Glück Ihnen abhanden gekommen. Vielleicht waren Sie überzeugt, daß das nie passieren könnte, jedenfalls nicht in dieser Beziehung. Vielleicht haben Sie es auch befürchtet. Sie fragen sich: »Was ist falsch gelaufen? Habe ich den falschen Partner gewählt? Soll das alles gewesen sein?«

Entropie: Allmählich geht's bergab

Die Antwort auf diese Fragen hat unter Umständen mehr mit festen physikalischen Gesetzen, in diesem Fall dem Prozeß der Entropie, zu tun, als mit irgend etwas anderem. Nach diesem Gesetz streben *alle Systeme*, ob biologischer, mechanischer oder anderer Art – einschließlich Beziehungssysteme – einem Zustand niedrigerer Energie und größerer Auflösung zu. Um mit W. B. Yeats zu sprechen: »Alles zerfällt; die Mitte hält nicht mehr.«

Entropie ist das Gegenteil von Energie: In jedem System, in dem die Energie abnimmt, nimmt die Entropie zu. Wenn die

Energie zunimmt, nimmt die Entropie ab. Deshalb läßt sich Entropie nur vermeiden, wenn dem System regelmäßig Energie zugeführt wird.

Je länger wir mit einem Partner zusammen sind, desto mehr neigen wir zur Bequemlichkeit, halten die Beziehung für selbstverständlich, vor allem wenn andere Anforderungen unsere Aufmerksamkeit beanspruchen. Zu viele Paare scheinen davon auszugehen, daß die Energie und Intensität, die kennzeichnend für ihre Umwerbungsphase war, die Beziehung für den Rest ihrer Tage mit dem nötigen Kraftstoff versorgen wird, und sind enttäuscht und entmutigt, wenn der Beziehung plötzlich die Puste ausgeht. Wer ein Geschäft eröffnet, würde nie auf den Gedanken kommen, daß er nur am Anfang etwas Zeit und Mühe investieren muß, und sich dann, wenn alles einigermaßen läuft, in Ruhe zurücklehnen kann und für den Rest seines Lebens ausgesorgt hat. Wir wissen, daß ein Geschäft immer unsere Aufmerksamkeit, Führung und andere Formen der Energie braucht, um gedeihen zu können. Mit Beziehungen ist es nicht anders.

Brittany und Michael liefern ein gutes Beispiel für die »schleichende Entropie«, von der hier die Rede ist. Sie arbeiten als Wissenschaftler im selben Fachbereich und sind seit sechs Jahren verheiratet. In den vier Jahren, seit ihr Kind geboren wurde, haben sie nur zweimal einen Wochenendurlaub gemacht. Ihre Arbeit und die Kindererziehung nehmen sie so in Anspruch, daß sie nur wenig darüber nachdenken, wie sie ihre persönliche Beziehung beleben können. Manchmal nehmen sie sich ein oder zwei Tage Zeit, um zu einer wissenschaftlichen Tagung zu fahren, aber dann verknüpfen sie Beruf und Vergnügen, und sie fahren nie ohne ihren Sohn. Finanziell stehen Brittany und Michael sich ziemlich gut. Sie scheinen recht harmonisch zusammenzuleben, oberflächlich betrachtet gibt es keine sichtbaren Konflikte. Während des vergangenen Jahres haben sie allerdings höchstens zwölfmal miteinander geschlafen. Obwohl sie beide das unbestimmte Gefühl haben, daß irgend etwas zwischen ihnen nicht ganz in Ordnung ist, haben sie sich dem Stand der Dinge »angepaßt« und vermissen den fehlenden Sex nicht besonders.

Entropie ist manchmal schwierig zu erkennen, weil sie häufig sehr subtil beginnt und sich im Verborgenen entwickelt. Es gibt einige frühe Warnsignale, die Sie unbedingt beachten sollten:

zum Beispiel, wenn Sie merken, daß die verbale und körperliche Zuwendung beträchtlich abnimmt, Sie nur noch selten persönliche Gespräche führen, kaum noch verspielt und humorvoll miteinander umgehen oder wenn Ihnen egal ist, wie Sie aussehen oder ob Sie die Bedürfnisse Ihres Partners erfüllen. Weil wir Menschen uns meisterhaft darauf verstehen, Schwierigkeiten zu rationalisieren oder zu verdrängen, werden diese Warnsignale leicht übersehen.

Wenn man nichts unternimmt, um die Entropie in Schach zu halten, werden sich bald weitere Vorboten des Unheils hinzugesellen. Sie fühlen sich angespannt und unbehaglich miteinander; es gibt lange Schweigeperioden, wo früher Gespräche waren; Schlaf- und Eßstörungen treten auf; beide fühlen sich zunehmend verletzt und abgewiesen; Depressionen stellen sich ein. Sie finden vielleicht Gründe, um immer seltener zu Hause zu sein, länger zu arbeiten; Sie fangen an, von einer neuen Liebe zu träumen. Und je bunter Sie Ihre Phantasien ausmalen, desto mehr verblaßt allmählich Ihre gegenwärtige Beziehung.

Auch wenn es wahr ist, daß die Entropie ein Teil der natürlichen Ordnung ist, so ist es doch ebenso wahr, daß wir uns ihrem Abwärtssog nicht unterwerfen müssen. Wir können und müssen die Fähigkeit entwickeln, die Entropie zu besiegen oder ihr zu trotzen, wenn wir aufrichtig an einer liebevollen und vitalen Beziehung interessiert sind und sie ein Leben lang erhalten wollen. In diesem Fall ist ein Quentchen Vorsorge erheblich mehr wert als eine Wagenladung Medizin.

Die unendliche Umwerbung: Eine liebevoll umsorgte Beziehung

Eine Beziehung ist ein komplexer, lebender Organismus. Wie alles Lebendige, kann sie sich nur entfalten, wenn sie bekommt, was die elementare Grundlage allen Lebens ist: ein angemessenes Maß an Schutz und Nahrung.

Während der Umwerbungsphase fällt es uns leicht, diese Grundbedürfnisse im Übermaß zu erfüllen. Tatsächlich wäre unsere Beziehung wahrscheinlich nie über ihre höchst oberflächliche Anfangsphase hinausgekommen, wenn wir diesen Ansprüchen nicht genügt hätten. Wenn wir einander umwerben, führen wir der Beziehung viele Formen der Energie zu, und wir schützen sie, indem wir ihr einen erhöhten Stellenwert unter unseren persönlichen Prioritäten einräumen. Diese Arten der Fürsorge sind *antientropisch.*

Es wäre eine unrealistische Erwartung, daß man der Beziehung auf Dauer dieselbe Energie zuwenden kann wie in der Umwerbungszeit. Doch in Wahrheit kostet es nicht so wahnsinnig viel Zeit und Energie, die Liebe am Leben zu erhalten – es reicht schon, einfach kontinuierlich auf die Dinge zu achten, die eine Beziehung lebendig halten: Lachen, Sex, Urlaub, Zärtlichkeit, gute Gespräche, Abenteuer, Träume, Romantik... Soweit wie irgend möglich sollte die Beziehung vor Schaden bewahrt werden. Alles in allem sollte eine Beziehung mehr Einnahmen haben als Ausgaben. Wie eine gut geführte Bank sollte sie eine positive Nettoumsatzbilanz aufweisen können; Rücksicht und Fürsorge können »gelagert« werden, um einen Vorrat für belastende und schwierige Situationen anzulegen.

Wenn Sie sich nach den positiven Gefühlen Ihrer Umwerbungszeit sehnen, überlegen Sie, was Sie tun könnten, um diese Gefühle wieder anzufachen. Jammern Sie nicht über vergangene Gefühle. Erwecken Sie sie zu neuem Leben.

Es gibt einige nützliche Gewohnheiten, die Sie entwickeln können, um den positiven, kraftvollen Schwung der frühen Beziehungsstufen davor zu bewahren, in dumpfe Monotonie abzugleiten. Diese Gewohnheiten meinen wir, wenn wir von der »unendlichen Umwerbung« sprechen.

Persönliche Gespräche

Obwohl sowohl Frauen als auch Männer intime Gespräche brauchen, um das Band zwischen sich zu stärken, scheinen Männer im allgemeinen weniger geneigt, das Gespräch als Kontaktmittel zu nutzen. In diesem Zusammenhang sagte ein Mann: »Als wir frisch verheiratet waren, habe ich Gespräche für nicht so wichtig gehalten. Ich hab immer gedacht, daß wir eigentlich nur redeten, weil *sie* das Bedürfnis hatte. Ziemlich machohaft von mir. Aber heute habe *ich* das Bedürfnis. Manchmal verpasse ich sogar eine Konferenz oder Sitzung, um mit ihr zusammenzubleiben, und es liegt nicht daran, daß sie mich bittet, zu Hause zu bleiben oder so. Wenn wir eine Weile kein intensives Gespräch hatten, merke ich, daß ich mich richtig danach sehne.«

Intensive Zweiergespräche von Angesicht zu Angesicht, ungestört durch Fernsehen, Telefon, Zeitung, Kinder oder andere häusliche Anforderungen, sind eine unerläßliche Voraussetzung für jede gute Beziehung. Unser hektischer Alltag läßt uns immer weniger Zeit für solche Gespräche. Ohne täglichen Austausch über die kleineren Sorgen, die im Leben jedes Paares auftreten, können Maulwurfshügel leicht zu Gebirgsketten werden, deren Überwindung schließlich weit mehr Aufwand und Arbeit erfordert, als nötig gewesen wäre, wenn man den Kommunikationsweg von Anfang an offen gehalten hätte. Daher ist es eine gute Faustregel, etwa fünfzehn bis zwanzig Minuten *pro Tag* darauf zu verwenden, sich gegenseitig zu informieren, auf den neuesten Stand zu bringen und Hallo zu sagen. Mehr ist meist nicht nötig, um eine Beziehung am Laufen und in der richtigen Spur zu halten. Wenn Probleme auftauchen, ist natürlich mehr Zeit erforderlich, und es ist sehr wichtig, daß man sofort über auftretende Schwierigkeiten redet, am selben oder am nächsten Tag. Je länger Sie warten, desto größer wird das Problem und desto größer wird die Distanz zwischen Ihnen.

Paare sollten am besten eine regelmäßige Zeit für solche Gespräche festlegen, auch Paare mit extrem vollen Terminkalendern. Leo und Cheri sind ein eindrucksvolles Beispiel für diese Praxis. Sie sind seit vierzehn Jahren verheiratet und haben drei Kinder im Alter von neun, sechs und eineinhalb Jahren. Leo besitzt ein eigenes Geschäft und arbeitet über fünfzig Stunden die Woche. Cheri versorgt die Kinder und verbringt außerdem noch etwa fünfzehn Stunden die Woche zu Hause in ihrem Büro. Falls je ein Paar Schwierigkeiten hatte, miteinander zu reden, sollte man meinen, daß es sich dabei um Cheri und Leo handeln müßte. Aber die beiden stellten fest, daß sie etwa sieben Stunden pro Woche miteinander sprachen, mehr als die meisten Paare mit halb so vielen Verpflichtungen. Am Anfang ihrer Beziehung hatten sie beschlossen, den Kontakt nie abreißen zu lassen, den anderen immer darüber auf dem laufenden zu halten, was in ihrem Leben geschah, was sie dachten und fühlten. Inzwischen sind diese Gespräche eine feste Gewohnheit geworden, ein Teil ihrer Beziehungskultur.

Um Gesprächsmöglichkeiten zu schaffen, muß man mitunter Zeit von anderen Bereichen abziehen und sie der Beziehung widmen. Das kann zum Beispiel bedeuten, daß Sie Ihren Terminplan umstellen, um in Ruhe miteinander reden zu können, nachdem die Kinder im Bett sind, oder, wenn Sie halbwüchsige Sprößlinge haben, daß Sie die Tür des Schlafzimmers oder Arbeitszimmers hinter sich abschließen, damit Sie eine Zeitlang ungestört sind.

Den Partner tagsüber oder abends anzurufen, wenn man sich nicht sehen kann, und vor allem, wenn einer von Ihnen verreist ist, kann viel dazu beitragen, die Verbundenheit zu stärken. Wenn ihr Mann auf Geschäftsreise sei, so berichtete eine Frau, spreche sie täglich eine dreiviertel Stunde mit ihm – wesentlich länger, als wenn er zu Hause ist.

Man sollte darauf achten, daß Gespräche sich nicht ausschließlich um Sorgen und Probleme drehen; andernfalls wird man schnell die Lust am Zusammensein verlieren. Wenn Sie nur miteinander reden, wenn Sie Probleme *haben*, entwickeln Sie vielleicht auch unbewußt die Neigung, Schwierigkeiten zu erzeugen oder zu vergrößern, um einen Gesprächsstoff zu finden.

Gespräche über wichtige persönliche Belange sollten immer auch positive Gefühle miteinschließen – Ihre Hoffnungen, Zukunftspläne, Ihre Liebe füreinander, Alltagserlebnisse, Nachrichtenmeldungen, sogar etwas Klatsch.

Romantik: In Worten und Taten

Romantik ist die Kunst, die profanen Dinge des täglichen Lebens zu verklären und zu verzaubern. Sie ist die Glasur auf dem Kuchen. Der Zauber der Romantik verwandelt das Gewöhnliche in das Außergewöhnliche und verhindert, daß der graue Alltag mit seinen hektischen Gewohnheiten die Farben der Beziehung verdunkelt.

Die Ausdrucksmöglichkeiten der Romantik sind praktisch grenzenlos, so grenzenlos wie die menschliche Vorstellungskraft. Den romantischen Zauber am Leben zu erhalten, ist eine unabdingbare Voraussetzung, wenn Sie eine liebevolle Beziehung anstreben, die ein Leben lang hält und nichts von ihrem Reiz und ihrer Vitalität verliert. Sie ist eines der wirksamsten Gegenmittel für die Entropie und eine der wichtigsten Quellen emotionaler und spiritueller Erneuerung. Romantik hält die Begeisterung füreinander am Leben und facht die Leidenschaft an.

Worte: zärtliche Worte, süße Worte, alberne Worte, Spitznamen und Kosenamen, Babysprache, poetische Worte, Komplimente... Worte sind die Währung der Romantik. Wir müssen uns täglich die Zeit nehmen, liebevolle Gedanken und Gefühle auszudrücken, dem Partner sagen, wie schön er ist, wie sehr wir es zu schätzen wissen, daß er die Besorgung für uns gemacht hat oder für uns gekocht hat, ihn wissen lassen, wie amüsant oder klug oder kompetent oder geschickt oder außergewöhnlich wir ihn finden.

Aber Worte, die mechanisch wiederholt werden, die keinen Bezug zu unseren tieferen Gefühlen haben, werden leer und bedeutungslos. Ohne liebevolle Taten zu ihrer Bekräftigung können selbst gutgemeinte Worte unaufrichtig klingen. Doch Worte, die mit Taten verbunden werden, sind ein machtvolles Mittel, um liebevolle Gefühle auszudrücken, und diese Taten müssen keineswegs besonders großartig sein. Ein Mann erzählte, daß er oft spät abends losgeht, um seiner Frau ein Eis zu kaufen, weil sie für ihr Leben gern Eis ißt und er ihr für sein Leben gern eine Freude macht.

Zusätzlich zu den Blumen und anderen erschwinglichen Geschenken, die ausdrücken »Ich habe an dich gedacht«, sollten Sie nicht vergessen, Ihrem Partner Zärtlichkeit zu schenken: ein Streicheln, eine Fußmassage, eine Umarmung, ein Kopf- und Rückenkraulen, kleine Liebkosungen. All diese zärtlichen Berührungen, die am Anfang einer Beziehung selbstverständlich sind, nehmen im Laufe der Jahre leicht an Häufigkeit ab, ein weiteres Zeichen schleichender Entropie.

Dem Partner kleine Botschaften zu hinterlassen, ist eine weitere einfache Methode, um Zuneigung auszudrücken – eine kleine Notiz auf dem Kissen, wenn Sie vor Ihrem Partner aufstehen müssen, oder ein Zettel im Koffer oder zwischen der Wäsche, wenn einer von Ihnen für ein paar Tage verreisen muß, hat oft eine große Wirkung. »Irene mußte zu einer Sitzung in die Stadt und vergaß ihr Lunchpaket«, erzählte Emil, der damals vierundvierzig Jahre mit ihr verheiratet war. »Also hab' ich eine kleine Notiz hineingesteckt, zusammen mit ein paar Schokoladenherzen und einer Rose aus unserem Garten, und habe es ihr hingebracht. Ich habe ihr das Paket nur in die Hand gedrückt und bin ganz schnell wieder verschwunden. Wenn man nicht damit rechnet, freut man sich manchmal am meisten.«

Setzen Sie einen festen Abend pro Woche fest, um miteinander auszugehen oder zu Hause etwas zu tun, das beiden Spaß macht. Übernehmen Sie abwechselnd die Planung dieser festgesetzten Termine, und unternehmen Sie häufiger etwas, das ein bißchen aus dem Rahmen fällt. Gehen Sie in ein Live-Konzert oder zum Tanzen, genießen Sie einen Sonnenuntergang oder reservieren Sie einen Tisch in einem Restaurant, in dem Sie noch nie gewesen sind. Verschönern Sie ein Essen zu Hause durch Kerzenlicht, kaufen Sie einen besonders guten Wein oder eine Flasche Champagner, benutzen Sie das Parfüm, das Ihr Mann Ihnen geschenkt hat, oder ziehen Sie etwas an, das Ihnen besonders gut steht... oder tragen Sie fast gar nichts. Eine schöne Zeit zu zweit ist nicht auf die Abendstunden beschränkt. Wann haben Sie Ihrer Partnerin zum letzten Mal das Frühstück ans Bett gebracht? Und wann hat sie es zuletzt getan?

Keine stabile Beziehung kann es sich leisten, die Romantik lange Zeit zu vernachlässigen oder sie auf seltene und spezielle Gelegenheiten zu beschränken. Wer es dennoch tut, erstickt seine Beziehung mit Sicherheit und nimmt ihr den Zauber der Überraschung und Originalität.

Obwohl Berechenbarkeit zweifellos etwas Tröstliches hat und in gewisser Hinsicht auch eine Notwendigkeit für die Entwicklung einer harmonischen Beziehung ist, kann ein Übermaß an Kalkulierbarkeit sich wie eine feuchte Decke über die Beziehung legen, das Feuer ersticken, die Freude und Lebenskraft erdrücken. Wer etwas zur Routine werden läßt, bewegt sich bald nur noch in eingefahrenen Gleisen, stellt die Energie auf Sparflamme und gleitet in Entropie ab.

Abwechslung und das Unerwartete verhindern, daß das Leben schal und langweilig wird. Von Zeit zu Zeit wird jede Beziehung von einem kleinen »Überraschungsböller« profitieren – von einem neuen Abenteuer oder speziellen Ereignis, das vom Normalen abweicht. Diese Momente der Erneuerung müssen keineswegs dramatische Ausmaße haben. Es reichen schon kleine Dinge – angefangen beim improvisierten Festschmaus im Restaurant, im Park oder sogar zu Hause, über eine unerwartete sexuelle Verführung bis hin zu einem überraschenden Wochenende allein zu zweit.

Selbstbelebung

Die eingefahrenen Gleise, vor denen wir uns hüten müssen, finden sich nicht nur in der Beziehung zu unserem Partner, sondern auch in der Beziehung zu uns selbst. Wenn wir nicht länger an unserer persönlichen Entwicklung interessiert sind, ist es nicht verwunderlich, wenn auch unser Partner das Interesse an uns verliert. Wie der Schriftsteller und Nobelpreisträger Saul Bellow es ausdrückte: »Nicht einzuschlafen ist das Besondere. Alles andere ist bloßes Popcorn.« Es kann tatsächlich leicht geschehen, daß man beim Leben »einschläft«. »Wach« zu bleiben erfordert Kraft und persönliches Engagement.

Frauen, die sich zu Hause den ganzen Tag um die Kinder kümmern, fühlen sich vielleicht intellektuell abgeschnitten und hungern nach guten Gesprächen und neuen Ideen. Hier hilft vielleicht ein Babysitter, den man für einige Stunden die Woche engagiert. Die so gewonnene Zeit sollte man nicht nur als bloße Unterbrechung der Routine ansehen, sondern nutzen, um ins Museum zu gehen, einen Kurs zu belegen, an einem Projekt zu arbeiten, sich über eigene Interessen klarzuwerden, ein Buch zu lesen oder Zeit mit Freunden zu verbringen. Eine Arbeit außerhalb der Familie kann natürlich genauso kräftezehrend und geistig oder intellektuell frustrierend sein.

Ein reiches Leben, ein Leben, das die unterschiedlichsten Bereiche abdeckt – physische und sinnliche, intellektuelle, emotionale und spirituelle –, ist die beste Methode, um unsere Vitalität zu bewahren und unser Interesse an uns selbst und an unseren Partnern wachzuhalten.

Kurse belegen, Hobbys und Interessen ausdehnen, sich gelegentlich auch ohne den Partner auf die Abenteuer des Lebens einzulassen – all das befähigt uns, etwas Neues und Belebendes in die Beziehung einzubringen und damit uns selbst und unseren Partnern immer wieder neue Horizonte zu öffnen.

Abgesehen von der Selbstentwicklung braucht jeder Mensch Zeit für sich *allein*. Einige mehr als andere. Dieses Bedürfnis ist *kein* Zeichen einer krankhaften Selbstsucht, die um jeden Preis bekämpft werden sollte. Wer sich selbst zu intensiv auf die Prioritäten oder Forderungen der Beziehung konzentriert, tut der Beziehung keinen Gefallen.

Zane hatte in seiner ersten Ehe große Schwierigkeiten, sich Zeit für sich selbst zu nehmen: »Wenn ich am Nachmittag etwas unternehmen wollte und meine Ex-Frau nicht, habe ich mich immer gezwungen gefühlt, mir etwas auszudenken, was wir zusammen machen könnten. Und ich habe immer dagegen angekämpft, daß ich am liebsten allein gewesen wäre. Ich habe gedacht, Liebe bedeute, daß man möglichst *immer* mit seinem Partner zusammensein möchte, und der einzige legitime Grund, das nicht zu wollen, war für mich die Arbeit. Es hat mich eine Scheidung gekostet, um zu erkennen, was für ein großer Irrtum das war. Wenn ich heute allein sein möchte und das Gefühl habe, daß meine Frau sich ein bißchen vernachlässigt fühlt, sage ich einfach: ›Es hat nichts mit dir zu tun, und es hat auch nichts damit zu tun, daß ich lieber mit jemand anders zusammen sein möchte. Ich möchte jetzt einfach mit *mir* zusammen sein.‹ Wenn ich ohne Schuldgefühle eine Zeitlang allein sein kann, bin ich hinterher viel zufriedener, wovon auch meine Frau profitiert.«

Einsamkeit regt zum Träumen an, und Träume geben uns die Möglichkeit, neue Ideen zu entwickeln, sie geben uns Gelegenheit, Probleme zu lösen, unsere Phantasie frei und ungestört zu entfalten, über die Vergangenheit, Gegenwart und Zukunft nachzudenken, Tagträume zu spinnen und uns zu erholen. Zeit für sich allein ist daher eine Grundvoraussetzung der Selbstheilung. Sie gibt uns eine Atempause von dem Druck einer immer komplexeren und anspruchsvolleren Gesellschaft und ist ein Labsal für Geist und Psyche. Je mehr wir für die Bewahrung unserer eigenen seelischen Gesundheit tun, um so mehr Ressourcen stehen uns zur Verfügung, um die Beziehung gesund zu erhalten.

Die Sehnsucht wächst mit der Entfernung: Es steckt ein Körnchen Wahrheit darin, daß wir mehr lieben, was wir nicht immer haben. Wenn man nicht hin und wieder eine gewisse Zeit für sich allein hat, kommt es eher zu Konflikten, die unbewußt als Vorwand genommen werden, um sich eine Weile zurückzuziehen.

Die daraus resultierenden Spannungen, Schuldgefühle und Aggressionen belasten das Alleinsein und heben die heilsame Wirkung auf.

Manche Paare empfinden die Aufregung und die Wiedersehensfreude, wenn der Partner von einer Reise zurückkehrt, als immense Bereicherung ihrer Beziehung. Eigene Freundschaften zu bewahren, erfüllt eine ähnliche Funktion: die getrennte Erfahrung gibt neue Impulse, die man in die Beziehung und in die Gespräche mit seinem Partner einbringen kann.

Abgesehen von der persönlichen Entfaltung ist es auch sehr wichtig, die Einheit des Paares durch gemeinsame Unternehmungen oder Projekte zu beleben. Finden Sie Aktivitäten, die Sie zusammen genießen können: Sport, häusliche Beschäftigungen, Spiele, kulturelle Ereignisse und Ausflüge. Auch ein Engagement in Ihrer lokalen Gemeinde, die Arbeit in einer wohltätigen oder religiösen Organisation oder eine politische Betätigung bieten die Möglichkeit, das Band zwischen Ihnen zu stärken und sich für ein gemeinsames Ziel einzusetzen.

Für Paare, die Probleme mit ihrer Beziehung haben oder die einfach besser verstehen möchten, welche Mechanismen zwischen ihnen ablaufen, oder sich mehr Nähe wünschen, gibt es Seminare, Wochenendworkshops oder kirchlich geförderte Angebote wie Gruppensitzungen oder Therapien unter Leitung eines ausgebildeten Eheberaters.

Symbolische Möglichkeiten

Symbolische Termine wie Geburtstage, Jahrestage, Valentinstag, Mutter- oder Vatertag sind gute Gelegenheiten, um seine Zuneigung zu zeigen. Obwohl es nicht immer leicht ist, dem krassen Kommerz und Konsumzwang zu entgehen, der mit vielen dieser Daten einhergeht, kann man doch einige originelle Wege und Möglichkeiten finden, um seine Zuneigung zum Ausdruck zu bringen. Tatsächlich sind die besten und bedeutungsvollsten Rituale jene, die wir uns selber ausdenken. Wir kennen ein Paar, das immer den Geburtstag seiner sexuellen Beziehung feiert. Sie fahren mit einer Flasche Champagner zu ihrem Lieblingshügel, machen ein Picknick und schauen dem Sonnenuntergang zu. Es ist derselbe Hügel, auf dem sie das erste Mal miteinander geschlafen haben. Ein anderes Paar verbringt jeden Jahrestag in einem anderen Landgasthaus. Und ein weiteres Paar feiert Silvester immer allein zu Haus. Vor dem brennenden Kamin essen sie ihren obligatorischen Hummer, schauen auf das vergangene Jahr zurück und schmieden Pläne für die Zukunft.

Die Kunst des Schenkens

Geschenke sind ein wichtiger Ausdruck der Zuneigung, aber die Kunst des Schenkens will gelernt sein. Wer diese Kunst nicht beherrscht, kann dem Partner das Gefühl geben, nicht geliebt und anerkannt zu sein – das Gegenteil dessen, was man erreichen wollte.

Es gibt drei sehr häufige Fehler beim Schenken, und die ersten beiden haben mit der richtigen Auswahl der Geschenke zu tun. Wenn wir etwas auswählen, das wir selbst gern hätten, weil *wir* es für schön oder nützlich halten, greifen wir sehr wahrscheinlich nach dem Falschen. Wer etwas schenken will, sollte vielmehr versuchen, seinen eigenen Geschmack eine Weile auszuschalten und sich in die Welt dessen einzufühlen, für den das Geschenk bestimmt ist: in seine Gefühle, Werte, Vorlieben und in seinen Geschmack.

Esther liebte Füllfederhalter über alles. Sie fand es herrlich, wie sie sich anfühlten, wie sie aussahen, damit zu schreiben – also kaufte sie ihrem Mann ein äußerst kostspieliges Exemplar zum Vatertag. Ihr Mann machte sich nicht viel aus Füllfederhaltern. Nach einigen Tagen hatte er ihn verloren. Esther war tief verletzt und schwor sich, ihm nie wieder ein so teures Geschenk zu machen.

Calvin, ein sehr praktischer, bodenständiger Mensch, war mit Mariana verheiratet, der größten Romantikerin, die man sich vorstellen kann. Er konnte nicht verstehen, warum Mariana so aufgebracht war, als er ihr einen teuren, arbeitsparenden Staubsauger zum Jahrestag ihrer Beziehung schenkte. Er dachte, sie würde sich freuen, wenn er ihr die Arbeit erleichterte. Er war verletzt und gekränkt, als sein Geschenk mit einem schiefen Lächeln und wenig Begeisterung aufgenommen wurde. Er hatte Stunden mit der

Erforschung von Staubsaugern verbracht, und dieser war die *crème de la crème*. Barbara Ann machte ganz andere Erfahrungen. Sie hatte Clinton einen Kühlschrank zum Geburtstag geschenkt, und obwohl die meisten Leute so ein Geschenk für lächerlich, wenn nicht gar beleidigend halten würden, hatte Clinton sich wahnsinnig darüber gefreut. Er kochte für sein Leben gern und hatte sich immer über die drangvolle Enge in ihrem alten Kühlschrank beklagt. Das neue Haushaltsgerät war eine enorme Verbesserung, und er freute sich jedesmal aufs neue, wenn er ihn benutzte.

Ein zweiter verbreiteter Fehler besteht darin, ein Geschenk auszuwählen, mit dem man bestimmte Hintergedanken verbindet. Die Sache soll den Partner auf irgendeine spezielle Weise ändern. Das ausgewählte Geschenk bringt dann häufig zum Ausdruck, was der Partner Ihrer Ansicht nach mögen *sollte*: einen Kleidungsstil, den Sie an ihm schätzen würden; ein Buch über ein Thema, in dem er sich Ihrer Meinung nach besser auskennen sollte. Aber der heimliche Zweck bleibt dem Empfänger meist nicht verborgen – er fühlt sich kritisiert und verwirrt, statt geliebt und anerkannt.

Oft dauert es Jahre, bis Sie herausgefunden haben, was Ihrem Partner wirklich gefällt – und bis er herausgefunden hat, was *Ihnen* gefällt. Wenn man im täglichen Zusammenleben auf beiläufige Bemerkungen achtet, in denen die gegenseitigen Vorlieben zum Ausdruck kommen, weiß man mit der Zeit recht gut, welche Art von Geschenken den anderen erfreuen und welche nicht. Eine weitere Methode, um sich über gegenseitige Vorlieben zu informieren, ist ein gemeinsamer Schaufensterbummel. Während man durch die Straßen schlendert, kann jeder seinen Kommentar zu einzelnen Dingen abgeben und andeuten, was ihm gefällt und nicht gefällt. Auf diese Weise können Sie viel über Ihren jeweiligen Geschmack lernen und entdecken vielleicht sogar ein ganz besonderes Geschenk, das Sie heimlich zurücklegen lassen, um Ihren Partner damit zu überraschen.

Wenn Sie etwas bekommen, das Ihnen nicht gefällt, klären Sie Ihren Partner ehrlich, aber taktvoll auf. Statt Freude zu heucheln und das geschenkte Kleidungsstück dann niemals zu tragen, versuchen Sie etwas wie: »Weißt du, das ist wirklich wunderhübsch, und ich bin dir sehr dankbar, aber mir persönlich gefällt der Stil (oder die Farbe oder was auch immer) nicht so gut.« Schlagen Sie vor, daß Sie das Stück umtauschen und gemeinsam etwas aussuchen, das Ihnen beiden gefällt.

Zum Schenken gehört nicht nur das Auswählen, sondern auch die Präsentation. Die Vernachlässigung dieses Aspekts ist der dritte Fehler, der beim Schenken häufig begangen wird und der die Bedeutung und den Wert eines Geschenks schmälern kann. Der Zeitpunkt und die Art und Weise, in der ein Geschenk dargebracht wird, ist untrennbar mit dem Geschenk selbst verbunden und kann seinen Wert erhöhen oder verringern. Man sollte ein Geschenk nur übergeben, wenn man die volle und ungeteilte Aufmerksamkeit des Partners hat, auch wenn das eine kleine Verzögerung bedeutet. Jedes Geschenk steht und fällt mit einer guten Präsentation. Eine Frau schenkte ihrem Mann zum Beispiel einen Schlips, ein Paar Socken und eine einfache Brieftasche zum Geburtstag, aber sie verpackte jedes Teil in einer kleinen Extraschachtel und legte sie in einen Korb mit vielen anderen kleinen, wunderschön verpackten Schachteln. In jeder Schachtel steckte ein kleiner Zettel mit einem schmeichelnden, witzigen oder erotischen Spruch, der ihre Liebe zum Ausdruck brachte. Während der Mann die Schachteln nach und nach öffnete, war er durch die Art der Darbringung so gerührt, daß es überhaupt keine Rolle spielte, ob es sich um relativ große oder kleine Geschenke handelte. Die offensichtliche Mühe und Liebe, die seine Frau in die Sache gesteckt hatte, gaben ihm das Gefühl, reich beschenkt zu sein.

Man kann die Präsentation ausschmücken, indem man für ein bißchen Trara oder Spannung sorgt. Wenn Sie die Bluse für Ihre Freundin aus einer zerknitterten braunen Papiertüte ziehen, so ist das eine Sache. Eine ganz andere Sache ist es, Ihre Freundin mit einer hübschen Brosche zu überraschen, die in den Tiefen einer zerknitterten braunen Papiertüte schlummert!

Wenn wir etwas verschenken wollen, denken wir normalerweise an einen materiellen Gegenstand, den wir entweder kaufen oder selbst machen. Doch einige der kreativsten persönlichen Geschenke sind nicht materielle Dinge, sondern Erlebnisse. Eine Frau schenkte ihrem Freund, einem Golfspieler, eine dreimonatige Mitgliedschaft für ein Drivingrange. Ein Mann überraschte seine Frau mit einem Gutschein für einen Kosmetiksalon; ein weiterer Mann lud seine Freundin zu einem aufregenden Flug im

Heißluftballon ein; eine Frau schenkte ihrem Mann fünf Massage-Gutscheine, die er im Laufe eines Jahres bei ihr einlösen konnte. Für alle, die die Kunst des Schenkens verfeinern wollen, eröffnen Erlebnisgeschenke reiche Möglichkeiten zu phantasievoller Originalität. Ein Erlebnisgeschenk ist nicht nur eine besondere Überraschung, sondern wird für viele Menschen zu einer kostbaren Erinnerung, von der sie noch lange zehren können.

Sex

Viele Möglichkeiten zur Weckung von romantischen Gefühlen in einer Beziehung beginnen oder enden beim Sex. Die Sexualität mit unserem Partner ist eine einzigartige Möglichkeit, um unsere Liebe auszudrücken. Die körperliche Vereinigung und der Hautkontakt während des Geschlechtsakts können zu einer mystischen Verschmelzung führen, einem Zustand des Ichverlusts, in dem unsere Getrenntheit aufgehoben wird und wir einen Moment lang eins werden mit unserem Partner.

Sex ist ein überaus wirksames Heilmittel, dessen Bedeutung kaum überschätzt werden kann. Wenn die Belastungen und Ablenkungen des Alltags uns entfremden, kann der Sex uns wieder zusammenbringen. Wenn wir miteinander schlafen, können wir die Abschürfungen und kleineren Risse, die unsere Zweierbeziehung gelegentlich davontragen mag, glätten und heilen. Unabhängig von den Problemen, die gelöst, oder den Bedürfnissen, die erfüllt werden müssen – solange wir diese weltlichen Forderungen beim Sex für eine kleine Weile vergessen, können wir neue seelische und geistige Kraft schöpfen und unsere Verbundenheit stärken.

Die sexuelle Liebe gibt uns in vielerlei Hinsicht eine Erfahrung, die das absolute Gegenteil von Entfremdung und Vereinsamung bildet, den unglückseligen Begleiterscheinungen unseres modernen Lebens. Mit jemandem zu schlafen, den wir lieben und dem wir vertrauen, erlöst uns aus dem Zustand angespannter, wachsamer Selbstkontrolle, den wir fast in jeder wachen Stunde unseres Lebens aufrechterhalten. Die tiefe körperliche Entspannung durch den Orgasmus ist ein reinigender Akt, der den Körper und die Seele befreit und neu belebt: fast so etwas wie eine Wiedergeburt.

Und ebenso wichtig ist schließlich, daß der Sex Spaß macht. Es ist ein Vergnügen, das nicht mehr erfordert als zwei Menschen, die zu diesem Vergnügen bereit sind. Sex gibt uns die Möglichkeit, jeden Winkel unseres Körpers zu erforschen, unsere Phantasie und andere Bereiche unseres innersten Selbst zu entfalten, die wir sonst vielleicht nicht zu zeigen wagen.

Eine gute sexuelle Beziehung zu haben, ist also von relativ großer Bedeutung. Sie erlaubt uns, unsere Zärtlichkeit, unsere Leidenschaft, unsere Verletzlichkeit, unser Vergnügen und unsere Lust auszudrücken. Sie gibt uns die Möglichkeit, unserem Partner zu zeigen, daß wir seine Wünsche erfüllen möchten, während wir unsere eigenen Wünsche erfüllen. Für zwei Menschen, die offen und ohne Hemmungen miteinander umgehen können, die ihre Lust genießen können, bietet die gemeinsame Sexualität ein ungeheures Maß an Erfüllung und damit die Möglichkeit, ihre Beziehung zu bereichern und zu fördern.

Brachliegender Sex

Selbst in der stabilsten und glücklichsten Beziehung gibt es wahrscheinlich hin und wieder Phasen, in denen der Sex weniger lustvoll ist, in denen man seltener oder sogar gar nicht miteinander schläft. Alle lebenden Organismen durchlaufen solche Latenzperioden; auf Wachstumsphasen folgen Ruhephasen. Wenn wir durch Arbeit, Krankheit oder andere Dinge, die unsere Energie verbrauchen, unter starkem Streß stehen, rückt die sexuelle Beziehung häufig für eine Weile in den Hintergrund, weil andere, drängendere Anforderungen unsere Aufmerksamkeit beanspruchen.

Latenzphasen, die Wochen oder sogar mehrere Monate dauern – zum Beispiel nach der Geburt eines Kindes – sind in einer dauerhaften Beziehung nichts Ungewöhnliches. Obwohl diese vorübergehenden Phasen brachliegender Sexualität nicht zwangsläufig ein Zeichen für ein ernsthaftes Problem zwischen Partnern sein müssen, deuten sie im allgemeinen darauf hin, daß die Beziehung erhöhter Aufmerksamkeit und einer Erneuerung bedarf.

Offen mit dem Partner über die Sache zu reden, ohne etwas zu beschönigen oder zu übertreiben, ist der notwendige erste Schritt, wenn der Sex in der Flaute ist. Eine Frau, die seit achtundzwanzig Jahren verheiratet war, berichtete: »Da war ein Jahr, in dem wir überhaupt nicht miteinander geschlafen haben, obwohl wir keinen äußeren Streß hatten. Soweit ich weiß, war sonst alles in Ordnung. Es hatte vielleicht etwas damit zu tun, daß Gable viel unterwegs war, aber es war schon merkwürdig, so lange Zeit überhaupt keinen Sex zu haben. Wie auch immer – wir haben darüber geredet, aber nicht viel. Wir haben Witze gemacht und zum Beispiel gesagt: ›Über bloßen Sex sind wir inzwischen hinaus.‹ Der Humor hat vieles erleichtert. Wir konnten einander zeigen, daß wir uns beide bewußt waren, was los war, aber nicht böse auf den anderen waren. Und dann haben wir einfach wieder angefangen, miteinander zu schlafen, als ob es nie eine Pause gegeben hätte. Ich weiß wirklich nicht, woran es lag. Plötzlich war der Sex wieder da.«

Was *nicht* funktioniert, wenn einer der Partner gerade eine Phase niedriger sexueller Energie durchläuft, ist, daß der andere dauernd auf dem Thema herumreitet oder sich als eine Art Bestrafung selbst zurückzieht und die emotionale Distanz, die durch den fehlenden Sex entstanden ist, weiter vertieft. Obwohl das eine natürliche Reaktion sein mag, wenn man sich abgewiesen fühlt, kann es die Situation erheblich verschlimmern, weil dann nicht nur eine, sondern zwei Mauern durchbrochen werden müssen, damit das Paar wieder zueinander findet. Wenn der Partner es dagegen schafft, den physischen und emotionalen Kontakt aufrechtzuerhalten, ohne den anderen unter Druck zu setzen, kann die Kluft leichter und schneller überbrückt werden.

Die Provozierung eines Streits ist eine weitere Reaktion, die unglücklicherweise recht verbreitet ist, um mit einem Nachlassen des sexuellen Interesses und der sexuellen Aktivität umzugehen. Manche Leute nutzen den Streit und die damit verbundene Anspannung und Dramatik als Möglichkeit, um sich im Bett zu versöhnen. Sehr häufig hinterläßt jedoch der Streit einen bitteren Nachgeschmack, der durch den nachfolgenden Sex nicht völlig verschwindet. Die negativen Gefühle, die durch solche Zwistigkeiten ausgelöst werden, können sich anstauen und eine zerstörerische Wirkung entfalten.

»Ich glaube, daß ich ein gewisses Maß an Dramatik provoziere, damit der Sex aufregender wird«, gestand Beatrice. »Wenn wir uns irgendwie entfremdet fühlen und anfangen, uns zu streiten, entsteht eine explosive Stimmung. Wenn es dann zur Explosion kommt, fangen wir an, miteinander zu kommunizieren, und diese Kommunikation versetzt mich in die Lage, mit Claude zu schlafen. Ich denke, es hängt damit zusammen, daß ich nicht weiß, wie ich dieses Gefühl von Intimität auf Dauer aufrechterhalten kann. Es ist so langweilig, jeden Tag mit demselben Menschen zusammen zu sein. Ich glaube, daß ich diejenige bin, die die Distanz schafft, damit wir uns dann wieder versöhnen und den Sex wirklich genießen können. Ich fange gerade erst an, mir dieses Verhaltensmuster einzugestehen. Jahrelang habe ich Claude die Schuld gegeben, aber das hat uns kein Stück weitergebracht, also mußte ich mal *mein* Verhalten unter die Lupe nehmen.«

Eine weitere unbrauchbare Taktik, die manchmal zur Stimulierung einer eingeschlafenen sexuellen Beziehung verwendet wird, ist der Versuch, die Eifersucht des Partners zu provozieren, indem man offen mit anderen flirtet und den Partner demonstrativ vernachlässigt. Ein solches Verhalten löst normalerweise bittere Gefühle aus, untergräbt das Vertrauen und führt zu neuen Problemen – unterschiedliche Formen des Rückzugs oder der Vergeltung –, die ihrerseits wiederum die Gefühle beider Partner verletzen und die Distanz vergrößern.

Trägheit

Obwohl es einer Beziehung eindeutig schadet, Eifersucht oder Streit zu provozieren, zeigen auch einige überlegenere Methoden manchmal keine sofortige Wirkung. Das hängt mit dem Trägheitsprinzip, einem weiteren physikalischen Gesetz, zusammen. Das Trägheitsprinzip besagt, daß Dinge, die in Bewegung sind, dazu neigen, in Bewegung zu bleiben, und Dinge, die sich im Ruhezustand befinden, dazu neigen, im Ruhezustand zu bleiben, solange keine gegenläufige Kraft auf sie wirkt. In bezug auf die Sexualität bedeutet dies, daß es mehr Mühe kostet, eine einmal eingeschlafene Sexualität wieder aufleben zu lassen, als erforderlich gewesen wäre, wenn man diesen niedrigeren Energiezustand von vornherein verhindert hätte. In diesem Zusammenhang meinte ein Mann: »Wenn wir nicht regelmäßig miteinander schlafen, entsteht eine gewisse Scheu, die wir erst überwinden müssen. Es ist ein bißchen so, als wäre man das erste Mal verabredet, obwohl wir seit elf Jahren zusammen sind. Es ist seltsam, aber wahr. Ich finde es besser, wenn wir regelmäßig Sex haben, weil es so schwierig ist, diese Scheu zu überwinden.«

Wenn das Trägheitsprinzip sich negativ auf die sexuelle Beziehung auswirkt, muß einer der Partner das Risiko eingehen und den ersten Schritt tun, um den Kontakt wieder aufzunehmen. Damit die Intimität wiederhergestellt werden kann, muß der andere auf diese zärtlichen und versöhnlichen Gesten eingehen und darf sie nicht zurückweisen, weil er den anderen bestrafen will. Die Akzeptanz dieser Gesten sollte auch nicht von weiterführenden Forderungen abhängig gemacht werden.

Weil es Energie erfordert, die Trägheit zu überwinden, müssen Sie vielleicht Methoden finden, um Ihre eigenen sexuellen Gefühle aktiv anzuregen, damit Bewegung in die Sache kommt. Da die Qualität des sexuellen Kontakts in beträchtlichem Maße vom emotionalen Kontakt abhängt, ist die beste und wirksamste Methode häufig die Wiederherstellung und Eröffnung der *nicht-sexuellen* Kommunikation. Intime Gespräche über geheime Wünsche und tiefere Gefühle können die sexuelle Lust neu entfachen. Außerdem könnten Sie etwas Stimulierendes lesen, sich sexuelle Phantasien ausmalen, einen Sexfilm ausleihen oder sich in Gedanken in eine Lebensphase zurückversetzen, in der Ihr sexuelles Verlangen stärker war. Wenn man der sexuellen Beziehung erst mal wieder neuen Schwung gegeben hat, ist es leichter, sie am Laufen zu halten, aber sie braucht nichtsdestotrotz ständige Wartung und Pflege.

Präventive Maßnahmen

Die beste Methode, um eine sexuelle Beziehung gesund zu erhalten, besteht ganz ohne Zweifel darin, den Rest der Beziehung gesund zu erhalten. Wenn man der regelmäßigen und offenen Kommunikation oberste Priorität einräumt, vor allem in bezug auf Gefühle, für ein reiches Maß an nicht-sexueller Zuneigung sorgt, eine Atmosphäre der Unterstützung und Großzügigkeit fördert und viel miteinander lacht, hat man schon eine Menge dafür getan, um die mögliche Scheu bei der Reaktivierung des Sexes zu überwinden. Für fließende Übergänge von sexueller zu nichtsexueller Liebe, und umgekehrt, ist es wichtig, daß körperliche Zärtlichkeiten zum normalen Umgang gehören, so daß Küsse, Umarmungen und Schmusereien nicht zwangsläufig als Vorspiel zum Sex betrachtet werden.

Ein weiteres entscheidendes Element einer guten sexuellen Beziehung ist die Kenntnis der sexuellen Wünsche und Vorlieben des anderen. Das heißt, man muß darüber reden, was man in sexueller Hinsicht besonders genießt, auch wenn man sich dabei vielleicht anfangs verlegen und unsicher fühlt.

Jeder hat seine ganz persönlichen Vorlieben, und wenn Sie einfach davon ausgehen, daß Ihr Partner sexuell dieselben Dinge genießt wie Sie, liegen Sie sehr wahrscheinlich falsch, zumindest teilweise. Es ist überaus wichtig, daß Sie herausfinden, was Ihren Partner besonders stimuliert. Das läßt sich sowohl durch Gespräche feststellen als auch durch eine genaue Beobachtung der Reaktionen Ihres Partners während des Liebesspiels. Ein Paar lernt sich sexuell nur dann gut kennen, wenn es bereit ist, offen und ehrlich miteinander umzugehen. Könner beherrschen das Liebesspiel wie erfahrene Musiker, die ihre Kunst durch ständige Übung verfeinern und schließlich ihr »Instrument« so meisterhaft zu spielen verstehen, daß sie höchsten sinnlichen Genuß bereiten: ein Liebesensemble.

Das Wissen über die sexuellen Vorlieben des Partners darf nie zum Tauschobjekt gemacht werden. Vermeiden Sie, sexuellen Genuß nur im Austausch für andere Dienste oder Verhaltensweisen zu gewähren. Eine Frau braucht vielleicht eine bestimmte Art von Gespräch, um sich ihrem Partner nah zu fühlen, bevor sie mit ihm schläft. Im Gegensatz dazu sieht ihr Mann vielleicht in der gemeinsamen Sexualität die Voraussetzung dafür, daß er sich für tiefere, intime Gespräche öffnen kann. Wenn beide auf ihrer Reihenfolge beharren und darauf bestehen, daß zunächst ihre eigenen Bedürfnisse erfüllt werden, bevor sie bereit sind, ihren Partner zu befriedigen, wird das Paar bald in einer Sackgasse enden und gleichermaßen frustriert sein. Je flexibler beide bleiben und je großzügiger sie auf die Bedürfnisse des anderen eingehen, desto erfüllter wird ihre sexuelle Beziehung sein.

Sich selbst in guter Form zu halten und Wert auf sein Äußeres zu legen, ist eine entscheidende Voraussetzung, um eine gute sexuelle Beziehung zu bewahren. Das bedeutet unter anderem, daß man seine Kleidung nicht nur nach Bequemlichkeitskriterien auswählen, sondern auch darüber nachdenken sollte, was der Partner attraktiv findet. Abwechslung fördert das Interesse und die Leidenschaft: experimentieren Sie mit neuen Kleidungsstücken, ändern Sie Ihre Frisur oder benutzen Sie öfter mal ein neues Parfüm. Männer könnten sich zwischendurch einen Schnauzer oder Vollbart wachsen lassen bzw. ihn abrasieren, wenn sie bereits einen haben. Abwechslungen wie diese können ungemein aufregend und belebend wirken, auch wenn sie anfangs vielleicht einer gewissen Gewöhnung bedürfen. Vielleicht führt eine Änderung Ihres Äußeren auch dazu, daß Sie sich selbst attraktiver finden und dadurch auch sexuell lebendiger.

Mit dem Partner zu flirten ist eine weitere Möglichkeit, die sexuelle Leidenschaft zu schüren. Sie vermitteln Ihrem Partner damit das Gefühl, daß Sie ihn nach wie vor begehrenswert finden. Es kann auch das eigene Selbstwertgefühl positiv beeinflussen. Sogar ein Flirt mit anderen kann dazu beitragen, die knisternde Spannung zu bewahren, solange Sie sich über Ihre Motive absolut im klaren sind. Ein charmantes Geplänkel, das auf den Augenblick beschränkt bleibt, ist etwas ganz anderes als ein Gespräch, das zu einer zukünftigen Verabredung ausgebaut wird. Ein Paar berichtete uns, wie sie das Flirten einsetzen, um ihre Beziehung zu fördern: »Wenn wir zum Beispiel auf einer Party sind, unterhält Daryl sich oft höchst angeregt mit einer anderen Frau, aber es macht mir nichts aus. Wir flirten beide, aber wir überschreiten nie die Grenze des Flirts. Keiner von uns verheimlicht die Tatsache, daß er einen festen Partner hat. Manchmal tue ich so, als ob ich eifersüchtig wäre, aber in Wirklichkeit bin ich es nicht. Es ist eine Art Spiel. Ich glaube, das Flirten bestätigt uns beiden, daß wir auch für andere noch attraktiv sind und gibt uns ein Gefühl von Freiheit.«

Planen

Viele Menschen füllen ihre Terminkalender mit geschäftlichen und gesellschaftlichen Verpflichtungen, planen aber keinerlei Termine für ihre Ehepartner ein, aus Nachlässigkeit wird der Liebesbeziehung häufig die geringste Priorität eingeräumt. Durch die vielen äußeren Anforderungen fühlen wir uns oft überanstrengt und erschöpft, und wenn wir einen freien Abend einbauen können, nutzen wir ihn entweder, um uns zu Hause zu entspannen und relativ lethargisch vor uns hinzudämmern, oder wir versuchen, all die liegengebliebenen Haushaltsarbeiten nachzuholen. Wenn wir ein bißchen Zeit für unsere Partner erübrigen können, sind wir selten in Höchstform und verwöhnen unsere Beziehung nicht gerade mit Esprit und Energie.

Die Planung von interessanten und lohnenden Unternehmungen zur Förderung der gegenseitigen Verbundenheit ist in den späteren Jahren einer Beziehung nicht weniger wichtig als im ersten Jahr ihres Bestehens. Wenn Sie es sich finanziell leisten können, sollten Sie regelmäßig einen Babysitter für ihre kleinen Kinder engagieren oder feste wöchentliche Termine mit anderen Eltern oder mit Verwandten abmachen, damit Sie diese Zeit für Unternehmungen mit Ihrem Partner planen und nutzen können. Bringen Sie Ihr Kind ab und zu über Nacht bei guten Freunden oder lieben Verwandten unter. Dann können Sie sich nach Herzenslust amüsieren, so lange aufbleiben, wie Sie wollen – und das Vergnügen auf den nächsten Morgen ausdehnen und bis Mittag im Bett bleiben – so wie damals, als sie frisch verliebt waren.

Eine Nacht im Hotel oder ein aufregender Wochenendausflug können eine Beziehung ungemein verjüngen. Wir haben mit Paaren gesprochen, die fest überzeugt sind, daß ihre Fähigkeit, alle zwei oder drei Monate eine aufregende Nacht fern vom Alltagstrott einzuplanen – vor allem, als die Kinder noch klein waren –, enorm dazu beigetragen hat, ihre sexuelle Beziehung lebendig zu halten.

Die Vorstellung, daß geplanter Sex nicht spontan und deshalb reizlos wäre, ist tatsächlich völlig aus der Luft gegriffen. Schließlich würde auch niemand auf die Idee kommen, daß jede spontane Urlaubsfreude zerstört würde, nur weil man den Urlaub vorher geplant hat. Planung schafft die Rahmenbedingungen für Spontaneität. Denken Sie an die Zeit zurück, als Sie frischverliebt waren – eine Zeit, von der die meisten Leute sagen würden, daß sie durch große Spontaneität gekennzeichnet war – und Sie werden feststellen, daß diese Zeit voll von *Plänen* für gemeinsame Unternehmungen war. Termine wurden im allgemeinen rechtzeitig im voraus festgesetzt – schließlich wollten Sie vorher duschen und sich was Nettes anziehen, um so gut wie möglich auszusehen. Dann sind Sie vielleicht ausgegangen und hatten ein romantisches Essen zu zweit. Der leidenschaftliche Sex, der den krönenden Abschluß des Abends bildete, war das Ergebnis all dieser Vorbereitungen. Wenn wir tatsächlich alle *diese* Art von Spontaneität in unsere langjährigen Beziehungen investieren würden, wäre es um die heutigen Partnerschaften mit Sicherheit besser bestellt und die Scheidungsrate wäre erheblich geringer.

Die Gelegenheit beim Schopfe packen

Die Notwendigkeit der Planung schließt nicht aus, daß man auch spontanen Gefühlen nachgibt und nachgeben sollte. Vielleicht packt uns die Lust just in dem Moment, wo unser Partner das Abendessen vorbereitet, Rechnungen sortiert oder die Nachrichten sieht. Wenn wir beschließen, den Sex auf später zu verschieben, gibt es vielleicht kein »später« – oder wenn doch, ist vielleicht viel von der ursprünglichen Leidenschaft dahin.

In der Umwerbungsphase schieben Verliebte oft und regelmäßig andere Aktivitäten beiseite, hüpfen spontan ins Bett und kommen eine halbe Stunde zu spät zur Party oder wohin auch immer. Wenn ein Paar länger zusammen ist, ist diese animierende und erfrischende Spontaneität oft nur noch eine blasse Erinnerung; der Alltagstrott und die Verpflichtungen haben die Spontaneität so weit aus dem Bewußtsein verdrängt, daß sie nicht mal mehr als flüchtiger Gedanke auftaucht. Das ist ein trauriger und unnötiger Verlust.

Kreativer Sex

Das Rezept für ein erfülltes Sexleben erfordert eine Prise kreatives Denken und eine beiderseitige Bereitschaft, gewohnte Routinen zu durchbrechen. Wenn man ein gewisses Maß an künstlerischem Geschick, Energie und Erfindungsreichtum in den Sex investiert, läßt sich verhindern, daß die Lust vergeht oder gar zur Last wird. Die Möglichkeiten, um die Romantik und Leidenschaft neu zu entfachen, sind praktisch unbegrenzt und relativ einfach umzusetzen.

Sie können Ihren Partner damit überraschen, daß sie sexy Unterwäsche tragen (Seide und Satin schmeicheln Männern ebenso wie Frauen), sich bei Kerzenlicht lieben, gemeinsam einen erotischen Film sehen oder zu zweit ein Schaumbad genießen. Diese Art von Aktivitäten laden zum spielerischen Umgang mit der Sexualität ein ebenso wie Rollenspiele und das Ausleben von persönlichen sexuellen Phantasien mit dem Partner. Durch eine neugierige und spielerische Einstellung zur Sexualität und die Bereitschaft, festgefahrene sexuelle Gewohnheiten zu durchbrechen, können Sie die Leidenschaft in Ihrer Beziehung neu entfachen.

Sprache ist ebenfalls ein mächtiges Stimulans erotischer Gefühle. Sprechen Sie miteinander, wenn Sie Sex machen, flüstern Sie Ihrem Partner zärtliche oder gewagte Worte ins Ohr. Sagen Sie Ihrem Partner, was Ihre Lust anregt, was Ihnen am besten gefällt. Zeigen Sie Ihre wachsende Erregung durch schnelleres Atmen, leises Stöhnen und ähnliches an. Und geben Sie schließlich Ihrem Orgasmus eine Stimme. Es ist erstaunlich, wie viele Menschen ihre natürlichen Orgasmusäußerungen unterdrücken. Schieben Sie also Ihr feines Benehmen beiseite und sehen Sie, was geschieht, wenn Sie sich Ihren Gefühlen völlig hingeben.

Gehen Sie Risiken ein, und tun Sie das Unerwartete. Lieben Sie sich bei Gelegenheit im Garten oder auf der Wohnzimmercouch oder irgendwo im Kornfeld, oder experimentieren Sie wie früher im parkenden Auto. Schlafen Sie nachmittags miteinander; probieren Sie unterschiedliche Stellungen aus. Necken Sie einander, lassen Sie sich viel Zeit, bringen Sie einander zur Schwelle des Orgasmus und dehnen Sie diese ekstatische Phase so lange wie möglich aus. Probieren Sie Massageöl und Gleitmittel oder andere Sexartikel aus, die man in Sexgeschäften oder über den Versandhandel kaufen kann. Durch Brettspiele oder den bewährten Strip-Poker können Sie Ihrem Sexleben ebenfalls pikante Impulse geben. Durchbrechen Sie alte Gewohnheiten, die sich allmählich in Ihr Sexleben eingeschlichen haben, und seien Sie *innovativ*. Die Innovation muß nicht weltbewegend sein; schon eine kleine Abweichung vom Normalen kann unerwartet stimulierend wirken, und die Erinnerung daran kann die Phantasie noch lange Zeit anregen.

Natürlich soll das nicht heißen, daß es nicht völlig in Ordnung ist, viele der altbewährten Knöpfe zu drücken, wenn Sie miteinander schlafen. Bestimmte Formen der sexuellen Stimulierung sind sicherlich zu einem festen Bestandteil Ihres Liebesspiels geworden, *weil* sie besonders lustvoll sind. Doch ein wenig Mut zum Experimentieren, und sei es in Kleinigkeiten, kann den Sex aufregender, spielerischer oder intensiver machen und dadurch Gefühle wiedererwecken, die lange im Verborgenen schlummerten.

Sexuelle Lust und Leidenschaft in monogamen Beziehungen sind überaus zerbrechliche Dinge, die sehr empfindlich auf unberechenbare Widrigkeiten wie Streß, Müdigkeit, Zerstreutheit, Wiederholung und eine Vielzahl anderer Einflüsse reagieren. Auch wenn Sie sich sehr viel Mühe geben, wird Ihre sexuelle Beziehung im Laufe Ihres gemeinsamen Lebens wahrscheinlich hin und wieder an Kraft und Schwung verlieren. Doch andererseits ist da auch die tröstende Gewißheit, daß der Sex durch die richtige Pflege und Fürsorge immer wieder neu belebt und bereichert werden kann. Es gibt keinen Grund, warum man nicht auch im Alter eine befriedigende, erfüllte Sexualität genießen sollte.

Ernste Notlagen

Wenn es zu ausgedehnten Phasen sexueller Abstinenz kommt oder der Sex mechanisch und unbefriedigend ist, wenn dem Liebesspiel jede Zärtlichkeit fehlt, wenn unter der Oberfläche bittere Gefühle brodeln, aber nicht offen ausgedrückt werden, wenn das Paar Gespräche über Sexualität oder andere Ursachen der Unzufriedenheit vermeidet – kann man mit ziemlicher Sicherheit davon ausgehen, daß diese Symptome auf etwas wesentlich Schwerwiegenderes hindeuten als auf eine normale und befristete Phase brachliegender Sexualität. Wenn eine ganze Reihe solcher Symptome vorliegt, ist die Lebensfähigkeit der Beziehung ernsthaft bedroht, und einer oder beide Partner werden anfällig für eine Affäre.

Affären

Mit einer »Affäre« meinen wir eine heimliche Beziehung von einiger Dauer, die romantische Gefühle, Sex und eine emotionale Bindung umfaßt. Eine Affäre ist immer ein deutliches Zeichen dafür, daß die primäre Beziehung sich entweder dramatisch verschlechtert hat oder nicht die Möglichkeit hatte, ihr Potential zu entfalten. Sehr häufig ist eine Affäre Ausdruck eines wichtigen Mangels in der Partnerschaft, für den ein Ausgleich gesucht wird: Aufregung, Akzeptanz, Zuneigung, sexuelle Abwechslung oder Kameradschaft. Aber eine Affäre kann auch eine Flucht vor zu großer Nähe und zu hohen Forderungen sein. Viele Affären sind durch den Wunsch motiviert, eine nachlassende Selbstachtung wieder aufzurichten. Probleme im Beruf, ein überkritischer Partner, der Schock der verlorenen Jugend oder andere Ängste, die die Lebensmitte kennzeichnen, können das Selbstbild entscheidend beeinträchtigen. In dem verzweifelten Versuch, diese Gefühle zu kompensieren, sich erfolgreicher, sexuell attraktiver, wertvoller, lebendiger zu fühlen, suchen Männer und Frauen gleichermaßen nach Partnern außerhalb ihrer primären Beziehung, um ihr angeschlagenes Ego wieder aufzupolieren.

Auch Konflikte, die sich in der Zeit der Schwangerschaft und Geburt ergeben, vergrößern mitunter das Risiko von Affären. Typischerweise ist es in diesem Fall der Mann, der eine Affäre eingeht, und nicht die schwangere Partnerin oder junge Mutter. Häufig fühlt der Mann sich vernachlässigt, wenn die Aufmerksamkeit seiner Frau vor allem dem ungeborenen Kind, ihrer zukünftigen Mutterschaft und den Veränderungen ihres Körpers gilt und nicht mehr in erster Linie ihm. Vielleicht versucht er auch, vor seinen eigenen Ängsten im Hinblick auf die Vaterrolle zu fliehen oder findet den radikal veränderten Körper seiner Frau nicht mehr begehrenswert. Nach der Geburt des Kindes ist der Mann unter Umständen eifersüchtig auf das Kind, das die ganze

Aufmerksamkeit seiner Frau beansprucht, und dies, verbunden mit dem häufig nachlassenden sexuellen Interesse der Frau in dieser Zeit, gibt vielleicht den letzten Ausschlag für eine Affäre.

Georgine hatte gerade ihr erstes Kind bekommen, als Stanford wegen einer Rückenoperation ins Krankenhaus mußte. Nach der Operation war er eine Zeitlang bettlägerig, und Georgine versuchte, sowohl ihrem Mann als auch ihrem neugeborenen Sohn gerecht zu werden. »Da man nicht wußte, wie lange die Genesung dauern würde oder ob die teilweise Lähmung wieder verschwinden würde«, berichtete Stanford, »stand meine Sexualität auf dem Spiel. Sie können sich sicher vorstellen, daß ich wahnsinnige Angst hatte. Georgines Interesse am Sex hatte seit Kevins Geburt stark abgenommen. Als die Lähmung wieder zurückging, haben wir uns deshalb dauernd über Sex gestritten. Nachdem ich eine Zeitlang alles versucht hatte, hab ich's schließlich aufgegeben. Es war keine geplante Sache, aber zwischen meiner Arbeitskollegin Trudy und mir bahnte sich was an, und bevor ich mich's versah, war daraus eine ziemlich handfeste Affäre geworden.«

Eine Affäre kann eine primäre Beziehung zweifellos in vielerlei Hinsicht vergiften, eines läßt sich jedoch mit Sicherheit sagen: Eine Affäre bringt unweigerlich enorme Komplikationen mit sich, die es wesentlich schwieriger machen, die Probleme zu lösen, die ursächlich zur Affäre geführt haben. Das hängt in erster Linie damit zusammen, daß zusätzlich zu den ohnehin bestehenden Verletzungen nun auch noch der Treuebruch eine tiefe Wunde hinterläßt. In einigen Fällen und durch die heilende Wirkung der Zeit kann die Beziehung wieder aufgebaut werden, aber ein Teil des Vertrauens geht verloren, vielleicht für immer. Mit den Worten von Georgine, zehn Jahre nach Stanfords Affäre: »Ich weiß nicht, ob es je völlig verheilen wird. Es beschäftigt mich nicht mehr pausenlos, wie in den ersten ein oder zwei Jahren, nachdem es passiert ist. Aber ich bin nicht so naiv zu glauben, daß es nie wieder geschehen könnte. Und wenn ich daran denke, bin ich noch immer wie erstarrt.«

Wenn Gefühle durch einen Treuebruch verletzt wurden, ist es schwer, dem Wunsch nach Bestrafung und Vergeltung zu widerstehen. Rache mag süß sein und eine kurzfristige Erleichterung bringen, aber sie ist auch provokativ; was immer es sein mag, woran eine Beziehung krankt – eine Heilung ist weder durch Rache noch durch selbstmitleidiges Märtyrertum zu erwarten. Was vielmehr vonnöten ist, ist ein offenes Gespräch zwischen den Partnern, in dem *beide* untersuchen, inwiefern sie zu den Beziehungsproblemen und damit möglicherweise zu der Affäre beigetragen haben. Ein solches Gespräch ist sicherlich keine leichte Aufgabe und sollte am besten unter Anleitung eines erfahrenen Therapeuten durchgeführt werden, der das Paar zu einem tieferen Verständnis ihrer Probleme und damit an einen Ort der Vergebung und der Heilung führen kann. Wenn die zugrundeliegenden Probleme wirklich aufgearbeitet werden, ist eine neuerliche Affäre sehr unwahrscheinlich.

Deirdre und Clay sind seit vierundzwanzig Jahren verheiratet. Im siebten Jahr ihrer Ehe hatte Deirdre eine Affäre. »Sie hat mich mehrmals angelogen, gesagt, daß sie zu einer Besprechung oder Konferenz müsse«, berichtete Clay, »und zuerst habe ich es einfach hingenommen – ich war ein bißchen mißtrauisch, aber ich wollte wohl auch nicht wahrhaben, daß da etwas sein könnte. Aber irgendwann konnte ich es nicht mehr aushalten und habe sie zur Rede gestellt. Ich sagte ihr, daß ich sehr genau wüßte, was los sei, aber daß ich sie nicht verlieren wollte. Ich versprach ihr, nie wieder ein Wort darüber zu verlieren, falls sie die Affäre beenden würde – außer in der Therapie, die ich zur Bedingung machte. Sie willigte ein, und wir haben die Sache schließlich in den Griff bekommen. Mein Vater hatte einmal eine Affäre, und meine Mutter hat es ihn nie vergessen lassen. Ich beschloß, daß ich anders damit umgehen wollte – es hätte Deirdre nur von mir fortgetrieben, und ich wußte, daß ich sie noch immer liebte, obwohl ich verletzt und zornig war.«

Als wir mit Deirdre sprachen, erzählte sie uns, daß sie Clays Verhalten wie ein riesiges Geschenk empfunden habe. Sie war ihm dankbar, weil er sie nie für ihre Handlungsweise leiden ließ, und die Art und Weise, wie er mit der Situation umgegangen war, hatte ihr großen Respekt abgerungen.

Im Gegensatz zu einer voll entwickelten Affäre gibt es auch Seitensprünge, die eher kurz und begrenzt sind. Wie ein One-Night-Stand sind sie vornehmlich sexueller Natur und enthalten wenig emotionales Engagement. Obwohl solche Techtelmechtel für gewöhnlich weniger kompliziert und zerstörerisch sind als eine Affäre, sollten sie nicht einfach als banal und bedeutungslos abgetan werden. Auch die Entdeckung einer solchen sexuellen Liaison kann sich verheerend auf das Vertrauen und die gesunde Verletzlichkeit einer Beziehung, d. h. auf die Grundlage der Intimität, auswirken. Wenn der sexuelle Fehltritt nicht entdeckt wird, wird das schlechte Gewissen des untreu gewordenen Partners wahrscheinlich seine Gefühle, sein Denken oder Verhalten auf eine Weise verändern, die das Klima der Beziehung negativ beeinflußt. In vielen Fällen »telegrafiert« man dem Partner, der sich durch bestimmte, kaum wahrnehmbare Veränderungen verwirrt fühlt, den begangenen Fehltritt. Wenn der Gestrauchelte zur Rede gestellt wird und die Sache abstreitet, löst eine spätere Entdeckung zusätzliches Mißtrauen aus, und der angerichtete Schaden kann unabsehbare Formen annehmen. Obwohl es zweifellos viele Beziehungen gibt, die trotz gelegentlicher Fehltritte auf seiten eines oder beider Partner relativ gut funktionieren, schränken regelmäßige sexuelle Eskapaden dieser Art den Grad der möglichen Intimität beträchtlich ein. Sie schaffen potentiell explosive Situationen, und der flüchtige Genuß, den sie bereiten, ist normalerweise den Preis nicht wert.

Der Puls der Beziehung

Wenn man Tag für Tag zusammenlebt, hält man die Beziehung leicht für selbstverständlich. Um nicht in diese Falle zu tappen, sollten Sie von Zeit zu Zeit den Puls der Beziehung messen. Sprechen Sie darüber, wie Sie Ihr Zusammenleben empfinden und ob Sie zufrieden sind. Sorgen Sie dafür, daß die Kommunikationswege offen gehalten werden, damit Probleme nicht unter der Oberfläche brodeln können. Fragen Sie sich selbstkritisch, ob Sie sich zu sehr in Ihre Arbeit vergraben haben, ob der Sex Sie langweilt, ob Sie sich von Ihrem Partner genügend anerkannt fühlen und ob auch Sie ihm genügend Anerkennung gegeben haben. Denken Sie darüber nach, ob Sie offen angesprochen haben, was Ihnen Kummer bereitet, und ob Sie der Beziehung den nötigen Stellenwert eingeräumt haben.

Erneuerung

Wie alle lebenden Organismen durchläuft auch eine Beziehung im Laufe ihrer Entwicklung zahlreiche Wachstums- und Ruhezyklen. Wenn die Beziehung auf Dauer interessant und nützlich für die Partner bleiben soll, wird sie immer von einer Erneuerung profitieren.

Nehmen Sie sich einmal im Jahr die Zeit, um die Beziehung, die Sie gemeinsam aufgebaut haben, zu feiern. Ein solches Fest, in dem Sie sich Ihre Zuneigung erneut bestätigen, kann von großer spiritueller und symbolischer Bedeutung sein, die die Beziehung verjüngt und Sie beide an die Unverbrüchlichkeit Ihrer Bindung erinnert. Sie können diese Erneuerungsfeier mit den unterschiedlichsten Anlässen verbinden, mit Ihrem Hochzeitstag, der ersten Verabredung, der ersten Liebesnacht oder dem Tag, als Sie sich Ihre Liebe gestanden haben. Wie eine Frau, die seit dreizehn Jahren verheiratet war, meinte: »Es macht mir all die positiven Aspekte an der Beziehung und an Dylan bewußt, die ich wirklich liebe. Ich möchte nicht, daß unsere Ehe zu einer Gewohnheit wird wie ein bequemes Paar alter Schuhe, die man gar nicht mehr spürt. Deshalb erneuern wir unsere Bindung jedes Jahr in einem feierlichen Akt, um uns bewußt zu machen, wie wichtig die Beziehung für uns ist, und es ist nicht nur eine leere Geste.«

Einige Paare gehen so weit, ihr Eheversprechen regelmäßig zu erneuern; jedes Jahr oder alle paar Jahre begehen sie eine symbolische Wiederverheiratungsfeier – ein Ritual, bei dem ihre Beziehung bestätigt und die Bedeutung ihrer Partnerschaft bekräftigt wird.

Wenn Sie Ihre Bindung feierlich erneuern, sollten Sie sich die Zeit nehmen und ausführlich darüber reden, welche Hoffnungen und Träume Sie für sich selbst und für Ihre Beziehung haben. Sprechen Sie sowohl über Enttäuschungen als auch über jene Aspekte Ihres Lebens, die Sie glücklich machen, damit Sie gezielt an der Realisierung Ihrer Lebenswünsche arbeiten können.

Eine Beziehung ist wie eine lange Reise. Alle derartigen Reisen brauchen ihre Rastplätze und Oasen – Orte, an denen man auftanken und neue Kraft schöpfen kann. Eine Beziehung ohne Hoffnungen und Träume ist wie eine Reise durch eine allzu bekannte und berechenbare Welt, in der es keine Überraschungen und

Abenteuer mehr gibt. Träumen Sie gemeinsam, auch wenn Ihre Träume im Moment unerfüllbar scheinen – von der Safari in Afrika, von dem herrlichen Fleckchen, an dem Sie Ihr Landhaus bauen wollen, von der Zeit, die Sie haben möchten, um einen langjährigen, gemeinsamen Wunsch zu verwirklichen. Diese Reisen in die Phantasie sind mehr als ein flüchtiges Vergnügen – nur wer seine Träume bewahrt, hat die Möglichkeit, sie eines Tages wahr zu machen.

Claudia und Quincy haben immer davon geträumt, einmal für ein Jahr in einer kleinen Stadt in der Toskana zu leben. Seit sie zusammen sind, haben sie viele Informationen über Wohnmöglichkeiten in Italien, über Sprachkurse und spezielle Reisearrangements gesammelt. Bislang haben die Umstände es nicht erlaubt, daß beide für so lange Zeit mit ihrer Arbeit aussetzen. Aber sie gehen weiterhin davon aus, daß es nur eine Frage der Zeit ist, bis ihr Traum sich erfüllt – und sie glauben fest daran, daß das eines Tages so sein wird.

Die Beatles sangen: »The love you take is equal to the love you make.« Die Bibel sagt: »Was der Mensch säet, das wird er ernten.« Am Ende läuft alles auf die unumstößliche ökonomische Wahrheit hinaus, daß man nur ausgeben kann, was man eingenommen hat.

Ein Leben zu zweit, die Reise zu Nähe und Intimität, bringt uns Heilung, gibt uns Kraft, bietet die tiefste Form menschlicher Verbundenheit und verhilft uns zu einem unvergleichlich reichen und erfüllten Dasein. Wer aufmerksam und fürsorglich mit seiner Beziehung umgeht und das Wagnis der Nähe eingeht, kann die Liebe und das Glück ein Leben lang am laufen halten.

Anhang

Der Verträglichkeitsindex

Der von uns aufgestellte Verträglichkeitsindex soll Ihnen helfen, die allgemeine Qualität und die Erfolgsaussichten Ihrer Beziehung zu bewerten. Auch wenn der Index keinerlei Anspruch auf wissenschaftliche Vollständigkeit erhebt, sind die Fragen so konzipiert, daß sie Ihnen Klarheit darüber verschaffen werden, wie Sie bestimmte Elemente Ihrer Beziehung einschätzen, die wir für unabdingbare Voraussetzungen einer stabilen und erfolgreichen Partnerschaft halten.

Sie können den Fragebogen allein ausfüllen, doch besser wäre es, wenn sowohl Sie als auch Ihr Partner die Fragen *unabhängig* voneinander beantworten, damit Sie anschließend Ihre Antworten vergleichen und über Übereinstimmungen, Abweichungen und deren mögliche Bedeutung diskutieren können.

Vorweg jedoch ein Wort der Warnung. Der Fragebogen dient einem pädagogischen Zweck. Diesem Zweck entsprechend sollte er auch genutzt werden: als Mittel der Aufklärung, nicht der Verurteilung. Die natürlichen Unterschiede in Ihren Sichtweisen werden sich in Ihren Antworten widerspiegeln. Wenn Sie diesen Fragebogen für gegenseitige Kritik und Vorwürfe mißbrauchen, hat er seinen Sinn verfehlt. Ein Gespräch über Ihre unterschiedlichen Ansichten soll Verständnis, nicht Bitterkeit auslösen.

DER VERTRÄGLICHKEITSINDEX

Beantworten Sie die Fragen offen und ehrlich, ohne dabei zu übertreiben oder zu untertreiben – so als würde niemand je erfahren, wie Sie geantwortet haben.

Vergeben Sie für jede Frage ein bis fünf Punkte, entsprechend der folgenden Skala:

BEURTEILUNGSSKALA

5 Völlig zutreffend. So gut wie immer. Hervorragend.
4 Größtenteils zutreffend. Meistens. Gut.
3 Weiß nicht. Manchmal. Zufriedenstellend.
2 Unzutreffend. Selten. Schlecht.
1 Völlig unzutreffend. Sehr selten, wenn überhaupt. Schrecklich.

FRAGEN

Beurteilung

_____ 1. Ich glaube, daß mein Partner / meine Partnerin mir immer die Wahrheit sagt.

_____ 2. Mein Partner / meine Partnerin hat Sinn für Humor.

_____ 3. Mein Partner / meine Partnerin kennt meine sexuellen Wünsche und befriedigt sie.

_____ 4. Wir sind einer Meinung darüber, wie Menschen miteinander umgehen sollten.

_____ 5. Wir führen regelmäßig lange, gute Gespräche.

_____ 6. In unserer Beziehung gibt es keine körperliche oder seelische Gewalt.

_____ 7. Ich bin überzeugt, daß man sich auf das Wort meines Partners / meiner Partnerin verlassen kann.

_____ 8. Mein Partner / meine Partnerin kann über sich selbst lachen.

_____ 9. Ich mag, wie mein Partner / meine Partnerin aussieht, riecht, schmeckt und sich anfühlt.

_____ 10. Wir würden beide denselben Wohnort wählen.

_____ 11. Unsere politischen Ansichten sind nahezu identisch.

_____ 12. Wenn wir über unsere Probleme diskutieren, finden wir fast immer eine Lösung.

_____ 13. Tief in meinem Innern weiß ich genau, daß er/sie der/die Richtige für mich ist.

_____ 14. Ich fühle mich von meinem Partner/meiner Partnerin geliebt.

_____ 15. Unser Sinn für Humor rettet uns oft aus kritischen Situationen.

_____ 16. Ich fühle mich frei und ungehemmt, wenn wir miteinander schlafen.

_____ 17. Wir streiten nie über Geld.

_____ 18. Mein Partner/meine Partnerin ist sehr einfühlsam.

_____ 19. Mein Partner/meine Partnerin ist mein bester Freund.

_____ 20. Ich bin überzeugt, daß mein Partner/meine Partnerin sich gegenüber anderen Menschen aufrichtig verhält.

_____ 21. Ich halte meinen Partner/meine Partnerin für einen sehr interessanten Menschen.

_____ 22. Wir reden offen und ehrlich über Sex.

_____ 23. Unsere spirituellen Überzeugungen liegen sehr nahe beieinander.

_____ 24. Nach einem Streit haben wir uns schnell wieder versöhnt.

_____ 25. Von allen Menschen bin ich am liebsten mit meinem Partner/meiner Partnerin zusammen.

_____ 26. Wenn es mir schlechtgeht, suche ich immer zuerst Hilfe bei meinem Partner/meiner Partnerin.

_____ 27. Wir haben viele gemeinsame Hobbys und Interessen.

_____ 28. Wir drücken unsere Zuneigung häufig auf nichtsexuelle Weise aus (Schmusen, kleine Geschenke, Küsse, »Turteln«).

_____ 29. Wir sind beide mit demselben Lebensstandard zufrieden.

_____ 30. Ich würde meinem Partner / meiner Partnerin mein Leben anvertrauen.

_____ 31. Wenn mich etwas an unserer Beziehung ärgert, sage ich es meinem Partner / meiner Partnerin.

_____ 32. Wir albern oft herum und lachen viel.

_____ 33. Mein Partner / meine Partnerin gibt zu, wenn er / sie einen Fehler gemacht hat.

_____ 34. Ich würde gern so viel wie möglich mit meinem Partner / meiner Partnerin zusammensein.

_____ 35. Unser Sexleben ist interessant und abwechslungsreich.

_____ 36. Ich habe das Gefühl, daß mein Partner / meine Partnerin mich so akzeptiert wie ich bin – mit allen meinen Fehlern.

_____ 37. Ich respektiere die Meinungen und Ansichten meines Partners / meiner Partnerin.

_____ 38. Ich habe absolutes Vertrauen zu meinem Partner / meiner Partnerin.

_____ 39. Wir haben viel Spaß, wenn wir zusammen verreisen.

_____ 40. Ich freue mich auf den gemeinsamen Sex.

_____ 41. Wenn wir unterschiedlicher Ansicht sind, können wir uns darauf einigen, uns nicht zu einigen.

_____ 42. Wir sind uns einig darüber, ob wir Kinder haben möchten oder nicht.

_____ 43. Ich bin überzeugt, daß mein Partner / meine Partnerin jede Entscheidung, die uns beide betrifft, vorher mit mir besprechen würde.

_____ 44. Ich glaube, daß mein Partner / meine Partnerin mich wirklich für klug und kompetent hält.

_____ 45. Mein Partner / meine Partnerin hat ethische Grundsätze.

_____ 46. Wir brauchen beide gleich viel Zeit für uns allein.

_____ 47. Die meisten sozialen Fragen beurteilen wir ähnlich.

_____ 48. Ich bewundere meinen Partner / meine Partnerin, weil er / sie ist, wie er / sie ist.

_____ 49. Wenn wir uns mißverstanden haben, ist mein Partner / meine Partnerin schnell bereit, alles zu vergeben und zu vergessen.

_____ 50. Ich mag die Freunde meines Partners / meiner Partnerin.

VERTRÄGLICHKEITSBEWERTUNG

Zählen Sie die Punkte, die Sie bei den einzelnen Fragen vergeben haben, zusammen und teilen Sie die Summe durch fünfzig. Dieser Durchschnitt repräsentiert Ihren Verträglichkeitsgrad. Ihre Punktzahl wird wahrscheinlich irgendwo zwischen den hier genannten Ziffern liegen. Wenn Sie in einer neuen Beziehung sind, können Sie den Test nach sechs Monaten wiederholen, um ein möglichst aussagekräftiges Ergebnis zu erhalten, da die Verläßlichkeit Ihrer Antworten mit der Dauer Ihrer Beziehung wächst.

5 Sie und Ihr Partner passen ausgezeichnet zusammen. Sie sind wie geschaffen für ein Leben zu zweit.

4 Ihre Beziehung ist gut. Sie sind die meiste Zeit zufrieden und haben gute Chancen auf ein glückliches Leben zu zweit, wenn Sie die Kommunikationswege offen halten.

3 Ihre Beziehung weist erhebliche Mängel auf. Sie müssen an Ihrer Partnerschaft arbeiten, um auf Dauer miteinander glücklich werden zu können.

2 In Ihrer Beziehung gibt es ernsthafte Probleme, und wenn die Situation sich nicht radikal verändert, sollten Sie sich lieber einen anderen Lebenspartner suchen.

1 Sie und Ihr Partner passen absolut nicht zusammen. Sie sollten eine gemeinsame Zukunft nicht in Betracht ziehen.

Register